W9-CUO-005

M

CHELSEA CLINTON

Es TU
MUNDO

Infórmate,
inspírate,
¡ponte en
marcha!

montena

Título original: *It's Your World.*
Get Informed, Get Inspired & Get Going!

Primera edición: julio de 2016

Printed in Spain – Impreso en España

ISBN: 978-84-9043-624-0
Depósito legal: B-11.746-2016

Compuesto en Compaginem Llibres, S. L.

Impreso en Reinbook
Sant Boi de Llobregat (Barcelona)

GT 3 6 2 4 0

Penguin
Random House
Grupo Editorial

Para Charlotte

CONTENIDO

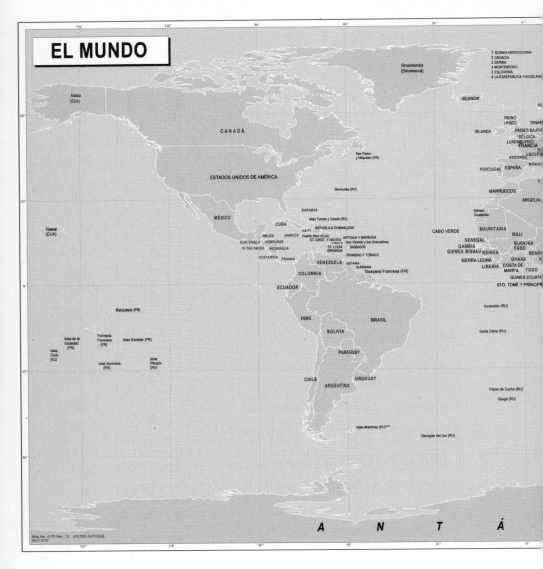

EL MUNDO

	1 BOSNIA-HERCEGOVINA
	2 CROACIA
	3 SERBIA
	4 MONTENEGRO
	5 ESLOVENIA
	6 LA EXREPÚBLICA YUGOSLAVI

Groenlandia
(Dinamarca)

ISLANDIA

Alaska
(EUA)

REINO
UNIDO   DINAM
IRLANDA   PAÍSES BAJOS
BÉLGICA
LUXEMBURGO
FRANCIA
SL
ANDORRA   LIECHTE
MÓNA
PORTUGAL   ESPAÑA

CANADÁ

San Pedro
y Miquelón (FR)

ESTADOS UNIDOS DE AMÉRICA

MARRUECOS

Bermudas (RU)

ARGELIA

MÉXICO

Sahara
Occidental

BAHAMAS
Islas Turcas y Caicos (RU)

CABO VERDE   MAURITANIA

Hawai
(EUA)

CUBA
REPÚBLICA DOMINICANA
HAITÍ
Puerto Rico (EUA)
BELICE   JAMAICA
GUATEMALA   HONDURAS   ST. CRIST. Y NIEVES
EL SALVADOR   NICARAGUA
COSTARICA   PANAMÁ   ANTIGUA Y BARBUDA
ST. LUCÍA   San Vicente y las Granadinas
GRANADA   BARBADOS
TRINIDAD Y TOBAGO

SENEGAL
GAMBIA   BURKINA
GUINEA BISSAU   GUINEA   FASO
BENÍN
SIERRA LEONA   GHANA
LIBERIA   COSTA DE
MARFIL   TOGO
GUINEA ECUATO
STO. TOMÉ Y PRÍNCIPE

MALI

VENEZUELA   GUYANA
SURINAM
Guayana Francesa (FR)

COLOMBIA

ECUADOR

Ascensión (RU)

Marquesas (FR)

PERÚ

BRASIL

Santa Elena (RU)

BOLIVIA

Islas de la
Sociedad
(FR)   Polinesia
Francesa
(FR)   Islas Gambier (FR)

Islas
Cook
(NZ)   Islas Australes
(FR)   Islas
Pitcairn
(RU)

PARAGUAY

Tristan de Cunha (RU)

Gough (RU)

CHILE   URUGUAY
ARGENTINA

Islas Malvinas (RU)***

Georgias del Sur (RU)

A   N   T   Á

Mac No. 4170 Rev. 13   UNITED NATIONS
April 2012

Cortesía de la ONU. Mapa n.º 4170

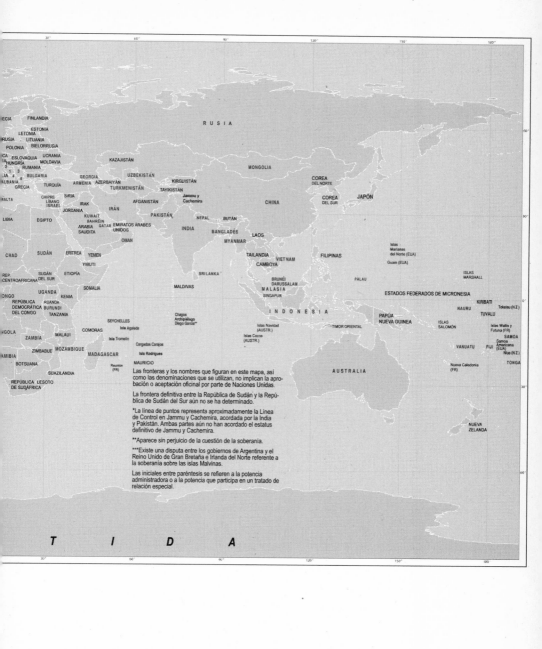

Las fronteras y los nombres que figuran en este mapa, así como las denominaciones que se utilizan, no implican la aprobación o aceptación oficial por parte de Naciones Unidas.

La frontera definitiva entre la República de Sudán y la República de Sudán del Sur aún no se ha determinado.

*La línea de puntos representa aproximadamente la Línea de Control en Jammu y Cachemira, acordada por la India y Pakistán. Ambas partes aún no han acordado el estatus definitivo de Jammu y Cachemira.

**Aparece sin perjuicio de la cuestión de la soberanía.

***Existe una disputa entre los gobiernos de Argentina y el Reino Unido de Gran Bretaña e Irlanda del Norte referente a la soberanía sobre las islas Malvinas.

Las iniciales entre paréntesis se refieren a la potencia administradora o a la potencia que participa en un tratado de relación especial.

INTRODUCCIÓN

Q ué es lo primero que recuerdas haber leído? La primera cosa que yo recuerdo haber leído por mi cuenta es el periódico local, uno de aquellos ejemplares de hace años que manchaban las manos de tinta. Seguramente, fue *Corduroy* o una historia de Jorge el Curioso lo primero que leí en mi vida, a mis padres en voz alta, pero lo que en mi cabeza marca la línea entre leer y no leer son los periódicos que me tenían absorta mientras desayunaba mis cereales. Probablemente, esto es así porque los periódicos eran lo que me permitía participar en las conversaciones de mis padres sobre lo que sucedía en nuestro pueblo, Little Rock (Arkansas), y en el mundo en general. Esas conversaciones tenían lugar en la mesa cada noche durante la cena y, especialmente, durante la comida de los domingos, después de misa. También cuando me llevaban al colegio, mientras volvíamos a casa tras mi clase de ballet, antes de las reuniones de las Guías Scouts y tras los partidos de sóftbol. En resumen, estábamos charlando continuamente.

Saber lo que contaba el periódico significaba que no tenía que esperar a que mis padres me lo explicaran todo, sino que podía hacer preguntas y comenzar conversaciones sobre lo que pasaba en el mundo. Pero lo mejor de todo era que el periódico me permitía ocultar toda la miel que les echaba a los cereales. De niña, mi madre no me dejaba tomar cereales azucarados (luego diré más al respecto), así que yo improvisaba, y les ponía mucha más miel de la que llevarían normalmente unos cereales azucarados. Por suerte, mi madre nunca se enteró.

Tuve una infancia muy afortunada. Mis mayores preocupaciones eran cosas como intentar que mi madre levantara su prohibición sobre los cereales azucarados, encontrar la manera de pegar en una cartulina un panal de arcilla, un Júpiter de papel maché o un arrecife de coral hecho con arcilla y palos de piruleta para distintos proyectos de ciencias, cómo vender más galletas de las Guías Scouts que el año anterior, o si mi mejor amiga, Elizabeth, y yo dormiríamos en su casa o en la mía la noche del sábado. Nunca dudé de que tendría un techo bajo el que cobijarme, un vecindario seguro en el que jugar y un médico al que acudir si caía enferma.

Mis padres y mis abuelos se encargaban de que no olvidase la suerte que tenía. Desde que tengo memoria recuerdo la historia de la vida de la madre de mi madre, mi abuela Dorothy. A los ocho años sus padres ya la habían abandonado dos veces, y la habían dejado muchas veces sola y hambrienta en su apartamento de Chicago. La primera vez fue cuando ella tenía tres años. Finalmente, la enviaron a vivir a California con sus abuelos, quienes, cuando llegó a la adolescencia, le dijeron que no podía seguir viviendo en su casa y que, puesto que ya tenía edad suficiente para buscarse un trabajo y ganarse la vida, tenía que irse. Si no hubiese entrado a trabajar en casa de alguien, habría acabado viviendo en la calle. Y si esa familia no hubiese apoyado su determinación de seguir estudiando, habría tenido que abandonar la escuela. Durante su adolescencia, Dorothy vivió con la preocupación constante de no saber si tendría un techo bajo el que cobijarse, si podría ir a la escuela o si pasaría hambre.

Mi abuela siempre habló sin darle demasiada importancia de la época en que pasó hambre y miedo cuando era niña. Conocer su historia me ayudó a ser consciente de que, probablemente, algunos de los niños a los que conocí en Forest Park Elementary, Booker

Arts Magnet School y Horace Mann Junior High debían preocuparse por si tendrían comida suficiente ese día o si podrían jugar sin miedo en la calle al volver a casa. Menos de veinticinco años antes de que yo naciese, Horace Mann era una escuela exclusivamente para alumnos afroamericanos. Por aquel entonces, los colegios estaban segregados por razas en Arkansas —como en la mayor parte del sur de Estados Unidos hasta finales de los años cincuenta del pasado siglo— y aquellos a los que iban los chavales blancos disponían de más y mejores recursos, aulas más agradables, más libros, pupitres en mejor estado y patios de recreo mejor acondicionados. La hiriente herencia de la segregación, y el hecho de haber conocido siendo niña a adultos que habían trabajado en favor de los derechos civiles y la igualdad de oportunidades para los afroamericanos fue en parte lo que me permitió entender que a muchos niños de mi entorno, y en todo el mundo, aún se les trataba de manera diferente

Cortesía de los padres de la autora

debido al color de su piel. El trabajo de mi madre en favor de niñas y mujeres, primero en Arkansas y más adelante en todo el mundo, me ayudó a comprender que, a menudo, el hecho de haber nacido niña se considera motivo suficiente para negarle a una persona el derecho a asistir a la escuela o a tomar sus propias decisiones, incluso las relativas a con quién o cuándo casarse.

Desde mucho antes de cumplir dieciocho años y poder votar —en realidad, desde que tengo memoria—, mis padres esperaron de mí que tuviese

Mi abuela Dorothy, en 1928, cuando era niña.

una opinión y un punto de vista sobre todas las cosas. De verdad: sobre todas las cosas. Sobre todo lo que experimentaba y aprendía en el colegio y sobre las noticias que veía en la televisión o leía en el periódico. También esperaban que fuese capaz de respaldar mis opiniones con hechos y pruebas; y que, si estaba en mi mano, trabajase para cambiar las cosas que no me gustaban. Nunca le dieron importancia a lo mayor —o joven— que yo era. Y no eran solo mis padres: mis abuelos pensaban lo mismo. Como mi abuela Ginger, la madre de mi padre, solía decirme hasta que murió cuando yo tenía trece años: «Chelsea, tú eres muy afortunada. Nunca dejes de pensar en cómo ampliar el número de los afortunados». Mi abuela Dorothy me repetía una y otra vez: «Nunca lo sabrás hasta que lo intentes».

Leer el periódico y estar al tanto de lo que sucedía solo era el primer paso; lo más importante era dejar una huella positiva, o al menos intentarlo. Estas expectativas fueron uno de los mayores regalos que me hicieron mis padres y mis abuelos. Parecía importante, y emocionante, saber que yo podía dejar huella o, insisto, que al menos podía intentarlo. Cuando tenía cinco años, le escribí una carta al presidente Reagan

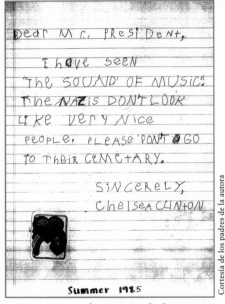

Dear Mr. President,

I have seen "The Sound of Music". The Nazis don't look like very nice people. Please don't go to their cemetary.

Sincerely,
Chelsea Clinton

Summer 1985

Cortesía de los padres de la autora

Esta es una fotocopia de la carta que le envié al presidente Reagan en 1985. Como muestra de respeto, incluí una de mis pegatinas favoritas (esperaba que así el presidente se tomase mi carta más en serio).

para expresar mi oposición a su visita al cementerio de Bitburgo, en Alemania, porque allí había nazis enterrados. Pensaba que un presidente estadounidense no debía honrar a un grupo de soldados entre los que había nazis. Reagan no dejó de ir, pero yo al menos lo había intentado a mi humilde manera. En la escuela primaria formé parte de un grupo que contribuyó a poner en marcha un programa de reciclaje de papel. A través de mi parroquia en Little Rock, me ofrecí como voluntaria para la limpieza de parques, colaboré en campañas de recogida de alimentos y trabajé en comedores sociales. Siempre quedaban cosas por hacer, pero al ver cómo las bolsas se llenaban de basura y los barriles de latas de conserva y cómo la gente podía comer, me di cuenta de que el trabajo en equipo de un grupo de personas puede tener un efecto real, y que además puede ser divertido.

Con el apoyo de mis abuelos, mientras estaba en primaria me hice socia de organizaciones como Greenpeace, el Fondo Mundial para la Naturaleza [WWF, del inglés World Wildlife Fund] y Conservación Internacional, porque creía en su trabajo y quería formar parte de él, aunque lo realizasen muy lejos de Arkansas. Todas estas organizaciones se dedicaban a la protección del medio ambiente y de animales —ballenas, elefantes, pandas gigantes— que solo había visto en nuestro zoológico local o por televisión, pero con los que sentía una conexión. Quería desempeñar un papel, por pequeño que fuese, en el intento de garantizar su futuro. Le contaba qué era lo que me importaba a cualquiera que me escuchase, confiando en no ser demasiado pesada, porque si no lo era, y si mis argumentos eran convincentes, cabía la posibilidad de que, después de mi charla, una persona más se interesase por las ballenas, los elefantes o los pandas gigantes.

De lo que no me daba cuenta cuando era más joven es de cuántas de las cosas sobre las que leía, pensaba, debatía y trataba de cambiar eran probablemente asuntos que tenían un efecto aún mayor sobre los chavales de mi edad que sobre los adultos. Aún sigue siendo así. Algunas cosas, como ciertas enfermedades infecciosas, son más peligrosas en los niños, mientras que otras, como el cambio climático, afectan más a los jóvenes porque vosotros viviréis durante más tiempo bajo sus efectos (a menos que detengamos el cambio climático). Buena parte de lo que me preocupa actualmente son asuntos por los que empecé a interesarme cuando era niña. Este es un libro sobre algunos de los grandes problemas a los que se enfrenta nuestro planeta, y los niños en particular. También es un libro sobre algunas de las soluciones que los jóvenes (y unos cuantos adultos) han creado y apoyado para conseguir que sus familias, sus vecinos, sus ciudades y nuestro mundo sean más sanos, seguros e igualitarios.

Este libro no es exhaustivo, en el sentido de que no aborda todos y cada uno de los problemas que existen hoy en el mundo. Ni mucho menos. Tampoco pretende, ni remotamente, tratar todos los detalles de los problemas sobre los que sí hablo. Asimismo, las soluciones que describo representan solo una pequeña parte de todo lo que se ha intentado y de lo que ha funcionado para mejorar la salud de las personas, incrementar el número de niños escolarizados, etc. A lo largo de todo el libro, me he basado en hechos y estudios. Espero que los datos contribuyan a hacer que los asuntos tratados resulten más interesantes (y tan urgentes como lo son para mí). También confío en que las historias que incluyo tengan un efecto similar. Entender por qué existe un problema, y si la situación ha mejorado o empeorado recientemente, es importante a la hora de determinar cuál es la mejor solución. Este libro no es político, en el sentido de que no adopta una postura política, ni dice a quién hay que votar, pero sí tiene en cuenta la influencia que los representantes políticos de Estados Unidos y del resto del mundo tienen sobre los asuntos que más nos interesan.

Los problemas de los que hablo en estas páginas están todos relacionados entre sí. Es más probable que pase hambre una familia que vive en la pobreza que otra que vive cómodamente. Un tipo de discriminación a la que se enfrentan niñas de todo el mundo consiste en que se les niegue el derecho a ir a la escuela, por lo que son más numerosas las niñas no escolarizadas —en particular de una cierta edad— que los niños. Los patrones de la enfermedad infecciosa están cambiando a medida que el clima varía y la Tierra se calienta. Y estos no son más que unos pocos ejemplos de los muchos problemas que señalo.

No resulta sorprendente, por tanto, que las soluciones también estén relacionadas. Conseguir equilibrar el número de niñas y niños en la escuela les hace llegar a los alumnos, y a otros niños más jóvenes, el potente mensaje de que todas las personas tienen el mismo derecho a la educación y a sus propios sueños. Detener el cambio climático para que el clima sea más estable reduce la incertidumbre que rodea al próximo estallido de una enfermedad, lo cual significa que los sistemas de salud, los hospitales, las clínicas, los médicos, los enfermeros, etc., podrían estar mejor preparados para salvar más vidas. Y, de nuevo, estos no son más que unos pocos ejemplos. A lo largo de este libro, conocerás a asombrosos jóvenes (y no tan jóvenes) —a algunos de los cuales tengo la suerte de considerar mis amigos— que trabajan para encontrar soluciones para cada uno de los problemas por separado y también para aquellos derivados de las conexiones existentes entre ellos. Los admiro a todos por su trabajo, y confío en que sus historias te resulten al menos tan inspiradoras como a mí.

Me hace mucha ilusión que hayas decidido acompañarme en este viaje. Al fin y al cabo, ¡es tu mundo!

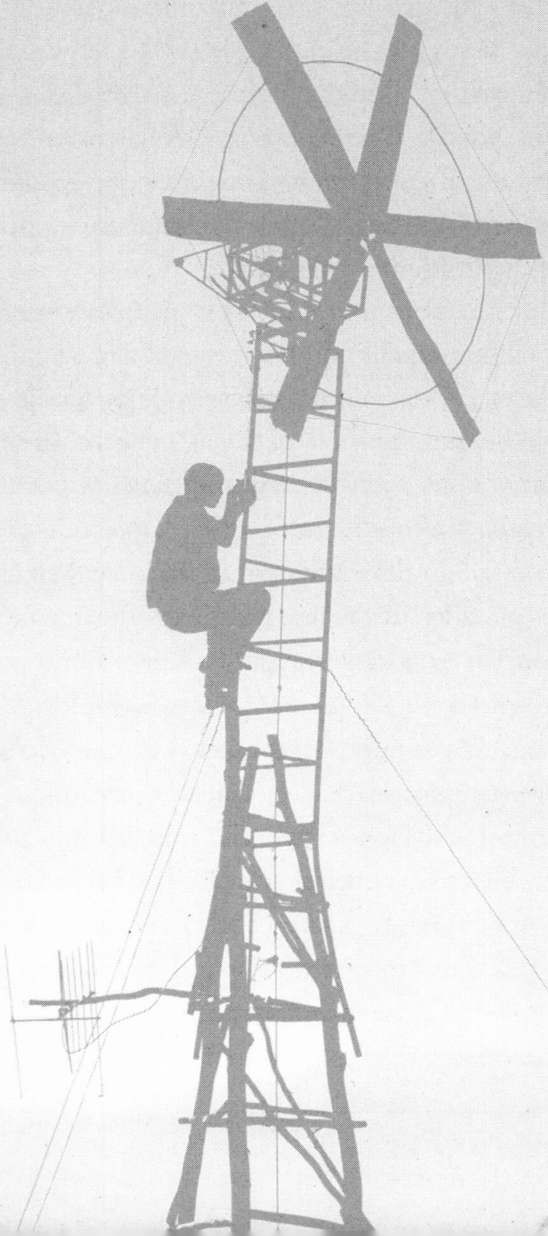

Cortesía de Lucas Oleniuk/ZUMA Press/Corbis

PARTE I

Es TU
ECONOMÍA

CAPÍTULO 1

1,25 DÓLARES AL DÍA
LA POBREZA EN EL MUNDO

Cuando tenía quince años, tuve la suerte de viajar con mi madre al Sudeste Asiático. Visitamos Pakistán, la India, Bangladés, Nepal y Sri Lanka. Aún recuerdo la emoción que sentí. Estaba impaciente por ver el majestuoso Taj Mahal en Agra, en la India; la hermosa ciudadela del fuerte de Lahore, en Pakistán; y la casi mítica estupa de Boudhanath, en Katmandú (Nepal). Esperaba ver elefantes en Sri Lanka, y estaba deseando compartirlo todo con mi madre. A lo largo del viaje, aprendí, vi y experimenté más aún de lo que habría creído posible.

Nuestro primer destino fue Pakistán, donde visitamos escuelas y mezquitas, templos de cientos de años de antigüedad y animados mercados y parques. Mi recuerdo más vívido es el de las personas a las que vimos y a las que conocimos, entre

Cortesía de la Biblioteca Presidencial William J. Clinton

Mi madre y yo en el Taj Mahal, en Agra (India), en 1995.

ellas la que por aquel entonces era primera ministra de Pakistán, Benazir Bhutto, la primera mujer que ocupaba tan alto cargo a la que conocí en mi vida. Pero las personas que más me impresionaron fueron las chicas de mi edad, e incluso más jóvenes, a las que vi trabajando en campos y calles, y aquellas con las que hablé mientras visitábamos su escuela o tomábamos un refresco juntas. Lo que más me sorprendió de nuestras conversaciones fue lo mucho que teníamos en común y cómo los momentos más divertidos y emocionantes fueron aquellos en que hablamos de cuáles eran nuestras asignaturas favoritas en la escuela o nuestros libros preferidos, y qué era lo que queríamos hacer de mayores. Yo quería ser médico, o al menos dedicarme a algo relacionado con la salud. Algunas de las chicas que conocí en la escuela para niñas que visitamos en Islamabad también me contaron sus sueños. Una quería ser primera ministra, como Benazir Bhutto; otra, médico; otra más quería ser profesora; y una chica a la que nunca olvidaré me dijo que quería escalar los picos más altos del Himalaya en cada país (Pakistán, India, Nepal, China y Bután) para conquistar las montañas y ayudar a establecer relaciones entre los distintos países y culturas. Me dejó asombrada, como también lo hicieron otras chicas que estaban decididas a triunfar, en particular las que procedían de comunidades pobres en Pakistán y en otros de los lugares que visitamos, donde la mayoría de los niños, en particular las niñas, por aquel entonces ni siquiera asistían a la escuela. Estaban decididas a impedir que las penurias que tan a menudo acompañan a la pobreza (enfermedades, menos posibilidades de ir a la escuela, trabajos penosos por muy poco dinero, o ningún trabajo en absoluto) determinasen cómo iban a ser sus vidas.

El segundo país que visitamos fue la India. Cuando atravesábamos Ahmedabad, vimos lo que parecía un infinito mosaico de retazos de hojalata, lona y lo que daba la impresión de ser bolsas de basura gigantes que hacían las veces de tejados para miles de hogares construidos a base de metal, madera y barro. Era la primera vez que veía una barriada que se extendía más allá del

Cortesía de David Pearson/Alamy

Este es el aspecto de los asentamientos de Dharavi desde el aire.

horizonte, y fue una visión sobrecogedora. Era desolador pensar en la gente que podía pasar toda su vida sin salir de ese lugar. Cuando estuvimos en Bombay, vimos la barriada de Dharavi, una de las más grandes del mundo, donde se estima que vive 1 millón de personas. Cuando salimos de la India, supe que nunca olvidaría el imponente esplendor del Taj Mahal, la serenidad del *asram* de Gandhi (más sobre esto en breve) o las hermosas danzas tradicionales que había visto. Ni las barriadas.

En Dhaka, la capital de Bangladés (un país del tamaño de Wisconsin donde vivían entonces 100 millones de personas, una cifra que actualmente es aún mayor), la barriada y la ciudad estaban todavía más entremezcladas: podíamos divisar una barriada a poca distancia de la ventana de nuestro hotel. Al ver las barriadas, ya fuese desde una carretera o una habitación, y tras recorrer varias de ellas en distintas ciudades, era difícil llegar a entender que la gente que vivía allí estaba apenas a unos kilómetros (a veces incluso menos: al otro lado de la calle) del agua potable, aseos con cisterna, atención sanitaria, escuelas, carreteras y electricidad. Parecía otro mundo, pero no lo era. ¿La diferencia fundamental? La pobreza.

Desde entonces, he visitado barriadas y aldeas pobres en Asia, África y América Latina. No existe ninguna diferencia entre los sueños y la digni-

Cortesía de la Biblioteca Presidencial William J. Clinton

Tomando un refresco con varias chicas pakistaníes de mi edad.

dad de quienes viven bajo una lona, en una cabaña o en una choza de adobe en el campo y tus sueños o los míos, y tú o yo. Como les he oído decir a mis padres toda mi vida, y no podría estar más de acuerdo: «El talento y la inteligencia están distribuidos uniformemente por todo el mundo; las oportunidades, no».

¿Cuál crees que es una buena definición de pobreza? Existen muchas diferentes. La pobreza se puede calcular en función de cuánto dinero tiene una persona, de cuánto dinero gana o de cuántas propiedades y objetos posee o puede comprar con el dinero que tiene. En ocasiones, la definición de pobreza se basa en las respuestas a determinadas preguntas, como: ¿carece la persona de un hogar o pasa hambre?, ¿tiene acceso a agua que beber, con la que lavar o cocinar?, ¿pueden sus hijos ir a la escuela?

El Banco Mundial, una organización internacional que proporciona créditos a los países más pobres del planeta para ayudarles a luchar contra la pobreza, la define en función de la cantidad media de dinero por día con la que vive una persona, o la cantidad media que una persona gasta cada día. Es la definición más habitual, y será la que yo utilice.

Cuando una persona vive en la pobreza, es más difícil que obtenga una buena educación, que tenga comida suficiente, que pueda acceder a agua potable o evitar caer enferma, lo que a su vez dificulta conseguir y conservar un buen trabajo. Y todo lo anterior hace muy complicado salir de la pobreza. Puesto que las dificultades están todas relacionadas entre sí, las soluciones también han de estarlo. Espero que esto sea algo que quede claro cuando llegues al final del libro. Si te interesa el problema de la pobreza y cómo afecta a las personas en todo el mundo, tendrás que decidir cuál de sus definiciones es la más adecuada y útil a la hora de abordar el aspecto de la pobreza que quieras contribuir a resolver.

Este capítulo se centra en las personas más pobres del mundo, muchas de las cuales viven en lo que se conoce como «países en vías de desarrollo», un grupo de Estados situados en distintos puntos del planeta cuya renta media per cápita es inferior a un determinado valor. (La renta per cápita es la cifra que se obtiene al dividir todo el dinero que genera un país entre la cantidad de personas que viven en él.) No me gusta demasiado la expresión «países en vías de desarrollo». Aunque sé que no es esa la intención, parece dar a entender que quienes viven en países relativamente pobres están en algún sentido menos desarrollados para pensar, soñar o hacer. También parece menospreciar las importantes aportaciones que las personas de los llamados países en vías de desarrollo han hecho a la ciencia, la medicina, la economía, la literatura y el arte, entre otros campos. Asimismo, es una categoría muy amplia, que agrupa, por ejemplo, a la India y Liberia, a pesar de lo distintas que son sus historias y sus geografías, por no hablar del número de sus habitantes o su renta per cápita. ¡La población de la India es doscientas ochenta y cinco veces mayor que la de Liberia! Además, en 2014, la renta per cápita india superaba los 5.000 dólares, mientras que en Liberia no llegaba a los 900. Esa es una gran diferencia. Y la diferencia es aún mayor si nos fijamos en otra cifra: la media de la renta per cápita. (Esta medida representa la posición central en la renta per cápita de un país. Esto es, la mitad de la población gana más que la media, y la otra mitad gana menos.) Es una medida importante, porque el hecho de que haya unas pocas personas muy ricas puede elevar el valor de un promedio, y dar así la impresión de que todo el país se ha enriquecido, aun cuando ese aumento de la riqueza se haya limitado a unas pocas personas. La media de la renta per cápita es muy baja tanto en la India como en Liberia, pero la de la India sigue siendo más de cinco veces superior que la liberiana: 616 dólares frente a los 118 de Liberia.

UNA VISIÓN DE LOS «PAÍSES EN VÍAS DE DESARROLLO» EN 2015*

*Como se explica en este capítulo, hay muchas maneras diferentes de definir lo que se entiende por «países en vías de desarrollo», y cada definición da lugar a un mapa ligeramente distinto. Si buscas «países en vías de desarrollo», comprenderás lo que quiero decir.

☐ «Países desarrollados»   ▨ «Países en vías de desarrollo»

Fuente de la información: USAID y Banco Mundial

Así pues, aunque puede que la de «países en vías de desarrollo» sea una expresión demasiado imprecisa, sigue siendo la más utilizada para describir los países en los que la gente, en promedio, aún no vive tan confortablemente como en los países desarrollados, entre los que se cuentan Estados Unidos, Canadá, zonas de Asia y Oriente Próximo y gran parte de Europa. Por este motivo, a pesar de mis reticencias, será la que emplearé en el libro. Entretanto, espero que a alguien (¡quizá a ti!) pronto se le ocurra una expresión más respetuosa. Además, con demasiada frecuencia, en las noticias, las películas y los programas de televisión, se identifica la pobreza con África. Existe pobreza en

África, que es un continente enorme formado por cincuenta y cuatro países, pero también hay gente luchando contra ella en todos y cada uno de los países del planeta. Hay pobreza por todas partes. Como también crecimiento. En 2012, siete de las diez economías que registraron un crecimiento más rápido fueron de países africanos.

¿CÓMO SE MIDE LA POBREZA EN EL MUNDO?

El Banco Mundial entiende que las personas que viven con 1,25 dólares al día o menos viven en condiciones de extrema pobreza. Podrías pensar que con 1,25 dólares se pueden comprar muchas más cosas en Papúa Nueva Guinea, Ghana o Guatemala que en Estados Unidos, y tendrías razón, pero el Banco Mundial tiene en cuenta este hecho. Quienes viven con 1,25 dólares al día gastan esa cantidad de dinero (o menos) para sobrevivir con lo que 1,25 dólares al día permitirían comprar en Estados Unidos. En ningún lugar del planeta se pueden cubrir con 1,25 dólares al día todos los gastos relacionados con el alojamiento, la alimentación, el agua potable, el transporte, el saneamiento (sistemas que separen las aguas fecales y la potable) y otras necesidades para vivir una vida digna y tranquila. Para poner lo anterior en perspectiva: 1,25 dólares es aproximadamente lo que cuesta una bolsa de frutos secos en una máquina expendedora; no es suficiente dinero para vivir, en ningún lugar. La pobreza extrema también puede llamarse pobreza absoluta. Tenga el nombre que tenga, es la realidad para muchas personas en todo el mundo. En 2011, algo más de 1.000 millones de personas en todo el planeta vivían con menos de 1,25 dólares al día, y muchas de ellas lo hacían con mucho menos. La renta media de los 1.000 millones de personas más pobres es de 78 centavos de dólar al día, una cifra extraordinariamente baja.

A veces se dice que las personas que viven con menos de 1,25 dólares al día pertenecen a los «1.000 millones inferiores», porque ganan mucho menos dinero que quienes se encuentran en la cúspide de la escala o pirámide económica (elige la forma que más te guste). Esta es otra imagen que no me gusta, porque parece dar a entender que la gente pobre es de alguna manera inferior o está por debajo de los demás. El dinero que uno tiene —o no tiene— no dice nada sobre su carácter, sus sueños o quién es. Pero es una expresión que puede que leas en las noticias o escuches en conversaciones sobre las personas que viven en la pobreza más absoluta, y que quizá acabes utilizando despreocupadamente, dado lo potente que resulta como imagen. Aún más, aunque algo más de 1.000 millones de personas viven con menos de 1,25 dólares al día en el planeta, otros 1.000 millones lo hacen con menos de 2 dólares al día. Eso es menos de lo que cuesta un paquete de macarrones con queso de la marca Kraft (mi comida favorita cuando tenía tu edad). Muchos economistas argumentan que, como sucede con los 1,25 dólares al día, 2 dólares diarios tampoco bastan para satisfacer las necesidades que permiten llevar una vida segura, sana y larga en ningún lugar del planeta.

Algunos países en vías de desarrollo, con China a la cabeza, han tenido más éxito que otros a la hora de reducir la pobreza extrema en los últimos treinta y cinco años (aunque ninguno de ellos, ni siquiera China, la ha erradicado). En Burundi, la República Democrática del Congo, Liberia y Madagascar, cuatro de cada cinco personas viven en pobreza extrema. Recuérdalo cuando pasees por tu barrio. Imagina cómo sería la vida si casi todo el mundo a tu alrededor pasase hambre y sed, y tuviese pocos motivos para confiar en que mañana sería mejor que hoy. Así es la vida para quienes viven en lugares donde casi todos son muy pobres, ya sea tu país, tu ciudad o tu barrio.

MAPA DE LA POBREZA EXTREMA*

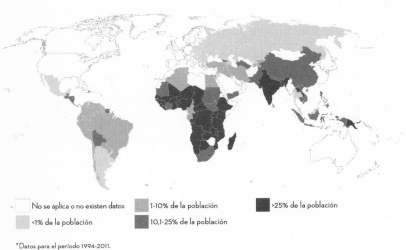

No se aplica o no existen datos   1-10% de la población   >25% de la población

<1% de la población   10,1-25% de la población

*Datos para el período 1994-2011.

Y no se trata únicamente de los adultos. La probabilidad de que los niños vivan en pobreza absoluta es aún mayor. En el mundo, unos 400 millones de niños viven con menos de 1,25 dólares al día. Eso significa que casi uno de cada cinco niños en el planeta vive en pobreza absoluta. Aunque la proporción de niños que sobreviven hasta alcanzar la edad adulta es mayor que en ningún otro momento de la historia, para muchos niños en los países en vías de desarrollo, la pobreza absoluta puede suponer una condena a muerte. En los países más pobres del África subsahariana —las tres cuartas partes del continente africano que se encuentran en su mayor parte o por completo por debajo del desierto del Sáhara (o, lo que es lo mismo, el conjunto de África menos Egipto, Libia, Túnez, Argelia y Marruecos)—, más de uno de cada diez bebés no llegan a su quinto cumpleaños. Todos los países podrían mejorar su situación, y en general el mundo ha progresado enormemente a la hora de hacer posible que los niños vivan una vida sana. Pero son demasiados los lugares donde ser pobre puede equivaler a una muerte temprana.

MORTALIDAD INFANTIL EN UNA MUESTRA DE PAÍSES (2013)

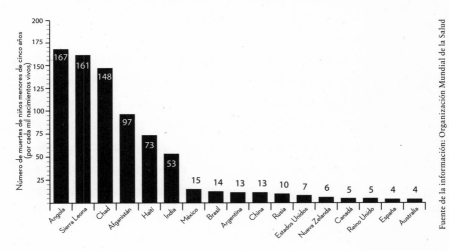

Fuente de la información: Organización Mundial de la Salud

EL ROSTRO DE 1,25 DÓLARES AL DÍA

Uno de los lugares que visitamos en nuestro viaje al sur de Asia fue el *asram* del Mahatma Gandhi en Ahmedabad, donde este gran líder vivió y trabajó durante más de una década mientras lideraba la lucha de la India por su independencia del Reino Unido. Su estrategia de resistencia no violenta resultó fundamental para contribuir a que su país lograse finalmente la independencia en 1947, e influyó en otros luchadores pacíficos de todo el mundo, entre ellos Martin Luther King, en Estados Unidos. Cuando visitamos el *asram*, conservaba el aspecto que tenía cuando Gandhi lo abandonó en 1930, con la promesa de no retornar hasta que la India fuese independiente (algo que, trágicamente, nunca llegó a suceder, pues Gandhi fue asesinado una vez lograda la independencia india, pero antes de que pudiese volver allí). Mi madre y yo recorrimos las austeras habitaciones, y no era difícil imaginar a Gandhi con su rueca, inspirando a jóvenes hombres y mujeres para unirse a la marcha de la India hacia su independencia.

Como sucedía en la época de Gandhi, el *asram* es mucho más que un espacio físico. Da continuidad a la obra de Gandhi al educar y empoderar a los indios, también a base de proporcionar a las mujeres habilidades que pueden utilizar para ganarse la vida y mantener a sus familias. Una de las mujeres que conocimos en el *asram* me regaló un hermosísimo papel fabricado de forma artesanal. Nos contó cómo ahora podía mantener a su familia gracias a lo que había aprendido en el *asram* y a la ayuda que allí había recibido para vender su papel. No parecía mucho mayor que yo, pero ya tenía hijos. También confiaba en que sus hijos tendrían una vida mejor que la suya, en gran medida gracias a los ingresos que obtenía vendiendo su papel en el *asram* y en otros lugares. Antes del viaje leí *Esta noche la libertad* una historia de la independencia india, y recuerdo que pensé que la habilidad y la confianza de la mujer eran propios de la herencia de Gandhi.

Pensemos ahora en esa mujer que fabrica papel en la India,

pero introduzcamos unas pocas variaciones fundamentales: vive en una aldea rural, no ha recibido ninguna formación laboral y carece de un lugar seguro donde vender su papel a un precio justo. No tiene quien la ayude. La fabricación de papel requiere una gran cantidad de agua, y las mujeres que viven en África y Asia deben recorrer una

Aquí estamos mi madre y yo aprendiendo cosas sobre el trabajo de Gandhi en su asram.

Cortesía de la Biblioteca Presidencial William J. Clinton.

media de casi 6 kilómetros para obtener agua para beber, cocinar y lavar (y fabricar papel). Con demasiada frecuencia, esa agua no es potable o no está limpia, y tanto ella como sus hijos pueden enfermar o morir al beberla. Pero supongamos que sí es potable. Aun así, eso no significa que llegar hasta ella, o llevar su papel al mercado más cercano, esté exento de riesgos.

En muchos sitios, una mujer no puede caminar sola a ningún lugar sin pasar miedo. Debe esperar a que alguien la acompañe, o enfrentarse al riesgo muy real de que la asalten, e incluso la asesinen. O bien puede pagar a alguien para que vaya a buscar agua o lleve su papel al mercado. Ninguna de las opciones es buena: esperar implica renunciar a posibles ventas, porque tardará más tiempo en fabricar el papel y en llevarlo al mercado; pagar a alguien para que le consiga agua o lleve su papel al mercado implica renunciar a parte de los ingresos que tanto le ha costado conseguir; ser víctima de un ataque es sencillamente espantoso.

Pero supongamos que consigue llevar agua a su casa sin sobresaltos, que fabrica el papel y a continuación lo lleva al mercado sin problemas, y sin tener que pagar a nadie para que lo haga por ella. Probablemente, el mercado más cercano estará repleto de gente como ella que vive en pobreza extrema y no puede permitirse gastar mucho dinero en papel, por bonito que sea. Si pudiese llevar su mercancía a un mercado más lejano, adonde acude gente con más dinero a hacer sus compras, podría cobrar más por su papel. Pero eso es poco probable. De manera que, aunque se esfuerce, fabrique un papel maravilloso, evite caer enferma o que alguien la ataque, y consiga vender su papel, solo ganará lo justo para poder enviar a sus hijos a la escuela (si es que esta escuela existe; más sobre ese problema en el capítulo 3, «Hora de ir a la escuela»). Será muy difícil que gane el dinero suficiente para poder dejar de preocuparse definitivamente por la escolarización de sus hijos, y más aún para tener seguridad, agua potable, buena comida y una vivienda estable. Aunque la situación es ligeramente distinta en una ciudad (donde probablemente sea más fácil acceder a mercados llenos de todo tipo de personas, lo que le podría permitir ganar más dinero a la larga), es poco probable que consiga lo suficiente como para evitar cualquier preocupación relacionada con la comida, el agua, la seguridad o la escuela. Ser muy pobre —y conseguir salir de la pobreza— es muy difícil en cualquier lugar.

La pobreza es como un bucle infinito en el que las causas se solapan con los efectos y se pasa de unas a otros una y otra vez... y otra vez más. Es lo que se conoce como el ciclo de la pobreza.

Pensemos en nuestra fabricante de papel. Es poco probable que el agua que utiliza esté limpia, por lo que cabe suponer que sus hijos enfermarán con frecuencia debido a la suciedad del agua. Tener que cuidar a sus hijos le impedirá trabajar más, fabricar más papel y venderlo para obtener más dinero con el que sacar a su familia de la pobreza.

EL CICLO DE LA POBREZA

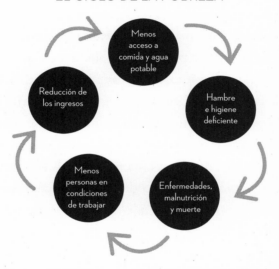

Resulta comprensible que tanto los economistas como otras personas que estudian la pobreza extrema tengan dificultades para distinguir entre causas y efectos. Como nuestra fabricante de papel, la mayoría de quienes viven en condiciones de pobreza extrema no tienen acceso a agua potable. Más de tres de cada cuatro personas que viven en pobreza extrema lo hacen en zonas agrarias rurales, alejadas de los trabajos mejor remunerados, los mercados donde compra la gente con más dinero y las escuelas donde adquirir nuevas habilidades (o donde aprender a leer). Más de la mitad no tiene acceso a la electricidad. ¿La gente queda atrapada en la pobreza extrema porque enferma con mucha frecuencia debido a la suciedad del agua (entre otros motivos) o porque no disponen de las oportunidades educativas y laborales que normalmente conlleva vivir en una ciudad o en un país más rico? ¿O enferman tan a menudo porque son tan pobres? Estas preguntas dan que pensar, pero espero que no permitas que te distraigan del objetivo principal: ayudar a las personas de cualquier lugar del mundo a vivir plenamente.

Sabemos que para ayudar a las personas —y a los países— a salir de la pobreza, y a permanecer fuera de ella, es necesario invertir más en la limpieza de las aguas y en la calidad de las escuelas y de la atención sanitaria, mejorar las carreteras y las instalaciones de saneamiento, y muchísimas otras cosas más. En muchos países más ricos, estas inversiones las realizaron los gobiernos a lo largo de décadas, e incluso siglos. La mayoría de los países pobres no han dispuesto de recursos para realizar inversiones similares (o no han tenido líderes que hayan hecho de ellas una prioridad). Aunque la situación está empezando a cambiar, no resulta sorprendente que sea más probable encontrar personas que viven en pobreza extrema en los países más pobres que en los más ricos. ¿Qué puedes hacer? Enseguida lo veremos.

¿POR QUÉ ALGUNOS PAÍSES SON MÁS POBRES QUE OTROS?

Aunque es difícil separar las causas y los efectos de la pobreza, es razonable preguntarse por qué algunos países —y las personas que viven en ellos— son más pobres que otros. ¿Por qué la renta per cápita anual apenas supera los 600 dólares en la República Centroafricana, mientras que es más de cien veces superior en Singapur o Noruega, o más de ochenta y cinco veces mayor en Estados Unidos? Los motivos son múltiples y complejos. Los que se discuten a continuación, muy simplificados, son solo unos pocos.

Dónde estás y qué comes

La mayoría de los historiadores, economistas y sociólogos —los académicos que estudian la evolución en el tiempo de las personas y las sociedades— coinciden en que la geografía es importante. Es más probable que haya más gente viviendo en el estado más grave de pobreza allí donde el clima es más severo y son más frecuentes los fenómenos meteorológicos extremos (como los huracanes o los períodos de sequía). Esto se debe en parte a que es más difícil cultivar cosechas en climas de este tipo, en particular cuando son muy calurosos y secos, y en los lugares donde son habituales fenómenos meteorológicos como los huracanes. Si un año es demasiado lluvioso, el agua puede llevarse consigo las cosechas, y un exceso de sal procedente de las tormentas puede llegar a alterar lo que los agricultores pueden plantar. Todo esto dificulta que las familias y las comunidades dispongan de una fuente estable de alimentos sanos y nutritivos, lo cual es particularmente importante en el caso de los niños.

Se calcula que, en todo el mundo, alrededor de 165 millones de niños menores de cinco años padecen retrasos en el crecimiento, lo que significa que sus cuerpos y cerebros no se están desarrollando al ritmo sano normal porque no reciben suficientes alimentos o cantidades adecuadas de los tipos de alimentos que precisan. La carencia de las vitaminas, minerales y nutrientes que cualquier niño necesita para crecer y desarrollarse (todas esas cosas que figuran en las listas de las cajas de cereales, como vitaminas A y D, calcio, etc.) impide su desarrollo físico e intelectual. Muchos niños no ingieren ninguna de esas sustancias, y menos aún todas ellas, en las cantidades necesarias.

La pobreza y los retrasos en el desarrollo están íntimamente relacionados. Es más probable que los hijos de padres que viven en pobreza extrema padezcan retrasos en el desarrollo. Quienes los padecen normalmente crecen siendo más débiles, tanto física como mentalmente, y poseen una menor capacidad para aprender y obtener un buen rendimiento escolar (si es que están escolarizados) y para trabajar productivamente, en comparación con quienes no sufrieron malnutrición de niños. Los adultos que padecieron retrasos en el desarrollo siendo niños tienen mayor probabilidad de ser pobres a lo largo de sus vidas.

Llama la atención lo parecido que es este mapa al de los países en vías de desarrollo que aparece unas páginas más atrás.

PAÍSES CON ELEVADO ÍNDICE (ES DECIR, MUCHOS NIÑOS QUE SUFREN) DE RETRASOS EN EL DESARROLLO*

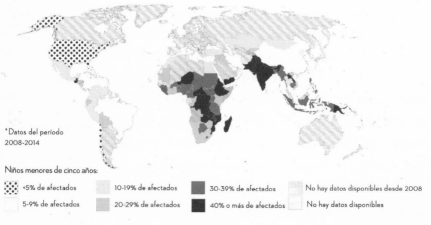

*Datos del período 2008-2014

Niños menores de cinco años:

<5% de afectados	10-19% de afectados	30-39% de afectados	No hay datos disponibles desde 2008
5-9% de afectados	20-29% de afectados	40% o más de afectados	No hay datos disponibles

Fuente de la información: Unicef

Parece razonable interpretarlo como otra representación del ciclo de la pobreza.

La economía de un país es la suma de toda la actividad en la que intervienen el dinero y los recursos. Esto incluye lo que generan los individuos y las empresas, lo que los consumidores compran y los sueldos que cobran los trabajadores. La fortaleza de una economía depende de todos estos componentes. Cuanto más dinero ganan las personas por lo que fabrican o lo que hacen, más podrán gastar. Si alguien dispone de más dinero que gastar en el mercado en el papel que fabrica su vecina, esta tendrá más dinero para comprar comida. El agricultor que le proporciona la comida tendrá a su vez más dinero para invertir en semillas para las cosechas del año siguiente, y para escolarizar a sus hijos, y así sucesivamente. Si en una economía hay muchos trabajadores que han padecido retrasos en el desarrollo, o que se ven limitados por las enfermedades (que han contraído a través del agua insalubre) o el analfabetismo (porque probablemente nunca asistieron a la escuela, o lo hicieron durante poco tiempo), nada de lo anterior puede suceder a gran escala. Los países que cuentan con menos trabajadores sanos y formados, y con menos niños escolarizados, tienen menos posibilidades de ver cómo sus economías crecen y cómo se reduce la pobreza.

También es difícil que la economía de un país crezca si tiene que luchar permanentemente contra unas condiciones meteorológicas extremas o contra terremotos, y no solo por sus efectos sobre las cosechas. Imagina que vives en un lugar donde son habituales los huracanes, inundaciones o corrimientos de tierra, que se llevan por delante carreteras y puentes; destrozan tu casa, tu escuela y el lugar donde trabajan tus padres; y derriban el tendido eléctrico (aunque probablemente no haya electricidad; hablaremos más sobre este asunto en las páginas siguientes). Tendrías que perder días de clase mientras se reparan los daños; tus padres dejarían de trabajar durante días, pues tendrían que arreglar los desperfectos en vuestra casa y deberían esperar a que acondicionasen las carreteras para poder volver al trabajo. Es difícil construir algo para mañana si uno tiene que estar constantemente reparando los daños que sufrió ayer.

Es imposible que la economía de un país crezca si su población no dispone de suficiente comida en buenas condiciones a precios asequibles. De nuevo, esto va más allá de las cosechas: incluye la leche, los huevos, la carne, el pescado y otros alimentos. Heifer International es una organización que distribuye animales a familias pobres de todo el mundo. Pero no cualquier tipo de animal, sino vacas, búfalos o cabras, por ejemplo. ¿Por qué estos animales? Porque estos animales, como la cabra que aparece junto al chico en la fotografía al principio de este capítulo, proporcionan tanto comida como una manera de ganar dinero. Todos ellos producen leche, que puede mejorar la nutrición de la familia. La leche sobrante puede venderse, contribuyendo así a incrementar los ingresos familiares, al tiempo que mejora la nutrición de las familias que la compran. Heifer también entrega a las familias animales como polluelos, patos y gansos, que producen huevos que aquellas pueden comer o vender. Un detalle crucial es que Heifer proporciona además a las familias la formación necesaria para cuidar adecuadamente de los animales. Y les pide que a su vez entreguen la primera cría hembra que obtengan a otra familia de su comunidad, que tendrá así una futura fuente de leche o huevos. Heifer lo llama «pasar el testigo».

Mi familia tiene varios vínculos con Heifer. En los últimos años de su vida, mi abuela Dorothy regalaba animales de Heifer a todos sus nietos por Navidad. Bueno, no los animales, sino un certificado que demostraba que ella había donado en nuestro nombre animales a varias familias necesitadas. Aunque me extrañaba recibir siempre un búfalo (y mis primos, siempre cabras), pensaba que esos regalos que eran fuente de vida eran perfectos para Navidad. Mi madre escribió el prólogo de un maravilloso libro titulado *Beatrice's Goat* [La cabra de Beatrice], que cuenta la historia de la ugandesa Beatrice. Heifer entregó una cabra a su familia, que Beatrice ayudó a cuidar. Menos de tres meses después de empezar a vender la leche de la cabra, su familia había ahorrado dinero suficiente como para enviar a Beatrice a la escuela (antes no habrían podido costear las tasas, una dificultad de la que hablaremos en el capítulo 3, «Hora de ir a la escuela»).

Beatrice se esforzó y logró buenas notas en la escuela y, como resultado, recibió una beca para ir a la universidad en Estados Unidos. Acabó graduándose en la Clinton School of Public Service de la Universidad de Arkansas (fundada por mi padre). Además, la sede de Heifer se encuentra en Little Rock, justo enfrente de la Biblioteca Presidencial William J. Clinton. Me enorgullece que la biblioteca de mi padre esté junto a Heifer.

Cortesía de la Clinton School of Public Service de la Universidad de Arkansas

Beatrice, durante su graduación en la Clinton School of Public Service.

Los niños y las familias tienen muchas maneras de colaborar con la labor de Heifer, incluida la posibilidad de donar una cabra a una familia como la de Beatrice. Por 10 o 20 dólares, puedes contribuir a enviar una cabra, una vaca o una parvada de polluelos a una familia como la de Beatrice. Otra forma de participar es a través del programa Read to Feed de Heifer. Tienes que buscar un patrocinador para ti o para tu clase, que se comprometa a donar una determinada cantidad de dinero por cada libro que leas en un cierto período de tiempo (si quieres, puedes hacerlo por capítulos o páginas). El número de libros que hayas leído al final se multiplica por la cantidad que el patrocinador se ha comprometido a donar y se le entrega a Heifer para apoyar su labor. Para más información sobre Heifer, incluido el programa Read to Feed, visita heifer.org.

Agua, agua, agua

El agua es otro elemento importante para comprender por qué la pobreza extrema existe en algunos lugares y no en otros. Evidentemente, el agua es esencial para la vida —para beber, cocinar, limpiar y lavarse—, pero también lo es para las economías, porque los cauces fluviales y marítimos, como ríos, mares y océanos, se utilizan para transportar productos y trabajadores. Es más probable que los puertos fluviales y marítimos integrados en importantes rutas comerciales constituyan núcleos empresariales y ofrezcan más puestos de trabajo a personas con distintos talentos, habilidades y niveles educativos.

No es casualidad, pues, que algunas de las ciudades más grandes y prósperas del mundo —desde Londres hasta Los Ángeles— hayan crecido alrededor de ríos o en la costa. Tampoco lo es que la mayoría de las principales economías mundiales —Estados Unidos, China, Japón, Alemania y Reino Unido son las cinco más grandes— posean importantes extensiones de litoral (o estén rodeadas por agua).

Los países que carecen de acceso fácil al mar se dice que son «países sin litoral», y para ellos es más caro vender o comprar mercancías (porque estas deben recorrer una distancia mayor hasta o desde el mar, y esos costes de transporte se incorporan al precio que los consumidores pagan por ellas).

Muchos de los países más pobres carecen de litoral. Pero, aunque los lugares con fácil acceso al agua suelen ser en general menos pobres, esto no significa que la pobreza no exista en ocasiones junto al agua. El asentamiento de Ahmedabad que mencioné antes está situado junto a un río. Como también lo está el de Dharavi, y muchos otros asentamientos y aldeas pobres de todo el mundo.

La proximidad a los puertos marítimos o fluviales no es lo único importante. Como ya se ha mencionado, las personas que viven en los países en vías de desarrollo (normalmente, las mujeres y las niñas) con frecuencia tienen que caminar largas distancias para conseguir agua. Ese tiempo que dedican a obtener agua es tiempo que no pasan en la escuela, trabajando o desarrollando un negocio. Y los padres (por lo general, las madres) pasan días cuidando a sus hijos enfermos por haber bebido agua insalubre, días que no están trabajando y que sus hijos pasan fuera de la escuela. Todo eso supone una pérdida de ingresos para las familias, y un menor crecimiento económico para los países, lo que a su vez implica que no saldrán de la pobreza. En breve seguiremos hablando de la relación entre enfermedades y pobreza.

Una manera en la que tú puedes ayudar a que los chavales no caigan enfermos y puedan ir a la escuela, al mismo tiempo que contribuyes a que las mujeres dispongan de tiempo para trabajar y ganar dinero, consiste en apoyar los esfuerzos por excavar y mantener pozos y otros sistemas de aguas. Por el subsuelo de todo el planeta fluye agua potable, pero a menudo cuesta mucho trabajo alcanzar el acuífero subterráneo más cercano. La gente lleva miles de años utilizando pozos, y en muchos sitios (incluidos algunos lugares de Estados Unidos) los pozos constituyen la manera más fiable y segura de acceder a agua potable. Existen distintos tipos de pozos, adaptados a diferentes entornos, pero no es seguro excavar un pozo en un lugar cualquiera.

En la imagen se ve a un chico utilizando un pozo excavado por Living Water International, que se dedica a proporcionar pozos a las personas que los necesitan.

Cortesía de Living Water International

Tres organizaciones que trabajan en colaboración con las comunidades locales de todo el mundo para construir, financiar y excavar un mayor número de pozos y sistemas de aguas mejores y más seguros son Living Water International, charity: water y Water.org. Puedes apoyar el trabajo de cualquiera de ellas participando en marchas o ventas de pasteles solidarias, o de cualquier otra forma creativa que se te ocurra para recaudar dinero. En 2013, Matti, que por aquel entonces tenía diez años, junto con sus amigos y familiares, organizó en su pueblo, Saint Joseph (Missouri), una caminata de 6 kilómetros para recaudar fondos, después de enterarse de que esa es la distancia media que las mujeres, y los niños que las acompañan, tienen que recorrer en África y Asia para conseguir agua. Matti quería ayudar a Living Water International, de cuya existencia supo a través de su parroquia, en sus esfuerzos por construir más pozos para que las mujeres no tuviesen que desplazarse tan lejos. Matti y su grupo confiaban inicialmente en recaudar 100 dólares, pero acabaron

Matti y su amigo Sam se preparan para ir a por el agua.

Cortesía de Tammy Flowers

consiguiendo 5.600, suficientes para costear la excavación de un nuevo pozo en una comunidad. Para saber más sobre Living Water International, charity: water y Water.org, y sobre lo que puedes hacer para ayudar a construir un pozo como hizo Matti, puedes visitar sus sitios web: water.cc, charitywater.org y Water.org.

Energía

Otra dificultad habitual a la que se han de enfrentar las personas pobres en los países pobres es la falta de electricidad, que se conoce como pobreza energética. En los países en vías de desarrollo, más de 1.000 millones de personas no tienen acceso en absoluto a la electricidad, y otros 1.000 millones más carecen de un acceso estable a la misma (lo que significa que pueden disponer de ella en ocasiones, pero probablemente no a menudo). Solo en

África, casi 600 millones de personas no disponen de un acceso estable a la electricidad, lo que significa que, una vez que anochece, carecen de luz con la que leer o estudiar, no disponen de refrigerador para conservar la comida, ni de cocinas eléctricas o de gas para cocinar. No hay ordenadores que encender, teléfonos que cargar o televisores que ver. Imagina cómo sería tu vida en casa y en la escuela si no tuvieses electricidad, si después del anochecer no pudieses hacer nada más que dormir o hablar con tu familia, si no pudieses salir a la calle de noche porque no verías absolutamente nada... Disponer de energía segura y estable es fundamental para salir de la pobreza, porque significa que los niños pueden pasar más tiempo en la escuela (no solo cuando brille la luz del sol) y estudiando en casa, las mujeres pueden dedicar menos tiempo a preparar la comida (cocinar es más fácil y la comida se puede conservar en el frigorífico, en lugar de tener que cocinarla cada día), los adultos pueden trabajar más horas (de nuevo, no solo durante las horas de luz diurna), entre otras muchas cosas.

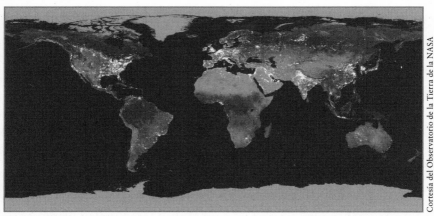

Cortesía del Observatorio de la Tierra de la NASA

Instantánea de la Tierra de noche que muestra dónde hay electricidad y dónde no.

Hacer llegar la energía y la electricidad a todo el mundo es un reto logístico (cómo conseguirlo) y económico (hacerlo de forma que sea asequible). Pero existe un reto adicional: hacer llegar la energía y la electricidad a más gente de forma rápida y barata puede implicar que la electricidad se genere de manera que contamine aún más el entorno. Y no solo un poco más, sino mucho. Aunque no lo deseamos, sí queremos que todas las personas, en cualquier lugar, tengan las mismas posibilidades de aprender, estudiar, trabajar y jugar de las que disfrutamos en Estados Unidos. Y eso requiere electricidad.

Es importante que los líderes de los gobiernos y las empresas de todo el mundo encuentren el equilibrio preciso entre ofrecer más oportunidades a las personas hoy —con más electricidad— y proteger a las personas el día de mañana de la polución que ese incremento de la electricidad generada normalmente conlleva. Este es un asunto que en la actualidad se discute en las conversaciones internacionales sobre cambio climático. Confiemos en que los líderes mundiales tomen las decisiones correctas para ayudar a quienes hoy viven en la pobreza a tener acceso a la electricidad y para ayudar a todo el mundo en el futuro a no tener que soportar la carga de verse obligados a limpiar una polución aún mayor. Más adelante seguiremos hablando sobre la relación entre energía y polución.

Mientras los líderes mundiales debaten cuál es solución a la pobreza energética, nosotros podemos apoyar organizaciones y personas que están resolviendo sus propias dificultades energéticas. Barefoot College enseña a mujeres analfabetas y semianalfabetas cómo fabricar, instalar, utilizar y mantener equipos domésticos de generación de energía solar. Estos aparatos ayudan a convertir la luz solar en electricidad sin generar polución para su entorno. ¿Quiénes son las alumnas más numerosas de Barefoot? ¡Las abuelas! (Igual que una nunca es demasiado joven para aportar su granito de arena, una tampoco es demasiado mayor para hacerlo.) Se las conoce como «mamás solares», y normalmente trabajan en grupos de dos. Cada pareja de abuelas a las que forma el Barefoot College ayuda a electrificar hasta ciento cincuenta hogares en su pueblo, lo que hace llegar la luz a una media de ochocientas personas. Las mamás solares ayudan a mantener los equipos para siempre, lo cual es fantástico para los que reciben la electricidad y también para la abuela, que tiene así un trabajo de verdad (¡y estupendo!).

Inspirado por Gandhi y fundado por Bunker Roy, el Barefoot College y sus abuelas exalumnas han ayudado a que más de quinientas mil personas en la India y otros países puedan acceder a la electricidad (y sin añadir toneladas de polución a la atmósfera). Es algo asombroso. Bunker es una de las personas más felices e inspiradoras que he conocido en mi vida. Me gusta pensar que, si mis abuelas hubiesen vivido en las comunidades donde trabaja el Barefoot College, habrían sido alumnas de Bunker. Para saber más sobre el trabajo que lleva a cabo el Barefoot College y lo que tú puedes hacer para ayudar, visita la página barefootcollege.org.

Cortesía de los fotógrafos de Barefoot

Una mamá solar del Barefoot College trabajando en un panel solar.

Enfermedades crónicas

Cuando alguien enferma a menudo o teme hacerlo, todo es más difícil. Normalmente, una persona enferma no puede esforzarse tanto en un trabajo o en la escuela como alguien sano; la enfermedad puede incluso impedirle conseguir un trabajo o ir a la escuela. También puede traer consigo una desesperanza sobre el futuro, la sensación de que no merece la pena formarse o conseguir un trabajo —en otras palabras, invertir en el futuro— porque la muerte está a la vuelta de la esquina. En los lugares más cálidos existen más enfermedades que en los de clima más frío, por muchos motivos. Por ejemplo, los mosquitos que transmiten la malaria no pueden sobrevivir en climas más fríos, por lo que tampoco lo hace la malaria, una enfermedad que afectó a casi 200 millones de personas solo en 2013.

La malaria es costosa —muy costosa— para las familias, las comunidades y los países. Si los adultos enferman, permanecen en sus casas, dejan de trabajar y, por tanto, de contribuir a la economía del país. Si los niños están en casa enfermos de malaria, no están en la escuela aprendiendo lo que necesitan saber para, más adelante, conseguir un buen trabajo y contribuir a la economía de su país en el futuro. Existen estudios que demuestran, sencillamente, que, cuanta más malaria hay, menor es el crecimiento de un país. Un menor crecimiento año tras año conduce a largo plazo a una economía mucho más pequeña. Dicho de otro modo, un país pobre que sufre malaria tiene muchas posibilidades de continuar siendo un país pobre con malaria hasta que esta sea derrotada. En parte, debido a la relación existente entre lugares más cálidos y más enfermedades, el lugar del planeta donde se encuentra cada país y donde la gente vive tiene mucho que ver con el hecho de si la pobreza extrema es la norma o la excepción. Por desgracia, la malaria solo es un ejemplo entre muchos del efecto que las enfermedades pueden tener sobre una economía y sobre un país. Más adelante veremos otros ejemplos de enfermedades peligrosas tanto para las personas como para las economías, y qué se está haciendo para conseguir que sean historia. En el capítulo 7, «Bichos y bacterias», seguiremos hablando sobre la malaria.

Historia y vecinos

Muchos de los países que son actualmente más pobres fueron colonizados, u ocupados por la fuerza, por potencias extranjeras, y no lograron la independencia respecto de sus colonizadores hasta después de la Segunda Guerra Mundial (como sucedió con la India en 1947). En particular, la trata de esclavos hizo estragos en los países africanos: entre los siglos XVI y XIX, a muchas personas las secuestraron y las embarcaron para servir como esclavos en lugares como Brasil o Estados Unidos, y no pudieron vivir tranquila y productivamente en sus países de origen. La historia de los vecinos de un país también importa. Es más probable que los que están rodeados de otros países con historias similares de colonización sean pobres. Lo contrario es igualmente cierto: los países rodeados de vecinos que nunca fueron colonizados tienen menos probabilidad de ser pobres.

Volvamos ahora a la comida. Los economistas han descubierto una relación entre períodos más prolongados de agricultura sistemática (pensemos en surco tras surco de trigo o legumbres, y en sistemas de irrigación) y riqueza actual. En otras palabras, el hecho de que haya habido más surcos de trigo durante más tiempo implica que es más probable que la situación económica actual de un país sea mejor. Y con «más tiempo» quiero decir realmente mucho tiempo. Los habitantes de Oriente Próximo comenzaron a practicar una agricultura sistemática hace once mil años, mientras que en Europa esto sucedió hace unos ocho mil quinientos años. En el África subsahariana, la agricultura «solo» comenzó hace aproximadamente dos mil años. La historia, tanto la antigua como la más reciente, no es el único factor, pero influye en lo ricos o pobres que son los países en el siglo XXI.

Buenos y malos vecinos importan por algo más que su historia. Es más probable que los países que están rodeados de vecinos relativamente pacíficos y estables lo sean también. ¿Puedes imaginar cómo sería tu barrio si todos tus vecinos estuviesen continuamente peleándose entre sí? ¿Si en cualquier momento pudiese estallar una pelea que invadiese tu hogar, tu escuela, tus calles, los lugares donde compras, donde comes, donde juegas? La inestabilidad y la inseguridad a menudo se extienden como los virus. Los países rodeados de vecinos inestables, inseguros o violentos tienen una mayor probabilidad de tener que hacer frente a violencia que desborda las fronteras.

Las guerras que comienzan en un país pueden afectar a otro, aunque la violencia en sí no sea contagiosa. Los países que intentan evitar verse arrastrados a un conflicto violento deben dedicar más recursos —dinero, tiempo, esfuerzo— a su propia defensa (ejército) que a sus escuelas, fábricas o laboratorios (que sería lo que ayudaría a que sus economías creciesen y a que más gente saliese de la pobreza). Los refugiados que huyen de la violencia en sus hogares y buscan amparo en otro país suelen necesitar comida, alojamiento, agua potable y ropa (todo lo cual cuesta dinero), cosas que el país de acogida proporciona antes de que llegue la ayuda internacional (y a menudo incluso después de que llegue). Los países con vecinos violentos o inestables acaban dedicando muchos recursos a una crisis tras otra y a intentar evitar que la violencia alcance su propio territorio, en lugar de planificar e invertir en un futuro mejor con más oportunidades para su población.

Durante mi viaje al sur de Asia con mi madre, una de nuestras paradas fue en el estado indio de Gujarat para visitar a las mujeres que colaboraban con una organización denominada Self Employed Women's Association (SEWA, Asociación de Mujeres Autoempleadas). Creada por la activista india Ela Bhatt, SEWA ayuda a mujeres pobres a obtener la formación, el apoyo y el dinero que necesitan para que sus propios negocios puedan mantenerse y crecer. Una de las características particulares de SEWA es que reúne a mujeres musulmanas e hindúes en una región del mundo donde los enfrentamientos entre personas con distintos orígenes religiosos se han cobrado innumerables vidas, tanto entre distintos países como dentro de la propia India. Actualmente, SEWA suma más de 1,9 millones de miembros.

Recuerdo llegar a una gran carpa y sentarme entre el público, rodeada de cientos de mujeres, todas atentas a las historias que las mujeres de SEWA contaban a mi madre. Hablaban de sus experiencias individuales y su historia colectiva a través de SEWA. Mujeres de orígenes muy diversos nos contaron que habían aprendido que lo que tenían en común era mucho más de lo que en un primer momento habían pensado, debido a sus distintas procedencias. El apoyo mutuo que se ofrecían les daba

Cortesía de la Biblioteca Presidencial William J. Clinton

Aprendiendo más sobre SEWA hablando con una de las mujeres que conocí en Gujarat (India).

la confianza para enfrentarse a la intimidación y el acoso, y las relaciones que habían establecido ayudaban a evitar la violencia entre hindúes y musulmanes, porque se veían las unas a las otras como amigas y como personas reales, no solo como representantes de sus respectivas religiones. Las mujeres de SEWA también descubrieron que podían ganar más dinero cuando sus comunidades trabajaban juntas, en lugar de enfrentarse entre sí. Me sentí profundamente honrada, y más que ligeramente abrumada, cuando me presentaron ante el público como «una futura miembro potencial de SEWA». Si la historia de SEWA te atrae y quieres participar, puedes informarte en sewa.org.

El valor de la confianza

Las mujeres de SEWA aprendieron a confiar sus vidas y el futuro de sus familias las unas en las otras: el programa SEWA las ayudó a poner en común sus ahorros y a prestar ese dinero a otras mujeres que lo necesitaban para invertir en sus negocios o en la educación de sus hijos, entre otras cosas. Si esto te recuerda al funcionamiento de un banco, tienes toda la razón: SEWA también es un banco. Los prestatarios de SEWA devolvían casi el cien por cien de los créditos (el 96 por ciento, para ser exactos) y las mujeres que habían aunado sus ahorros sabían que podían recuperar su dinero si lo necesitaban.

Imagina ahora que no supieses si puedes abrir una cuenta en un banco o que, una vez abierta y hecho un depósito, no supieses si tu dinero estaría ahí cuando lo necesitases o la próxima vez que fueses al banco. Imagina que no supieses si el dinero que has ganado hoy valdrá cien o mil veces menos en un año (debido a algo denominado inflación, que hace que el dinero pierda valor rápidamente si la gente pierde su confianza en un país). Imagina que hubieses comprado una extensión de terreno para cultivar o donde abrir un negocio y que no supieses si, pasado un año, ese terreno —o el negocio— seguiría siendo tuyo, porque un funcionario del gobierno tuviese la potestad de quedarse con tu propiedad sin que tú pudieses hacer nada al respecto (porque la policía y los tribunales fuesen corruptos). Imagina que, para evitar esa situación, tuvieses que pagar un gran soborno a ese mismo funcionario que te amenaza con quitarte tu propiedad, y renunciar a parte del dinero que tanto te ha costado ganar solo para mantener tu negocio a flote. No querrías ser partícipe de la corrupción, pero si no pagases el soborno todo tu esfuerzo habría sido en vano. Imagina que no supieses si el actual presidente seguiría siéndolo mañana o podría ser apartado del poder por la fuerza (mediante lo que se conoce como un golpe militar). Imagina que no pudieses creerte lo que leyeses en el periódico o escuchases en la radio, no porque los medios tuviesen distintas opiniones, sino porque directamente se inventasen los hechos para servir a los intereses de sus propietarios (a menudo, el gobierno), no del público. Esta montaña rusa de incertidumbre es la situación a la que la gente tiene que hacer frente en muchos países del mundo.

¿Por qué es importante poder confiar en la estabilidad de aquello en lo que participas, ya sea depositar tu dinero en un banco, gestionar un negocio o votar? Si la gente no puede estar segura de que su dinero tendrá un valor estable, o de que estará en el banco cuando quiera retirarlo, o si la gente teme que en su país estalle una guerra civil en cualquier momento, es fácil entender que tendrá menos motivos para esforzarse hoy en su trabajo. El razonamiento es el siguiente: ¿por qué preocuparse si todo puede desaparecer mañana? Si la gente no se esfuerza y desarrolla nuevas ideas e invierte en sus tierras de cultivo y sus negocios, las economías no crecen. Pero si la gente sabe que sus gobiernos no van a ser derrocados, que no son corruptos, que los sobornos no son necesarios para hacer negocios, que los bancos seguirán ahí mañana, que su dinero no perderá todo su valor y que el sistema legal (policía y tribunales) trata a todo el mundo por igual y de manera justa, las economías tienen más posibilidades de crecer, y es más probable también que más gente consiga salir de la pobreza.

Las experiencias tan diferentes de Corea del Sur, una democracia asentada, y Corea del Norte, una brutal dictadura, ponen de manifiesto este contraste, como se puede ver en la gráfica. Corea del Norte aparece en los últimos lugares del índice de corrupción de Transparency International, lo que significa que el soborno a los funcionarios, ya sean de la Administración, militares u otros, es una práctica habitual, que incluso se da por descontada, a la hora de hacer negocios. Quienes tienen acceso a internet en Corea del Norte normalmente trabajan para el gobierno (y, al parecer, dedican buena parte de su tiempo a atacar a Estados Unidos y a las empresas estadounidenses). En Corea del Sur, donde más del 90 por ciento de la población tiene acceso a internet, también disfrutan de las conexiones con la velocidad media más alta del mundo.

En las últimas décadas, el hambre y la hambruna han golpeado a Corea del Norte en repetidas ocasiones, pero no así a Corea del Sur. Antes de la Segunda Guerra Mundial y la guerra de Corea, que en la práctica terminó en 1953, Corea era un único país pobre. ¿Cuáles son las principales diferencias desde entonces? Los tipos de sistemas (políticos, legales, empresariales, educativos) que cada país ha construido a lo largo del tiempo y en qué ha invertido (o no). Tras la guerra que dividió en dos el país, el gobierno de Corea del Sur invirtió en la construcción de sistemas de distribución y saneamiento de agua, eléctrico, educativo, de transporte y de atención

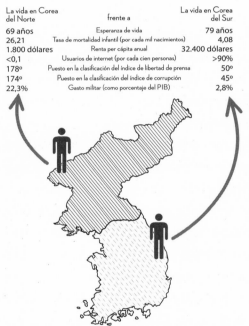

COREA DEL NORTE FRENTE A COREA DEL SUR

La vida en Corea del Norte	frente a	La vida en Corea del Sur
69 años	Esperanza de vida	79 años
26,21	Tasa de mortalidad infantil (por cada mil nacimientos)	4,08
1.800 dólares	Renta per cápita anual	32.400 dólares
<0,1	Usuarios de internet (por cada cien personas)	>90%
178º	Puesto en la clasificación del índice de libertad de prensa	50º
174º	Puesto en la clasificación del índice de corrupción	45º
22,3%	Gasto militar (como porcentaje del PIB)	2,8%

Fuente de la información: *The Guardian* (2013) e Internet Live Stats (2014)

sanitaria, y vio cómo su economía se expandía y la mayoría de los surcoreanos salían con creces de la pobreza extrema. Corea del Norte no llevó a cabo ninguna de estas inversiones en una medida suficiente como para que beneficiaran a la mayoría de norcoreanos. ¿Dónde preferirías vivir? Cuando se trata de elegir entre Corea del Norte y Corea del Sur, la respuesta no es difícil. Otras veces la respuesta es menos evidente, particularmente si pensamos en lugares hermosos que tienen la fortuna de albergar diamantes, petróleo u otros valiosos recursos naturales.

La maldición de los recursos

Quizá hayas oído hablar de lo que se conoce como la «maldición» o «paradoja de los recursos». Algunos de los países más pobres del planeta albergan piedras preciosas, como diamantes o esmeraldas, metales valiosos como oro y plata, fuentes de energía como petróleo o gas natural, y otros minerales de los que puede que no hayas oído hablar, pero que desempeñan un papel importante en nuestras vidas, como la bauxita, que se utiliza para producir el aluminio de las latas de bebida, el papel de plata, ciertos utensilios y algunas partes de los aviones. En muchos países con estos extraordinarios recursos naturales, unas pocas personas se han enriquecido mucho, mientras que muchas otras siguen siendo muy pobres y miles —millones, en algunos sitios— han muerto en las luchas por controlar la riqueza que esos recursos generan. Las decenas de miles de víctimas, y los millones de refugiados, de la guerra civil de Sierra Leona (entre 1991 y 2002), una guerra debida en buena medida a los diamantes, constituyen, trágicamente, un perfecto ejemplo de la maldición de los recursos.

Debe quedar claro que la abundancia de recursos no siempre desemboca en una guerra civil y el caos. Botsuana tiene diamantes, muchísimos diamantes. Durante décadas, sus líderes han invertido gran parte del dinero obtenido de la venta de diamantes en construir carreteras, llevar electricidad a más gente y mejorar la educación a todos los niveles; es decir, inversiones que contribuyen al crecimiento de la economía y a que las personas salgan de la pobreza. Desde su independencia en 1966 hasta los años noventa, la economía de Botsuana creció más rápido que la de cualquier otro país en vías de desarrollo, incluida Corea del Sur.

Pero la realización de las inversiones correctas es solo parte de la historia. Botsuana también implantó unos derechos de propiedad bien definidos (de manera que cada uno supiera qué le pertenece y qué no), el imperio de la ley (con un cuerpo policial y un sistema judicial que tratan a las personas de manera justa, al menos la mayoría de las veces), un compromiso con la transparencia (en relación con dónde se invierte la riqueza procedente de los diamantes), y un sistema de elecciones democráticas (aunque dominado por un partido político).

Quién gobierna y cómo lo hace —lo que se conoce como «gobernanza»— es importante, en particular a la hora de abordar desafíos complejos como la pobreza. Botsuana aún lucha contra la desigualdad y la pobreza extrema. Demasiadas personas siguen viviendo con menos de 1,25 dólares al día, mientras que algunas se han enriquecido enormemente con los diamantes, pero su situación es mucho mejor de lo que habría sido si sus líderes se hubiesen quedado con toda la riqueza procedente de los diamantes.

Cada vez más países y más gente —también en Sierra Leo-

na— están decididos a acabar con la maldición de los recursos.
A pesar de lo cual, muchos países aún necesitan que sus líderes
se preocupen más por el futuro colectivo de todo su pueblo y
por realizar inversiones a largo plazo en cosas como escuelas,
hospitales, energía y conectividad a internet. Cuando los países
no llevan a cabo inversiones a largo plazo como esas, no son
transparentes respecto a dónde gastan el dinero, no disponen de
derechos de propiedad bien definidos y carecen de un sistema
legal justo, se suele decir que sufren de un «déficit de gobernanza», con independencia de que el país posea riqueza mineral
o no. Los países con déficit de gobernanza (como Corea del Norte) tampoco suelen respetar la libertad de prensa (la capacidad
de los periodistas de informar sobre lo que consideren oportu-
no), porque quienes detentan el poder no toleran ninguna críti-
ca. Tampoco es habitual que garanticen la libertad de reunión
(que la gente pueda congregarse cuando y donde lo desee), porque quienes mandan no quieren que los ciudadanos se reúnan,
se organicen y trabajen para mejorar la gobernanza.

Algunos académicos creen que el déficit de gobernanza es la
mejor explicación para la pobreza de algunos países; otros piensan que la geografía y las enfermedades —la carencia de acceso
a agua, las elevadas temperaturas, más malaria— constituyen
los motivos principales por los que algunos países son más pobres que otros; y aún hay otro grupo que piensa que el principal
culpable son las condiciones meteorológicas extremas: incesan-
tes huracanes, inundaciones y monzones. La mayoría cree que la
clave está en una combinación de todo lo anterior, y que se han
de abordar todos esos aspectos para que los países y las personas puedan salir de la pobreza.

COMBATIR LA POBREZA EN LOS PAÍSES EN VÍAS DE DESARROLLO

Aunque existen semejanzas en las dificultades a las que han de hacer frente las personas que viven en pobreza extrema en distintos lugares del mundo, cada comunidad es diferente. Al buscar la mejor manera de ayudar a los países y las personas a salir de la pobreza, debemos empezar por escuchar a esas mismas personas a las que queremos ayudar, como hacen Heifer, Barefoot College, los distintos proyectos para construir pozos y muchísimos otros. Esto puede parecer evidente, pero no lo es para todo el mundo y no siempre ocurre. Imagina cómo te sentirías si una persona ajena a tu comunidad llegase a decirte cómo hacer las cosas, en lugar de preguntarte cuáles crees que son los problemas y qué te gustaría que sucediese para que tu vida fuese más tranquila, más saludable y más rica. Aunque es obvio que disponer de agua potable, mejores sistemas de saneamiento, más y mejores oportunidades educativas, mejor atención sanitaria, mejores carreteras, más puestos de trabajo y unos gobiernos más honrados y competentes es fundamental para combatir la pobreza extrema, cualquier solución debe reflejar la voluntad de la comunidad. Evidentemente, esto es más sencillo en lugares seguros y estables que en los que están envueltos en guerras o allí donde existen gobiernos corruptos.

A veces no se trata tanto de hablar con los gobiernos como de reconocer y apoyar la labor de los individuos que ya están esforzándose por salir ellos mismos y sus comunidades de la pobreza. Quizá hayas oído hablar de William Kamkwamba, «el chico que dominó el viento». William nació en 1987 en Malaui y creció en una aldea sin electricidad ni agua corriente, y en una familia que a duras penas sobrevivía con la comida que cultivaba, y apenas disponía de dinero para costear la educación de los hijos. Tras una terrible sequía en 2001, William tuvo que abandonar la escuela porque su familia ya no podía pagar los costes de matriculación, pero continuó con su formación por su cuenta, yendo a la biblioteca y leyendo todo lo que podía. Un día, descubrió un libro sobre molinos y decidió que construiría uno. Y lo hizo. A partir de piezas de desecho que encontró en lámparas y radios, construyó el primer molino de viento que su aldea había visto jamás. Y funcionaba: generaba electricidad para su familia y sus vecinos. Así que construyó más molinos, incluidos los que aparecen en la imagen al principio de esta parte del libro, donde se puede ver al primo de William subido a uno de los molinos. También construyó una bomba de agua alimentada por energía solar, para que su pueblo pudiese disponer de agua potable. La situación de su familia y de su comunidad ha mejorado mucho gracias al ingenio y la iniciativa de William. Para saber más sobre su historia y apoyar su trabajo, visita la página williamkamkwamba.com.

El mundo sabe cuáles son algunas de las cosas que funcionan a la hora de combatir la pobreza, pero sabe mucho menos de lo necesario sobre cómo ayudar, sobre todo desde lejos, a que las historias de más niños (y adultos) sean como la de William. ¿Cómo pueden las personas ajenas a una comunidad ayudar de una manera que sea respetuosa con los miembros de la misma y con su cultura, y los empodere para el futuro? Los países más ricos, las fundaciones, las organizaciones benéficas, las empresas y los ciudadanos privados están tratando de combatir la pobre-

za extrema de muchas ma-
neras diferentes, y también
son muy diversas las opiniones sobre cuáles son las mejores estrategias. Algunas se
centran en grandes inversiones, como escuelas, hospitales y carreteras, mientras que
otras lo hacen en combatir
la pobreza de cada persona,
una por una, de forma similar a como hace Heifer con
los animales.

Estos niños prestaron dinero
a personas de todo el mundo a través
de KivaU.org.

Cortesía de Diana Williams

A veces, los individuos o las familias que viven en pobreza
extrema reciben directamente créditos que les permiten obtener
mejor comida y agua más limpia, pagar la matrícula escolar o
expandir sus negocios. Estos préstamos a las pequeñas empresas
se conocen como microcréditos o microfinanzas. Puede que hayas oído hablar de Kiva, una de las mayores plataformas de microcréditos online. A través de ella, los individuos de cualquier
parte del mundo pueden proporcionar créditos directamente a
personas que viven en la pobreza, muchas de las cuales apenas
llegan a los 1,25 dólares diarios. Hasta principios de 2015, más
de 1,3 millones de personas (incluidos mi marido, Marc, y yo)
han contribuido a financiar créditos para más de 1,6 millones de
prestatarios en todo el mundo. El volumen medio de un présta-
mo es de alrededor de 400 dólares. Pero muchos de los pres-
tamistas prestan 25 dólares, lo que significa que Kiva reúne a
grupos de personas para respaldar un crédito. Los chavales tam-

bién pueden participar —y lo hacen— en el proceso de los créditos de Kiva, así como solicitar préstamos para ir a la escuela o para lanzar sus propios negocios en los países en vías de desarrollo. Para saber más, visita KivaU.org.

Aunque los microcréditos y las microfinanzas (así como las cabras, vacas y búfalos) son herramientas poderosas para ayudar a las personas individuales y a las familias a salir de la pobreza, también son necesarias grandes inversiones. Incluso en los países muy pobres, ayudar a construir una escuela, llenarla de libros y asegurarse de tener buenos profesores para dar clase cuesta mucho más de 400 dólares. O para construir un hospital y formar a los médicos, enfermeros y al resto del personal, así como comprar los equipos, las medicinas y las herramientas necesarias para proporcionar una buena atención sanitaria. También cuesta más de 400 dólares construir y mantener una carretera, una antena de telefonía móvil o un sistema bancario, cosas todas ellas importantes para que las economías crezcan y los países puedan salir de la pobreza.

¿Recuerdas a nuestra fabricante de papel? Un microcrédito le habría sido realmente útil para comprar el material necesario para fabricar el papel, aunque no tanto si aún no hay una buena carretera que le permita obtener agua potable o llegar al mercado local. Es aquí donde normalmente entran en juego los países donantes más ricos, como Estados Unidos, Reino Unido, Alemania, Japón, Noruega y Australia, o grandes instituciones como el Banco Mundial, que reúnen dinero procedente de los países ricos. Pueden ayudar a los países en vías de desarrollo a construir sistemas sanitarios y educativos, carreteras y otras cosas que requieran una mayor inversión a lo largo de períodos de tiempo más amplios. A veces el dinero de los países ricos o del Banco Mundial se les entrega directamente a los países, y otras veces se les presta.

Las grandes fundaciones, organizaciones benéficas y lo que normalmente se conoce como organizaciones no gubernamentales (ONG) también tienen su papel. Se encargan de construir escuelas, clínicas y hospitales, y de ayudar a formar a los profesores y enfermeros, idealmente coordinándose entre sí, con los gobiernos de los países donde trabajan y con grupos locales de las comunidades. En particular, las oenegés a menudo ofrecen una asistencia crucial tras desastres naturales como huracanes, inundaciones o terremotos. Una de estas organizaciones es CARE. Probablemente hayas oído hablar del paquete de ayuda que se le envía a un amigo o pariente que está lejos del hogar. Los paquetes de ayuda (*care packages* en inglés) recibieron su nombre de CARE, y su primerísimo proyecto, consistente en enviar cajas de comida desde Estados Unidos a Europa tras la Segunda Guerra Mundial para contribuir a evitar la hambruna. CARE aún lleva a cabo un trabajo fundamental en los campos de la nutrición y la ayuda de emergencia tras un desastre natural o de cualquier otro tipo, para ayudar a las personas y las comunidades a escapar de la pobreza. Si quieres saber más sobre

Una niña en Bulgaria, en 1948, con uno de los primeros paquetes de CARE.

Cortesía de CARE

los paquetes de CARE originales y sobre el trabajo que realiza esta organización actualmente, visita care.org.

El sector empresarial mundial también puede ejercer su influencia sobre nuestra fabricante de papel. Las empresas que compran productos procedentes de los países en vías de desarrollo (ya sea papel o cualquier otra cosa) pueden comprometerse a pagar por ellos un precio que le proporcione a la productora los ingresos suficientes para mantener a su familia y, con el tiempo, si tiene éxito, ampliar su negocio, en tanto que permita a las empresas obtener un beneficio al vender el papel a consumidores como nosotros. Cada vez es más habitual que las empresas se comprometan también a garantizar que en sus cadenas de suministro no hay sitio para el trabajo esclavo o forzado, esto es, que a nadie se le obliga a recoger café, algodón o granos de cacao, o a trabajar en una fábrica. Es lo que se conoce como aprovisionamiento responsable o ético. Cuando los consumidores (o los compradores) en los países desarrollados compramos productos de empresas que han adoptado estas prácticas, estamos mostrando nuestro apoyo con nuestro monedero. En los sitios web de la mayoría de las grandes compañías, puedes averiguar si sus productos siguen un aprovisionamiento responsable (la información puede aparecer en la sección de «cadena de suministro»). Para saber si también lo cumple tu marca favorita de papel, chocolate, ropa o zapatos, infórmate online antes de tu próxima compra.

La ayuda y la asistencia, ya sea por parte de los gobiernos de los países ricos, organizaciones benéficas u oenegés, no están exentas de controversia. Ni siquiera los tipos de asistencia que acabamos de ver, como los microcréditos individuales o los préstamos más importantes para los países. Algunas personas simplemente no creen en ninguna clase de ayuda o asistencia, aunque son minoría. La mayoría de la gente cree que los países más ricos y las personas que quieran ayudar deberían hacer algo, pero mantiene acalorados debates sobre en qué debe emplearse la ayuda y cuál debe ser su cuantía. Algunas personas piensan que los países que poseen recursos naturales no deben recibir ninguna ayuda de donantes del exterior. Otras creen que ayudar a las personas pobres es simplemente lo correcto desde un punto de vista moral, vivan donde vivan, y con independencia de lo que sus gobiernos hagan o dejen de hacer.

Los países más ricos y sanos normalmente son mejores socios comerciales, lo que significa que podemos venderles una mayor cantidad de nuestros bienes (lo cual es bueno para nuestra economía y nuestros trabajadores) y ellos pueden vendernos sus productos a nosotros (lo que, con suerte, puede ampliar nuestras opciones de compra sin afectar negativamente a nuestra economía y nuestros trabajadores). Asimismo, se cree que es más difícil que en los países más ricos y sanos puedan asentarse grupos terroristas (aunque el terrorismo y los terroristas son problemas que también afectan a los países más ricos).

Algunas personas creen que la ayuda se debería entregar a los líderes de los países en vías de desarrollo, para que estos la empleen de la manera que consideren más apropiada para sus países, mientras que otros creen que el dinero debería fluir directamente hacia las clínicas, escuelas, negocios y emprendedores. Y existen debates sobre si se debería destinar más ayuda a la salud, la agricultura y la educación o a otros fines, y sobre cómo valorar si un programa de ayuda es efectivo o no (en otras palabras, si merece una nota de sobresaliente, notable, aprobado o suspenso). Tendrás que hacerte tu propia idea sobre qué ayuda consideras importante, cómo debería medirse y a qué debería destinarse (o no).

Mientras reflexionas sobre cuáles son las soluciones y las estrategias adecuadas, puedes contribuir a llamar la atención sobre el hecho de que aproximadamente una de cada siete personas en el planeta vive con menos de 1,25 dólares al día, y sobre por qué crees que es importante que todo el mundo se preocupe por la pobreza. En 2004, cuando tenía nueve años, Dylan, de New Hampshire, lanzó algo llamado Lil' MDGs, un proyecto para educar a los jóvenes sobre los Objetivos de Desarrollo del Milenio (en inglés: *Millennium Development Goals*, o MDGs). Dylan sabía que, en el año 2000, los líderes mundiales habían creado los MDGs para ayudar al mundo a combatir la pobreza y el hambre, así como para ayudar a que un mayor número de madres y niños viviesen una vida más sana, entre otras prioridades. El objetivo de Lil' MDGs era utilizar la web y, más tarde, las redes sociales (que aún no eran muy populares en 2004) para informar e inspirar a los jóvenes para que actuasen y nos ayudasen a alcanzar los MDGs en 2015. A lo largo de varias campañas, Lil' MDGs congregó a más de 4 millones de chavales de cuarenta y un países para hacer cosas como recaudar dinero para ayuda de emergencia en caso de tsunami o huracán o enviar material escolar a alumnos en Irak. Pero, al principio, Dylan reclutó a solo dos personas. A veces simplemente tenemos que empezar por algún sitio, confiando en que conseguiremos efectuar cambios en la vida de otras personas y en nuestro futuro en común. Nunca sabemos cuál será la magnitud del efecto de nuestras acciones una vez que nos ponemos en marcha.

¡Ponte en marcha!

- Ayuda a concienciar a la gente sobre el hecho de que más de 1.000 millones de personas viven con menos de 1,25 dólares al día hablando con tus familiares y al menos tres de tus amigos, y pidiéndole a cada uno de ellos que haga lo mismo con su familia y amigos.
- Envía una vaca, cabra o búfalo (o pollitos, patos o gansos) a una familia que lo necesita a través de Heifer International.
- Participa en Read to Feed a través de Heifer International para recaudar fondos con los que apoyar su trabajo.
- Apoya a Barefoot College para que más abuelas puedan llevar la energía solar a más lugares.
- Comparte la historia y el trabajo de SEWA.
- Ayuda a excavar un pozo o a un construir un sistema de aguas a través de Living Water International, Water.org o charity: water.
- Invierte dinero para un crédito (o anima a otra gente a que lo haga) en KivaU.org.
- Lanza un proyecto como el de Dylan y su Lil' MDGs para llamar la atención sobre los problemas a los que se enfrentan las personas que viven en la pobreza y lo que el mundo está tratando de hacer para resolverlos.
- Si tienes al menos catorce años, utiliza las redes sociales para seguir a organizaciones (como CARE) que combaten la pobreza y a personalidades (como Alicia Keys) que tratan de concienciar sobre ella, como manera de demostrar tu interés y tu apoyo a su trabajo.

- Haz cualquiera de las cosas que se proponen en los demás capítulos (hay muchas sugerencias para ponerte en marcha al final de cada uno de ellos). Contribuir a combatir el cambio climático, ayudar a que las niñas tengan las mismas oportunidades que los niños en la vida, y ayudar a evitar que la gente sea víctima de las enfermedades son maneras de ayudar a los países y a las personas —en particular a los niños— a superar la pobreza.

CAPÍTULO 2

32 DÓLARES AL DÍA
LA POBREZA EN ESTADOS UNIDOS

Cuando era niña, iba a misa los domingos con mi madre a la iglesia metodista First United, en el centro de Little Rock. Mi padre acudía a la iglesia bautista Immanuel. Después de misa, los tres comíamos juntos en un restaurante local. Algunos días, nosotras salíamos antes que mi padre y, antes de la comida, caminábamos desde nuestra iglesia hasta una biblioteca pública cercana, donde yo sacaba un libro o dos (y devolvía los que había tomado prestados la semana anterior). Algunos sábados, mi madre tenía que ir a su oficina en el centro, y de camino parábamos en la biblioteca. Las mejores semanas eran aquellas en que conseguía ir a la biblioteca el sábado y el domingo. ¡Ya sé que parece propio de niña repelente! Pero me encanta-

Mi madre y yo delante de la iglesia metodista First United en Little Rock.

ban (y me siguen encantando) la historia y la novela histórica, y siempre estaba intentando convencer a mi madre para que fuésemos a la biblioteca. Por suerte, casi siempre accedía.

Semana tras semana, en la biblioteca siempre veía a la misma pareja leyendo, tomando algo en el comedor de nuestra parroquia o en la calle rondando alrededor de sus bicicletas cargadas de bártulos. Ella era una mujer blanca mayor, y él un hombre afroamericano. No había muchas parejas interraciales en Arkansas a mediados de los años ochenta, pero lo que más llamaba la atención eran todas las bolsas y mantas que se amontonaban sobre sus bicicletas.

Un domingo, cuando caminaba hacia la biblioteca para devolver un libro y tomar otro prestado, vi a la pareja durmiendo acurrucada bajo la marquesina de la biblioteca. Fue entonces cuando caí en la cuenta de que siempre estaban por allí porque probablemente no tenían ningún otro sitio donde ir, y que recurrían a lugares como nuestra iglesia para conseguir comida, al menos los domingos. Me avergonzó haber tardado tanto en entender que probablemente vivían en la calle, algo que sabía que a mi abuela le habría podido acabar pasando en varias ocasiones cuando era niña.

Tenía la vaga creencia de que mi abuela había estado a punto de quedarse sin hogar porque le tocó vivir la Gran Depresión y porque sus padres eran crueles. Ahora que lo pienso, creo que entonces yo veía la carencia de vivienda como algo de otra época, algo que solo había sucedido mucho tiempo atrás. Por desgracia, estaba muy equivocada. Ver que una mujer que tenía aproximadamente la misma edad que mi abuela por aquel entonces dormía en la calle junto a la biblioteca hizo que se me pusiera un nudo en la garganta. También hizo que me diese cuenta de lo afortunada que era al tener un hogar y comida que compartir con mi familia, en lugar del comedor de la parroquia, y al no tener que preocuparme de que algún día pudiese despertarme sin casa y sin comida.

Hemos hablado sobre la pobreza extrema en el mundo, pero Estados Unidos y otros países ricos no son inmunes a la pobreza, aunque a primera vista pueda parecer que en ellos es menos grave. En Estados Unidos no hay millones de personas viviendo en barriadas chabolistas en condiciones insalubres, sin agua corriente ni electricidad. Pero sí hay millones de estadounidenses que temen perder sus hogares y quedarse sin un lugar seguro donde criar a sus hijos o vivir sus últimos años. Y son aún más numerosos los millones de estadounidenses que no saben dónde conseguirán su próxima comida. La pobreza en Estados Unidos es tan real como en cualquier otro lugar, y afecta especialmente a los niños. En un estudio reciente, Estados Unidos ocupaba el trigésimo cuarto lugar de treinta y cinco países desarrollados, o ricos, en porcentaje de niños que viven en condiciones de pobreza.

Los efectos de la pobreza, el hambre y la carencia de vivienda sobre los niños no se limitan a su infancia, sino que se dejan sentir también a lo largo de toda su vida. Los niños estadounidenses que crecen en la pobreza tienen más posibilidades de acabar siendo pobres, pasando hambre o viviendo en la calle cuando sean adultos, en parte porque es menos probable que reciban la educación necesaria para encontrar un trabajo bien remunerado más adelante. Los niños que pasan hambre encuentran mayores dificultades para desarrollarse física, intelectual o mentalmente que quienes no padecen esas penurias, lo que hace que sea más probable que permanezcan en la pobreza o caigan en ella más adelante. Los jóvenes que no ven a sus padres gestionar su dinero activamente, ajustarse a un presupuesto y ahorrar para el futuro —en gran medida porque no disponen de dinero que gestionar, gastar o ahorrar— no aprenden desde pequeños lo importante que es gestionar el dinero a la hora de evitar caer en la pobreza. Cuesta imaginar lo que uno no ve, en particular en su propia familia.

Como comentamos en el capítulo anterior, las causas y los efectos de la pobreza en cualquier país, comunidad y familia están relacionados entre sí y son extremadamente complejos. La magnitud de la pobreza existente en Estados Unidos en un momento determinado depende en parte de cuántos puestos de trabajo de calidad y bien remunerados existen, así como de si hay un número suficiente de personas con la formación y la experiencia adecuadas para ocupar esos puestos de trabajo. Y en parte depende también de si la desigualdad entre los estadounidenses más ricos y los más pobres crece —como sucede en 2015— o disminuye, como ocurrió tras la Segunda Guerra Mundial y hasta la década de los años setenta del pasado siglo. La pobreza de hoy es también en parte consecuencia de la pobreza de ayer, de la del año pasado, e incluso de la de la generación o el siglo anteriores.

En Estados Unidos, como sucede en cualquier otro lugar, es necesario entender la historia del país, de nuestras comunidades y también de nuestras familias para poder entender la pobreza. En general, es más probable que los barrios pobres, tanto en las ciudades como en las zonas rurales, hayan sido pobres históricamente, en parte porque nuestros gobiernos locales o estatales no han tenido los recursos (o, en ocasiones, la voluntad) para construir mejores escuelas, mejores carreteras y otras cosas que atraen más empresas y puestos de trabajo —y más dinero— hacia esas zonas. Los niños que nacen en familias pobres tienen una probabilidad mayor de seguir siendo pobres toda su vida. Esto es así en parte porque es más probable que vivan en barrios pobres. Por lo general, los puestos de trabajo que existen en esas zonas están peor remunerados, las escuelas locales suelen ser peores y las tasas de delincuencia normalmente son más elevadas que en los barrios más acomodados.

La historia de racismo y discriminación de nuestro país también nos ayuda a entender por qué los afroamericanos, los indios americanos y los estadounidenses de origen hispano tienen más posibilidades de sufrir la pobreza. Durante generaciones, la discriminación racial fue legal, e incluso se fomentó para evitar

NÚMERO DE FAMILIAS EN ESTADOS UNIDOS QUE VIVEN OFICIALMENTE EN LA POBREZA (1959-2013)

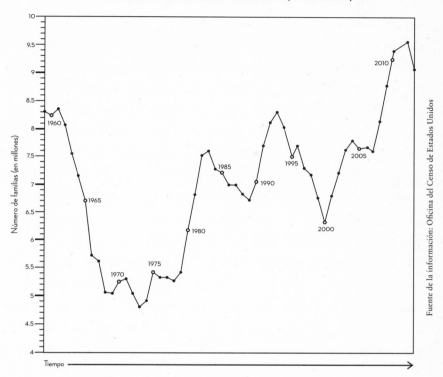

Fuente de la información: Oficina del Censo de Estados Unidos

que las minorías, en particular los afroamericanos, accediesen a ciertas escuelas y puestos de trabajo. Y aun después de que las leyes cambiasen, los prejuicios persistieron en las actitudes y las costumbres. Como consecuencia, a lo largo del tiempo, los afroamericanos, los indios americanos y los estadounidenses de origen hispano han dispuesto de menos escuelas de calidad, menos puestos de trabajo y menos posibilidades de alojamiento de calidad, lo que ha dificultado que pudiesen salir de la pobreza. Lo que se expone en este párrafo y en el anterior son solo unas pocas explicaciones muy generales de la pobreza en Estados Unidos. La historia también nos enseña que, si las distintas instituciones —gobierno, empresas, escuelas, grupos religiosos, entidades benéficas y familias— trabajan conjuntamente, podemos ayudar a proteger a millones de personas de los peores estragos que la pobreza provoca en Estados Unidos, como el hambre o la carencia de vivienda. Podemos contribuir asimismo a que millones de personas salgan de la pobreza, como sucedió gracias a los trabajos en el sector industrial (en fábricas donde se producían coches, entre otras cosas) después de la Segunda Guerra Mundial, o en el sector tecnológico (para trabajar en cosas como los ordenadores) durante la década de 1990.

IMPUESTOS Y PROGRAMAS GUBERNAMENTALES

Quizá hayas oído hablar de la Seguridad Social, un programa gubernamental que el presidente Franklin Delano Roosevelt implantó en los años treinta del siglo pasado y que da dinero a los estadounidenses mayores de sesenta y cinco años. Ese dinero no tiene por qué ser, por sí solo, suficiente para vivir, pero sí permite que millones de personas mayores permanezcan oficialmente fuera de la pobreza (que es exactamente la razón para la que se creó la Seguridad Social). El dinero que estas personas mayores reciben proviene de los impuestos que el gobierno recaudó de los salarios que ellos o sus cónyuges cobraron durante los años en que trabajaron. Es, básicamente, un seguro que una generación firma con la siguiente, dirigido a evitar que las personas mayores vivan en la pobreza.

Otros programas gubernamentales están diseñados específicamente para ayudar a cubrir las necesidades básicas (comida, calefacción, atención médica) de las personas pobres. La cantidad de dinero que los gobiernos federal y estatal recaudan de ciudadanos y empresas a través de los impuestos determina cuánto se puede destinar a estos y otros programas, como la construcción de escuelas, carreteras o puentes, la investigación científica, el ejército, etc. La mayoría de los grandes programas diseñados para ayudar a las personas pobres son proyectos conjuntos entre los estados y el gobierno federal, que operan en paralelo a los de los entes municipales, las organizaciones religiosas y las entidades benéficas, entre otros. Las opiniones sobre cuál debería ser el papel del gobierno (ya sea federal, estatal o local) para combatir la pobreza a través de programas como la Seguridad Social son de lo más variadas. Tendrás que formarte la tuya propia, especialmente cuando tengas edad suficiente para votar, sobre cuál crees que debería ser —o no— el rol del gobierno en asuntos como la lucha contra la carencia de vivienda y el hambre.

¿CÓMO SE MIDE LA POBREZA EN ESTADOS UNIDOS?

En 2013, más de 45,3 millones de estadounidenses vivían oficialmente por debajo del umbral de la pobreza, de los cuales alrededor de 14,7 millones eran niños. Para una familia compuesta por dos adultos y dos niños, esto equivalía a unos ingresos familiares inferiores a 23.550 dólares al año; para un adulto soltero, a menos de 11.490 dólares anuales. Lo que resulta en algo menos de 32 dólares al día (de ahí el título de este capítulo).

Estas cifras son lo que se conoce como las pautas de pobreza del gobierno federal, o el umbral federal de pobreza, y se actualizan cada año para tomar en consideración las variaciones en el coste de los alimentos, entre otras cosas. Aunque constituyen la definición oficial de la pobreza, nadie cree realmente que las pautas de pobreza cubran todos los costes de alojar, alimentar, vestir y, en general, cuidar y mantener a una persona, y menos aún a una familia con niños. En muchos lugares de Estados Unidos, 32 dólares darían para comprar poco más que dos pizzas grandes. Así pues, aunque 11.490 dólares al año, o incluso 32 dólares al día, pueda parecerte mucho dinero, en la práctica no es suficiente para cubrir las necesidades básicas en Estados Unidos. Puesto que la mayoría de la gente no cree que la definición oficial de la pobreza recoja cuántas personas en Estados Unidos tienen dificultades para proporcionar un hogar y una vida buena, saludable y segura a sus familias, se suele utilizar la expresión de «bajos ingresos» para describir a las familias pobres. Las familias de bajos ingresos ganan hasta el doble que quienes viven por debajo del umbral de la pobreza. Aproximadamente, uno de cada tres estadounidenses, unos 106 millones de personas, vive en familias de bajos ingresos.

Aunque es útil conocer las distintas definiciones, no debemos dejar que nos distraigan de lo esencial. Lo importante es reconocer que, hoy en día, en Estados Unidos, decenas de millo-

PORCENTAJE DE NIÑOS EN ESTADOS UNIDOS QUE VIVEN EN FAMILIAS DE BAJOS INGRESOS (2013)

Fuente de la información: National Center for Children in Poverty

nes de niños empiezan sus vidas en desventaja. Imagina que tuvieses que correr una carrera y partieses 10 metros por detrás de todos tus rivales, no hubieses desayunado esa mañana (y quizá tampoco cenado la noche anterior), hubieses dormido en tu tercer albergue distinto ese mes, y llevases zapatos que no fuesen de tu talla. Alcanzar a los demás sería realmente dificilísimo. El hecho de que haya casi 32 millones de niños que viven en familias de bajos ingresos significa que cuatro de cada diez corredores parten con mucha desventaja. Todos podemos hacer muchas cosas para mejorar las vidas de esos niños y sus familias. Este es un asunto en el que no hemos avanzado en absoluto todo lo que deberíamos, y creo que todos tendríamos que sentir la urgencia moral de abordarlo.

LA POBREZA NO AFECTA A TODOS POR IGUAL

La pobreza no afecta únicamente, ni mucho menos, a las personas de una determinada raza o estructura familiar. En Estados Unidos, la pobreza refleja cómo es el país. Pero la pobreza no afecta a todos los estadounidenses por igual, especialmente a los de distintas razas u orígenes étnicos. Casi dos de cada tres niños afroamericanos viven en condiciones de pobreza, o próximos a ella.

PORCENTAJE DE NIÑOS EN ESTADOS UNIDOS QUE VIVEN OFICIALMENTE EN LA POBREZA POR RAZA/ORIGEN ÉTNICO (2013)

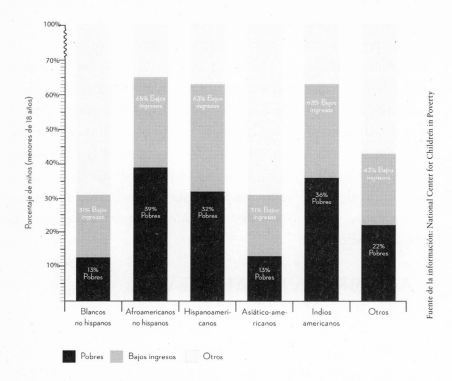

Fuente de la información: National Center for Children in Poverty

Además, la pobreza tampoco afecta por igual a hombres y mujeres. Tanto en las ciudades como en las zonas rurales, ellas se ven más afectadas que ellos por la pobreza, con independencia de cuál sea su raza u origen étnico. Casi tres de cada cinco niños que viven en la pobreza se encuentran en hogares cuya cabeza de familia es una mujer (una madre, abuela, hermana mayor u otra figura femenina).

COSAS QUE LA GENTE DICE SOBRE LA POBREZA Y QUE NO SON CIERTAS

Una cosa que la gente cree sobre la pobreza es que quienes no son oficialmente pobres tienen dinero suficiente para mantenerse tanto a ellos mismos como a sus familias. Aunque puedan ir tirando, normalmente la vida es muy difícil para las familias de bajos ingresos, a pesar de que sus dificultades no resulten evidentes para mucha gente. Imagina que tienes zapatos, pero no son de tu talla, porque tus padres solo pueden permitirse comprarte un par para todo el año, que al principio son demasiado grandes para ti, te quedan bien durante un tiempo y luego acaban siendo pequeños. O que no pudieses hacer deporte porque los uniformes y los gastos de matrícula fuesen simplemente demasiado caros. O imagina que nunca pudieses merendar después de clase y que tampoco pudieses repetir en la cena. Los videojuegos solo los verías anunciados en televisión.

Otra idea equivocada tiene que ver con el hecho de si las personas pobres trabajan o no. Es cierto que muchas personas pobres no trabajan, porque están enfermas, tienen alguna discapacidad, no logran encontrar un trabajo o quizá han perdido la esperanza de encontrarlo y han dejado de buscarlo. Pero lo que también es cierto es que muchos millones de personas que viven en la pobreza trabajan: al menos 10 millones de adultos que viven en la pobreza tienen un trabajo.

En Estados Unidos, el salario mínimo por hora, o la mínima cantidad de dinero que los empleadores deben pagar a la mayoría de los trabajadores, es actualmente de 7,25 dólares. El Congreso estadounidense establece el salario mínimo para todo el país, y lo ajusta cada cierto tiempo. Los distintos estados o ciudades pueden incrementar el salario mínimo en sus respectivos dominios, y muchos lo han hecho, pero normalmente en una pequeña cantidad. La gente que trabaja a tiempo completo 40 horas a la semana cobrando el salario mínimo federal gana poco más de 15.000 dólares al año. Si una madre soltera con dos niños gana esa cantidad trabajando en una tienda, su familia, compuesta por tres miembros, vive por debajo del umbral de la pobreza. Esto ayuda a explicar por qué un grupo diverso de personalidades, entre las que se encuentran economistas, líderes religiosos y activistas, señalan que el aumento del salario mínimo es una de las medidas fundamentales para combatir la pobreza. ¿De qué manera?

De forma análoga a como vimos en el capítulo anterior, cuanto más dinero gane la madre que trabaja en la tienda, más tendrá para gastar. Cuando compre un nuevo vestido o un libro, el propietario de la tienda donde lo compre dispondrá a su vez de más dinero para comprar alimentos nutritivos para sus niños. El dueño de la tienda de alimentación tendrá entonces más dinero para invertir en la expansión de su tienda, y contratará a gente para que le ayude con la obra y a más dependientes, que a su vez dispondrán de más dinero para llevar a sus hijos al cine, y así sucesivamente. Otra gente cree que esta no es una buena idea, y argumenta que una subida de los salarios haría que los empleadores contratasen a menos gente. Hay opiniones de lo más variado sobre el salario mínimo, sobre si se debería aumentar, y en qué medida. Este es otro asunto sobre el que tendrás que formarte tu propia opinión, en particular cuando tengas derecho a voto, porque cada vez son más los estados y las ciudades que lo están sometiendo a votación (lo que significa que podrías tener que votar directamente a favor o no).

SALARIO MÍNIMO EN ESTADOS UNIDOS (2014-2015)

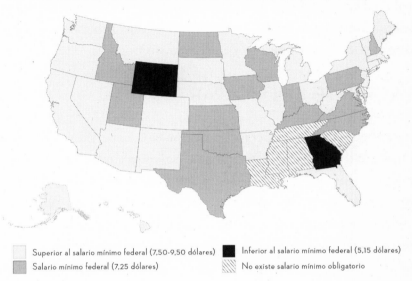

Superior al salario mínimo federal (7,50-9,50 dólares)

Salario mínimo federal (7,25 dólares)

Inferior al salario mínimo federal (5,15 dólares)

No existe salario mínimo obligatorio

Fuente de la información: Departamento de Trabajo de Estados Unidos

Hay innumerables libros, artículos y otros materiales sobre cuáles son, en opinión de distintas personas, las causas principales de la pobreza en Estados Unidos y las mejores maneras de solucionarla. La mayoría de esos textos están escritos para adultos, y muchos son obra de expertos en la materia y están dirigidos a otros expertos (lo que significa que son más difíciles de leer para cualquiera que no lo sea, como la mayoría de nosotros). Existen algunas excepciones, como Poverty USA, una iniciativa de la Conferencia Episcopal estadounidense. Su sitio web es un recurso excelente donde maestros, familias y niños pueden informarse sobre la pobreza en Estados Unidos y cómo combatirla, y se puede visitar en povertyusa.org (versión en inglés) o pobrezausa.org (versión en español). Eliminar la pobreza es algo que nos concierne a todos. Aunque Estados Unidos es uno de los países más ricos del mundo, resulta doloroso constatar que la pobreza continúa existiendo y aún atrapa a millones de niños, que se convierten en adultos viviendo constantemente bajo la amenaza de pasar hambre y quedarse sin hogar.

LA GENTE SIN HOGAR

No sabemos cuántas personas duermen en la calle en Estados Unidos en una noche determinada (salvo la noche de cada año en que el gobierno organiza un intento de contarlas). Esto es algo escandaloso. Sí sabemos cuánta gente utiliza Twitter en cada momento, o cuántos niños van a la escuela cada día, pero desconocemos cuánta gente vive y duerme en un centro de acogida religioso, un albergue público, una estación de autobuses, un coche, un parque, una calle, bajo un puente o junto a una biblioteca, como la pareja a la que solía ver los domingos. La noche de enero de 2013 en que el gobierno y las entidades colaboradoras hicieron un recuento de las personas sin hogar en todo el país, obtuvieron una cifra total de 610.042 personas. En los últimos años, los intentos de ayudar a las personas a conseguir alojamientos más permanentes, como los dirigidos específicamente a los veteranos de guerra, han dado buenos resultados, y el número de sintechos que se obtiene esa noche al año ha ido descendiendo, pero aún queda trabajo por hacer para reducirlo hasta cero.

NÚMERO DE PERSONAS SIN HOGAR EN ESTADOS UNIDOS
CONTADAS UNA NOCHE CADA AÑO (2005-2013)
(SOLO PARTE DE LA HISTORIA)

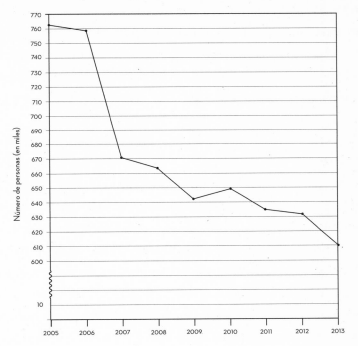

Fuente de la información: National Alliance to End Homelessness

Además de desconocer cuántos sintechos hay en Estados Unidos casi todas las noches del año, tampoco sabemos cuánta gente vive sin hogar a lo largo de todo el año. Esto se debe, en gran medida, a que, para la mayoría de la gente, esta es una situación temporal, aunque aterradora; es decir, la mayoría de las personas que constan como sin hogar a lo largo del año no lo están todas y cada una de las noches. Se estima que 7,4 millones de personas estuvieron sin hogar en algún momento a lo largo del año 2012, y se alojaron en casas de familiares y amigos, en viviendas temporales o albergues. Esta cifra es más de diez veces superior al número de personas que se obtuvo en el recuento de enero del año siguiente. El hecho de que haya menos personas durmiendo en la calle una noche no significa necesariamente que haya aumentado el número de personas que han encontrado un hogar. Algunos estudios recientes estiman que la cifra de niños estadounidenses que pasan en la calle al menos una noche al año podría elevarse hasta uno de cada treinta, y muchos de ellos pasan al raso más de una noche al año. Dicho de otro modo, si en tu clase hay veinticinco alumnos, en promedio, casi un niño en cada clase vive sin hogar en algún momento a lo largo del año. ¿Y esa noche de enero de 2013? Casi una de cada cuatro de las personas sin hogar del recuento eran chavales menores de dieciocho años. Debemos realizar un mayor esfuerzo hasta conseguir que todas las personas tengan un techo sobre sus cabezas todas las noches, y que todos los niños tengan un hogar al que volver al salir de la escuela.

En cuarto curso, yo estaba en la clase de la señora Porter, una de las mejores profesoras que he tenido nunca. Al otro lado del pasillo había otra clase de cuarto curso. Teniendo en cuenta dónde estaba situada mi escuela, es probable que al menos uno de mis compañeros de clase pasase alguna noche en la calle a lo largo del año escolar. No lo digo para que mires a tu alrededor y trates de averiguar quién vive en la calle. De hecho, creo que solo es algo de tu incumbencia, o de la de tus compañeros, si la persona en cuestión decide contaros si pasó la noche anterior en su casa o en un albergue. Pero quiero que seas consciente de la probabilidad de que alguien viva sin hogar, para que tanto tú como todos nosotros seamos sensibles a lo que cualquier persona puede estar sufriendo un día cualquiera, incluida la persona que se sienta a tu lado en la clase de matemáticas, o la que tienes delante en la cola del almuerzo.

Puede parecer algo obvio, pero la razón principal por la que la gente no tiene un hogar es que no encuentra un alojamiento asequible; es decir, que no encuentra un hogar que pueda permitirse alquilar o comprar sin salirse de su presupuesto. Un presupuesto es un plan de gastos del dinero que una familia tiene y de lo que ingresa. Las familias que tienen más dinero pueden preocuparse menos por el coste de las cosas, en particular cuando se trata de necesidades básicas como alimentación, agua, alquiler, calefacción, ropa y transporte, ya se trate de un coche o del billete de metro o de autobús. Y también disponen de dinero para cosas como vacaciones. Las personas que viven con un presupuesto ajustado, que no tienen mucho dinero y dependen de sus modestos salarios, no tienen mucho margen de maniobra: la mayor parte del dinero que ganan lo gastan en las necesidades básicas, y tienen dificultades para ahorrar dinero para unas vacaciones o un período de emergencia. En el caso de las familias pobres, lo que ganan a menudo ni siquiera les permite cubrir sus necesidades básicas.

El apartado al que dedican más dinero la mayoría de los presupuestos familiares es el alojamiento, por este motivo miles de familias acaban sin hogar al no poder asumir el coste de su alquiler o hipoteca. Uno de cada diez hogares estadounidenses dedica más de la mitad de sus ingresos a pagar por un lugar donde vivir. Cuando las personas caen enfermas y deben hacer frente a cuantiosos gastos médicos, o se ven obligadas a ausentarse de su trabajo para cuidar de un ser querido (y por tanto dejan de ganar un salario), sus presupuestos, ya ajustados desde el principio, se ven sometidos a una enorme presión adicional. Esto es estresante para cualquier familia, pero para algunas puede resultar en la pérdida de su hogar. También existen motivos muy concretos por los que una persona puede decidir abandonar su hogar: en particular, las mujeres que sufren la violencia o los abusos de los hombres con los que viven. Con demasiada frecuencia, las mujeres víctimas de abusos deben elegir entre convivir con sus agresores o quedarse sin hogar. Si estas mujeres son madres, sus hijos sufren las consecuencias de una u otra opción, ambas desoladoras y peligrosas.

SINTECHOS: MITO Y REALIDAD

Mito	Realidad
La situación de las personas sin hogar es permanente	Solo uno de cada seis sintechos se encuentra crónicamente sin hogar
Solo determinadas personas carecen de hogar	Cualquiera puede estar sin hogar
Los niños sin hogar no van a la escuela	Se estima que 1 millón de niños escolarizados viven sin hogar en algún momento del año
Los sintechos padecen enfermedades mentales	Cualquiera puede quedarse sin hogar

Fuente de la información: National Law Center on Homelessness & Poverty y ThinkProgress

Existen muchos mitos e ideas preconcebidas alrededor de la situación de los sintechos que conviene aclarar. Para la mayoría de las personas y familias, estar sin hogar es una situación temporal entre un trabajo y otro, o entre una nómina y la siguiente, aunque con demasiada frecuencia se trata de un estado temporal que se repite una y otra vez. Pero no es así para todo el mundo.

Se estima que, en 2013, una de cada seis personas que estuvo sin hogar en Estados Unidos en algún momento del año (como esa noche de enero) se encontraba en una situación crónica de carencia de hogar.

Otra idea errónea es que las personas sin hogar en Estados Unidos se ajustan a un determinado patrón. Cuando piensas en un sintecho, ¿qué te imaginas? En realidad, la gente que vive sin hogar en Estados Unidos, como quienes viven en la pobreza, es un reflejo del conjunto del país. Afecta a personas de todas las edades y orígenes raciales, étnicos y religiosos, en ciudades y zonas rurales, en el norte, el sur, el este y el oeste. Es cierto que es más probable encontrar a afroamericanos, indios americanos e hispanoamericanos sin hogar, cosa que sucede por diversos motivos, entre los que están unos índices de pobreza y desempleo relativamente más elevados, así como las consecuencias de una fea realidad aún vigente: la discriminación en materia de vivienda. Este tipo de discriminación puede adoptar muchas formas, algunas más evidentes que otras. Las personas o las empresas que poseen o alquilan viviendas pueden negarse a venderlas o alquilarlas a determinadas personas en función de su raza, su religión, su procedencia, de si tienen hijos o no, o de si sufren algún tipo de discapacidad. También puede suceder que aumenten el precio de una casa para una familia afroamericana (pero no para una familia blanca), o se nieguen a negociar el precio del alquiler mensual con una familia hispana (pero no con una familia blanca), o le digan a una familia de indígenas americanos que todos los apartamentos están vendidos, aunque aún haya muchos disponibles (para una familia blanca). Todo eso está mal y es ilegal, pero sigue sucediendo con demasiada frecuencia: se calcula que unos dos millones de veces al año en todo Estados Unidos. En 2013, por poner un ejemplo, a los afroamericanos residentes en Boston se les denegaron hipotecas en una proporción tres veces superior que a los solicitantes blancos.

Nuestros veteranos de guerra constituyen un porcentaje desproporcionadamente elevado de la población sin hogar; esto es, el número de veteranos sin hogar es sorprendentemente alto si lo comparamos con el porcentaje de todos los estadounidenses que son excombatientes. Esa noche de enero de 2013, casi una de cada diez personas sin hogar era excombatiente. ¿Por qué hay tantos veteranos de guerra sin hogar? Es otra cuestión compleja, pero uno de los motivos es que muchos de ellos sufren trastorno por estrés postraumático (TEPT), una consecuencia de la exposición a la violencia, a situaciones extremas y a la guerra, que puede dificultar que la persona encuentre un trabajo estable. La buena noticia es que el número de veteranos sin hogar se ha reducido espectacularmente desde 2005: ha disminuido en un 70 por ciento. No obstante, en 2013, cerca de 58.000 veteranos sin un techo estable sobre sus cabezas siguen siendo demasiados. Aunque se han producido importantes avances, aún queda mucho por hacer para ofrecer a los veteranos el alojamiento y el apoyo que necesitan.

Otra de las ideas erróneas es que los niños sin hogar no van a la escuela. Como ya hemos comentado, eso no es así, y es probable que algunos de los niños que conoces o que se sientan a tu lado se hayan tenido que enfrentar en algún momento a la aterradora perspectiva de no saber dónde dormirían esa noche. El hecho de no tener un hogar no afecta únicamente a sus vidas fuera de la escuela, sino que también influye sobre su rendimiento escolar. Si tú, como yo, has tenido la fortuna de no tener que preocuparte nunca por dónde pasarías la noche, piensa en el lugar de tu casa donde haces los deberes (quizá tu habitación, o puede que la mesa de la cocina, como hacía yo). Imagina cómo te sentirías si tuvieses que cambiar de casa a menudo y algunos días no supieses dónde harías los deberes o dónde dormirías. Imagina cuánto estrés experimentarías, lo difícil que sería prestar atención en clase o concentrarte al hacer un examen.

La probabilidad de que los niños sin hogar queden rezagados en la escuela y tengan que repetir curso es el doble que la de quienes sí tienen una casa. Soy incapaz siquiera de imaginar lo difícil que debe de ser concentrarse en los deberes cuando también estás intentando ayudar a tus padres a encontrar un sitio donde dormir esa noche, o hacer un examen cuando has dormido en un sitio diferente cada noche de la última semana. Otra más de las percepciones equivocadas es que los estadounidenses sin hogar solo duermen en la calle. Por desgracia, en algunos de los casos es así, pero la mayoría, en particular los niños, lo hace en albergues, centros de acogida u hogares compartidos.

Jade lo pasó muy mal cuando su familia sufrió apuros económicos, perdió su hogar y tuvo que esforzarse para salir de los albergues y no acabar en la calle. Jade lo contaba así: «Fue al principio de mi primer año [en el instituto]. Pasamos varios meses yendo de un sitio a otro, de un sofá a un colchón hinchable, pidiendo ayuda a familiares y amigos. Yo mataba el tiempo después de clase o iba a la biblioteca para estorbar lo mínimo posible. Cuando estaba en casa de alguien, quería ser muda e invisible. Muchas veces iba a la escuela agotada y con muchísimo estrés. En clase de álgebra o de francés, de pronto me echaba a llorar porque

el nivel de estrés era insoporta-
ble. No me sentía capaz de en-
frentarme al mundo. De hecho,
sentía que mi mundo se estaba
derrumbando».

Por suerte, Jade formaba
parte de una maravillosa organización llamada Girls Inc.,
cuyo objetivo es reforzar el papel de las chicas para que consigan triunfar en la escuela y
en la vida. A través de Girls Inc.,
tanto tutoras formadas como

Cortesía de Girls Inc. Imagen de: Alan Perlman Photography

Jade en un evento organizado por Girls Inc. para inspirar a otras chicas.

personas voluntarias establecen relaciones estables con las chicas en espacios seguros y exclusivamente femeninos. Las ayudan
a marcarse sus propios objetivos y trabajan para proporcionarles las habilidades y los conocimientos necesarios para alcanzar-
los. Girls Inc. trabaja principalmente con chicas procedentes de
familias con bajos ingresos. La mentora de Jade la animó a mantener una actitud positiva y ayudó a su familia a conseguir un
almacén donde guardar sus enseres mientras iban de un sitio a
otro. Hoy en día, Jade estudia en la Universidad de Boston y está
decidida a contribuir a que otros chicos y chicas puedan seguir
estudiando incluso cuando se queden sin hogar. Quiere ser capaz
de ayudar a alguien de la misma manera en que su mentora de
Girls Inc. la ayudó a ella en su día. Para saber más sobre Girls
Inc. y encontrar una oficina local de la organización cerca de
donde vives, visita girlsinc-online.org. En esa web también ha-
llarás recursos para ayudar a chicas (y chicos) y a sus familias a

reflexionar sobre cómo marcarse objetivos, cómo hacer presupuestos, cómo encontrar el centro educativo adecuado (como la
Universidad de Boston, en el caso de Jade) y muchas otras cosas
más.

La historia de la familia de Jade es muy representativa de las
familias sin hogar. Es posible que haya quien crea que todo aquel
que vive sin hogar tiene graves problemas de salud o sufre alguna enfermedad mental. No es así, y menos aún en el caso de los
niños sin hogar. Pero sí es cierto que muchos adultos sin hogar
padecen graves enfermedades mentales o de otro tipo. Algunos
estudios afirman que hasta uno de cada cuatro sintechos adultos
en Estados Unidos sufre algún tipo de enfermedad mental, lo
que significa que hay un gran número de personas que no está
recibiendo la atención médica necesaria para tratar sus enfermedades. Esto es algo que debemos solucionar. También conviene
recordar que el motivo más habitual por el que una familia se
encuentra sin hogar es la falta de alojamiento asequible (es decir,
cuyo precio encaje dentro de su presupuesto).

La reciente disminución del número de sintechos según el
recuento anual nos proporciona información sobre las medidas
que están siendo efectivas a la hora de ayudar a que las personas
puedan permanecer en sus casas o encuentren rápidamente nuevo alojamiento cuando se quedan sin hogar. Las cifras persisten-
temente elevadas de personas que se ven obligadas a vivir con
familiares y amigos (como la familia de Jade) nos dicen que aún
queda mucho por hacer. Las administraciones federal y locales
han logrado evitar que algunas personas se queden sin casa a
través de programas que pagan una parte del alquiler de las familias pobres (los llamados «cheques de alquiler») y fomentan-

do la construcción de más viviendas asequibles. Afrontar la situación de los sintechos contribuye a proteger la dignidad humana (todo el mundo debería tener un hogar) y también salva vidas. En 2014, en la ciudad de Washington, durante un día de primavera extemporáneamente frío, dos personas que habían dormido a la intemperie murieron de hipotermia (esto es, por haber pasado demasiado frío). Estaban a unas pocas manzanas de distancia de la Casa Blanca, la residencia del presidente, donde yo tuve el honor de vivir cuando era adolescente.

Puede parecer sencillo, y en cierto sentido lo es: para acabar con la carencia de vivienda en Estados Unidos sería necesario que todo el mundo tuviese acceso a un alojamiento seguro, asequible y de tamaño suficiente para albergar a cada familia. Conseguirlo no es sencillo, ni siquiera para las familias en las que al menos uno de sus miembros tiene ingresos. Soy una firme defensora de las medidas de eficacia demostrada. Los estudios actuales muestran que lo primero que necesitamos para reducir el número de personas sin hogar es más alojamientos asequibles. Está demostrado que una estrategia «basada en el alojamiento» contribuye a que las personas que ya se encuentran sin hogar puedan acceder a uno y permanecer en él, de manera que los padres tengan la posibilidad de encontrar trabajos estables y los niños asistan con regularidad a la misma escuela desde un lugar fijo que puedan considerar su hogar. «Basada en el alojamiento» también implica ayudar a que aquellas personas que padezcan enfermedades mentales o físicas reciban el tratamiento y la atención que necesitan por parte de profesionales médicos con la debida formación. Por lo general, esta estrategia depende de la coordinación entre distintas entidades (como la Administración, hospitales y clínicas, grupos religiosos, centros sociales, activistas por los derechos de los veteranos de guerra, etc.).

También es importante conseguir que los hogares sean seguros, para que la gente no tenga que abandonarlos por miedo a que un techo o una pared se desplome. Cuando estaba en el instituto, participé en un campo de trabajo del Appalachia Service Project (ASP) en el condado de Breathitt, en Kentucky. Trabajamos con una familia durante una semana, y empleamos martillos, clavos y contrachapado, entre otras cosas, para reforzar los cimientos, las paredes y el porche de su vivienda. Eso les permitió seguir en su casa. Temían que, de no haber realizado esas labores de mantenimiento, habrían tenido que abandonarla en poco tiempo, sin ningún lugar adonde ir, porque la casa se habría venido abajo, literalmente. Ayudar a otra familia a sentirse segura en su hogar fue una de las experiencias más gratificantes de mi vida. ASP lleva más de cuarenta y cinco años poniendo en contacto a voluntarios con familias de bajos ingresos de toda la región de Appalachia y acepta solicitudes de voluntarios a partir de los catorce años a través de los grupos de jóvenes de las parroquias. Si estás interesado en pasar las vacaciones de primavera, una semana del verano o cualquier otro momento ayudando a reparar los hogares de familias de bajos ingresos, espero que hables con el cura de tu parroquia. Puedes encontrar más información sobre ASP en asphome.org.

Cortesía de Ned Bachman

Con una niña que se encontraba entre los chavales que conocí en el campo de trabajo en el condado de Breathitt, en Kentucky.

ASP es un grupo cristiano, pero existen organizaciones vinculadas a otras religiones, e interreligiosas, que llevan a cabo una labor similar. Así que, aunque no haya un cura en tu vida, si este tipo de trabajo te interesa, confío en que hables con los líderes religiosos que te puedan ayudar a participar en él.

Cortesía de Rebuilding Together

Un niño ayuda a pintar una casa de Rebuilding Together.

Rebuilding Together realiza una labor parecida en todo Estados Unidos, contribuyendo a que los hogares de los estadounidenses de bajos ingresos sean más seguros y saludables, mientras que Habitat for Humanity construye nuevos hogares para este colectivo. Para trabajar en una casa de Habitat, debes tener al menos dieciséis años, pero puedes informarte en tu oficina local para ver si hay otras maneras de ayudar, tengas la edad que tengas. Algunas de las entidades afiliadas a Rebuilding Together aceptan voluntarios a partir de los catorce años, y también buscan formas para que los chavales (como el de la foto) participen de manera efectiva, más allá de los martillos y los clavos. He trabajado como voluntaria en varias ocasiones tanto con Rebuilding Together como con Habitat for Humanity y, como me ocurrió al colaborar con Appalachia Service Project (ASP), me resultó profundamente gratificante contribuir de una manera visible a levantar una pared, limpiar un jardín o tender un suelo nuevo. Para saber más sobre Rebuilding Together y Habitat for Humanity, como por ejemplo la labor que puedan estar llevando a cabo en tu comunidad, visita sus sitios web: rebuildingtogether.org y habitat.org.

Existen maneras muy efectivas de combatir la carencia de vivienda y ayudar a los sintecho sin necesidad de agarrar un martillo (por ejemplo, animando a que sí lo hagan los adultos que te rodean). Puedes contribuir a la concienciación sobre el asunto (supongo que muchos de tus amigos no saben cuánta gente vive sin hogar a lo largo del año en tu país). También imagino que a muchas de las personas que conoces les sorprendería saber cuántos niños, como Jade, deben enfrentarse a la terrorífica realidad de la vida sin hogar. Plantéate contarles a otras personas la historia de Jade, u otras similares que conozcas. Confío en que, si la gente toma conciencia de que la lucha contra la carencia de vivienda beneficia a personas reales, en particular a los niños, se esforzará aún más por ayudar.

Puedes animar a los adultos de tu entorno a que se ofrezcan como voluntarios en los albergues, especialmente para ayudar a cuidar niños, leerles cuentos o darles clases particulares, por poner varios ejemplos. Probablemente, tú mismo no puedas ofrecerte como voluntario, porque los albergues normalmente exigen que los voluntarios sean mayores de edad. Esto es distinto de lo que cuento en otras partes del libro, en particular en la sección siguiente sobre el hambre. Coalition for the Homeless es un buen lugar donde informarte sobre las posibilidades de trabajar como voluntario junto con alguna de las personas adultas que forman parte de tu vida. Su sitio web es coalitionforthehomeless.org.

También puedes contribuir a que vivir sin hogar sea una experiencia menos aterradora y más llevadera para los niños (niños que son como tú, salvo por el hecho de que no tienen un lugar estable que puedan considerar su casa). Eso es exactamente lo que Alex, originario de California, lleva años haciendo (y solo tiene trece). Cuando tenía seis años, se dio cuenta de que, cada vez que terminaba de construir un juego de LEGO, le sobraban piezas. Decidió recolectar sus piezas sobrantes —y las de sus amigos— para donarlas a otros niños cuyos padres no podían permitirse comprar juegos de LEGO. Alex llama a su proyecto Brickshare, y ya ha repartido montones y montones de piezas de LEGO, todas ellas a niños cuyas familias viven en albergues locales, para que esos niños puedan jugar, construir e imaginar, con independencia de dónde estén alojados. También organiza eventos, Brickbot Drives, en los que los niños pueden construir juegos de LEGO, a partir de las piezas donadas, a los que llaman Brickbots. A continuación, Alex reparte estos Brickbots entre otras organizaciones que dan apoyo a miles de niños sin hogar en su comunidad. Podrías lanzar un proyecto similar en tu barrio o vecindario, o apoyar el de Alex enviándole directamente piezas de LEGO o bien donando dinero para comprar juegos completos. Puedes encontrar más información sobre cómo hacer cualquiera de las dos cosas en brickshare.biz.

Si el LEGO no es lo tuyo, puedes aplicar la misma estrategia con otros juguetes,

Alex con las piezas de LEGO que ha recogido.

Cortesía de Jim y Joan Triestman

libros o juegos que hayas dejado de utilizar o que quieras compartir, siempre que los materiales se encuentren en buen estado. Es importante que cualquier cosa que dones a un albergue sea algo que tú querrías leer, utilizar o llevar puesto. Las familias que viven en los albergues necesitan y quieren las mismas cosas que tú tienes en tu casa, y cada juego de LEGO, libro o sudadera es importante.

Piensa en la ropa que utilizas durante la semana y a lo largo de todo un año. Probablemente, vistas de manera distinta para ir a la escuela que cuando vas a la iglesia, sinagoga, templo o mezquita, cuando vas a hacer deporte, en las ocasiones especiales y durante las vacaciones. A menos que vivas en un lugar donde haga calor todo el año, lo más seguro es que lleves ropa distinta en diciembre y en julio. La próxima vez que alguna prenda de ropa se te quede pequeña o dejes de utilizar algún juego, mira a ver si está en buen estado (porque nadie quiere algo que esté desgarrado, manchado o roto) y, si es así, habla con tus padres para que lo donen para ayudar a algún niño cuya familia esté sin hogar o pase por otras dificultades. También puedes animar a tus padres a que hagan lo mismo con sus cosas. Si esto es algo que te motiva especialmente, plantéate organizar una campaña de recogida de ropa, libros o LEGO en tu escuela. Para encontrar un albergue o alguna otra institución (como el Ejército de Salvación o Goodwill) donde sepas que tu donación tendrá un efecto positivo, puedes preguntarles a tus padres, a tus profesores o a cualquier líder religioso que conozcas, pues seguramente que ellos podrán hacerte buenas sugerencias.

Puesto que el elevado coste del alojamiento es uno de los motivos principales por los que hay tantas personas sin hogar, puedes organizarte con tu familia, amigos, vecinos y compañeros de clase para dirigiros a tu alcalde, tus representantes políticos (concejal, congresista y senadores) y al presidente para explicarles que queréis que en la zona donde vivís haya más alojamiento seguro y asequible para personas de toda situación socioeconómica. En su sitio web, Habitat for Humanity, ofrece una serie de consejos útiles para ayudar a que los niños se pongan en contacto con los representantes políticos. La estrategia para alcanzar el objetivo de lograr un volumen suficiente de viviendas asequibles y de calidad puede variar en distintas zonas del país (y puede financiarse de diversas maneras), pero el primer paso para resolver un problema consiste en asegurarse de que tus representantes políticos saben que es un problema cuya resolución es importante para ti, ya se trate de ayudar a los veteranos de guerra, a las familias o a todas las personas que viven sin hogar una noche cualquiera del año. Una manera de conseguirlo pasa por firmar en la plataforma change.org las peticiones que consideres oportunas en relación con la situación de las personas sin hogar y la necesidad de incrementar el número de viviendas asequibles. Otra posibilidad puede ser lanzar tu propia petición online y pedirles a tus amigos y compañeros de clase que se sumen a ella. También puedes recoger firmas a la antigua usanza (a mano). Lo que te parezca mejor.

Por último, procura evitar juzgar a las personas sin hogar o a quienes pasan hambre. Hay un dicho que reza así: «Que Dios me libre», que viene a decir que, si las cosas hubiesen sucedido de otra manera, si hubiésemos nacido de otros padres, en otra época o lugar, cualquiera de nosotros podría estar sin hogar, enfermo o hambriento.

HAMBRE

¿Puedes imaginar lo que es pasar hambre todo el día? ¿Tener tanta hambre que duela, un día tras otro? Todos sabemos lo que se siente al tener hambre, pero solo como una situación temporal. Una mañana te levantaste tarde y tuviste que salir corriendo para llegar a la escuela a tiempo. O el entrenamiento de tu equipo de fútbol se alargó más de lo previsto y tú, que no habías comido nada desde el almuerzo, notaste cómo tu estómago se removía (incluso puede que lo oyeses rugir). Pero sabías que podrías comer al mediodía en el comedor de la escuela o al volver a casa tras el entrenamiento. Muchas personas no saben dónde conseguirán su próxima comida, o si tan siquiera tendrán algo que comer. Esa clase de hambre es muy diferente. Los funcionarios gubernamentales y los políticos lo llaman inseguridad alimentaria. «Inseguridad alimentaria» es una expresión curiosa para referirse a una realidad importante y grave: el hecho de que una persona disponga o no de una cantidad suficiente de comida saludable para alimentarse a lo largo del año. En 2012, 49 millones de estadounidenses vivieron con inseguridad alimentaria, entre ellos 16 millones de niños. Muchos de esos niños —más de 14 millones— tuvieron que recurrir en algún momento a los bancos de alimentos. En estos lugares, las familias pueden acceder gratuitamente a los alimentos que necesitan para subsistir, pero que no pueden permitirse comprar. Son mucho más numerosas las personas en situación de inseguridad alimentaria que las que viven sin hogar, y algunas deben hacer frente, un mes tras otro, a la terrible decisión de pagar el alquiler en lugar de comprar comida. En ocasiones, ni siquiera esa situación es duradera:

según un estudio reciente, más de una de cada diez personas que habían recurrido a un banco de alimentos carecía de hogar.

El hambre es una amenaza para cualquier persona, sea cual sea su edad, pero es particularmente nociva para los niños, cuyos cuerpos y cerebros necesitan alimentos nutritivos para desarrollarse. Como ya hemos dicho, los niños que no ingieren una cantidad suficiente de alimentos saludables tienen más dificultades de aprendizaje en la escuela y una mayor tendencia a resfriarse y contagiarse de otras enfermedades, algo que no suele ocurrirles a aquellos que no pasan hambre. Es más habitual que los niños que pasan hambre o viven con incertidumbre sobre su próxima comida acosen a otros niños. Piensa en lo difícil que es prestar atención a cualquier cosa cuando tienes hambre, ya sea aprender algo nuevo en clase de matemáticas o de historia, o tratar de concentrarte al lanzar el balón cuando juegas al baloncesto. Piensa en lo rápido que te enfadas sin siquiera darte cuenta cuando tienes hambre (o en la gente a la que puede que conozcas a la que le pasa eso mismo). Marc, mi marido, es amable, gracioso y divertido la mayor parte del tiempo, pero no cuando tiene hambre. Entre nosotros, bromeamos diciendo que está *hangry* (un ingenioso juego de palabras entre *hungry* [«hambriento» en inglés] y *angry* [«enfadado»], que no se me ocurrió a mí) y trato de evitarlo teniendo siempre a mano algún tentempié. Somos muy afortunados: cuando Marc está hambriento (o *hangry*), siempre es algo temporal. Para mucha otra gente, no lo es.

Además, en demasiadas ocasiones, el hambre y la obesidad (el sobrepeso excesivo) van de la mano. Sé que puede parecer extraño, así que lo explicaré. Muchas familias que viven con inseguridad alimentaria compran la comida más barata porque con frecuencia esos son los únicos alimentos asequibles que tienen a su alcance. Pero la comida más barata suele ser poco saludable, rica en grasas y azúcares. Cuando una persona vive lejos de algún lugar donde obtener alimentos saludables a un precio asequible, se dice que vive en un «desierto alimentario». Más de 23,5 millones de estadounidenses viven en desiertos alimentarios, y la mayoría de ellos pertenecen a familias de bajos ingresos. Los niños de esas familias tienen una mayor probabilidad de pasar hambre y al mismo tiempo ser obesos. Pasan hambre porque no ingieren los suficientes nutrientes; están obesos porque comen alimentos poco saludables y, debido a su obesidad, están expuestos a un mayor riesgo de padecer diabetes y enfermedades cardiovasculares. Este es un ejemplo claro de la relación que existe entre distintos problemas, como son la imposibilidad de acceder a alimentos nutritivos, la salud y la pobreza. Seguiremos hablando sobre estas relaciones y sobre los desiertos alimentarios en el capítulo 5, «Cuidar nuestra salud».

Como sucede con la pobreza, el hambre en Estados Unidos refleja cómo es el país en su conjunto, pero no afecta a todos los estadounidenses por igual. Más de una cuarta parte de todos los hogares afroamericanos deben enfrentarse a la inseguridad alimentaria en algún momento a lo largo del año, un porcentaje que es más del doble que en los hogares de estadounidenses blancos. Si nos fijamos exclusivamente en los niños y adolescentes, el contraste es aún más acusado: más de uno de cada tres niños y adolescentes afroamericanos sufre inseguridad alimentaria, un porcentaje que supera con mucho la media nacional.

Además, el hambre crónica (esto es, el hambre que nunca desaparece) y la inseguridad alimentaria son motivos adicionales por los que es trágicamente probable que los jóvenes que son pobres lo sigan siendo toda su vida. Pensemos en la analogía de la carrera que utilizamos unas páginas atrás: si no puedes concentrarte en la escuela o al hacer tus deberes en casa porque tienes hambre, no podrás aprender tanto ni tan bien como los niños que no pasan hambre. Tampoco rendirás tan bien como ellos en los exámenes, lo que probablemente significará que no obtendrás las mismas notas hoy, ni tendrás las mismas oportunidades en el futuro, tanto en la escuela como en la vida. Y todo porque, día tras día, pasas hambre y no sabes si tendrás comida suficiente.

INSEGURIDAD ALIMENTARIA: MITOS Y REALIDADES

Mito	Realidad
El hambre no es un problema importante en Estados Unidos	Más de 46 millones de personas recurren a los bancos de alimentos
Es más probable que pasen hambre quienes no tienen estudios universitarios	Más del 40% de las personas en situación de inseguridad alimentaria poseen algún tipo de educación superior
Los padres de las familias que sufren inseguridad alimentaria no trabajan	Millones de estadounidenses que pasan hambre trabajan a tiempo completo o parcial
La mayor parte del dinero de los cupones para alimentos, o Programa Asistencial de Nutrición Suplementaria (SNAP, por sus siglas en inglés), se gasta en la compra de alcohol y cigarrillos	El 85% del dinero del SNAP se dedica a comprar alimentos nutritivos. El dinero del SNAP no se puede emplear para comprar alcohol o cigarrillos

Fuentes de la información: Feeding America y USDA

Como también sucede con la situación de las personas sin hogar, la inseguridad alimentaria está envuelta en mitos e ideas equivocadas. Hay quien piensa que este no es un problema importante en Estados Unidos, pero cualquier cosa que afecte a decenas de millones de personas no puede ser un problema menor. Feeding America, el mayor grupo de bancos de alimentos del país, sirvió más de 3.300 millones de comidas a más de 46 millones de personas en 2013, alrededor de uno de cada siete estadounidenses. Por desgracia, el hambre no es algo infrecuente en Estados Unidos. Además, cabría pensar que si una persona trabaja tendrá dinero suficiente para alimentar a su familia tres veces al día, pero no es así. Según Feeding America, millones de estadounidenses que pasan hambre trabajan a tiempo completo o parcial. A menudo, quienes pasan hambre son personas instruidas: más de cuatro de cada diez personas en situación de inseguridad alimentaria cursaron al menos un año adicional tras completar la educación secundaria. En más de uno de cada cinco hogares con inseguridad alimentaria, alguno de los miembros de la unidad familiar había servido en el ejército. El hambre en Estados Unidos es tan diversa como el país en sí, con una excepción: es mucho más probable que las personas que pasan hambre sean pobres, con independencia de su raza, su nivel educativo, si han servido en el ejército o no, o la zona del país en la que vivan.

Probablemente habrás oído hablar de los cupones para alimentos y creas que son sinónimo de pobreza. No vas muy desencaminado, aunque no todos los estadounidenses pobres o con bajos ingresos tienen derecho a recibir estos cupones. El programa de cupones de alimentos, que ahora se denomina SNAP (Supplemental Nutrition Assistance Program; Programa Asistencial de Nutrición Suplementaria), es el programa de mayor cuantía de la Administración federal para ayudar a que los estadounidenses pobres y de muy bajos ingresos, niños incluidos, puedan comprar comida. En 2013, más de 47 millones de estadounidenses recibieron dinero del SNAP para ayudarles a comprar alimentos en supermercados, otras tiendas y algunos mercados de verduras locales. ¿Recuerdas cuánto pagas por una comida en el centro comercial, o sabes lo que tu familia se gasta cuando salís todos a cenar a un restaurante? Probablemente, más del dinero que reparte el SNAP: una media de 1,40 dólares por persona y por comida. Muchas familias gastan todo el dinero que reciben mensualmente del SNAP en dos semanas, lo que significa que deben recurrir a entidades como los bancos de alimentos para obtener la comida que necesiten durante el resto del mes. Esto ayuda a explicar por qué el número de estadounidenses que comen en los centros asociados a Feeding America es tan elevado.

El dinero que una persona recibe del SNAP varía en función de dónde vive (porque la comida cuesta más en unos sitios que en otros), de cuánto gana (quienes tienen menores ingresos reciben más dinero para ayudarles a comprar comida) y de cuántos miembros tiene su familia (una compuesta por cuatro personas recibe más que alguien que vive solo). Es muy difícil poder comprar los suficientes alimentos saludables para todas las comidas del día, a lo largo de todas las semanas del mes, únicamente con el dinero que reparte el SNAP. Circula otro mito según el cual las familias que reciben dinero del SNAP lo gastan en su mayor parte en alimentos no saludables, refrescos, alcohol o cigarrillos. Más del 85 por ciento del dinero que reparte el SNAP se invierte en alimentos nutritivos; además, dicho dinero no puede utilizarse —en ningún estado, por ninguna persona— para obtener alcohol y cigarrillos.

Necesitar la ayuda del SNAP no es nada de lo que avergonzarse. Cuando se implantaron los cupones de alimentos durante la Gran Depresión (para ayudar a personas como las que aparecen en la fotografía con la que se abre este capítulo) y, por segunda vez, en la década de los años sesenta, el hambre y la malnutrición severas eran problemas graves en todo Estados Unidos, más aún que hoy en día. Los cupones redujeron el hambre y la malnutrición, que tan extendidas estaban en las comunidades pobres, y contribuyeron a proteger a los niños de la malnutrición grave, los retrasos en el desarrollo y las trágicas consecuencias asociadas a estos problemas, de las que hablamos en el capítulo anterior. En la actualidad, cuando las familias recurren al SNAP, los niños tienen más posibilidades de recibir la nutrición necesaria para crecer, desarrollarse con normalidad y tener una mayor capacidad de prestar atención y rendir mejor en la escuela.

Uno de cada cinco niños estadounidenses vive en una familia que recibe cupones del SNAP, lo que significa que, si en una clase hay veinticinco niños, en promedio, cinco de ellos dependen del SNAP para sus comidas en casa. A pesar de ello, y aunque la implantación del SNAP está muy extendida, no es ajeno a la controversia. Alguna gente ve con

UNO DE CADA CINCO NIÑOS EN ESTADOS UNIDOS VIVE EN UNA FAMILIA EN SITUACIÓN DE INSEGURIDAD ALIMENTARIA Y NECESITA ASISTENCIA NUTRICIONAL (2015)

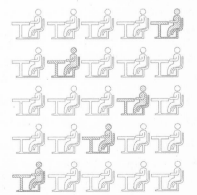

Fuente de la información: Oficina del Censo de Estados Unidos

buenos ojos que el gobierno amplíe las ayudas sociales (para que un mayor número de personas disponga de recursos para comprar más comida), mientras que otros abogan por suprimir este programa (porque creen que no le corresponde a la Administración evitar que la gente pase hambre, sino que eso es algo de lo que deben encargarse los grupos religiosos y otras entidades de la sociedad civil). Actualmente, el gobierno financia el SNAP, mientras que la mayoría de los bancos y despensas de alimentos son gestionados por organizaciones religiosas y benéficas o sin ánimo de lucro (organizaciones cuya finalidad es ayudar a las personas, no ganar dinero). Tendrás que decidir cuál crees que debe ser el papel del gobierno en la lucha contra el hambre en Estados Unidos y cuál el de las entidades religiosas, sociales o sin ánimo de lucro.

Las escuelas son otro elemento esencial en la lucha contra el hambre infantil, porque es allí donde los niños pasan la mayor parte del día. Por primera vez desde hace al menos cincuenta años, a principios de 2015, la mayoría de los niños matriculados en escuelas públicas tienen derecho a comer en ellas gratuitamente o a un precio reducido debido a los bajos ingresos de sus familias. Por una parte, esto es algo estupendo: estamos encontrando la manera de proporcionar al máximo número de niños posible al menos una comida al día, lo que confiamos en que contribuya a paliar los efectos del hambre sobre su salud, su capacidad de aprender y su futuro. Por otra parte, es una situación triste: cada vez son más numerosos los niños estadounidenses que viven en familias en las que el hambre y la inseguridad alimentaria son realidades —o amenazas— cotidianas.

Aunque no deberían, algunos niños se avergüenzan de vivir

en familias pobres, y ese sentimiento les lleva a no utilizar las ayudas para los comedores escolares. Los alumnos que se apuntan a los programas de almuerzos gratuitos o a precio reducido no pagan nada, o bien pagan 40 centavos, por la comida (frente a los más de 2 dólares que cuesta en promedio el almuerzo escolar en todo el país). Esos mismos estudiantes también tienen derecho automáticamente a desayunar en la escuela gratis o a un precio reducido. Para muchos niños, lo que comen en la escuela puede ser la única comida completa que tengan en todo el día (en particular, si sus familias ya han agotado todos los cupones del SNAP para el mes y no hay ningún banco de alimentos cerca). El hecho de tomar o no el desayuno puede tener un efecto importante sobre su salud, su capacidad para mantener la concentración y para rendir adecuadamente en la escuela y en la vida. Por desgracia, muchos de los niños que tienen derecho a ello no desayunan en la escuela. Algunos no pueden llegar pronto al colegio porque no hay autobuses que los lleven; otros no quieren desayunar allí porque, a diferencia del almuerzo, que lo come todo el mundo, las escuelas solo ofrecen el desayuno a los niños cuyas familias se consideran, por lo general, pobres o de bajos ingresos, y no quieren que nadie se entere de las dificultades por las que están pasando sus familias.

Una cosa que puedes hacer —que cualquier niño en la escuela puede hacer— es asegurarte de que ninguno de tus compañeros de clase se siente mal por desayunar en la escuela. Algunos distritos escolares se están planteando ofrecer el desayuno a todos los alumnos, para evitar el estigma asociado a aparecer temprano en la escuela para tomar un tazón de cereales o de avena. Si eso te parece razonable, puedes comentar con tu familia la posibilidad de escribir al director de tu colegio o a tu alcalde o concejal (o puedes lanzar una petición en change.org). Asimismo, puedes trabajar con tu familia, tu distrito escolar y los conductores de tu autobús para ampliar los horarios, de manera que más niños puedan llegar a la escuela con tiempo suficiente para desayunar antes de empezar las clases.

Ayudar a tu escuela y a tu distrito escolar a ofrecer un almuerzo más saludable (y sabroso) es otro aspecto en el que puedes influir. Esto es algo positivo para todos los niños, y en particular para aquellos para quienes el almuerzo escolar es la comida principal de todo el día. Cuando estaba en secundaria, recuerdo que la mayoría de los almuerzos en mi escuela consistían en pizza y bocadillos calientes rellenos de ingredientes misteriosos: nada saludable ni excesivamente delicioso. Los comedores escolares cocinan para cientos, incluso miles, de niños cada día de la semana lectiva, por lo que es importante que las comidas sean de fácil elaboración y también asequibles para el distrito escolar. Muy probablemente, los cocineros y el personal del comedor de tu escuela ya se esfuerzan para encontrar la manera de ofreceros el mejor servicio posible a tus compañeros y a ti. Y no son los únicos: es una cuestión de la importancia suficiente como para que merezca la atención de la Casa Blanca y se haya convertido en una prioridad de la primera dama, Michelle Obama. De manera que, si tienes alguna idea para conseguir que los almuerzos escolares alcancen el equilibrio ideal y sean nutritivos, sabrosos y asequibles, espero que se la comentes a tus padres, tus profesores y a la dirección de tu escuela. También seguiremos hablando sobre este asunto en el capítulo 5, «Cuidar nuestra salud».

Puesto que muchos niños dependen de las escuelas para conseguir al menos una de sus comidas diarias (el almuerzo), cuando no dos (desayuno y almuerzo), a lo largo de la semana lectiva, el número de niños susceptibles de pasar hambre es mayor durante los fines de semana y en el verano, cuando la mayoría no asiste a la escuela. Los bancos de alimentos pertenecientes a la red de Feeding America proporcionan mochilas llenas de comida a más de cuatrocientos cincuenta mil niños los viernes por la tarde, para que puedan alimentarse a lo largo del fin de semana. Son muchos niños, pero muchos menos que los millones que se encuentran en situación de inseguridad alimentaria. Durante el verano, el gobierno federal da apoyo a los lugares donde es probable que muchos niños tomen su almuerzo, como escuelas, bibliotecas y centros sociales, para que este contenga alimentos saludables. Las parroquias y otras organizaciones religiosas también trabajan para llevar comida a los niños durante los veranos y los fines de semana. Pero se calcula que seis de cada siete niños que necesitan esas comidas no las reciben, porque viven demasiado lejos del lugar donde estas se sirven y no hay manera de hacérselas llegar o bien porque no saben que tienen derecho a almuerzos gratuitos durante el verano, aunque estén disponibles en el centro social o el centro infantil de su barrio.

Como William, un chaval de Carolina del Norte, tú también puedes hacer algo para ayudar a que los niños tengan suficiente para comer cuando termine el año escolar. William decidió trabajar con el programa Inter-Faith Food Shuttle para repartir entre los niños el máximo número posible de mochilas con alimentos durante las vacaciones de primavera. Llegó a la conclusión de que la mejor estrategia sería hablar con las personas que salían de hacer la compra en los supermercados locales, porque ya estarían pensando en comida y, con suerte, se mostrarían más dispuestos a colaborar. Así que se plantó frente a una de estas tiendas con una lista de alimentos saludables y le pidió a la gente que los comprase para apoyar el programa de las mochilas. El primer año recogió más de 600 kilos de alimentos y recaudó 300 dólares. Pensó que podía conseguir aún más, por lo que siguió recaudando dinero y recogiendo donaciones de alimentos para el Inter-Faith Food Shuttle. En 2014, cuando William tenía nueve años, logró reunir a ciento cincuenta voluntarios para recoger más de 4.000 kilos de comida en un solo día. Eso es mucha comida, y más teniendo en cuenta que era para niños que, de no haberla recibido, habrían pasado hambre. También recaudó 11.000 dólares para comprar todavía más comida para niños.

Cortesía de Mac Winslow y Blythe Clifford

Pero William tampoco se detuvo ahí. Puedes informarte sobre cómo apoyar a William o cómo organizar tu propio programa de las mochilas en thefooddrivekid. org. Asimismo, No Kid Hungry propone distintas maneras de combatir el hambre infantil sin necesidad de dinero; puedes informarte en su sitio web: nokidhungry.org.

Acabaremos con el hambre en Estados Unidos cuando todo el mundo tenga co-

William, «el chaval de la recogida de alimentos», con la comida que ayudó a recoger.

mida saludable suficiente para alimentarse cada día. Sabemos cuáles son muchas de las cosas que funcionan, especialmente para los niños, pero debemos esforzarnos más para asegurarnos de que tanto niños como adultos tenemos la comida que necesitamos. Además de la posibilidad de organizar un programa de mochilas como el de William, puedes hacer muchas otras cosas. Puedes contribuir a concienciar sobre los millones de estadounidenses, incluidos niños, que pasan hambre o viven en situación de inseguridad alimentaria. Puedes buscar apoyos para conseguir que los autobuses lleguen más temprano y más niños puedan desayunar en la escuela antes de ir a clase. Puedes empezar a desayunar en la escuela —si esta ofrece un programa de desayuno abierto y puedes llegar allí suficientemente temprano— para que ninguno de tus compañeros se sienta señalado por hacerlo. Puedes ayudar a los niños y a sus familias a encontrar programas de comedores de verano próximos a los lugares donde se encuentren (aunque en ocasiones esto signifique que estén a kilómetros de distancia). De hecho, esto es mucho más fácil de lo que podría parecer. Cualquiera puede enviar un mensaje de texto con la palabra «FOOD» al 877877 para saber cuál es el comedor de verano más cercano. O puedes ayudar a que la gente busque información online, visitando usda.gov y buscando

Niños vendiendo galletas para recaudar fondos para No Kid Hungry.

Cortesía de Share Our Strength

«Summer Food Rocks» para encontrar el comedor de verano más cercano.

Puedes hornear y vender galletas o encontrar otra manera de recaudar dinero con el que apoyar los esfuerzos para combatir el hambre, como hacen los niños de la imagen de la página anterior para el proyecto nacional que lleva el acertado nombre de No Kid Hungry [Ningún Niño Hambriento]. Puedes ayudar a recaudar dinero para bancos y despensas de alimentos en tu parroquia, mezquita, sinagoga, templo o centro social, así como en los albergues para personas sin hogar de tu localidad. También puedes donar comida, como por ejemplo alimentos enlatados, productos frescos, cereales, verduras, fruta, entre otras cosas. Algunos sitios aceptan todo tipo de alimentos, mientras que otros suelen preferir alimentos enlatados y no perecederos, por lo que conviene informarse previamente de qué es lo que se necesita y qué se puede donar. Acción de Gracias y las Navidades son fechas tradicionales para las campañas de recogida de alimentos, y es muy importante que nadie pase hambre durante esas fiestas. Pero es necesario apoyar, organizar y llevar a cabo campañas de recogida a lo largo del año, porque el hambre no desaparece una vez que guardamos nuestras luces navideñas o de Janucá.

Esto es lo que está haciendo Isaac, de Keithville (Luisiana). Cada mañana, de camino a la escuela en la cercana localidad de Shreveport, Isaac veía a niños que parecían hambrientos (y lo estaban). Durante una visita a un banco de alimentos local con la organización 4-H, vio que los estantes estaban casi vacíos. Isaac tomó la decisión de combatir el hambre en su comunidad, en parte ayudando a que los bancos de alimentos y otros lugares a los que las personas hambrientas acudían a por comida tuviesen siempre sus estantes repletos. Empezó repartiendo carne procedente de la explotación ganadera de su familia a los albergues para personas sin hogar de su localidad. Enseguida quiso ir más allá, y fundó Game Changers Tackling Hunger. Con el tiempo, Isaac reclutó a miles de personas —compañeros de clase, miembros de 4-H, ganaderos y líderes locales, entre otros— para que donasen comida y la organizasen en cajas que se pudiesen repartir a las familias y que permitiesen rellenar los estantes del banco de alimentos local.

Isaac haciendo paquetes para las personas hambrientas y sin hogar.

Cortesía de Regina McFarland

Feeding America es un sitio estupendo donde encontrar bancos y despensas de alimentos cercanos con los que puedas colaborar teniendo la certeza de que tus donaciones de dinero y comida llegarán a las familias de tu comunidad que lo necesitan. También puedes encontrar ahí socios para montar un programa como el de Isaac. Para obtener más información, visita la página de feedingamerica.org e introduce tu código postal.

Otras maneras de combatir el hambre pueden ser ofrecerte como voluntario en un comedor social, donde se sirven comidas calientes, o ayudar a organizar la comida en un banco de alimentos en bolsas para que les resulte más fácil a las familias llevársela a sus casas. Cuando estaba en el último curso de primaria y durante la secundaria, trabajé como voluntaria en Martha's Table, un comedor social que acepta voluntarios a partir de los doce años para ayudar a cocinar y distribuir comidas.

Si vives en la ciudad de Washington o sus alrededores, espero que consideres la posibilidad de ofrecerte como voluntario allí. Habla con tu escuela u otros grupos de los que formes parte para ver si puedes conseguir que tus amigos te acompañen un día después de clase, un fin de semana o durante el verano. Yo colaboré con Martha's Table a través de mi escuela y el grupo de jóvenes de mi parroquia. Puedes encontrar más información en su sitio web: marthastable.org. Si no vives en Washington, puedes averiguar cuáles son los comedores sociales más cercanos preguntándoles a tus padres, líderes religiosos o profesores, o bien haciendo una búsqueda en internet.

Ahora que vivo en Nueva York, me encanta trabajar como voluntaria en City Harvest, una organización que «recupera» comida de restaurantes, tiendas de comestibles, granjas y otras fuentes de productos frescos y comestibles. Ayudamos a empaquetar las donaciones al por mayor de frutas y verduras frescas, entre otros alimentos, en bolsas y cajas del tamaño adecuado para una familia, y luego City Harvest las distribuye entre comedores sociales, despensas de alimentos y programas comunitarios de alimentos por toda la ciudad de Nueva York para ayudar a familias que lo necesitan. Cada año, en Estados Unidos, se des-

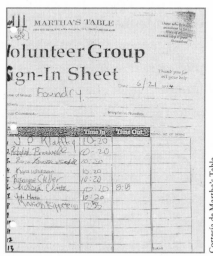

Cortesía de Martha's Table

Una de las hojas de firmas de cuando fui voluntaria de Martha's Table con amigos del grupo de jóvenes de mi parroquia.

perdician más de 2,5 millones de toneladas de productos frescos. A través de organizaciones colaboradoras como City Harvest, Feeding America trabaja para llevar más comida a las mesas de las familias que la necesitan, evitando que acabe en el cubo de la basura. City Harvest acepta voluntarios a partir de quince años para ayudar a preparar y empaquetar la comida, y trabaja con niños de todas las edades para organizar campañas de recogida de alimentos y de recaudación de fondos. Puedes informarte en cityharvest.org.

Cualquier persona, tenga la edad que tenga, puede contribuir a concienciar sobre la situación y a sumar apoyos para la recuperación y las donaciones de alimentos procedentes de restaurantes, tiendas de comestibles y otros comercios. Me siento orgullosa de que, cuando mi padre fue presidente, firmase la conocida como «Ley del buen samaritano» para fomentar ese tipo de donaciones al proteger a los donantes y a los grupos que aceptan las donaciones en el caso de que los alimentos no sean tan buenos o saludables como ellos pensaban. La Ley del buen samaritano se llama así por la parábola que se incluye en el Evangelio de Lucas de la Biblia. Como quizá te hayan contado en la escuela dominical, la parábola es la historia de un viajero, supuestamente judío, que es víctima de un robo violento y al que abandonan dándo-

Cortesía de la Julie Zuckerbrod/Clinton Foundation

Trabajando como voluntaria en City Harvest con colegas de la Clinton Foundation.

lo por muerto. Por dos veces, otros viajeros que lo ven pasan de largo. Finalmente, un viajero samaritano se detiene, le cura las heridas y le ayuda a encontrar un lugar donde cobijarse. El hecho de la enemistad histórica entre judíos y samaritanos hace que la historia sea particularmente potente. También es ese el contexto en el que Jesús habla sobre la regla de oro y sobre tratar a nuestros vecinos como querríamos que nos tratasen a nosotros («Compórtate con los demás como te gustaría que ellos se comportasen contigo»).

Puedes animar a tu familia a que, cuando salga a comer fuera, elija restaurantes que recuperan o donan la comida sobrante o que no se ha consumido a comedores sociales o bancos y despensas de alimentos. Y a que compre los comestibles en tiendas que hagan lo mismo. Puedes encontrar algunas de las principales cadenas de restaurantes que participan en programas de recuperación de alimentos en la web foodtodonate.com. Si los restaurantes y las tiendas a las que sueles ir no participan, puedes alentarlos a que lo hagan, para lo cual pueden empezar por entrar en la web feedingamerica.org y conectar con bancos de alimentos locales con los que asociarse para ayudar a que más personas hambrientas reciban la comida que necesitan.

Existen también muchísimas herramientas nuevas que facilitan aún más a los restaurantes, tiendas de comestibles y otras entidades la donación de alimentos. Waste No Food es un sitio web y una aplicación gratuita para móvil disponible en iTunes y Android que permite a los locales que disponen de un exceso de alimentos en un día determinado (como un restaurante o el puesto de comida de un estadio deportivo) publicar actualizaciones de estado informando de esta situación. Los bancos de alimentos y otras organizaciones benéficas que han pasado el filtro de Waste No Food pueden solicitar la comida y hacerse responsables de trasladarla a los albergues, bancos de alimentos y otros lugares que la necesiten. Es verdaderamente extraordinario saber que Waste No Food comenzó siendo una idea de Kiran, oriundo de San Francisco, cuando trabajaba como voluntario en su parroquia local mientras cursaba séptimo de primaria. Puedes obtener más información sobre cómo participar o apoyar a Waste No Food visitando su sitio web: wastenofood.org.

Quizá hayas leído los libros de la trilogía *Los juegos del hambre*, o a lo mejor has visto las películas. Son historias apasionantes sobre chavales que creen que merecen un mundo mejor y están dispuestos a luchar por él, y también tratan sobre chicos y chicas que en ocasiones pasan hambre, en sentido literal. Como espero que haya quedado claro, el hambre no es algo que sucede únicamente en películas ambientadas en otros mundos, o que solo existió en Estados Unidos durante la Gran Depresión (como en la imagen que aparece al principio de este capítulo). En 2015, el hambre continúa siendo una realidad demasiado habitual en nuestro país y en otros países relativamente ricos. Y aun así, ni el hambre ni la carencia de vivienda figuran entre las principales preocupaciones de los estadounidenses.

En una encuesta de enero de 2015 en la que se preguntaba a los estadounidenses cuál pensaban que era el problema más importante al que debía hacer frente el país, en las primeras posiciones aparecían el descontento con el gobierno y la insatisfacción general con la situación de la economía. Lo cual tiene cierto sentido: si te preocupan varios asuntos y crees que el gobierno tiene una responsabilidad en su resolución (desde la reparación de baches en la calzada de tu calle a las diversas actuaciones para combatir el hambre en Estados Unidos o prevenir el cambio climático), podrías decir que tu principal preocupación es el descontento con el gobierno porque crees que no está haciendo lo suficiente para solucionar lo que consideras que son los problemas más acuciantes. Y la insatisfacción general con la situación de la economía podría deberse a que no existe una cantidad suficiente de empleos bien remunerados, lo que está directamente relacionado con la pobreza, la carencia de vivienda y el hambre. Pero solo un 3 por ciento de los encuestados consideraba que la pobreza / la carencia de vivienda / el hambre es el problema más importante al que se enfrenta Estados Unidos. Cada cual tiene sus preocupaciones prioritarias en relación con la situación del país, pero a veces dudo de nuestra capacidad para acabar con la pobreza, la carencia de vivienda y el hambre si antes no admitimos que son problemas de primera magnitud, para a continuación concentrar nuestras energías en solucionarlos entre todos. Esta es la razón por la que es tan importante aumentar la concienciación sobre todos los asuntos que estamos discutiendo en este capítulo, y el motivo por el que tenemos que hacer lo que podamos hoy mientras esperamos a que más gente diga que no es tolerable que haya tantas personas hambrientas, sin hogar y pobres en el país más rico del mundo. Las iglesias, sinagogas, mezquitas y templos se encuentran a menudo en primera línea de la lucha contra la pobreza, por lo que, si quieres saber más sobre la pobreza en tu comunidad y lo que tú puedes hacer para aumentar la sensibilización y contribuir de manera efectiva a cambiar la situación a tu alrededor, es probable que los líderes religiosos puedan proporcionarte más información, ideas e inspiración.

Como las políticas de las administraciones federal y estatales tienen un efecto muy importante sobre el papel del gobierno en el combate contra la carencia de vivienda y el hambre, puedes animar a los adultos que te rodean a que se informen sobre lo que los distintos candidatos dicen en relación con estos asuntos y cuáles son sus planes al respecto. Aunque tú mismo no tengas edad suficiente para hacerlo, también puedes ayudar a que la gente se registre para poder votar, y explicar por qué te preocupan estos asuntos y cuáles crees que son las soluciones para los mismos. Igualmente, tanto tu familia como tú podéis apoyar los esfuerzos, en los albergues y en otros lugares, para ayudar a que las personas sin hogar se registren para votar y voten. El hecho de que una persona carezca de hogar no implica que no tenga derecho a votar a su alcalde, al Congreso o al presidente. Tiene todo el derecho de hacerlo. Este es otro aspecto sobre el que puedes llamar la atención, así como buscar la colaboración de los adultos que te rodean. Puedes encontrar más información en nationalhomeless.org.

OPORTUNIDADES

Creo que no puedo escribir sobre la pobreza en Estados Unidos sin hacerlo también sobre las oportunidades, porque, en su versión ideal, Estados Unidos es la tierra de las oportunidades, o de la esperanza en un futuro mejor. Sí, existen muchísimos obstáculos que los niños que nacen en familias pobres han de superar. Obstáculos que la mayoría de nosotros ni siquiera podemos imaginar. Pero también hay motivos para la celebración y el optimismo que debemos destacar y apoyar. Uno de ellos es que las personas, incluidos los jóvenes y los niños, siguen creando pequeños negocios y convirtiéndose en emprendedores.

En el capítulo anterior hablé de los microcréditos —pequeños préstamos a mujeres muy pobres (y a veces también a hombres) para ayudarles a comprar una vaca lechera o un teléfono móvil en una remota aldea de Bangladés o Burundi—. En Estados Unidos disponemos de una mayor variedad de herramientas para ayudar a la gente a lanzar y desarrollar sus negocios: préstamos a las pequeñas empresas procedentes de bancos, entidades benéficas o el Estado, y créditos de mayor envergadura que entidades financieras especializadas otorgan para ayudar al crecimiento de los negocios. Cualquier persona, sea cual sea su edad, puede lanzar un negocio. Dos fantásticas organizaciones que enseñan a los chavales procedentes de barrios de bajos ingresos los fundamentos del funcionamiento del sistema financiero, cómo gestionar el dinero y cómo crear y dirigir una empresa son Operation HOPE y Network for Teaching Entrepeneurship (NFTE).

Operation HOPE ayudó a Princess, una estudiante de once años de séptimo de primaria, a crear un negocio de repostería, Sweet Tooth Bakery, en Oakland (California). Princess redactó un plan de negocio y se lo presentó a sus mentores en Operation HOPE, que quedaron tan impresionados que le concedieron 300 dólares para hacerlo realidad. Princess utilizó el dinero para comprar harina, azúcar y utensilios, entre otras cosas. Ahora vende sus deliciosos dulces a un restaurante de su localidad y distribuye masa para hacer galletas a otros niños que quieren venderlas para recaudar fondos para causas que consideran importantes. Mi buen amigo John Hope fundó Operation HOPE hace más de veinte años para apoyar a las personas proporcionándoles las habilidades (como la de elaborar un presupuesto mensual) y el conocimiento (como saber cómo abrir una cuenta bancaria) necesarios para salir de la pobreza. Cuando empezó, John no tenía ni idea de que algún día acabaría invirtiendo en jóvenes emprendedores, a pesar de lo cual es extraordinario el gran número de personas como Princess a las que ha ayudado Operation HOPE desde que decidieron centrarse en la emprendeduría: a más de dos mil en unos tres años. Es otra muestra más de lo importante que es simplemente ponerse en marcha, aunque uno no tenga ni idea de cuántas vidas puede acabar cambiando. ¡John fundó Operation HOPE antes incluso de que Princess hubiese nacido!

NFTE fue un salvavidas para Rodney Walker. Rodney se crio en Chicago, donde pasó por numerosos hogares de acogida. Cuando terminó la educación secundaria, había asistido a diez escuelas diferentes desde la guardería. En su último año de secundaria, se apuntó a un curso de NFTE para aprender a elaborar la idea para un negocio y a redactar un plan de negocio y también, e igualmente importante, para aprender a ser flexi-

Princess y su madre, posando junto a las magdalenas de Sweet Tooth Bakery.

Cortesia de Nikyea Berry

ble y mantenerse centrado en sus objetivos aun teniendo que hacer frente a múltiples obstáculos. Junto con un amigo, redactó un plan para una empresa de producción de música y vídeo digital. Consiguieron 5.000 dólares de NFTE para convertir su plan de negocio en una empresa real. Rodney estudió en el Morehouse College, donde obtuvo buenas notas, y siguió construyendo y ampliando su negocio. Antes de graduarse ya ganaba dinero. Ahora estudia el doctorado en Yale y sus perspectivas de futuro son considerablemente más alentadoras, en parte porque NFTE le proporcionó las habilidades esenciales y la confianza necesaria para aplicarlas. Ahora Rodney da charlas en eventos organizados por NFTE con las que busca inspirar a otros chavales a tener sueños ambiciosos... y a redactar planes de negocio. Estoy deseando ver lo que Princess hará cuando tenga la edad de Rodney. Para saber más sobre Operation HOPE y NFTE, visita operationhope.org y nfte.com.

Es importante que tengamos presentes historias como la de Princess y Rodney. Todas las dificultades y los problemas sobre los que hablo en este libro son grandes y reales, y existen desde hace muchísimo tiempo. Sí, necesitamos grandes soluciones para acabar con la pobreza, desde una economía en crecimiento sostenido con empleos de calidad a viviendas asequibles en todo el país. También debemos recordar que, con cada niño al que ayudemos a alimentarse en un banco de alimentos o en la escuela, y con cada niño (o adulto) al que ayudemos a crear un negocio, estamos contribuyendo al combate contra la pobreza. Y, al hacerlo, ayudamos a convertir a Estados Unidos en el país que queremos que sea.

¡Ponte en marcha!

- Habla con tu familia y al menos tres amigos sobre por qué estos asuntos son importantes. Cuéntales las historias de niños que vivían sin hogar, como la de Jade, para ayudarles a tomar conciencia de que las estadísticas las componen personas reales.

- Infórmate más sobre la pobreza en povertyusa.org y también en pobrezausa.org.

- Aprende más sobre el desamparo en el sitio web del National Law Center on Homelessness and Poverty (nlchp.org) y sobre el hambre en feedingamerica.org.

- Anima a los adultos que te rodean a que se ofrezcan como voluntarios en los albergues para personas sin hogar.

- Organiza una campaña de recogida de ropa en tu escuela (o en tu propia casa).

- Dona ropa a los albergues, el Ejército de Salvación o Goodwill.

- Escribe una carta a tu alcalde u otros representantes políticos diciéndoles que crees que es importante que en tu barrio haya más viviendas seguras, saludables y asequibles.

- Firma o lanza una petición a través de change.org para ayudar a quienes viven sin hogar, aplicando también estrategias «basadas en el alojamiento».

- Recoge piezas de LEGO y envíalas a Brickshare.

- Dona algo con lo que te guste jugar o que te guste leer a un albergue cercano (asegúrate de que está en buen estado).

- No juzgues a las personas que viven sin hogar o pasan hambre (e intenta que los demás tampoco lo hagan).
- Habla con tu escuela sobre la posibilidad de hacer que todo el mundo pueda desayunar allí, para que nadie se sienta mal por hacerlo.
- Comparte con tus padres y con la dirección de tu colegio tus ideas sobre cómo conseguir que los almuerzos escolares sean más saludables.
- Ayuda a los niños y las familias que lo necesiten a encontrar los programas de comedores estivales más cercanos u ofrécete como voluntario en un comedor social o en un banco de alimentos.
- Recauda fondos para los esfuerzos de No Kid Hungry para acabar con el hambre infantil organizando la venta de repostería casera en la escuela.
- Dona comida a los bancos y despensas de alimentos de tu barrio.
- Organiza una campaña de recogida de alimentos en tu escuela o tu institución religiosa.
- Organiza o apoya un programa de mochilas de comida para los fines de semana.
- Come en restaurantes que donen la comida sobrante a comedores sociales y bancos y despensas de alimentos, o alienta a que otros lo hagan.
- Apoya a Operation HOPE (y plantéate la posibilidad de participar en un evento Business In A Box Academy and Pitch de HOPE si se organiza alguno en tu escuela o en tu comunidad) y difunde historias como la de Princess.
- Apoya a NFTE y difunde historias como la de Rodney.

- Si tienes más de trece años, utiliza las redes sociales para seguir a organizaciones (como No Kid Hungry) y a famosos (como Mario Batali) que combaten el hambre infantil y/o la carencia de vivienda como manera de demostrar tu interés y tu apoyo a su trabajo.

PARTE II

Son TUS DERECHOS

CAPÍTULO 3

HORA DE IR A LA ESCUELA

Aún recuerdo lo ilusionada que estaba en 1995, antes de viajar con mi madre al sur de Asia, ante las nuevas experiencias que me esperaban, los lugares que veríamos y las personas que conoceríamos. Leí todos los libros que encontré de Gita Mehta sobre la vida en la India durante el siglo XX. Leí las entradas en la enciclopedia y viejos artículos en el *Natio-*

nal Geographic sobre los países y los lugares históricos que visitaríamos. Cuando partimos de viaje, estaba muy emocionada, aunque seguía sin saber exactamente lo que me esperaba. Una cosa sí que no me esperaba: ver tantísimos niños que no iban a clase. Niños en barriadas chabolistas, buscándose la vida en las esquinas, mendigando en las carreteras, charlando bajo los árboles o trabajando —en el campo, cocinando, transportando cosas, limpiando— y en todas partes, tanto en las ciudades como en las comunidades rurales, fuera de la escuela.

Sabía que en Estados Unidos algunas escuelas no eran tan buenas como otras, y había oído hablar, en las noticias y en las conversaciones familiares durante la cena, de cómo se podría mejorar la educación en nuestro país. Pero hasta que estuve en el sur de Asia no tenía ni idea de que, por aquel entonces, más de 100 millones de niños no iban a la escuela, bien porque no tenían escuelas a las que ir o profesores que les diesen clase, bien porque tenían que trabajar en el campo, en los mercados callejeros o como mendigos. Algunos de los niños que vi pidiendo en la calle ni siquiera tenían edad para ir a la escuela primaria.

Tampoco sabía que, en muchos lugares del mundo a finales del siglo XX (e incluso hoy en día, veinte años después), los niños no tienen escuelas a las que poder ir, profesores que les enseñen, pupitres en los que sentarse, libros de los que aprender y lugares seguros donde jugar antes o después de clase. Muchos ni siquiera tienen la esperanza de ir a la escuela alguna vez. No sabía que tantos niños tenían que trabajar a diario, en lugar de preocuparse por la clase de ciencias y los deberes de matemáticas. Que muchos niños no sabían leer o sumar y restar, ni les solían preguntar, como a mí mis padres y mis profesores, qué querían ser de mayores o qué habían aprendido en clase ese día. Me avergonzó no haber sido consciente hasta entonces de lo afortunada que era por tener una escuela a la que asistir y estupendos profesores. A lo largo de mi vida he tenido profesores fantásticos, desde la señora Minor, que me dio clase en la guardería, en Hall High School (sí, por extraño que parezca, fui a la guardería en un instituto de educación secundaria), a la doctora Ngaire Woods, que dirigió mi tesis en la Universidad de Oxford. Millones de niños y jóvenes no tienen tanta suerte.

Más que cualquier otro de los que discutimos en este libro, la educación es un asunto en el que creo que los adultos realmente deberíamos escuchar a los niños. A fin de cuentas, ¡sois vosotros los que os estáis educando! Y estáis todo el día pensando en la educación (ya que pasáis tanto tiempo en la escuela), por lo que tenéis ideas y reflexiones valiosas que aportar. Espero que alcéis la voz y deis vuestra opinión sobre cómo creéis que debería ser la educación en vuestra escuela. Sé que también tenéis ideas estupendas sobre cómo todos los niños del mundo deberían tener la oportunidad de aprender y descubrir, y espero que esas también las compartáis.

Este capítulo se centra en la educación fuera de Estados Unidos y otros países ricos. ¿Por qué? Porque en Estados Unidos cualquier niño tiene garantizado su derecho a una educación pública y gratuita, desde la guardería hasta la secundaria. Esto es también bastante habitual en otros países ricos, pero aún no lo es tanto en los países en vías de desarrollo.

Un breve comentario sobre posibles confusiones con el lenguaje que utilizaremos. Fuera de Estados Unidos, la escuela elemental normalmente se denomina escuela primaria, y esa será la expresión que yo utilizaré. En distintas partes del mundo se emplean muchas expresiones diferentes para describir el tipo de escuela a la que van los niños después de la primaria, cuando tienen alrededor de doce años. «Escuela secundaria», «preparatoria» y «secundaria básica» son solo algunos de los nombres que utilizamos en Estados Unidos, y en ocasiones resultan confusos incluso para nosotros mismos. Yo empecé el octavo curso de primaria en la Horace Mann Junior High School de Little Rock, y lo terminé en la Sidwell Friends Middle School de la ciudad de Washington. En distintos lugares del mundo, la expresión más habitual para lo que viene después de la educación primaria es educación secundaria, y eso es lo que verás a lo largo de este capítulo. Trataré de evitar la confusión, porque la crisis no podría ser más evidente: millones de niños aún no van a la escuela, y otros tantos aún no reciben una educación de calidad.

¿Por qué es tan importante que todo el mundo en todas partes pueda ir a la escuela? Quizá la respuesta te parezca evidente, pero para muchas personas en todo el mundo no lo es tanto. La educación nos ayuda a cada uno de nosotros, en primer lugar, a definir nuestros sueños, y, a continuación, a perseguirlos, tanto si queremos ser médicos como profesores, arquitectos o activistas; tanto si queremos trabajar en una granja como en una tienda, o una oficina; tanto si queremos contribuir a inventar la siguiente tecnología innovadora como si aspiramos a pilotar un coche de carreras. Es difícil imaginar lo que queremos ser de mayores si ni siquiera somos conscientes de las posibilidades que existen. También es difícil imaginarnos siendo astronautas o dirigiendo una empresa si no sabemos qué habilidades necesitaremos para realizar esos trabajos o no podemos ir a la escuela para aprenderlas. La educación nos proporciona el conocimiento para permitirnos soñar a lo grande y poder perseguir esos sueños a lo largo de nuestra vida.

También ayuda a luchar contra la pobreza de una manera muy efectiva. Según Naciones Unidas (ONU), una organización que reúne a representantes de casi todos los países del mundo, si todos los niños de los países de bajos ingresos aprendiesen a leer —simplemente aprendiesen a leer—, más de 170 millones de personas tendrían una mayor capacidad de ganarse la vida y salir de la pobreza como adultos. En los países de bajos ingresos y en vías de desarrollo, cada año adicional que un joven pasa en la escuela incrementa enormemente sus ingresos futuros. Así que, si muchos más niños asisten a la escuela, aunque solo sea un año más, eso tiene consecuencias positivas tanto para ellos como para sus países. Cuando se hagan mayores, esos niños ganarán más dinero, lo que los ayudará a salir de la pobreza. Además, tendrán más dinero para gastar e invertir, lo que con el tiempo contribuirá a que sus países también lo consigan.

Una mejor educación ayuda a que la gente tenga vidas más largas y saludables: si la gente tiene más información sobre cuáles son las cosas que les permiten gozar de buena salud, es más probable que las hagan. Una hija (o hijo) nacida en un país en vías de desarrollo de una madre que sabe leer tiene una probabilidad notablemente mayor de superar los cinco años de vida, en parte porque su madre tiene más información sobre cómo evitar caer enferma, y en parte porque es más probable que trabaje y que, por consiguiente, tenga más recursos para poder cuidar de ella. La educación para la ciudadanía —aprender cómo funciona el gobierno, qué es lo que hace y cómo funcionan las elecciones— ayuda a que los niños se conviertan en ciudadanos implicados ahora (escribiendo, llamando o enviando correos electrónicos a sus alcaldes o congresistas) y en el futuro (votando y quizá incluso presentándose a unas elecciones... sin dejar de escribir a sus alcaldes o congresistas). Aprender a reflexionar sobre un asunto —como la educación o el cambio climático— también nos ayuda a cada uno de nosotros a construir argumentos para explicar cuáles pensamos que son las respuestas adecuadas a las grandes cuestiones y a articular por qué creemos lo que creemos.

La mejor educación, aquella que nos permite aprender sobre música, artes y otras culturas distintas de la nuestra, hace que la vida sea más interesante. ¿Te imaginas que siempre tuvieses que depender de otra persona para enterarte de lo que sucede en tu escuela o en tu comunidad, y que no pudieses formarte tu propia opinión sobre cómo tus profesores, tu alcalde o el presidente están realizando su trabajo? ¿Te imaginas que nunca escuchases música o no pudieses dibujar o pintar? Cuesta imaginar que Mark Zuckerberg hubiese podido crear Facebook sin una clase de informática. Piensa en todo lo que sería posible si todos los niños del mundo que estuviesen interesados por la tecnología tuviesen la oportunidad de explorar sus pasiones e inventar cualquier cosa que soñasen. Todos viviremos mejor cuando cualquier chaval en cualquier lugar del mundo pueda imaginar lo inimaginable. Será así como encontraremos soluciones para el cambio climático, el cáncer, la carencia de vivienda y el hambre; todas las cosas de las que hablo en este libro, y muchas más. Será así como tendremos la mejor música que escuchar, las mejores películas que ver y el mejor arte que apreciar, tanto al aire libre como en un museo u online. Pero, para que todo eso suceda, debemos conseguir que los niños vayan a la escuela.

QUE LEVANTEN LA MANO

En 2012, 58 millones de niños en edad de ir a la escuela primaria (entre seis y once años) no lo hacían. Eso equivale a casi uno de cada diez niños en ese rango de edades en todo el mundo. Cincuenta y ocho millones es una cifra mucho menor que los 100 millones de niños en edad de asistir a la escuela primaria que no lo hacían en 2000, pero no deja de ser muy grande: es ligeramente inferior a la población de Italia. Cincuenta y ocho millones de tragedias de potencial desaprovechado. ¿Cuántos de esos niños podrían haber contribuido al descubrimiento de una cura para el virus de inmunodeficiencia humana (VIH)/sida, o inventado un nuevo cohete para viajar a Marte? ¿O cuántos podrían simplemente haber encontrado su camino hacia una vida más feliz y saludable? Son aún más numerosos los chavales de entre doce y quince años que no van a la escuela: en 2012 eran 63 millones, tras un descenso desde los 97 millones que no lo hacían en 2000. De nuevo, una disminución enorme, pero todavía una cantidad extraordinaria de potencial desperdiciado. Los países más ricos, el Banco Mundial y muchas oenegés y organizaciones benéficas (sobre algunas de las cuales hablaremos a lo largo de este capítulo) han ayudado a construir montones de escuelas, a formar profesores y a conseguir que aumente el número de niños escolarizados respecto al año 2000, esta es la razón por la que se ha producido ese descenso de muchos millones en el número de niños no escolarizados. Pero ¿por qué sigue habiendo aún tantos niños que no van al colegio? Volveremos sobre esta cuestión después de hablar un poco más sobre los niños sin escolarizar y en qué zonas del mundo viven.

Poco menos de la mitad de los 58 millones de niños sin escolarizar no han ido nunca a la escuela primaria, y probablemente nunca lo hagan. Imagina a una niña de seis años que vive en un país donde a lo largo de la historia las niñas nunca han ido a la escuela. Sabe que, probablemente, nunca pondrá un pie en un colegio, ya sea en un aula convencional o en una cubierta por un techo de paja y sin paredes, y que, mientras otros niños estarán en la escuela

NIÑOS EN EDAD DE IR A LA ESCUELA PRIMARIA: ¿CUÁNTOS VAN Y CUÁNTOS NO?

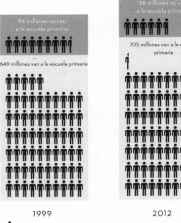

1999   2012

= 10 millones de niños

Por favor, ten en cuenta que solo utilizo iconos de niños por comodidad, pero no quiero dar a entender con ello que solo los niños van a la escuela (aunque en todo el mundo aún lo hacen en mayor proporción que las niñas).

Fuente de la información: Unesco

secundaria, ella se habrá casado o bien estará trabajando. Probablemente, estará casada y trabajando, aunque solo trabaje en el hogar de su marido. Esta es una imagen muy limitada de tu futuro cuando tienes seis años.

Ahora piensa en su hermano. Quizá le costó un poco convencer a sus padres para que lo mandasen a la escuela, o quizá la familia tardó un tiempo en reunir el dinero para costeársela. Por ese motivo, empieza con retraso, como le sucederá en algún momento a casi uno de cada tres niños en todo el mundo que actualmente no están escolarizados. Teme no poder recuperar el tiempo perdido, cosa que les sucede a muchos de quienes comienzan con retraso. Imagina que tuvieses que empezar segundo de primaria sin haber pasado por la guardería ni por primero. Esa es la realidad que viven muchos niños en todo el mundo. Y, como es muy frustrante ir siempre rezagado, es probable que ese niño abandone la escuela, como hacen muchos de quienes empiezan a estudiar con retraso. Algunos abandonan porque están frustrados, y muchos más no completan la escuela primaria porque la educación no es una prioridad para sus familias. O, incluso en el caso de que lo sea, necesitan que los niños echen una mano en la casa, que ayuden a trabajar en el campo o que apoyen a sus padres y a la familia trabajando fuera del hogar, o bien mendigando en la calle. Así pues, es muy posible que algunos de los que empiezan a ir a la escuela cuando les toca la acaben abandonando. Por desgracia, es probable que el niño termine trabajando como la niña, aunque de él no se espera que se case tan joven como ella (enseguida diremos algo más al respecto).

Algunos países han conseguido escolarizar a un mayor número de niños que otros, porque han convertido la educación en una prioridad y disponían del dinero para hacer algo al respecto. Se han enriquecido y tenían más dinero propio para invertir en educación, o bien han atraído la ayuda de donantes más ricos: países, fundaciones u organizaciones benéficas centradas en hacer que los niños vayan a la escuela. (En algunos países, se han dado ambas circunstancias a la vez.) Los descensos más pronunciados en el número de niños sin escolarizar se han producido en ciertas zonas de Asia; las menores disminuciones, en determinadas regiones del África subsahariana.

En el África subsahariana, uno de cada cinco niños en edad de ir a la escuela primaria —30 millones en total— no está escolarizado. Solo en Nigeria más de 10 millones de jóvenes no van a la escuela. Pero este problema no es exclusivo de Nigeria, o del África subsahariana; es un problema en todo el mundo. En Pakistán hay 5,4 millones de niños sin escolarizar, y 1 millón de niños que no van a la escuela primaria en cada uno de los países siguientes: India, Indonesia, Níger y Sudán.

NIÑOS EN EDAD DE IR A LA ESCUELA SECUNDARIA: ¿CUÁNTOS VAN Y CUÁNTOS NO?

1999   2012

Fuente de la información: Unesco

= 10 millones de niños

De nuevo, el hecho de que solo utilice iconos de niños no significa que en la escuela secundaria solo haya niños (aunque aún son más numerosos que las niñas en todo el mundo, y en particular en ciertas zonas de Asia y África).

¿POR QUÉ HAY NIÑOS SIN ESCOLARIZAR?

¿Por qué crees que hay niños que no van a la escuela en distintos lugares del mundo? Por la pobreza, la geografía, la guerra, por ser niña, por haberse casado, por tener una discapacidad, por verse obligados a trabajar, por no haber escuela a la que asistir ni profesores que den las clases. Algunas de estas razones pueden parecer más evidentes que otras. Todas ellas son importantes barreras a las que los niños se enfrentan a la hora de asistir al colegio, permanecer en él o completar la escolarización. Quizá algunos días no te apetezca ir a clase, pero ¿te imaginas que no pudieses ir nunca?

Las escuelas están lejísimos... y no son suficientes

En África y en Asia en particular, se ha reducido el número de niños que mueren a causa de las aterradoras enfermedades de las que hablaremos en la siguiente parte del libro. Esa es una noticia muy positiva. También significa que se necesitan más escuelas, para los niños de hoy en día y para los niños adicionales que estarán vivos y sanos en el futuro a medida que los sistemas sanitarios sean cada vez más efectivos. Y esas escuelas tendrán que estar cerca de donde vivan los niños. Actualmente, muchos niños de todo el mundo deben caminar 2 o 3 horas para llegar a la escuela más cercana. No hay autobuses que los lleven: si quieren ir a clase, tienen que andar. Lejos. Quizá tus padres o tus abuelos te hayan contado cómo ellos tenían que recorrer varios kilómetros para ir a clase (mi abuela Dorothy debía caminar o correr 8 kilómetros de ida y otros tantos de vuelta para ir al instituto). Hoy en día, en casi todo Estados Unidos, el hecho de que haya autobuses escolares públicos implica que los niños ya no tienen que recorrer largas distancias para llegar a la escuela, pero millones de niños en otros países sí deben hacerlo aún. Y en ocasiones mucho más de 8 kilómetros. El mundo necesita hasta 4 millones de aulas más para garantizar que todos los niños puedan ir a clase, llegar a la escuela en un tiempo razonable (es decir, no tras 2 o 3 horas de caminata) y estudiar en un aula que no esté superpoblada (esto es, que no haya cien niños por clase, sino más bien veinte o treinta). La siguiente analogía deja mucho que desear, pero esta es una manera posible de entender lo que eso significa. En Estados Unidos hay más de 54 millones de niños en los cursos que van desde parvulario hasta el final del bachillerato, que asisten a más de 132.000 escuelas. Para acoger a todos los niños sin escolarizar en todo el mundo, habría que crear más del doble de las escuelas que existen actualmente en Estados Unidos.

> ## UN LARGO CAMINO A LA ESCUELA
>
> **¿SABÍAS QUE...?**
>
> Algunos de los niños que viven en zonas rurales en distintos países del mundo tienen que caminar durante 2 o 3 horas para ir a clase.

Fuente de la información: Global Education First Initiative

Puedes contribuir de diversas maneras a que se construyan esas aulas y escuelas que el mundo necesita desesperadamente, por ejemplo ayudando a concienciar sobre esta carencia o recaudando dinero para programas como Pencils of Promise y Building Tomorrow. Pencils of Promise trabaja en Ghana, Guatemala y Laos construyendo las escuelas adaptadas a las necesidades de las comunidades locales, e incluso asegurándose de que cuenten con los profesores necesarios. Todas las escuelas son zonas seguras, tienen el apoyo del Ministerio de Educación local y disponen de material suficiente para todos los alumnos. También cuentan con un número suficiente de profesores para todos los estudiantes. A Adam Braun se le ocurrió la idea de Pencils of Promise [Lápices de Promesa] cuando, al preguntarle a un niño que mendigaba en la India qué era lo que más deseaba del mundo, el pequeño le contestó: «Un lápiz». Desde entonces, Adam lleva años repartiendo miles de lápices y bolígrafos en cincuenta países.

Al poco tiempo de empezar, Adam se dio cuenta de que los niños necesitaban algo más que lápices (aunque sigue repartiéndolos). Desde que Pencils of Promise se puso en marcha, ha construido más de trescientas escuelas y ha ayudado a que más de treinta mil niños puedan ir o seguir yendo a la escuela. Esto es algo muy importante, tanto que ha cambiado las vidas de los alumnos y sus familias. Puedes informarte sobre cómo organizar un club de Pencils of Promise en tu escuela para apadrinar una escuela o grupo de estudiantes en su sitio web: pencilsofpromise.org.

Building Tomorrow emplea un modelo similar, centrado en la construcción de escuelas en Uganda. Desde su creación, Building Tomorrow ha construido más de treinta escuelas, a menudo más rápido y por menos dinero del que el gobierno había necesitado hasta entonces. Lo consigue, en parte, involucrando a la comunidad local en la construcción física de la escuela, en terrenos donados por la propia comunidad, lo que refleja claramente el compromiso de los adultos para que sus hijos aprendan. El dinero que el gobierno no invierte en la construcción de escuelas se puede emplear en comprar más material para los alumnos y en la formación de los profesores.

Cortesía de Barbara Kinney/Clinton Foundation

Aquí estoy visitando a los alumnos de una escuela de Building Tomorrow.

En 2012, visité la Academia de Gita de Building Tomorrow, situada en Wakiso (Uganda), a poco más de 1 hora de la capital, Kampala. Gita fue la primera academia de Building Tomorrow construida con ladrillos respetuosos con el medio ambiente, hechos de arcilla extraída de los cimientos del edificio y secada al sol. Cuando la visité, las clases acababan de empezar en la escuela, la octava academia de Building Tomorrow en Uganda. Pero los niños y los padres que conocí allí estaban entusiasmados, porque antes los alumnos tenían que caminar al menos 5 kilómetros para llegar a la escuela primaria más cercana y muchos padres tenían dudas sobre si mandar a sus hijas a la escuela. Había muchísimas niñas —y niños— en la Academia de Gita de Building Tomorrow, algunas de ellas en la escuela por primera vez, y todas deseosas de aprender. Todos los niños merecen ese mismo entusiasmo. Para informarte sobre cómo montar una oficina o club de Building Tomorrow para ayudar a construir su próxima escuela, puedes visitar buildingtomorrow.org.

Las escuelas no tienen luz ni agua potable

Pero, con frecuencia, en los lugares que sí tienen escuela, los edificios carecen de electricidad, saneamiento y agua potable. ¿Puedes imaginar ir a una escuela en la que no hubiese una fuente de la que poder beber agua, o que no contase con agua potable? ¿Una escuela en la que los váteres no funcionasen, o que no tuviera váteres? ¿Y si no hubiese luz eléctrica? En Chad, tres de cada cuatro escuelas carecen de todo lo anterior. No recuerdo que los baños de mi escuela fueran nada del otro mundo, y desde luego había muchos grafitis en las paredes de los de mi instituto en Little Rock, pero desde luego nunca me preocupó que pudiera faltarme un lugar donde lavarme las manos, un váter en condiciones y con papel higiénico, o luz eléctrica en el aula. Cosa que no les sucede a muchos de los niños que viven en países en vías de desarrollo. Y todavía son más los niños en todo el mundo que van a la escuela sabiendo que no tendrán suficientes libros de texto, cuadernos de ejercicios, papel, lápices o bolígrafos, o, aún peor, que quizá no tendrán ningún tipo de material.

No disponemos de estadísticas fiables sobre cuántos váteres y sistemas de saneamiento se necesitan para todas las escuelas de todo el mundo, pero es probable que sean millones. Sí, necesitamos millones de váteres, millones de lavabos (u otros medios para lavarse las manos) y millones de pastillas de jabón para que todos los alumnos puedan ir al baño de forma segura y con dignidad. La construcción de mejores sistemas de saneamiento de aguas (para evitar que se mezcle el agua residual con la potable, y también los olores repugnantes), junto con un mayor número de aulas, es parte de lo que hace que las escuelas que construyen Pencils of Promise, Building Tomorrow y otras organizaciones como ellas sean tan importantes. Pero ya sabemos que una escuela necesita algo más que un edificio y agua potable...

No hay suficientes profesores

¿Alguna vez, al entrar en clase, has pensado que podría no haber profesor? Yo creo que nunca me lo planteé cuando era más joven, porque siempre lo había. Y sospecho que tú tampoco piensas mucho en ello: si tu profesor habitual no puede dar clase un día, sabes que tendrás un sustituto. Esa no es la realidad que viven muchos niños en los países en vías de desarrollo. Simplemente, no hay suficientes profesores para dar clase a todos los niños en edad escolar de todo el mundo, lo que significa que hay un déficit mundial de profesores. ¿Cuántos profesores más necesita el mundo para que todos los niños puedan cursar la escuela primaria? En 2012, la ONU estimó que esa cifra era de 6,8 millones de nuevos profesores de primaria para 2015 (no conseguimos alcanzar esa cifra ni remotamente). Alrededor de cien países necesitan más profesores. Y el número de profesores que necesitamos seguirá aumentando a medida que crece también el de niños sanos en condiciones de ir a la escuela. No se trata únicamente de que haya más profesores, sino también de garantizar que estos reciben una buena formación, el apoyo necesario y una remuneración adecuada para el trabajo que realizan. Además, es un reto que se extiende más allá de la educación primaria.

Para las escuelas secundarias, algunos países disponen de menos de un profesor por cada cien alumnos. En Níger, si cada niño de edad suficiente asistiese a lo que se conoce como escuela secundaria inferior o escuela media (cosa que sabemos que en la práctica no sucede), solo habría un profesor de educación secundaria por cada más de mil trescientos niños. Esto ayuda a entender en parte por qué las aulas están tan vacías en Níger: si es imposible oír y ver al profesor, no parece descabellado que alguien piense que no merece la pena ir a la escuela. Níger es un caso extremo, pero muchos otros países también padecen graves déficits de profesores. En la República Centroafricana, hay más de ochenta alumnos por cada profesor de educación primaria.

Hay gente que trabaja para que las escuelas dispongan de más profesores ayudantes mientras los países se dedican a formar a un mayor número de profesores. Una de estas personas es Peggy Mativo, a quien conocí a través de la Clinton Global Initiative University (CGIU), un programa que la Clinton Foundation organiza para ayudar a activistas universitarios o doctorandos a plasmar sus ideas de cambio en oenegés, o para ayudarles a encontrar maneras de intensificar el trabajo que ya están llevando a cabo. Peggy trabaja para eliminar la llamada «brecha de profesores», la diferencia entre el número de profesores que hay actualmente y cuántos se necesitan, en Kenia, su país natal.

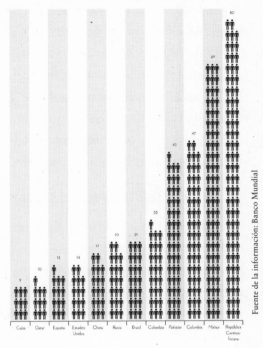

PROMEDIO DE ALUMNOS POR PROFESOR EN DISTINTOS PAÍSES DEL MUNDO (2012-2013)

Fuente de la información: Banco Mundial

Creó PACE (del inglés Promoting Access to Community Education [Promoción del Acceso a la Educación Comunitaria]), un programa que trabaja para llevar profesores ayudantes debidamente formados a las escuelas de las comunidades más pobres de Nairobi, en Kenia, donde es habitual que haya más de cincuenta y siete alumnos por aula con un solo profesor. ¿Podrías concentrarte en una clase con más de cincuenta alumnos? Yo no. Y también es probable que sea muy difícil para el profesor.

Hasta principios de 2015, los voluntarios de PACE han trabajado en total más de 28.000 horas como profesores ayudantes en ocho escuelas públicas de Nairobi, lo que ha resultado en mejores notas para los estudiantes y en profesores más contentos. Las notas mejoraron tanto en una de las escuelas de PACE que los funcionarios del Ministerio de Educación llamaron para asegurarse de que la información era correcta. Para saber más sobre el programa de Peggy y sobre cómo contribuir a que haya más profesores ayudantes en un mayor número de aulas, visita la web de PACE: pacemakerinternational.org. También puedes animar a los profesores que conozcas a que se ofrezcan como mentores de los voluntarios y los integrantes de los equipos de PACE (en persona, si están en Nairobi, o a través de Skype, si no es así).

¡A veces las escuelas cuestan dinero!

Hasta hace poco tiempo, en buena parte de los países en vías de desarrollo, aunque hubiese escuelas a las que asistir y profesores que diesen las clases, los padres tenían que pagar una tasa para que sus hijos fuesen a cualquier escuela, incluida la primaria. No había escuelas públicas gratuitas. En algunos lugares sigue sin haberlas, aunque a lo largo de los últimos quince años casi todos los países han eliminado las tasas escolares, al menos para la escuela primaria. Esta situación es muy distinta de la que viven las familias en los países relativamente más ricos, como Estados Unidos, que deciden pagar para que sus hijos e hijas vayan a una escuela privada (porque podrían matricularse en la escuela pública de forma gratuita). En algunos países, aunque no existan tasas escolares, los padres deben pagar por los uniformes o el material escolar si quieren que a sus hijos se les permita poner un pie en un aula, y en consecuencia la escuela sigue siendo demasiado cara para muchas familias. Así pues, como los padres no pueden permitirse escolarizar a sus hijos, los gobiernos de algunos países en vías de desarrollo han construido pocas escuelas, o incluso no han construido ninguna, en las zonas más pobres, lo que ayuda a explicar por qué los niños pobres suelen ser los que deben recorrer distancias mayores para ir a la escuela.

Como cabría esperar, en los países donde se han eliminado las tasas, tanto escolares como de otro tipo, la proporción de niños escolarizados es mayor. En Burundi, una vez que se abolieron las tasas escolares, la asistencia a la escuela primaria prácticamente se dobló en menos de diez años. ¡Eso son muchos más niños escolarizados! Al poco tiempo de que el gobierno nicaragüense eliminase las tasas escolares y empezase a distribuir ayudas a las familias pobres para la compra de los uniformes y el material escolar, más de la mitad de todos los niños nicaragüenses que nunca habían ido a la escuela se matriculó. Imagina que tuvieses que comprarte los libros, el material escolar y el uniforme, y además pagar por el derecho a ir a la escuela. Solo en el transcurso de tu vida las cosas han empezado a cambiar realmente para los niños en edad de ir a la escuela primaria y sus familias en todo el mundo.

PAÍSES DONDE LA ESCUELA PRIMARIA CUESTA DINERO*

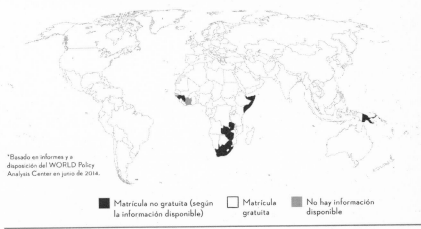

*Basado en informes y a disposición del WORLD Policy Analysis Center en junio de 2014.

Matrícula no gratuita (según la información disponible)   Matrícula gratuita   No hay información disponible

Fuente de la información: WORLD Policy Analysis Center

PAÍSES DONDE COMPLETAR LA ESCUELA SECUNDARIA CUESTA DINERO*

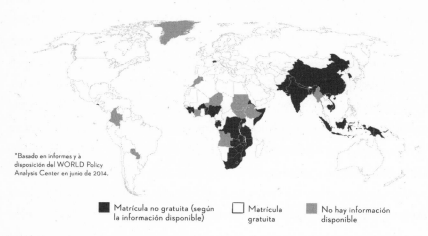

*Basado en informes y à disposición del WORLD Policy Analysis Center en junio de 2014.

■ Matrícula no gratuita (según la información disponible)   □ Matrícula gratuita   ▨ No hay información disponible

Fuente de la información: WORLD Policy Analysis Center

Aunque la educación primaria es gratuita en casi todas partes, en muchos lugares, en particular en el África subsahariana y en el sur de Asia, las familias aún tienen que pagar para que sus hijos cursen la educación secundaria. Como cabría esperar, en los lugares en los que aún se paga por la escolarización de los niños, tanto en educación primaria como secundaria, la proporción de chavales escolarizados es menor.

Algunos niños tienen que trabajar

Hasta 1918 no existían leyes en todos los estados que forman Estados Unidos que obligasen a escolarizar a los niños hasta que completasen la educación primaria. Uno de los motivos por los que los estados aprobaron dichas leyes fue para asegurarse de que las familias optaban por escolarizar a sus hijos, en lugar de ponerlos a trabajar. Hasta hace cien años, en Estados Unidos muchos niños se veían obligados a trabajar (en el campo,

como deshollinadores, como sirvientes o en la industria textil).
Este tipo de mentalidad y de expectativas (y muchos de esos
trabajos) ayudan a explicar por qué son tantos los niños en todo
el mundo que hoy en día aún no están escolarizados. En lugar de
ir a la escuela, trabajan para mantener a sus familias, porque
deben ganarse la vida por su cuenta, y a veces porque no se les
da la oportunidad de elegir. Es lo que se conoce como «trabajo
infantil». De los más de 2.000 millones de niños que hay en todo
el mundo, se calcula que 168 millones trabajan, y algunos de
ellos realizan actividades muy violentas.

En todo el mundo hay alrededor de doscientos cincuenta mil
niños soldados, muchos de los cuales han sido víctimas de se-
cuestros, mientras que otros se han unido a los ejércitos o grupos armados en busca de protección durante las guerras espantosas. Proceden de lugares ya de por sí peligrosos, como Siria y
Sudán, Yemen y Afganistán, la República Centroafricana y Somalia, donde se los priva de su infancia y donde, por la fuerza o
mediante el engaño, se les hace llevar una vida de soldados. Los
niños soldados rara vez reciben algún tipo de educación, más
allá de aprender a identificar a sus enemigos y cómo matarlos.
Bastante tienen con conseguir mantenerse con vida.

Tuve la inmensa fortuna de conocer a Bishop Elias Taban, un
extraordinario exniño soldado procedente de Sudán del Sur que
ha dedicado su vida a ayudar a su país a cerrar las heridas de
décadas de guerra y conflicto. Bishop Taban nació el 10 de mayo
de 1955 en Yei, en Sudán del Sur, el mismo día en que estalló la
violencia. Cuando los combates se aproximaron al hospital, las
enfermeras y los médicos salieron huyendo y dejaron abandonados al pequeño Elias y a su madre. Esta tomó en brazos a su

Los niños soldados no van a la escuela, solo aprenden quiénes son sus enemigos y cómo combatirlos.

Cortesía de Anadolu Agency/Getty

bebé y salió corriendo también. Tras tres días ocultos en la jungla, pudieron reaparecer sanos y salvos.

Por desgracia, la seguridad no fue lo habitual a lo largo de su vida, y cuando tenía trece años, Bishop Taban fue secuestrado y obligado a convertirse en niño soldado. Su padre le rogó al comandante cuyas tropas habían capturado a Bishop Taban que lo liberase, prometiendo que él dedicaría su vida a la lucha armada a cambio de la liberación de su hijo. Finalmente, el comandante accedió y el joven Elias fue trasladado a la frontera entre Sudán y Uganda. Llegó solo y a pie a Uganda, donde el personal de la ONU lo encontró y lo rescató.

Bishop Taban cree que si sobrevivió fue por la gracia de Dios, y ha dedicado su vida a ayudar a otros, en particular a aquellos que se encuentran en circunstancias similares, a veces en un sentido muy literal. Vive en Sudán del Sur y, como líder religioso y

social, trabaja para construir una comunidad más
fuerte, robusta y segura.
Ayuda a excavar pozos, a
construir carreteras y a cuidar de huérfanos, viudas de
guerra y jóvenes que, como
él, fueron niños soldados o
tuvieron que huir de la violencia. Uno de los huérfanos a los que Bishop y su
mujer están criando tam-
bién apareció en el bosque
cuando era un recién naci-

Cortesía de Bishop Elias Taban

Bishop Elias Taban enseña a antiguos soldados a fabricar ladrillos para que puedan ganarse la vida lejos de la guerra.

do. Bishop trabaja infatigablemente para combatir el trabajo
infantil, algo que es aún demasiado habitual en su país y en
buena parte del mundo, y también trabaja de manera igualmente tenaz en favor del derecho de todos los niños a ir a la escuela.

Durante gran parte de la historia de la humanidad, fue habitual que los niños trabajasen y nadie puso esta práctica en cuestión. En particular, se esperaba de los niños de familias pobres
que trabajasen, incluso en ocupaciones peligrosas. En ocasiones,
especialmente peligrosas, como algunos trabajos en las fábricas,
en las galerías subterráneas de las minas o en chimeneas cuyo
tamaño no permitía el acceso de los adultos. En buena parte de
los países en vías de desarrollo, aún es habitual que los niños
trabajen, porque sus familias, o bien ellos mismos, necesitan el
dinero. En las zonas rurales, lo más normal es que trabajen en
las granjas familiares; en las ciudades, lo más habitual es que

pidan dinero en las calles. Y los niños siguen realizando trabajos peligrosos, además de ser soldados.

En Somalia, se calcula que dos de cada cinco niños trabajan, principalmente como agricultores, pero también como soldados y mineros. La minería es un trabajo particularmente peligroso, y más aún en los países en vías de desarrollo, donde todavía no existen las mismas protecciones legales para los trabajadores que en Estados Unidos. Es bastante probable que muchos de estos niños sufran lesiones e incluso mueran llevando a cabo este peligroso trabajo, en parte porque sus vidas no se consideran tan valiosas como las de los adultos, algo que es desgarrador. No puedo imaginar nada más valioso, con más potencial y promesa, que la vida de un niño.

En Pakistán, los niños a menudo trabajan en los telares (porque unos dedos más pequeños son capaces de hacer nudos más pequeños, lo que incrementa el valor de las alfombras). En muchos países, los niños trabajan en fábricas que producen ropa y calzado. Los estadounidenses menores de catorce años solo pueden trabajar en unas circunstancias muy concretas, como por ejemplo haciendo de canguro, en la agricultura o para un progenitor (pero no en lugares peligrosos como las fábricas). Si quieres informarte sobre qué trabajos pueden realizar los jó-

Cortesía de Free The Children

Una de las primeras campañas organizadas por Free The Children. Veinte años más tarde, siguen trabajando para apoyar a comunidades de todo el mundo.

venes en Estados Unidos, la web youthrules.dol.gov es un buen lugar para hacerlo.

Conseguir que más niños de todo el mundo vayan a la escuela no es tarea fácil, en parte porque es muy difícil acabar con el trabajo infantil en un gran número de los países del mundo. Los padres necesitan tener más trabajo y mejor remunerado para poder permitirse renunciar a los ingresos que sus hijos aportan al hogar, y debe reconocerse el valor que tienen las vidas de los niños, lo que haría que el trabajo infantil resultase inaceptable y convertiría la escolarización en la alternativa más obvia. Hasta aproximadamente 1940, el trabajo infantil (no solo cuidar niños o atender a los clientes en la tienda de tus padres) formaba parte de la vida estadounidense. En la época de mis abuelos y tus bisabuelos, eso cambió. Y, aunque más de quinientos mil niños aún realizan habitualmente tareas agrícolas y otros cuantos miles más llevan a cabo otro tipo de trabajos (yo empecé a cuidar niños a los once años), los niños estadounidenses, a diferencia de otros que viven en otras partes del mundo, tienen que ir a la escuela, aunque trabajen. Si fuimos capaces de cambiar la percepción sobre la escuela y el trabajo infantil en Estados Unidos en el siglo xx, seguro que también lograremos hacerlo en todo el mundo en el siglo xxi.

Alguien que se esfuerza por conseguirlo es el canadiense Craig Kielburger. Una mañana de 1995, cuando Craig tenía doce años, leyó en el periódico un artículo que le cambiaría la vida. Contaba la historia de la vida trágicamente breve de Iqbal Masih. Hijo de una madre soltera y pobre en el Pakistán rural, Iqbal fue vendido para poder pagar las deudas familiares (básicamente, esclavitud) cuando tenía tan solo cuatro años. Durante los seis años siguientes, trabajó —y fue víctima de abusos— 12 horas al día en una fábrica de alfombras. Cuando Iqbal tenía diez años, fue rescatado por activistas contra el trabajo infantil y empezó a hablar públicamente sobre las atrocidades que esta práctica conlleva, e incluso viajó a Estados Unidos y Suecia para difundir su historia. Pocos meses después, de vuelta en Pakistán, fue asesinado a tiros. Solo tenía doce años, la misma edad que Craig cuando leyó su historia. La trágica vida de Iqbal fue lo que llevó a Craig a crear Free The Children con su hermano y unos amigos.

Lo que comenzó siendo un pequeño grupo de chavales que se dedicaba a escribir peticiones y cartas (porque el uso del correo electrónico aún no estaba muy extendido, y tampoco existía change.org) para concienciar sobre el trabajo infantil se ha convertido en un movimiento internacional. Free The Children, que aún sigue liderado por jóvenes, busca satisfacer las necesidades de comunidades de todo el mundo de una manera sostenible, para que los niños puedan recibir una educación, en lugar de tener que —o ser obligados a— trabajar. Para ello, construyen escuelas, clínicas y sistemas de agua potable, y apoyan las explotaciones agrícolas y pequeños negocios familiares para que los niños puedan ir a la escuela y, con suerte, no tengan que trabajar. Hay muchas maneras de colaborar, en particular porque Free The Children facilita que los jóvenes organicen campañas dondequiera que vivan y a escala mundial. Para informarte sobre el trabajo de Free The Children y cómo puedes participar, visita freethechildren.com.

Hay gente que piensa que los niños son más importantes que las niñas

Otro motivo importante por el que no hay más niños en la escuela es que, en muchos lugares, a las niñas se las valora menos que a los niños, un agravio sobre el que hablaré con más detenimiento en el capítulo 4, «Aún no está todo hecho. Igualdad de género», que se centra en la situación global de las chicas y las mujeres.

Puesto que a menudo se las valora menos, no es sorprendente que, en todo el mundo, haya más niñas que niños sin escolarizar. La brecha entre niños y niñas en la escuela primaria se ha reducido en los últimos veinte años. En la actualidad, hay noventa y seis niñas escolarizadas por cada cien niños, pero en demasiados países en vías de desarrollo la mayoría de las niñas más pobres nunca va a la escuela primaria. En Somalia son muy pocas las niñas pobres que van a la escuela (el 95 por ciento no están escolarizadas). Los efectos de excluir a las niñas de la escuela primaria persisten a lo largo de toda su vida. Las mujeres constituyen la gran mayoría de los adultos analfabetos (las personas que no saben leer o escribir) en todo el mundo, una gravísima injusticia que dificulta cualquier tipo de progreso. Y que supone un enorme potencial desaprovechado. Aún queda mucho por hacer para resolver este problema.

A escala global, hay muchos más niños que niñas escolarizados. En muchos países y comunidades, las niñas nunca van a la escuela secundaria y, aun en el caso de que la empiecen, son muy pocas las que la completan. En algunos países, el porcentaje de niñas que van a la escuela secundaria es muy bajo, en parte debido a creencias tradicionales según las cuales a las niñas no se les debería permitir asistir a la escuela, porque les roban las oportunidades a los niños y porque, a lo largo de su vida, nunca podrán ganar tanto dinero como un niño. Estas creencias aún persisten, a pesar de que los economistas poseen evidencias de todo tipo que demuestran que el hecho de que haya más niñas en la escuela y más mujeres trabajando es un elemento fundamental para el crecimiento de la economía (lo que permite la creación de más puestos de trabajo, también para los hombres) y para permitir que las familias y los países salgan de la pobreza.

En muchas culturas, los padres siguen pensando que un niño sí merece el coste de las tasas de la escuela secundaria, pero una niña no. Este tipo de razonamiento es el que explica que en Níger, Burkina Faso y Mozambique menos de una de cada diez niñas termine la escuela secundaria. Sin embargo, las cifras reales demuestran lo contrario: por cada año adicional de educación secundaria que una niña (o niño) reciba, ganará un 10 por ciento más de dinero cuando entre a trabajar, lo cual es beneficioso tanto para ella como para su familia y su país. Pero las matemáticas por sí solas no bastan para cambiar una manera de pensar que ha persistido durante cientos e incluso miles de años.

Esta forma de pensar en relación con la educación de las niñas no es la única barrera con la que se topan las pequeñas para ir a la escuela. Otro de los obstáculos que afectan más a las niñas que a los niños es el hecho de que el camino hasta la escuela suele ser peligroso, y en ocasiones ni siquiera las propias escuelas son lugares seguros. Según un estudio de la ONU, en los últimos años se han producido más de nueve mil seiscientos ataques violentos contra escuelas, profesores y alumnos en setenta países. A lo largo de 2012, hubo un promedio de diez ataques a escuelas, profesores y alumnos en todo el mundo. En Estados Unidos hemos sufrido trágicos tiroteos en centros escolares, en los que los atacantes aducen sus propios retorcidos motivos. En gran parte del mundo, una razón especialmente retorcida está detrás de muchos de los ataques: señalar violentamente a quienes defienden el derecho de las niñas a ir a la escuela. En 2012, una valiente joven pakistaní llamada Malala Yousafzai, cuya imagen aparece al principio de esta sección, fue víctima de uno de estos ataques.

Malala empezó a bloguear para el BBC World Service (una agencia de noticias global) cuando tenía once años, y escribía sobre el derecho de todos los niños a ir a la escuela, el temor que le inspiraban los talibanes y su determinación de no permitir que estos —ni su miedo— le impidiesen recibir la educación que necesitaba para hacer realidad sus sueños. Un día, un grupo de militantes talibanes asaltó su autobús escolar y disparó a Malala en la cabeza (y a dos de sus compañeras de clase). Milagrosamente, las tres sobrevivieron. Los talibanes trataron de silenciar la voz de Malala, pero lo que consiguieron fue ayudarla a convertirse en una activista globalmente conocida. Hoy, Malala es una heroína internacional y, en 2014, se convirtió en la persona más joven de toda la historia que ha recibido el Premio Nobel de la Paz. Por desgracia, su situación no es única. En demasiados lugares, tanto las alumnas como las escuelas siguen siendo víctimas de ataques por parte de quienes creen que las niñas no tienen derecho a recibir una educación. A través de la Malala Fund, Malala sigue defendiendo el derecho de cualquier persona —niño o niña— a ir a la escuela, y trabaja específicamente para ayudar a que aumente el número de niñas que completan la educación secundaria, mientras que ella misma estudia para acabar sus estudios secundarios en el Reino Unido. Para informarte sobre el trabajo actual de Malala y sobre cómo puedes ayudar, te recomiendo que leas su formidable libro *Yo soy Malala* y que visites malala.org.

DATOS SOBRE LAS NIÑAS CASADAS
Un tercio de las niñas de los países en vías de desarrollo se casan antes de los dieciocho años, y una de cada nueve lo hacen antes de los quince
Las niñas que viven en hogares pobres tienen una probabilidad casi dos veces superior de casarse antes de los dieciocho años que las que proceden de hogares con mayores ingresos
Las niñas con mayor nivel educativo tienen menos probabilidades de casarse siendo niñas
Las niñas menores de quince años tienen una probabilidad cinco veces superior de morir al dar a luz que las mujeres mayores de veinte años. El embarazo es una de las causas principales de fallecimiento para las chicas de entre quince y diecinueve años en todo el mundo
Las chicas que se casan antes de cumplir dieciocho años tienen más probabilidades que las que lo hacen más tarde de ser víctimas de abusos por parte de sus maridos

Fuente de la información: International Center for Research on Women

Otro obstáculo que afecta en mucha mayor medida a las niñas que a los niños es el matrimonio infantil. Muchos padres de todo el mundo esperan que sus hijas se casen a los doce años, aproximadamente cuando deberían empezar la educación secundaria, e incluso antes. Cada día, en el mundo, se casan 41.000 niñas menores de dieciocho años. Muchas de estas jóvenes novias en poco tiempo serán madres, lo que hará muy difícil, por no decir imposible, que continúen yendo a la escuela. Incluso cuando las chicas no tienen hijos enseguida, sus maridos, las familias de estos e incluso las suyas propias esperan de ellas que cuiden a sus esposos y abandonen la escuela. Hablaremos más sobre el matrimonio infantil en el siguiente capítulo, «Aún no está todo hecho. Igualdad de género». Por fortuna, aunque sea lentamente, el matrimonio infantil es cada vez menos frecuente, a medida que poco a poco los países lo van ilegalizando y las familias van tomando conciencia del valor de las vidas de las niñas.

Muchas escuelas no están preparadas para niños con discapacidades

Es muy habitual que se excluya de la escuela a los niños con discapacidades. Estos pueden tener problemas de vista, de habla o de movilidad, o una incapacidad total para ver, hablar o andar. Es posible que deban hacer frente también a otras dificultades que hagan que para ellos sea especialmente difícil ir a la escuela o aprender en un entorno escolar convencional. En muchos lugares, las escuelas no disponen de los recursos o los profesores necesarios para ayudar a los niños con discapacidades a aprender de manera digna y efectiva. En todo el mundo, hasta 150 millones de niños viven con algún tipo de discapacidad física o mental, tanto congénita como producto de lesiones permanentes producidas por la violencia o los accidentes. En 1975, el Congreso estadounidense aprobó una ley para garantizar que todos los niños en condiciones de ir a la escuela pudieran hacerlo, incluso aunque no pudieran ver, oír o andar como la mayoría de los niños que ya estaban escolarizados.

La mayoría de los países en vías de desarrollo se encuentran en la situación en la que Estados Unidos estaba antes de 1975. De todas formas, en Estados Unidos, aun hoy en día nuestras escuelas no satisfacen las necesidades de todos y cada uno de los alumnos que padecen alguna limitación física o mental. Necesitamos hacer un mayor esfuerzo en nuestro país para ayudar a todos los alumnos a alcanzar su pleno potencial, y alentar a otros países que dispongan de los recursos suficientes a que hagan lo mismo. Y tenemos que ayudar a los países que carecen de nuestros recursos a encontrar estrategias para poder utilizar la tecnología y otras herramientas para ayudar a los niños que no van a la escuela debido a sus discapacidades (o por otros motivos) a recibir una educación de calidad. No podemos —y no deberíamos— suponer que los países que tienen menos recursos que invertir en educación son insensibles al derecho de los niños discapacitados a ir a la escuela (aunque sí que sea así en algunos lugares). En muchos países, la principal prioridad en la actualidad es escolarizar al mayor número de niños posible mediante la construcción de escuelas, la formación de profesores y la adquisición de libros de texto y de otros materiales. Conseguir que todos los niños vayan a la escuela, con independencia de sus capacidades y limitaciones, no es su objetivo en estos momentos. Esperemos que, una vez que esos países hayan escolarizado a la mayoría de los niños, puedan concentrarse en garantizar que cualquier niño, sean cuales sean sus capacidades y limitaciones, tiene la posibilidad de aprender.

Algunos niños con discapacidades en los países en vías de desarrollo podrían ir a la escuela si tuviesen gafas, audífonos y sillas de ruedas. Una organización que se dedica a ayudar a los niños en los países en vías de desarrollo a conseguir sillas de ruedas, a ir a la escuela y, en general, a poder desplazarse, es la Walkabout Foundation. Mis amigos Luis y Carolina Gonzalez-

Bunster fundaron Walkabout al darse cuenta de que había lugares en Estados Unidos a los que Luis, que se mueve en silla de ruedas, no podía ir. Eso hizo que se interesasen por la accesibilidad en silla de ruedas en todo el mundo. Cuando supieron que nada menos que 59 millones de personas en todo el planeta, incluidos niños, necesitan sillas de ruedas, pero no tienen manera de conseguirlas, decidieron que tenían que hacer algo. Así que crearon Walkabout para donar sillas de ruedas a personas (en particular, niños) de los países en vías de desarrollo que las necesitan, pero no pueden costeárselas. Las sillas que Walkabout dona son ligeras, resistentes y utilizan ruedas hechas a partir de cuadros de bicicleta, lo que facilita su reparación prácticamente en cualquier lugar del mundo. Hasta el momento han donado casi siete mil sillas, y trabajan para concienciar a la población y recaudar más fondos para ayudar a más niños a ir a la escuela, a más adultos a ir a trabajar y a que todo el mundo disfrute de la libertad básica de desplazamiento. Para informarte sobre lo que tú puedes hacer para sensibilizar a la gente sobre la situación de los niños con discapacidades o cómo puedes recaudar fondos para ayudar a conseguir una silla de ruedas a un niño de algún país en vías de desarrollo que quizá puede tener tu misma edad, visita la web walkaboutfoundation.org.

La Starkey Hearing Foundation trabaja en todo el mundo para identificar a personas que podrían oír si dispusiesen de los audífonos adecuados, o de cualquier tipo de audífono. Los trabajadores de Starkey proporcionan audífonos a las personas a las que consideran que pueden ayudar, y con ellos el don de la audición. He podido observar su trabajo de primera mano y es fantástico ver cómo un niño oye la voz de su madre por primera vez, o cómo personas que perdieron la audición en un accidente recuperan la capacidad de oír tras años de silencio.

En muchos sentidos, esos momentos no son más que el principio del trabajo de Starkey. La fundación enseña a todos aquellos que reciben un audífono cómo mantenerlo y utilizarlo, y junto con el aparato nuevo les proporciona baterías suficientes para un año. También forma al personal sanitario, los profesores y otros profesionales locales para que sean capaces de identificar la pérdida de audición que puede compensarse con un audífono. De esta forma, son más las personas que pueden recibir ayuda incluso después de que Starkey abandone el lugar. Esta organización ha repartido más de 1,6 millones de audífonos en todo el mundo. Hoy en día hay decenas de miles de niños en la escuela porque pueden oír a su profesor. Para informarte y ver cómo puedes colaborar, visita la página starkeyhearingfoundation.org.

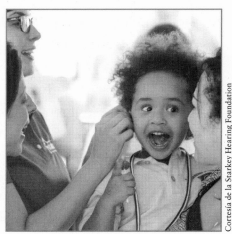

Un audífono de la Starkey Hearing Foundation le abrió las puertas del mundo a esta niña de tres años de la República Dominicana.

Cortesía de la Starkey Hearing Foundation

Es difícil ir a clase en medio de una guerra

La vida cambia cuando uno se encuentra en plena zona de combate o cuando teme la irrupción de la violencia, ya sea debida a una guerra civil, como en Siria, o por la persistente amenaza del terrorismo, como ocurre en el norte de Nigeria, debido a la presencia de un grupo llamado Boko Haram. Todo lo que parecía normal deja de serlo. Los colegios suelen ser unos de los primeros afectados. Cuando los profesores y los alumnos huyen de la violencia y la guerra, también abandonan las aulas. A veces, la violencia y la guerra llegan hasta las escuelas. Los ejércitos o los grupos rebeldes suelen apoderarse de ellas para utilizarlas para sus propios fines violentos (como almacenes de armas o prisiones). En ocasiones, la amenaza de la violencia hace que los gobiernos y las comunidades renuncien a la construcción de escuelas, porque creen que pueden ser asaltadas o que tendrán que abandonarlas cuando comiencen los combates. A veces los profesores se niegan a trabajar en zonas de conflicto, porque, comprensiblemente, temen ser asesinados o perder sus trabajos si se ven obligados a huir. La mitad de los niños no escolarizados en todo el mundo viven en países desgarrados por la guerra. La guerra es una de las principales razones por las que los niños no van a la escuela.

La guerra continúa impidiendo ir a la escuela a los niños incluso tras el fin de los combates. Cuesta imaginar que alguien pueda ir a clase después de que su hogar ha sido pasto de las llamas, un padre o un hermano han sido asesinados, o si se vive con el temor constante de que la violencia vuelva a estallar. Es difícil seguir yendo a clase cuando el alumno o su familia están huyendo constantemente de los estallidos de violencia. En muchos campos de refugiados (los lugares donde muchas personas viven tras haber tenido que abandonar sus casas, o incluso sus países) no hay escuelas o, si las hay, están llenas a rebosar de alumnos, pero vacías de profesores.

Ayudar a que los niños que se ven obligados a abandonar sus comunidades debido a la guerra o a los desastres naturales puedan seguir estudiando es algo en lo que no hemos hecho grandes progresos. El mundo necesita esforzarse más para encontrar la mejor manera de ayudar a que los niños que son víctimas de guerras o desastres naturales reciban una educación, se sientan a salvo y se recuperen para que puedan vivir vidas normales y saludables después de experiencias terroríficas. En 2015, hay más refugiados en el mundo que en cualquier momento desde la Segunda Guerra Mundial, porque actualmente hay más conflictos violentos en más lugares. Hoy no está claro cuál es la mejor manera de ayudar a las personas, en especial a los niños, que probablemente vuelvan a sus hogares cuando cesen los combates (o cómo se puede apoyar a quienes permanecen en los campos de refugiados o en los países a los que habían huido). No obstante, muchas personas y organizaciones están reflexionando sobre estas cuestiones y trabajan para ayudar a las familias y los niños que se encuentran hoy día en los campos de refugiados de todo el mundo.

Una de las personas en primera línea de este trabajo es Joseph Munyambanza, procedente de la República Democrática del Congo. Su experiencia vital lo ha llevado a trabajar para que los niños se sientan a salvo y reciban una educación, incluso en circunstancias peligrosas. Cuando Joseph tenía seis años, un conflicto violento obligó a su familia a huir cruzando la frontera hasta un campo de refugiados en Uganda. Una vez que completó la educación primaria en el campo, recibió una beca para continuar con su educación secundaria en Uganda, fuera del campo (donde las opciones eran muy limitadas). Por desgracia, la escuela secundaria solo llegaba hasta el décimo curso, por lo que en 2005, cuando Joseph tenía catorce años y estaba deseando continuar estudiando, junto con un grupo de amigos creó COBURWAS con el objetivo de poder educarse ellos mismos y también ofrecer la posibilidad de hacerlo a otros jóvenes refugiados procedentes de la República Democrática del Congo, Burundi, Uganda, Ruanda y Sudán (COBURWAS es un

Joseph cuenta la historia de cómo fundó COBURWAS para ayudar a que los refugiados tuviesen acceso a la educación.

acrónimo de los nombres en inglés de todos estos países). Joseph creía que, con ayuda y clases particulares, un mayor número de niños refugiados irían a la escuela (si es que había escuelas a las que ir) e incluso volverían a ella si la habían abandonado.

Claramente, esa esperanza estaba bien fundada. COBURWAS comenzó ayudando a varias decenas de niños refugiados a que continuasen estudiando, en particular en la escuela secundaria, y ha podido ayudar a cientos de niños más. Además, Joseph amplió la misión de COBURWAS para ayudar a normalizar sus vidas a chicas y jóvenes que hubiesen sido víctimas de violencia durante la guerra o, trágicamente, incluso mientras vivían en el campo de refugiados. Escuché por primera vez la historia de Joseph, como la de Peggy, en la CGIU de 2013. Joseph expuso sus planes de volver a Uganda para tratar de escolarizar a más niños y transformar la agricultura de los refugiados al igual que lo está haciendo con su educación. Actualmente, Joseph, recién graduado en la universidad, está de nuevo en Uganda trabajando duramente. Para saber más sobre COBURWAS y cómo puedes colaborar, visita su web: coburwas.org.

Algunas escuelas no están haciendo bien su trabajo

Por otra parte, en lugares donde hay escuelas y profesores, la calidad de la educación puede ser deficiente (por decirlo muy suavemente). Se calcula que unos 250 millones de los niños actualmente escolarizados en todo el mundo llegan al cuarto curso (o como se llame el cuarto curso en sus países) sin saber leer o escribir. Cuando tantos niños se apiñan en un aula donde puede que no haya electricidad ni lápices y libros suficientes, cuesta imaginar que puedan aprender mucho, incluso aunque tengan un profesor estupendo. En el caso de otros niños, quizá solo puedan ir a la escuela en un idioma que no es el que hablan en casa con sus familias. Este es un problema grave. Se estima que más de 220 millones están escolarizados en un idioma que no saben hablar, al menos cuando entran en la escuela el primer día de clase.

Otra cuestión más general sobre la que todos los países, incluido Estados Unidos, deben reflexionar es hasta qué punto la escuela prepara a los estudiantes para las vidas que desean vivir y las carreras que quieren seguir cuando se gradúen. Muchos de los campos más interesantes en Estados Unidos y en todo el mundo (tecnología, informática, ingeniería) concentran la creación de nuevos empleos. Sin embargo, incluso en nuestro país, muy pocos de los institutos de secundaria (solo 2.100 de 42.000), y un número aún menor de escuelas primarias, enseñan informática o programación. Y lo mismo ocurre en los países en vías de desarrollo: la escuela no prepara para encontrar trabajo. Así pues, si los padres consideran que escolarizar a sus hijos no tiene mucho sentido, porque no se traducirá en que estos consigan mejores trabajos en el futuro, es difícil convencerlos para que se sacrifiquen ahora para que sus hijos puedan ir a la escuela en condiciones de seguridad o para que renuncien a los ingresos que aportan a la familia, ya sea trabajando o mendigando. Por eso es tan importante que, en cada comunidad, en todos los países del mundo, los alumnos y sus familias participen en las decisiones sobre qué y cómo se enseña en las escuelas.

Si quieres saber más sobre lo tratado en este capítulo, existen muchos buenos recursos. Como también sucedía en el capítulo anterior, la mayoría están más pensados para adultos y expertos que para niños, pero puede que te resulten útiles igualmente. Uno de ellos es de la ONU, y lo puedes encontrar en en.unesco. org. Tiene más información sobre los desafíos de los que he hablado en este capítulo y sobre los intentos para escolarizar a más niños en todo el mundo. Un aviso: es un gran recurso, pero está lleno de estadísticas y no contiene muchas historias (o sea que, si no te encantan las estadísticas como me pasa a mí, quizá te parezca importante, pero también un poco aburrido).

Si quieres ayudar a otros a informarse sobre la educación en todo el mundo, piensa en cómo podrías animar a gente que conozcas que se dedica a construir y diseñar webs para que creen algunas pensadas para niños que describan las dificultades para conseguir que todos los niños del mundo reciban una buena educación. O quizá esto sea algo en lo que puedes trabajar tú mismo con tus amigos (¡seguro que diseñáis una web para niños mejor que un grupo de adultos!).

También podéis concentraros en resolver alguno de los problemas específicos que hemos discutido en este capítulo. Si te interesa ayudar a los niños refugiados, puedes colaborar con la organización de Joseph o con Save The Children, una organización que trabaja con Unicef (la agencia de Naciones Unidas que se centra en los niños) para proteger a los niños de todo el mundo tras un desastre natural o un conflicto violento. Puedes informarte sobre este trabajo conjunto y sobre otras actuaciones de Unicef y Save The Children visitando sus sitios web: unicef.org y savethechildren.org

Ayudar a construir bibliotecas y a llenar sus estantes de libros

Si te encanta leer e ir a la biblioteca de tu pueblo, quizá quieras ayudar a que otros niños aprendan a leer y tengan más libros. Room to Read construye bibliotecas, así como escuelas y aulas. Llenan las bibliotecas y las aulas que construyen de libros escritos en los idiomas que hablan los alumnos (esto es particularmente importante para los más de 200 millones de niños que, como mencionamos antes, no empiezan la escuela en su lengua materna). Room to Read ha ayudado a construir más de diecisiete mil bibliotecas en todo el mundo, ha publicado más de mil libros en distintos idiomas locales y ha repartido más de 14 millones de libros.

En 2012, las bibliotecas de Room to Read prestaron casi 10 millones de libros en Tanzania, Zambia, Sudáfrica, Camboya, Laos, Sri Lanka, Bangladés, Nepal y la India. Puedes organizar un maratón de lectura con tus amigos o compañeros de clase en el que los adultos y los negocios locales se comprometan a donar una cierta cantidad de dinero por cada libro que leáis. La web de Room to Read dirigida específicamente a los niños es: roomtoread.org/students.

Ayuda con las matemáticas

Igual que hay programas que tienen por objetivo incrementar la alfabetización tradicional y el acceso a los libros, también los hay que buscan mejorar la alfabetización matemática en todo el mundo. En 2013, mientras aún cursaba el doctorado en la Universidad de Santa Clara, Alejandro García fundó Math Multipliers, un programa de tutorías en horario extraescolar para ayudar a los niños de la República Dominicana a mejorar sus habilidades matemáticas. En unos meses, Alejandro había reclutado a tantos alumnos y tutores de matemáticas que pidió una excedencia de su nuevo trabajo en Google para seguir desarrollando el programa. Poco tiempo después, dejó Google para dedicarse a Math Multipliers a tiempo completo. Su visión a largo plazo pasa por incorporar la programación, la robótica y la física, además de las matemáticas, y por extender el programa a otros países latinoamericanos y a Estados Unidos. Para informarte sobre cómo puedes colaborar o cómo organizar un programa similar para ayudar a los niños con las matemáticas en otro país, o incluso en tu propia comunidad, visita multiplicadores.do.

Ha habido múltiples intentos innovadores de utilizar la tecnología para mejorar el acceso a una educación de calidad en todo el mundo, ya sea poniendo en contacto a alumnos con tutores o repartiendo a cada niño un ordenador portátil o un dispositivo con libros y otros materiales de aprendizaje precargados. Los resultados han sido desiguales, porque en muchos lugares no tienen electricidad para cargar los aparatos o acceso inalámbrico a internet para descargar los materiales educativos. Afortunadamente, las oenegés, las organizaciones benéficas e incluso las empresas que operan en este espacio están aprendiendo y adaptándose. La tecnología tiene un potencial inmenso para contribuir a la mejora de la educación, ya sea de la alfabetización básica o del aprendizaje de la programación, independientemente de que los alumnos se encuentren en una escuela de Estados Unidos o en una aldea de Haití.

Una innovación tecnológica que está ayudando a extender la alfabetización a todos los rincones del mundo es Worldreader, que ofrece gratuitamente más de veinte mil libros disponibles a través de teléfonos móviles básicos (esto es, teléfonos de varias generaciones tecnológicas anteriores a los *smartphones* que estás acostumbrado a ver). Esto es algo fantástico, porque significa que los niños pueden acceder a los libros en menos tiempo del que se tarda en construir una biblioteca o una escuela, y ade-

más pueden conseguir los libros que quieren leer, no solo los que vienen precargados en un dispositivo.

Millones de personas, entre ellas muchos niños, han descargado la aplicación de Worldreader, y más de 1 millón de personas en 54 países en vías de desarro-

Cortesía de Worldreader

Un niño leyendo uno de los libros de Worldreader.

llo leen libros gratis cada mes. Ahora, si ellos o sus familias disponen de un teléfono básico, los niños pueden leer en inglés libros como la serie de Nancy Drew (que me encantó cuando era niña), además de muchos otros en sus propios idiomas. Puedes colaborar con Worldreader haciendo una donación, o sugiriendo alguno de tus libros favoritos que creas que cualquier niño en cualquier lugar del mundo debería poder leer. Te puedes informar en worldreader.org. Piensa en lo fantástico que sería saber que un niño en Ruanda leyó un libro porque tú lo recomendaste.

LENGUAJE INFANTIL

La educación comienza mucho antes de que el niño entre en un aula. Más del 80 por ciento de nuestro cerebro se desarrolla durante los tres primeros años de vida. Antes incluso de que el bebé sean capaz de hablar, el hecho de escuchar palabras —ya sean habladas, cantadas o leídas— es importante para el desarrollo de su cerebro. Actualmente, se anima a padres, hermanos mayores, amigos y cualquier persona con la que un niño de cualquier edad tenga contacto a que les hablen, lean y canten. Mucho.

Esto es algo que los chavales de todas las edades pueden hacer para ayudar a otros niños más pequeños, ya sean hermanos o hermanas o cualquier niño o bebé conocido. Puedes hablarles de cualquier cosa: de cómo te sientes, lo que estás aprendiendo en la escuela o del último partido de fútbol o película que has visto. De cualquier cosa, en cualquier idioma y en cualquier país. Lo que es importante para el desarrollo del cerebro es que el niño oiga palabras. Muchas palabras. Es una manera sencilla de ejercer sobre él una influencia positiva que está al alcance de todos. Los niños mayores pueden ayudar a que los cerebros de los más pequeños crezcan y se vuelvan, literalmente, más inteligentes, mientras los padres o tutores están trabajando. Para encontrar sugerencias sobre cómo hablarles a los bebés o a los niños pequeños, un sitio útil es talkreadsing.org, una colaboración entre Barrio Sésamo y Too Small to Fail, una iniciativa de la Clinton Foundation de la que, como madre reciente, me siento muy agradecida de formar parte.

CASTIGOS

Como comenté al principio del capítulo, creo que tus padres y tú sois quienes mejor sabéis lo que tu escuela necesita para ofrecerte la mejor educación posible. A lo largo y ancho de Estados Unidos —en despachos gubernamentales, sentados a la mesa de la cocina y en las escuelas—, estamos manteniendo conversaciones sobre cómo debería ser la educación en el siglo XXI. La mayoría de ellas se centran en qué y cómo queremos que aprendan, y en qué entorno. Un aspecto que es relativamente específico de Estados Unidos, en particular en relación con otros países ricos, es el castigo físico o corporal en las escuelas. Más de cien países han prohibido el castigo corporal en las escuelas. Cuando iba a la escuela primaria en Little Rock, el castigo corporal, en particular los azotes con una vara de madera, aún era legal, e incluso se consideraba apropiado cuando los alumnos se portaban mal o se pasaban de la raya en determinadas circunstancias. Como aprendí mientras me informaba para escribir este libro, el castigo corporal sigue siendo legal en Arkansas si el distrito escolar lo aprueba. En total, diecinueve estados estadounidenses aún permiten el castigo corporal.

ESTADOS EN LOS QUE EL CASTIGO CORPORAL AÚN ES LEGAL (2014)

Fuente de la información: *The Washington Post*

Estados que permiten el castigo corporal: Alabama, Arizona, Arkansas, Colorado, Florida, Georgia, Idaho, Indiana, Kansas, Kentucky, Luisiana, Mississippi, Missouri, Carolina del Norte, Oklahoma, Carolina del Sur, Tennessee, Texas, Wyoming

A mí me dieron azotes en primer curso. Un niño de mi clase me dijo que cierta palabrota era el mayor elogio que uno podía hacerle a un profesor. Ingenua de mí, creí lo que me decía, e inmediatamente me acerqué a la mesa de mi extraordinaria profesora de primer curso, la señora Mitchell, para repetirle la palabra malsonante con una sonrisa de oreja a oreja. Como no podía ser de otra manera, la señora Mitchell se quedó espantada. Me di cuenta de que algo muy malo había pasado y empecé a disculparme frenéticamente. Ella me sacó al pasillo y comentó la situación con la señora Phillips, de la clase de enfrente, otra profesora de primer curso en Forest Park Elementary. La señora Mitchell me preguntó por qué le había dicho eso, y yo le expliqué que pensaba que significaba que ella era maravillosa (pero no delaté a mi compañero de clase, no quería ser una chivata). Mi profesora me dijo que me creía, porque nunca me había oído decir nada malo antes, pero también que debería haber sido más sensata y no creerme todo lo que me decían. Y, aunque me creyó, me dijo que tenía que darme unos azotes. Después de recibirlos, le prometí que la próxima vez le preguntaría lo que la palabra significaba antes de usarla.

Ese día, hace más de treinta años, me sentí fatal: la señora Mitchell era más que una profesora a la que adoraba, era una de mis personas favoritas. Actualmente, es doctora, y es la superintendente adjunta de Educación Primaria en Little Rock. A veces la veo cuando voy de visita a mi ciudad natal. Siempre estaré agradecida por las valiosas lecciones que me enseñó ese día, entre ellas que no todo el mundo dice siempre la verdad (¡y algunas personas incluso mienten!), y que los mejores profesores nos enseñan mucho más que simplemente a leer, sumar y restar (aunque todo eso también es importante).

Como sucede con todos los apartados de este capítulo y con tu propia escuela, tienes que decidir si el castigo corporal es un asunto preocupante, y si piensas que es o no aceptable que las escuelas y los profesores castiguen a los niños azotándolos, siempre, en determinadas circunstancias o, como pienso yo ahora, nunca.

DI LO QUE PIENSAS, ALZA LA VOZ

En última instancia, lo más importante de la educación eres tú y tu futuro, lo que aprendes y también lo que los niños de todo el mundo aprenden o no aprenden, en parte porque su futuro afectará al tuyo, igual que el tuyo tendrá efectos sobre el suyo. No pasa nada si no quieres ayudar a construir escuelas o bibliotecas por todo el mundo (¡aunque espero que lo hagas!). Puedes ejercer una influencia real si compartes tus pensamientos e ideas sobre tu escuela y sobre lo que crees que todos los niños en cualquier lugar deberían saber con tus padres, tus profesores, online a través de plataformas como change.org y en cualquier otro lugar donde encuentres alguien dispuesto a escucharte. También puedes crear un grupo en tu escuela o comunidad donde puedas reunirte con otros niños para tratar de resolver cualquier problema que te preocupe. Como dije al principio, los adultos deberían escucharte, sobre todo en lo que respecta a tu escuela. Pero, para que te escuchemos, tienes que alzar la voz. ¡Espero que lo hagas!

¡Ponte en marcha!

- Comenta algunos datos de este capítulo con tu familia y con al menos tres personas que conozcas, para sensibilizarlas sobre las importantes barreras que existen para que los niños vayan a la escuela, como el matrimonio infantil.
- Participa en una campaña de Free The Children para ayudar a los niños y a sus comunidades en todo el mundo.
- Hazte socio de organizaciones como Girls Not Brides, que trabajan para abolir el matrimonio infantil.
- Comparte historias como la de Joseph, que muestran lo mucho que los niños se esfuerzan para poder ir a la escuela, llegando incluso a crear una escuela en un campo de refugiados.
- Apoya a organizaciones como Save the Children o COBURWAS, que ayudan a que los niños vayan a la escuela en campos de refugiados o tras desastres naturales.
- Anima a la gente que construye o diseña webs a que creen una solo para niños sobre la educación en el mundo.

- Y si tus amigos y tú sabéis crear sitios web, podéis hacerlo vosotros.
- Apoya los esfuerzos de la Walkabout Foundation para hacer llegar sillas de ruedas a niños y que puedan ir a la escuela.
- Apoya el trabajo de la Starkey Hearing Foundation para que los niños que lo necesitan tengan audífonos y puedan aprender en clase.
- Organiza un grupo de Pencils of Promise en tu escuela.
- Organiza un grupo de Building Tomorrow en tu escuela.
- Organiza un maratón de lectura para recaudar fondos para Room to Read.
- Recomienda en Worldreader un libro que creas que los niños de todo el mundo deberían leer.
- Apoya a PACE u otros programas de profesores y profesores asistentes en todo el mundo.
- Háblale (cántale o léele) a cualquier niño que conozcas menor de tres años, para ayudar a que su mente se desarrolle.
- Organiza en tu comunidad un programa para ayudar a que todo el mundo trabaje conjuntamente por la mejora de vuestras escuelas.
- Si tienes al menos catorce años, utiliza las redes sociales para seguir a cualquiera de las organizaciones anteriores o a famosos (como John Legend) que trabajan para que haya más niños escolarizados en todo el mundo.
- Firma una petición en change.org —¡o lanza la tuya propia!— para concienciar a la gente sobre algo que quieras cambiar en tu escuela o en tu distrito escolar.

CAPÍTULO 4

AÚN NO ESTÁ TODO HECHO
IGUALDAD DE GÉNERO

Te has dado cuenta alguna vez de que en ocasiones a las niñas se les habla o incluso se las trata de manera diferente que a los niños? Yo estaba en primer curso la primera vez que noté que a las niñas y a los niños a veces (o incluso a menudo) se los trata de forma distinta. Mi madre estaba en una reunión de la Asociación de Madres y Padres de Alumnos (AMPA) en la cafetería de la Forest Park Elementary School. Yo estaba en la sala de juegos con los demás niños, esperando a que la reunión terminase y nuestros padres viniesen a buscarnos. John (no es su nombre real) no dejaba de incordiarme y yo intentaba ignorarlo, hasta que me tiró al suelo y se sentó sobre mí. Dijo que esa era la única manera de tratar a una niña pesada, se burló de mí, me llamó «fea» y muchas otras cosas desagradables. Reconozco que no recuerdo exactamente lo que dijo después de «niña pesada» y «fea», pero lo que sí es perfectamente nítido (además de los primeros insultos) es el recuerdo que tengo de sentirme escandalizada, dolida y sorprendida.

Una vez que superé la incredulidad al tener a John sentado sobre mí, le pedí repetidamente que, por favor, se quitase de encima de mí (aunque es posible que tardase un poco en decírselo). Cuando se negó a hacerlo (después de pedírselo educadamente), lo empujé para liberarme. La profesora que supervisaba la clase se acercó a mí, me reprendió y me dijo que mi comportamiento era muy poco femenino. Me disculpé y le expliqué que se me había sentado encima y que no se había quitado cuando se lo pedí educadamente (¡dije «por favor»!). Le dio lo mismo, y me advirtió de que, siendo chica, debía saber que tenía que comportarme como una dama y aceptar que los niños eran como eran. Recuerdo que me quedé perpleja. Yo tenía claro que quería ser siempre educada y cortés, pero también sabía que quería poder defenderme.

Viví una situación similar en octavo con un niño todavía más agresivo. Fue mucho más espantoso y desagradable. De nuevo, la profesora me reprendió a mí y justificó también el comportamiento de aquel niño con un «los niños son como son». Esa ocasión, hace más de veinte años, no es ni mucho menos la última en que me llamaron «fea», me acosaron o me menospreciaron, al menos en parte, por el hecho de ser chica. Me han criticado por dar mi opinión o, algo que sucedía con más frecuencia cuando era más joven, por no hacerlo. Me han acusado de ser demasiado agresiva en situaciones en las que a los hombres se les aplaude por su firmeza e integridad. Y sin duda ha habido ocasiones en que ciertos hombres han tratado de intimidarme utilizando su tamaño. Pero a pesar de todo ello siempre he tenido claro que era muy afortunada en muchos sentidos.

Por cada niño malvado, cada hombre agresivo, cada profesora que pretendía encasillarnos a mí y a las demás niñas, he tenido más amigos, profesores y mentores que me han apoyado. Mis padres y mi marido siempre me han alentado a encontrar mi propio camino, y la mayoría de mis amigos han tenido también la suerte de tener padres que los han apoyado. Creo que cualquier chica o mujer debería tener la posibilidad y la capacidad de decidir ser quien quiera o lo que quiera ser, tanto si desea ser esposa, madre o profesional, o todo ello al mismo tiempo. En la actualidad disponemos de muchísimos datos que confirman que el hecho de que las chicas y las mujeres puedan tomar decisiones personales y profesionales por sí mismas repercute positivamente en su propia salud, en la de sus familias y en las economías de sus países. Cada vez son más las personas que lo asumen, tanto en Estados Unidos como en todo el mundo, y más los países que están prohibiendo la discriminación y la violencia ejercida contra las mujeres. Pero todavía hay sitios donde continúan siendo legales, y debemos trabajar para asegurarnos de que cualquier chica, en cualquier lugar del mundo puede tener los sueños que desee y la oportunidad de tratar de realizarlos a lo largo de su vida.

En algunas partes del mundo, lo peor que le puede pasar a una familia es tener una hija en lugar de un hijo, algo que piensan las propias familias. Incluso hoy día, algunas comunidades y familias siguen prefiriendo a los niños. Sin embargo, más que en cualquier otro momento de la historia de la humanidad, ahora las chicas y las mujeres tenemos la posibilidad de vivir nuestras vidas siguiendo nuestro propio camino, y de educarnos y realizar trabajos que habrían sido inconcebibles en el pasado. En buena parte del mundo, las niñas ahora pueden soñar con ser científicas, médicos, pilotos de coches de carreras, emprendedoras, presidentas, primeras ministras o profesoras (y son más los niños que pueden ver a sus madres, hermanas y amigas desempeñando todos estos roles). Pero esto no sucede en todos los países: aún queda trabajo por hacer para conseguir que las chicas y las mujeres tengan los mismos derechos y oportunidades que los niños y los hombres.

La raza, el origen étnico, la religión y el dinero que posee la familia en la que nace una niña influyen sobre si esta tendrá o no más y mejores oportunidades que su madre para seguir sus sueños. A veces, sus posibilidades se ven limitadas por las costumbres y las leyes. Otras veces, no tiene ninguna capacidad de decisión sobre el hecho de ir o no a la escuela, si se casa o no, si trabaja o no. Buena parte de la información de este capítulo procede de un informe que Melinda Gates (activista y fuente de inspiración en muchos sentidos), mi madre y yo publicamos a principios de 2015, bajo el título de *No Ceilings: The Full Participation Report*. Si te gustan los datos, espero que lo consultes en noceilings.org.

LO QUE LAS CHICAS PUEDEN Y NO PUEDEN HACER SEGÚN LAS LEYES

Los derechos legales son todas las cosas que las leyes garantizan que las mujeres y las chicas pueden hacer. Las prohibiciones legales son todas aquellas cosas que a las mujeres y las chicas no se les permite hacer por ley, algunas de las cuales los hombres y los chicos sí pueden llevar a cabo (esto es, si la hace un chico no está incumpliendo la ley, pero si la hace una chica, sí). Durante miles de años, prácticamente a lo largo de toda la historia de la humanidad, en casi cualquier sociedad, los hombres han controlado sus países, sus comunidades y sus familias, incluidas sus mujeres e hijas. Durante la mayor parte de todo ese tiempo, casi nadie puso en cuestión este estado de cosas: los hombres eran quienes debían mandar, proteger y mantener a sus familias, mientras que las mujeres criaban a los hijos, se encargaban del hogar y cuidaban a sus maridos. A menudo, esto suponía un trabajo agotador al encargarse de las labores agrarias, cargar y cortar leña, cuidar de los animales, cocinar y limpiar, además de tener hijos y criarlos (que es probablemente el más duro —y sin duda el más importante— trabajo de todos).

A lo largo de las últimas décadas, las mujeres han ido conquistando en todo el mundo el derecho legal a poder trabajar y votar, mientras que las chicas han logrado el derecho a ir a la escuela. Pero aún hay muchos lugares donde las chicas y las mujeres no disfrutan de los mismos derechos que los hombres y los chicos. Esto es parte de lo que quiero decir con que «aún no está todo hecho» en lo que se refiere a la igualdad de género. Tanto las leyes como la manera en que las sociedades tratan a las chicas y las mujeres deben cambiar. En ocasiones, quienes ocupan posiciones de poder cambian las leyes y a continuación las prácticas y costumbres sociales se adaptan a ellas. Otras veces, sucede lo contrario: las personas se organizan, alzan la voz y exigen un cambio, y es entonces cuando quienes tienen la potestad de hacerlo cambian las leyes. Con independencia de cómo ocurra, la igualdad de derechos —y el derecho a la igualdad— es importante.

Aún hay nueve países en el mundo donde los desplazamientos de las mujeres están limitados por ley. Esto significa que, en algunos países, las mujeres no pueden caminar solas, conducir, montar en bici o desplazarse de alguna otra manera desde su casa al trabajo, o para ver a sus amigos, o incluso para ir a casa de sus vecinos; siempre deben ir acompañadas de un miembro varón de la familia, o bien esperar a que les dé su permiso o las lleve. En Yemen, salvo en caso de emergencia, las mujeres ni siquiera pueden salir de sus propias casas sin el permiso de sus maridos. ¿Puedes imaginarte que todas las mujeres que conoces, ya sea tu madre, tu abuela o una profesora, tuviesen que obtener permiso de un padre, marido o hermano para poder salir? En Arabia Saudí, incluso si tienes el permiso de tu marido para, por ejemplo, ir al trabajo, no puedes llegar allí conduciendo por tu cuenta. Necesitas que te lleve tu marido u otro hombre, porque a las mujeres no se les permite conducir, ningún vehículo, nunca. Ni coches, ni camiones ni autobuses. ¿Puedes imaginar ir por la calle y ver solo hombres al volante? Probablemente, te parecería muy raro, porque estamos acostumbrados a ver también a mujeres conduciendo.

LOS NUEVE PAÍSES QUE LIMITAN LOS DESPLAZAMIENTOS DE LAS MUJERES (2015)

Fuente de la información: WORLD Policy Analysis Center

Hay lugares donde a las mujeres, por ley, se las valora menos, en un sentido literal. En Yemen, el testimonio de una mujer como testigo en un juicio tiene la mitad de valor que el de un hombre. Para compensar el testimonio de un hombre se necesitan los de dos mujeres. También hay determinadas circunstancias en las que a las mujeres no se les permite comparecer como testigos, como, por ejemplo, en caso de robo. ¿Puedes imaginar que te robasen el bolso y que, como el único testigo era una mujer, el ladrón quedase libre?

El voto femenino

Las mujeres conquistaron el derecho al voto en casi todo el mundo a lo largo del siglo XX, y en otros pocos lugares a principios de este siglo XXI. En Estados Unidos, lo lograron en 1919, y lo ejercieron por primera vez en 1920, cuando mi abuela Dorothy tenía un año. En ninguno de estos lugares —en ningún país, estado o territorio— lo consiguieron de manera automática. En todos ellos, las mujeres tienen hoy el derecho al voto gracias al duro esfuerzo que durante décadas mujeres y hombres invirtieron para convencer a quienes ejercían el poder y la sociedad en su conjunto

Un grupo de sufragistas que luchó por obtener el derecho al voto en Nueva York en la década de 1910.

de que permitir que las mujeres votasen es lo más justo y correcto. En muchos países, las mujeres fueron víctimas, sufrieron intimidación y violencia o fueron encarceladas, torturadas o incluso asesinadas mientras luchaban por su derecho a votar. Pero ahora, en 2015, las mujeres pueden votar en todos los países del mundo donde los hombres también pueden hacerlo.

A lo largo de mi vida, toda una serie de países han reconocido el derecho a votar de las mujeres por primera vez. Tener derecho a voto normal-

Cortesía de Everett Historical/Shutterstock

Cortesía de Asianet-Pakistan/Shutterstock

Mujeres que acuden a votar en Pakistán en 2010.

mente es solo un primer paso. Poder ejercerlo sin temor suele ser más difícil, e incluso peligroso, para algunas mujeres, y en ocasiones igualmente peligroso para mujeres y hombres. En muchos países donde a las mujeres se les deniega en la práctica el derecho al voto, también les sucede lo mismo a los hombres. Evidentemente, el que esta desigualdad y falta de derechos sea común a mujeres y hombres no es nada digno de celebrarse. Además, en algunos países, aunque las mujeres tienen derecho a votar, se espera de ellas que lo hagan en el sentido que sus padres o maridos les indiquen. Eso no es igualdad real.

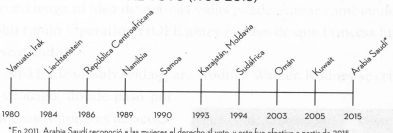

PAÍSES DONDE LAS MUJERES HAN CONSEGUIDO EL DERECHO AL VOTO (1980-2015)

Vanuatu, Irak — 1980
Liechtenstein — 1984
República Centroafricana — 1986
Namibia — 1989
Samoa — 1990
Kazajstán, Moldavia — 1993
Sudáfrica — 1994
Omán — 2003
Kuwait — 2005
Arabia Saudí* — 2015

*En 2011, Arabia Saudí reconoció a las mujeres el derecho al voto, y este fue efectivo a partir de 2015.

Fuente de la información: Base de datos de No Ceilings

Mujeres que trabajan

En muchos países, existe al menos un obstáculo legal a la posibilidad de que las mujeres realicen los trabajos que quieran o creen sus propios negocios. Hay reglas que dicen qué trabajos pueden hacer las mujeres y cuáles no. Hay reglas que limitan sus derechos a ser dueñas de sus propios negocios o a solicitar un crédito. Hay reglas que restringen en qué circunstancias pueden abrir una cuenta bancaria (si es que se les permite hacerlo), que es normalmente un primer paso importante para crear un negocio e incluso para tener un trabajo. Imagina que se te hubiese ocurrido una gran idea para crear un negocio, pero que no se te permitiese hacerlo; o que quisieses ser científica, pero se te impidiese entrar en un laboratorio solo por el mero hecho de ser mujer. En la mayoría de los países, aún es legal que un empleador decida no contratar mujeres o pagarles menos. En algunos países, aún es legal no contratar a mujeres embarazadas. Imagina cómo te sentirías si estuvieses mejor cualificada que otras personas que se presentan a una solicitud de empleo, pero no consiguieses el trabajo simplemente porque eres mujer, o por ser mujer y estar a punto de tener un bebé.

Estas son realidades a las que se enfrentan muchas mujeres en todo el mundo. Según un reciente informe global, casi cuatro de cada diez adultos —tanto hombres como mujeres (¿te lo puedes creer?)— estaban de acuerdo con que los hombres deberían tener preferencia a la hora de acceder a un puesto de trabajo, en lugar de ser la persona mejor cualificada, con independencia de su sexo, quien lo obtuviera. Incluso cuando consiguen un trabajo, en ocasiones a las mujeres no se les permite firmar cualquier tipo de contrato, lo que significa que es mucho más fácil despedirlas (tanto si existe una razón para hacerlo como si no). En algunos países se obliga a las mujeres a jubilarse antes que los hombres, por lo que no pueden trabajar tantos años como querían. ¿Puedes imaginarte que tú (o tu madre o tu abuela) quisieses seguir trabajando y tu jefe te dijese que lo tenías prohibido? No sería nada justo, en absoluto.

¿Qué pueden poseer las mujeres?

En al menos veinte países, las mujeres no tienen los mismos derechos de herencia que sus hermanos. En los casos más extremos, esto significa que, cuando los padres mueran, un hermano se quedará con todo el dinero, las tierras y los negocios familiares... y la hermana no recibirá nada. En algunos países, las posesiones legales de una mujer pasan a ser de su marido cuando se casa. ¿Puedes imaginar que tú trabajases duramente, pero tu marido tuviese derecho a decirte qué hacer con todo el dinero que ganases? ¿O que, si tus padres falleciesen, tu hermano pudiese echarte de la casa familiar? Esta es la realidad actual para muchas mujeres en todo el mundo. No hace tanto tiempo —hasta alrededor de 1900— también era la realidad de muchas mujeres en Estados Unidos, y tuvo que pasar más tiempo aún hasta que las mujeres solteras conquistaron el derecho a poseer propiedades y a quedarse con todo el dinero que ganaban trabajando.

Las agricultoras producen entre el 60 y el 80 por ciento de todos los alimentos en los países en vías de desarrollo. Estas mujeres participan en el programa que la Clinton Development Initiative desarrolla en Malaui para ayudar a incrementar el rendimiento de sus cosechas, sus ingresos y su propiedad de la tierra, lo cual es bueno tanto para ellas como para sus familias.

Cortesía de Peter Kasengwa/Clinton Foundation

Aun así, incluso en muchos países donde las mujeres pueden poseer propiedades, es poco habitual que lo hagan, porque no es algo que se espere de ellas, ni se las anima a hacerlo, y porque si lo intentasen podrían ser víctimas de agresiones por parte de sus maridos, padres o hermanos. Las agricultoras producen la mayoría de los alimentos en los países en vías de desarrollo. Sin ellas, es imposible imaginar que se pueda comer en Asia y el África subsahariana. Existen múltiples estimaciones sobre cuánta tierra poseen realmente las mujeres, pero nadie cree que ronde el 50 por ciento. En muchos lugares, el trabajo de las mujeres se lo apropian en gran medida los hombres.

Casarse demasiado joven

En los países en vías de desarrollo, una de cada tres niñas se casa antes de cumplir dieciocho años, y una de cada nueve lo hace antes de llegar a los quince. Lo cual equivale a que más de 15 millones de chicas se casan cada año. En total, hoy día hay en el mundo más de 720 millones de mujeres que se casaron antes de cumplir los dieciocho. ¿Puedes imaginarte casándote tan joven, y probablemente con alguien que tus padres han elegido

EDAD MÍNIMA DE LAS NIÑAS PARA PODER CASARSE (2013)

Países en los que el matrimonio a los quince años no es legal Países de los que no hay datos disponibles

Países en los que el matrimonio a los quince años es legal en determinadas circunstancias

Fuente de la información: Informe de No Ceilings

para ti, a quien posiblemente no conoces y que es (mucho) mayor que tú? En muchos países a las chicas no se les da ninguna opción de elegir; es lo que se espera de ellas.

En Níger, el país con el porcentaje más elevado de mujeres que se casaron siendo menores de edad, más de tres de cada cuatro mujeres se casaron antes de cumplir dieciocho años, y casi una de cada cuatro lo hizo antes de alcanzar los quince. Níger no es el único país que permite que las menores de quince años se casen. Más de una de cada tres niñas que se casa antes de los dieciocho años viven en la India. En Estados Unidos, Canadá, la mayor parte de Latinoamérica y casi toda el África subsahariana, las chicas menores de quince años se pueden casar si cuentan con el permiso de sus padres. En algunos estados de nuestro país, aún existen leyes que permiten que chicas ¡de trece o doce años! (Massachusetts) se puedan casar si sus padres lo aprueban. Aunque se exige el con-

EDAD MÍNIMA PARA PODER CASARSE EN ESTADOS UNIDOS*

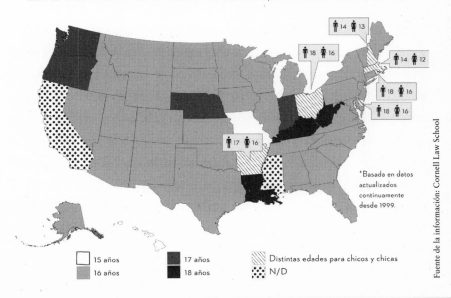

*Basada en datos actualizados continuamente desde 1999.

15 años · 16 años · 17 años · 18 años · Distintas edades para chicos y chicas · N/D

Fuente de la información: Cornell Law School

sentimiento de los padres, permitir por ley que chicas de esa edad se puedan casar no es un mensaje sano. A esa edad las niñas deberían estar en séptimo u octavo, aprendiendo álgebra o pensando en abrirse una cuenta en Instagram cuando cumplan los catorce.

La hermana de Memory fue obligada a casarse a los once años. Aquí, Memory le explica a un miembro del parlamento malauí por qué ninguna chica debería tener que casarse.

Una líder joven y admirable que trabaja para ayudar a que más niñas puedan ser niñas, y no novias, es la malauí Memory. Su hermana fue obligada a casarse con solo once años, y a los dieciséis tenía ya tres hijos y había abandonado la escuela. Memory se convirtió en activista en pro de la abolición del matrimonio infantil, y llevó voces como la de su hermana al debate en su comunidad y en su país para que la gente entendiese que el matrimonio infantil impide de maneras muy concretas que las chicas tomen decisiones por sí mismas (por ejemplo, sobre si ir o no a la escuela secundaria). El trabajo de Memory y otros activistas contra el matrimonio infantil ha tenido un efecto palpable: a principios de 2015, Malaui aprobó una ley que prohibía el matrimonio infantil. Para saber más sobre cómo acabar con el matrimonio infantil y cómo unirte al movimiento global para conseguirlo, visita girlsnotbrides.org. Y para informarte sobre las mujeres de todo el mundo que están alzando sus voces para llevar a cabo cambios en sus comunidades, en torno al matrimonio infantil y a otros asuntos, visita letgirlslead.org.

SALUD

Embarazos y bebés

Algo que tenemos en común todas las personas del mundo es nuestro ombligo. El mundo ha avanzado en conseguir que las madres sobrevivan mientras están embarazadas (razón por la que todos tenemos un ombligo) o al dar a luz. En los países en vías de desarrollo hay más médicos, enfermeras y, especialmente, más comadronas y parteras capacitadas y formadas específicamente para ayudar a las embarazadas a dar a luz a sus bebés de manera segura. Su papel es fundamental para garantizar la salud de las madres y el nacimiento de bebés sanos. También han sido importantes las mejoras en el saneamiento (recuerda: evitar mezclar las heces y el agua) y en la higiene (lavarse las manos a menudo y esterilizar los instrumentos médicos) de las comadronas, los familiares y cualquiera que esté cerca de una mujer embarazada. A pesar de todo, ochocientas mujeres mueren a diario debido a complicaciones evitables durante el embarazo o al dar a luz. Aunque solo una muerte ya sería demasiado.

La mayoría de las mujeres que mueren durante el embarazo o el parto son pobres. Muchas mueren en el África subsahariana y en ciertas zonas de Asia, pero las mujeres pobres son vulnerables en todas partes, incluido Estados Unidos. De hecho, en los últimos veinte años, Estados Unidos es el país rico que ha experimentado, con diferencia, un mayor aumento en el porcentaje de mujeres que mueren mientras están embarazadas o al dar a luz. En 2013, era el sexagésimo país del mundo en mortalidad infantil (es decir, que otros 59 países fueron más efectivos a la hora de garantizar la vida y la salud de las mujeres embarazadas y las recién paridas).

¿Por qué? Muchas mujeres estadounidenses están obesas, tienen una elevada tensión arterial o padecen diabetes cuando se quedan embarazadas, y aunque todas estas circunstancias suponen un riesgo para la salud en general (como veremos en el capítulo 5, «Cuidar nuestra salud»), resultan especialmente peligrosas para las embarazadas. En Estados Unidos, las mujeres obesas que viven en situación de pobreza —en particular, las inmigrantes— son las que están más expuestas al riesgo, tanto por su sobrepeso como porque es menos probable que acudan regularmente al médico, enfermera o comadrona, y por tanto no reciben la atención y los consejos que una embarazada necesita. Ir al médico puede reducir estos riegos. Puedes contribuir a educar a las mujeres de tu entorno que estén embarazadas o que se planteen tener hijos sobre lo importante que es comer sano, controlar la tensión arterial e ir a ver al médico en cuanto sepan que están embarazadas, e incluso antes.

Every Mother Counts puede proporcionarte información sobre lo que puedes hacer para ayudar a que tanto las madres como sus bebés, en Estados Unidos y en todo el mundo, reciban la atención que necesitan. Fundada por la valerosa Christy Turlington Burns tras una aterradora experiencia durante el nacimiento de su primer hijo, Every Mother Counts contribuye a concienciar sobre lo que se necesita para garantizar que todas las madres puedan tener un embarazo y un parto seguros y sanos. Si quieres saber más sobre el trabajo que esta y otras organizaciones están llevando a cabo para salvar vidas de madres en todo el mundo, visita everymothercounts.org.

Preparar la cena (y el desayuno y la comida)

Otro riesgo de salud al que miles de millones de mujeres se enfrentan a diario tiene que ver con la cocina. Casi 3.000 millones de personas en los países en vías de desarrollo cocinan —o dependen de alimentos cocinados— en hogueras o utilizando sencillos fogones, muchas veces de fabricación casera. En lugar de usar electricidad (porque no la hay) o gas (porque no lo hay), las mujeres (que casi siempre son las encargadas de cocinar) emplean una combinación de combustibles más básicos, como leña, excrementos de animales y carbón. Respirar los humos de la leña o el carbón es nocivo para los pulmones y también incrementa el riesgo de padecer varios ti-

Cortesía de Global Alliance for Clean Cookstoves

Ejemplo de un fogón peligroso y otro seguro y limpio.

pos de cáncer, enfermedades cardiovasculares, neumonía y lesiones relacionadas con la cocina, como quemaduras o ceguera. Las mujeres, que por lo general, como he dicho, son las que cocinan, y los niños, que suelen estar cerca de los fuegos, tienen una mayor probabilidad de quemarse o acabar enfermando a causa de los humos. Se calcula que cada año se producen más de 4 millones de muertes relacionadas con la exposición al humo y el fuego de cocinas peligrosas. Normalmente, no pensamos en la cocina como algo peligroso, pero es evidente que sí lo es para muchas personas en todo el mundo.

Una manera de cocinar de forma más segura consiste en llamar la atención sobre la necesidad de lo que se conocen como fogones y combustibles limpios, algo que mi madre lleva mucho tiempo haciendo. Los fogones limpios son también sencillos y pueden utilizar tanto combustibles locales (como leña o carbón) como otras opciones más sostenibles, como la energía solar. Son más seguros para las mujeres, en parte porque emiten menos humo tóxico y queman el combustible con mayor eficiencia. También son, por lo general, mejores para el medio ambiente. Para informarte sobre los distintos tipos de fogones limpios (como, por ejemplo, comparar cuáles funcionan mejor en China y cuáles en Guatemala) y sobre lo que puedes hacer para ayudar, visita cleancookstoves.org.

Violencia contra las mujeres

Probablemente, el mayor riesgo para la salud de las mujeres en la actualidad es la violencia. Los expertos calculan que una de cada tres niñas y mujeres ha sufrido algún tipo de violencia o abuso físicos a lo largo de su vida, la mayoría a manos de alguien de su familia (un marido o compañero, un padre, un primo, un tío, un hermano o un abuelo). Esta violencia no conoce fronteras. Afecta a niñas y mujeres de todas las nacionalidades, razas, orígenes étnicos, religiones y niveles socioeconómicos. La violencia también adopta muchas formas, y para combatirla necesitamos la ayuda de todos, incluidos hombres como Jimmie Briggs y Brian O'Connor. A través de su organización Man Up Campaign, Jimmie trabaja para educar a la gente, en particular a hombres jóvenes, sobre por qué la violencia contra las niñas y las mujeres nunca es aceptable, y tampoco es buena para los hombres, ni en sus propias familias ni en sus comunidades. Man Up ha ayudado a hombres como Thierry Kajeneza, un activista de Burundi, a ser más activo en la defensa de los derechos de las mujeres y más efectivo a la hora de proteger y ayudarlas en sus propias comunidades a lo largo y ancho de su país.

Brian O'Connor dirige un programa llamado Coaching Boys Into Men, dentro de Futures Without Violence, una organización que lleva más de treinta años trabajando para prevenir la violencia. Coaching Boys Into Men trabaja con entrenadores de atletismo en secundaria en todo Estados Unidos y en otros países para proporcionarles las herramientas y la formación que necesitan para promover el respeto mutuo entre sus atletas y para con las demás personas de su entorno, junto con lo que aprenden en la pista o en el campo. Los entrenadores aprenden cómo ayudar a sus equipos a entender que la violencia nunca es aceptable. En el sudoeste de Pensilvania, Jo-El, miembro del equipo de fútbol americano de Woodland Hills High School, creció viendo cómo su padre abusaba de su madre. Coaching Boys Into Men le ayudó a entender lo importante que es que tanto sus compañeros como él respeten y defiendan a sus madres y a todas las niñas y mujeres de sus vidas.

El trabajo de Jimmie y Brian es tan importante porque la violencia contra las mujeres es, por desgracia, habitual en todos sitios. Esto es así en parte porque en muchos países es legal que un marido agreda a su mujer si así lo desea, sin que deba temer por las consecuencias (dicho de otro modo, la policía no aparecerá porque no ha infringido ninguna ley). Incluso en los lugares donde las leyes prohíben la violencia de género, muchas mujeres no denuncian que son víctimas de ella por temor a las represalias.

Y en muchas ocasiones, cuando sí lo hacen, a los abusadores no se les acusa de ningún delito ni se les castiga. Lamentablemente, esto sucede tanto en Estados Unidos como en muchos otros países.

En algunos países, muchas personas —mujeres incluidas— creen que los maridos tienen derecho a recurrir a la violencia para zanjar o «ganar» una discusión con sus mujeres. En Etiopía, casi una de cada dos mujeres no cree que sea inaceptable que un marido pegue a su mujer. Las consecuencias de este tipo de comportamientos se prolongan hasta mucho después de que una mujer o madre se haya recuperado. Ser testigo de violencia de pequeñas es un factor de riesgo, pues las niñas ven cómo abusan de sus madres o hermanas y no aprenden que nunca es aceptable que alguien las golpee, a ellas o a cualquier otra persona. Crecen acostumbradas a la violencia y, con frecuencia, acaban siendo víctimas de los abusos de sus novios o maridos.

Cortesía de Girl Up

Las chicas no están solas en la lucha contra la violencia de género, los chicos las apoyan. Este grupo de chicos y chicas de Girl Up participaron en una carrera para impulsar un proyecto contra la violencia de género en su comunidad.

Los miembros de sus familias no son los únicos que constituyen una amenaza para las niñas y las mujeres. Los traficantes de seres humanos son delincuentes que sacan a personas, habitualmente mujeres y chicas jóvenes, de sus hogares, por la fuerza o engañándolas (prometiéndoles un buen trabajo o educación, aunque desde el principio planean vender a sus víctimas en condiciones cercanas a la esclavitud, o directamente de esclavitud). Como, por lo general, las familias consideran que las niñas son menos valiosas que sus hermanos, son ellas las que corren un mayor riesgo de acabar siendo vendidas como esclavas. Hay aproximadamente 2,4 millones de personas que han pasado de un país a otro víctimas del tráfico de seres humanos, y hasta 30 millones de personas que viven y trabajan como esclavos. Sí, esclavos, hoy, en nuestro mundo. La mayoría son mujeres y niñas a las que se les prohíbe ir a la escuela, vivir sus propias vidas y tomar sus propias decisiones, y que sufren horribles abusos y violencia. Muchas de ellas morirán en la esclavitud.

Las mujeres y las niñas son también particularmente vulnerables a la violencia durante las guerras y otros conflictos. Como quizá hayas leído en las historias religiosas o en los libros de historia, desde siempre, los ejércitos y los soldados han empleado la violencia contra civiles (en lugar de hacerlo exclusivamente contra otros soldados) como instrumento de guerra y terror. Por desgracia, esto es algo que aún sucede hoy en día. Mientras que es más probable que los hombres mueran en un conflicto armado —porque es más probable que sean soldados y, por tanto, participen directamente en los combates—, las mujeres tienen una mayor probabilidad de morir como consecuencia de los efectos indirectos del conflicto. Eso puede significar morir víctimas de abusos violentos o porque no puedan recibir la atención médica que necesitan cuando están embarazadas o dan a luz. Aun así, las mujeres apenas participan todavía en las negociaciones entre líderes con las que se terminan las guerras o en los consiguientes acuerdos de paz que los países y los combatientes se comprometen a respetar. No es de extrañar que, en las pocas conversaciones de paz en las que las mujeres han participado de manera significativa, como las de Guatemala o Sudán, los acuerdos resultantes contemplaran el apoyo a las mujeres víctimas de la violencia y a sus familias para que pudiesen reponerse y salir adelante. Esto es bueno tanto para ellas y sus familias como para la sociedad en su conjunto. Es importante que haya mujeres presentes en las salas de reuniones.

Alguien que se hace con el control de cualquier sala en la que se encuentre es Sana (he cambiado su nombre para proteger su identidad), a quien tuve el honor de conocer en un evento. Junto con otras chicas procedentes de varios países en vías de desarrollo, Sana contribuyó a la elaboración de la *Girl Declaration*, el documento que aparece en la fotografía al principio de este capítulo, que sitúa a las chicas en el centro de todas las conversaciones sobre salud, economía, derechos y el fin de la violencia (puedes encontrar la *Girl Declaration* en girleffect.org). Sana continúa trabajando para acabar con la violencia contra las mujeres en su país y en todo el mundo. Y, aunque no ha esperado a que los adultos se pongan en marcha, está decidida a no luchar sola contra la violencia. En una comparecencia, explicó que está luchando contra el matrimonio infantil y para acabar con la violencia contra las mujeres, y preguntó a los asistentes qué iban a hacer ellos al respecto. Es una pregunta para la que todos deberíamos tener respuesta, y no solo quienes somos o alguna vez fuimos niñas.

LAS NIÑAS EN LA ESCUELA

Como mencioné en el capítulo anterior, «Hora de ir a la escuela», a escala global, las niñas no van a la escuela en la misma proporción que los niños, especialmente en la educación secundaria, y los motivos son múltiples. Aunque ha habido avances, estos han sido muy desiguales en distintos lugares del mundo. Por ejemplo, en Níger había 37 niñas por cada 100 niños en la escuela secundaria en 1992. En 2012, la cifra era de 67 niñas por cada 100 niños. Es un aumento muy importante, pero aún son muchas las niñas sin escolarizar en la educación secundaria, niñas que probablemente estaban ya casadas y que se consideraban menos valiosas que las tasas escolares que sus padres habrían tenido que pagar.

En otros países, los progresos han sido relativamente mayores. En algunos lugares, como Lesoto, hay muchas más niñas que niños en la escuela secundaria. Aunque en un primer momento esto puede parecer algo estupendo (para una niña), a menudo se debe a que los niños ya están trabajando en minas o fábricas. Tampoco es bueno que los niños no vayan a la escuela. La idea de que las niñas no merecen recibir una educación, que no merecen que nadie pague por ellas las tasas escolares, que deberían estar trabajando (trabajo infantil), que harían mejor casándose (matrimonio infantil) y la preocupación por su seguridad son solo unas cuantas de las razones por las que no están escolarizadas.

NÚMERO DE NIÑAS Y NIÑOS ESCOLARIZADOS

¿SABÍAS QUE...?

Las niñas no van a la escuela en la misma proporción que los niños y, aunque ha habido avances, estos no se han producido por igual en todo el mundo. He aquí algunos ejemplos:

Por cada 100 niños en la educación secundaria...

En NÍGER había 37 niñas en 1990 y 67 en 2012

En MALAUI había 58 niñas en 1990 y 90 en 2012

En TURQUÍA había 59 niñas en 1990 y 95 en 2012

En CHINA había 73 niñas en 1990 y 102 en 2012

En CHILE había 106 niñas en 1990 y 104 en 2012

En LESOTO había 157 niñas en 1990 y 140 en 2012

Fuente de la información: ONU

La seguridad de las niñas es causa de gran preocupación, ya que muchas de ellas son víctimas de agresiones o abusos en el camino de ida y vuelta a la escuela (e incluso en la propia escuela). Esto se debe en parte a que a las niñas se las persigue por ejercer su derecho a ir a la escuela, como le ocurrió a Malala, y en parte a que, en demasiados lugares, los hombres y los niños aún creen que tienen el derecho de acosar y abusar de las niñas. Puede que esto también parezca evidente, pero la mejor manera de ayudar a que las niñas vayan a la escuela sin correr peligro consiste en apoyar a las escuelas comprometidas a conseguir precisamente eso.

En Kibera, una gran barriada chabolista en Nairobi (Kenia), Kennedy Odede creó una escuela gratuita para niñas donde ofrecerles educación de gran calidad en un entorno en el que pudiesen aprender y jugar sin peligro. Su nombre es Shining Hope for

Communities (SHOFCO) y hoy consta de la escuela para niñas junto con toda una gama de servicios abiertos al público, entre los que se cuentan una clínica, una instalación de agua potable y una biblioteca con acceso a internet. Todo ello transmite la idea de que SHOFCO está invirtiendo en las niñas y sus familias, amigos y vecinos.

SHOFCO está transformando la comunidad de Kibera, y todo empezó por centrarse en niñas como Esther

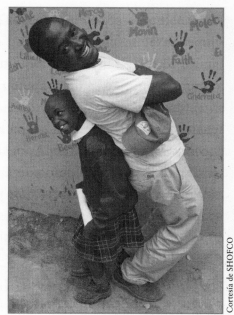

Cortesía de SHOFCO

Kennedy con una de sus alumnas.
(¡Fíjate cómo lo sostiene!)

(cuyo nombre se ha cambiado por motivos de seguridad). Esther era huérfana y, tras haber sido adoptada por su tío, estaba desbordada con las tareas domésticas, que debía acabar antes de poder hacer cualquier otra cosa (como sus deberes). Además, la mujer de su tío la sometía a severas palizas. Esther ya estudiaba en la escuela para niñas de Kibera, y se la trasladó al centro de acogida de SHOFCO, donde tuvo tiempo y espacio para recuperarse. Hoy, Esther está floreciendo tanto personal como académicamente. Sueña con ser profesora de mayor, e incluso con crear su propia escuela, como Kennedy, en la que las niñas puedan estar seguras mientras estudian y sueñan.

Haber conocido a Kennedy y a Jess, su mujer y compañera en SHOFCO, en estos últimos años ha sido inspirador (y muy divertido). Si miras esta fotografía de Kennedy y la de Jess rodeada de sus alumnas que aparece al final del libro, entenderás por qué. Hace un par de años tuve la oportunidad de conocer su trabajo de primera mano en Kibera y a las extraordinarias niñas de SHOFCO, y tras saber todo lo que Kennedy ha hecho en esta comunidad —y todo lo que espera poder hacer por las niñas—, no me sorprendió que la gente lo llamara «señor alcalde». Para cualquier lugar sería una suerte tener a un líder visionario como él. Para más información sobre SHOFCO y sobre cómo colaborar, y para conocer más historias admirables como la de Esther, visita shofco.org.

ORDENADORES, TELÉFONOS MÓVILES E INGENIERÍAS

Santa Claus me trajo mi primer ordenador en 1987. Era un Commodore y no se parecía nada a los que, probablemente, utilizas tú hoy. Era aparatoso, pesaba una tonelada y la pantalla solo usaba un color (un extraño tono de verde). Pero me dio acceso a un mundo mágico, poblado por Carmen Sandiego (posiblemente nunca hayas oído hablar de ella, pero era la protagonista de un juego estupendo que llevaba su nombre) y los pioneros del Oregon Trail (otro juego que probablemente no te suene de nada, pero que seguro que puedes encontrar online si tienes curiosidad). Recuerdo cuando mandé mi primer correo electrónico, estando en el instituto, y mi primer tuit, apenas hace unos años. Recuerdo mi primer teléfono móvil, en mi último año de universidad. Hoy, soy incapaz de imaginar mi vida o nuestro mundo sin la tecnología, sin los ordenadores, los teléfonos móviles, internet o las redes sociales.

En 2013, aproximadamente 2.700 millones de personas utilizaron internet y había casi 7.000 millones de números de telefonía móvil. Se han vendido más teléfonos móviles que personas hay en el mundo, y son casi tan habituales en los países en vías de desarrollo como en los desarrollados. No obstante, en muchos lugares es más probable que un hombre tenga un móvil o acceso a internet que no que los tenga una mujer. Esto puede deberse a que sus padres o maridos crean que no es conveniente que las niñas o las mujeres tengan la libertad de llamar a quien quieran o de buscar lo que deseen online. O puede ser porque es más probable que las mujeres sean pobres y no puedan costearse un teléfono móvil, un ordenador o una sesión en un cibercafé.

Sean cuales sean las razones individuales, se estima que en los países en vías de desarrollo hay 200 millones más de hombres que de mujeres con acceso a internet y 300 millones más de hombres con teléfono móvil. ¿Te imaginas que no pudieses usar Google o Wikipedia para informarte sobre algún asunto o que no pudieses llamar a una amiga o a tus padres solo porque eres una chica?

No solo es menos probable que las niñas y las mujeres tengan acceso a la tecnología, sino también lo es que contribuyan al desarrollo de las nuevas tecnologías y que participen en las disciplinas que se conocen bajo el nombre genérico de STEM (acrónimo en inglés de *science* [ciencia], *technology* [tecnología], *engineering* [ingeniería] y *math* [matemáticas]). Esto es así en nuestro país y prácticamente en cualquier otro lugar. A mediados de los años ochenta, en la época en que yo tuve mi primer ordenador, en Estados Unidos algo más de uno de cada tres graduados en informática era mujer. Cuando me gradué en Stanford, en 2001, las mujeres eran poco más de uno de cada cuatro graduados en informática. En 2012, la proporción había descendido hasta menos de uno de cada cinco.

La disminución del número de mujeres informáticas es particularmente sorprendente porque, hoy en día, la mayoría de los graduados universitarios en Estados Unidos son mujeres. ¿Por qué está sucediendo esto? Hay varias explicaciones posibles. No hay tantos modelos que seguir femeninos en las STEM en los que las niñas (o los niños)

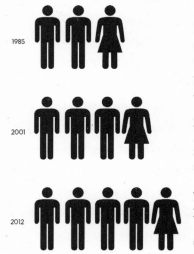

PORCENTAJE DE GRADUADOS UNIVERSITARIOS EN INFORMÁTICA EN ESTADOS UNIDOS QUE SON MUJERES (1985-2012)

Fuente de la información: National Center for Education Statistics

puedan inspirarse. En general, durante la educación secundaria, a las niñas se las saca menos a la pizarra en las clases de ciencias y matemáticas, con lo que se les envía el sutil pero persistente mensaje de que sus respuestas y opiniones se valoran menos en esas asignaturas. Además, por lo general hay poca concienciación de hasta qué punto la informática y la programación guardan relación con todo tipo de trabajos futuros —en la moda, en el cine, incluso en la agricultura (por ejemplo, para saber cuándo hay que regar los cultivos), etc.—, y no solo con el último modelo de ordenador o teléfono móvil.

En los últimos tiempos, se ha hablado mucho de la ausencia de mujeres jóvenes en el sector de la computación, porque es muy llamativa y porque se espera que, en 2022, en Estados Unidos haya más de 1 millón de nuevos puestos de trabajo en los sectores de la computación y la tecnología. Nuestro país necesita tantas personas como sea posible, incluido el máximo número posible de mujeres, cualificadas e interesadas en cubrir esos puestos y en ayudar a imaginar el próximo Pinterest o el próximo gran éxito de las películas de animación, como *Frozen*. Necesitamos que más chicas entiendan que la programación y la informática pueden ayudar a definir su carrera profesional en prácticamente cualquier campo, y también necesitamos más escuelas que contribuyan a que más chicas (y chicos) sean capaces de imaginarse esas carreras. Esto no solo es cierto en Estados Unidos, sino en todas partes. Ningún país puede maximizar su potencial creativo o productivo si desatiende las necesidades de la mitad de su población (las chicas). Una vez reconocida esta situación, se han puesto en marcha varios programas de ámbito nacional, estatal y local para tratar de reclutar más profesores de STEM y conseguir que más chicas se interesen por estas disciplinas.

Las empresas tecnológicas también tienen una participación destacada en estos proyectos, porque saben que si no contratan a las mentes mejores y más creativas no serán capaces de desarrollar la nueva generación de productos de éxito. Una manera en la que Google está intentando atraer a las chicas hacia la tecnología es a través de la iniciativa Made with Code [Hecho con Código], que pretende mostrarles cómo, cada vez en mayor medida, todas las cosas están «hechas con código», incluso en campos como el de la moda. Si quieres informarte y participar, visita madewithcode.com.

Otro ejemplo, liderado por la extraordinaria Reshma Saujani, es Girls Who Code, un proyecto sin ánimo de lucro que enseña a programar a alumnas de secundaria y las guía para que creen sus propias aplicaciones innovadoras. Chicas de Girls Who Code han creado aplicaciones para ayudar a los niños con autismo a través de la música,

Girls Who Code enseña a las chicas a programar y crear estupendas aplicaciones, muchas de las cuales sirven realmente para ayudar a la gente.

para contribuir a la seguridad ciudadana al bloquear la función de enviar mensajes de texto del móvil cuando un conductor va a más de 25 kilómetros por hora, e incluso para ayudar a que las chicas aprendan defensa personal. Alise y Diamond, miembros de la tribu chippewa de Minnesota, crearon Ojibwe Helper, una aplicación mediante la que los usuarios pueden aprender el ojibwe, su lengua

tradicional, ayudando así a preservar sus tradiciones y su cultura. Fantástico. Si quieres informarte y presentar tu solicitud para participar, entra en girlswhocode.com.

De niña, me encantaba vender galletas de las Guías Scouts en el bufete de mi madre, y me habría gustado aprender a venderlas también online (pero ¡aún no había internet!).

Las Guías Scouts han creado un estupendo programa (ojalá hubiese existido en mi época) para ayudar a sus miembros a adquirir habilidades relacionadas con las STEM. Te puedes informar en girlscouts.org. También ofrecen la posibilidad de crear puestos de venta de galletas online para ayudar a las chicas a desarrollar habilidades de comercio electrónico y emprendimiento. A mí me encantaba vender (y comer) galletas de las Guías Scouts cuando era una niña, ojalá hubiese tenido también la posibilidad de hacerlo a través de internet hace veinticinco años. Los chicos también pueden ayudar animando a sus hermanas a que se interesen por las STEM (ya sea para vender galletas o para crear aplicaciones), jugando e incluso diseñando juegos con ellas y hablando sobre las pioneras de las matemáticas y la ciencia, como las que aparecen en la imagen.

Marie Curie contribuyó a la invención de los rayos X; Mae Jemison fue la primera mujer afroamericana que viajó al espacio.

Cortesía de la Biblioteca del Congreso/versión digital obra de Science Faction/Getty

Cortesía de Afro Newspaper/Gado/Getty

¿QUIÉN DIRIGE EL PAÍS?

En muchos países, la mayoría de la gente (tanto mujeres como hombres) dicen que no votarían a una mujer para ocupar un puesto en el Senado o el Congreso, o para que liderase el país como presidenta o primera ministra, por muy cualificada que estuviese para hacerlo. Esto ayuda a explicar por qué, a principios de 2015, menos de uno de cada cuatro senadores y congresistas de todo el mundo es mujer. En Estados Unidos, en 2015, esta proporción es de menos de uno de cada cinco. A principios de 2015, diecinueve países —de los casi doscientos que hay en el mundo— tienen a una mujer como presidenta o primera ministra.

En casi todas partes, hoy hay más mujeres ocupando cargos públicos de ámbito nacional que hace diez o veinte años, pero aún queda mucho camino por recorrer para llegar a una representación igualitaria.

PAÍSES DIRIGIDOS POR MUJERES A PRINCIPIOS DE 2015

Fuente de la información: Unión Interparlamentaria y ONU Mujeres

PAÍSES CON LOS PORCENTAJES MÁS ALTOS Y BAJOS DE REPRESENTACIÓN FEMENINA EN LOS PARLAMENTOS O CONGRESOS NACIONALES A PRINCIPIOS DE 2015

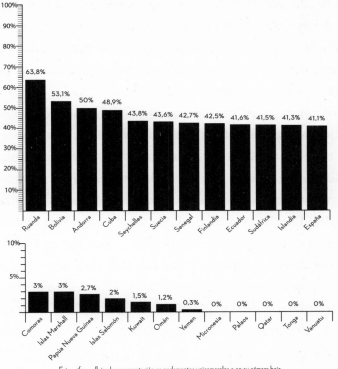

Fuente de la información: Unión Interparlamentaria y ONU Mujeres

Estas cifras reflejan la representación en parlamentos unicamerales o en su cámara baja.

En muchas ciudades y pueblos de todo el mundo se ha avanzado más en la elección de mujeres como alcaldesas o concejales. En la India, por lo general se exige que los consejos municipales estén compuestos por un 50 por ciento de mujeres para que reflejen más fielmente la composición de la población (en la que hay proporciones iguales de hombres y mujeres). Las opiniones sobre el efecto de estos números, llamados cuotas, a la hora de dar a más mujeres la posibilidad de participar políticamente (o en los negocios) son de lo más variadas. Algunas personas creen que las cuotas son estupendas porque garantizan la inclusión de las mujeres; otros opinan que son terribles porque limitan las opciones (ya que a los escaños reservados para mujeres solo se pueden presentar candidatas femeninas). Tendrás que decidir si crees que se deben usar cuotas para crear oportunidades para las mujeres, como en los pueblos de la India, o no.

Hoy en día, más de 1 millón de mujeres ocupa cargos en los consejos municipales de la India, algunas gracias a las cuotas y otras tras haber ganado su puesto en elecciones abiertas. El hecho de que el servicio público de las mujeres esté más extendido y sea más visible ha ayudado a modificar las políticas y las mentalidades. Las chicas indias ahora tienen alcaldesas y concejalas como modelos que seguir. Esto es algo revolucionario, que altera de inmediato lo que las chicas creen que es posible lograr en sus propias vidas y lo que sus padres creen que es posible y aceptable que sus hijas consigan. Cada vez más, a las chicas indias no se las ve únicamente como futuras novias y madres, sino también como futuras líderes.

UN DURO ESFUERZO

Nadie puede tomar decisiones, ni siquiera participar, si no se le permite entrar allí donde estas se toman, si no se le permite presentarse como candidata a ocupar el puesto de trabajo que quiera o ganar todo el dinero que pueda (y que merezca) mientras realiza ese trabajo. Por estos y otros motivos, millones y millones de mujeres (y también millones de hombres) trabajan en todo el mundo en lo que se conoce como «economía sumergida». (Probablemente, si saliese a la luz, a nadie le gustaría lo que vería.) Su trabajo se considera «extraoficial», aunque las cosechas no se recogerían y las casas no se limpiarían sin su duro esfuerzo. No cuentan como «oficiales» porque no figuran en los registros administrativos ni pagan impuestos. Son millones, incluso miles de millones, las mujeres sobre las que recae la mayor parte del importante trabajo de cuidar de sus hijos y sus hogares, pero tampoco se las cuenta como parte de la población activa, aunque si nadie realizase esos trabajos el mundo se detendría. Las cenas no se cocinarían, las coladas no se lavarían y nadie cuidaría de los niños.

Si nos fijamos en las personas que dirigen las mayores empresas mundiales en 2015, veremos que hay pocas mujeres. Pero, como en la política, son más numerosas ahora que hace veinte años. En 1995, no había ninguna directora ejecutiva entre las empresas de la lista Fortune 500, que engloba a las quinientas compañías más grandes de Estados Unidos (entre las diez primeras hay algunos nombres que probablemente te resulten familiares, como Walmart, Exxon, Apple y General Motors). En 2015, el 5 por ciento de las empresas de la Fortune 500 tenían a una mujer como directora ejecutiva. Hay más mujeres ahora que antes entre los directores ejecutivos de las empresas de la Fortune 500, pero siguen siendo pocas.

Una de ellas es Ursula Burns, directora ejecutiva de Xerox y la primera mujer afroamericana que ocupa ese cargo en una compañía de la Fortune 500. Ursula empezó su carrera como becaria en la empresa y llegó a lo más alto. Nunca olvidaré cuando me dijo, hace unos años, lo importante que había sido para su éxito el apoyo y la orientación que recibió en casa, en la escuela y en Xerox (esta es la razón por la que está tan comprometida ahora en ofrecer orientación a los jóvenes de su compañía, y en particular a las mujeres).

Las personas responsables en última instancia de las empresas, que son también quienes contratan a los directores ejecutivos (como Ursula), son las que componen los llamados consejos de administración. Cada empresa tiene uno, y el director ejecutivo trabaja para él. En 2009, solo el 10 por ciento de los miembros de los consejos de administración de las empresas que cotizaban en bolsa en los países ricos eran mujeres. En Estados Unidos, a principios de 2015, esta cifra no llega al 20 por ciento. Hay más miembros de los consejos de administración llamados John, Robert, James y William que mujeres con cualquier nombre (por favor, no pienses que la moraleja de la historia es que se les debería poner como nombre John, Robert, James o William a más bebés, niñas incluidas...).

COMPOSICIÓN POR SEXOS DE LAS JUNTAS DIRECTIVAS EN
ESTADOS UNIDOS (2015)

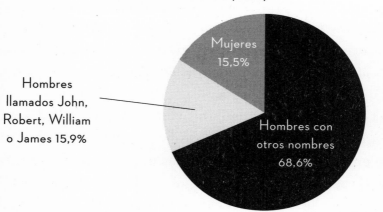

Mujeres 15,5%

Hombres llamados John, Robert, William o James 15,9%

Hombres con otros nombres 68,6%

Fuente de la información: *The Washington Post*

Creo que estas estadísticas son particularmente sorprendentes porque ahora las mujeres tienen más visibilidad en todo tipo de situaciones profesionales que en cualquier época anterior. Piensa en las personas que ejercen como profesores, directores de escuela, médicos, enfermeros, farmacéuticos, o en las personas que trabajan en grandes almacenes, supermercados, restaurantes o salas de cine, entre otros. Probablemente, al menos algunos, quizá incluso muchos, de los profesionales que ves durante un día lectivo normal o los fines de semana son mujeres. Pero las personas a las que no vemos son quienes dirigen los distritos escolares, los hospitales, las farmacias, los grandes almacenes, las cadenas de restaurantes o de salas de cine. Que, en su inmensa mayoría, son hombres. Esto es lo que se conoce como una brecha de liderazgo para las mujeres. Una persona que ha trabajado intensamente para arrojar luz sobre la brecha de liderazgo que aún existe en la cúspide de cualquier industria es Sheryl Sandberg, jefa de operaciones en Facebook, que es una de mis heroínas y también mi amiga.

Como Sheryl y otras personas han señalado, hay muchos motivos por los que son tan pocas las mujeres que ocupan puestos de liderazgo en las empresas. Uno de los principales es que muchas compañías carecen de políticas de apoyo para las mujeres que quieren trabajar y ser madres. Por ejemplo, no ofrecen a las nuevas madres (o padres) un tiempo de baja pagado tras el nacimiento de un bebé, para que puedan dedicarse a su hijo sin temer perder su trabajo. Otro motivo es que las mujeres no esperan, y tampoco exigen, más oportunidades de desarrollo profesional, más subidas de sueldo y más oportunidades de ascender. Y otro motivo más es (de nuevo) la ausencia de modelos de conducta femeninos positivos. Necesitamos más gente como Ursula Burns o Sheryl Sandberg, más mujeres y hombres dispuestos a orientar a las mujeres jóvenes para que puedan llegar a ser la próxima Ursula o Sheryl, y más mujeres que confíen en que pueden llegar a serlo.

Quizá hayas oído hablar de la expresión «techo de cristal». Hace referencia a barreras, como las que acabamos de comentar, que son invisibles, pero muy efectivas. En este caso impiden que las mujeres alcancen puestos de liderazgo. La expresión, cuyo uso ahora está muy extendido, surgió originalmente para describir la situación de muchas mujeres en sus lugares de trabajo. Las mujeres trabajan duramente en bufetes de abogados, supermercados, escuelas u hospitales, obteniendo informes positivos (el equivalente a sacar todo sobresaliente), pero no consiguen los mismos aumentos de sueldo que los hombres que realizan los mismos trabajos. Tampoco ascienden a puestos de más responsabilidad a la misma velocidad que un hombre, incluso que hombres relativamente menos cualificados (imagina que alguien que sacara notables se llevase todos los premios, en lugar de otro que hubiese obtenido sobresalientes).

No es justo, pero aún es muy habitual, incluso en Estados Unidos.

No solo existe una brecha de liderazgo (hay muchos más hombres que mujeres en el poder), sino también una brecha salarial (sí, así es, hay hombres que ganan más dinero por el mero hecho de ser hombres). En Estados Unidos, las mujeres ganan 78 centavos por cada dólar que ganan los hombres. Esta cifra refleja la comparación de todas las mujeres que trabajan a tiempo completo con todos los hombres que trabajan igualmente a tiempo completo. Los críticos con esta comparación aducen que no tiene en cuenta cosas como los distintos niveles de los trabajos, los distintos niveles educativos o la edad. Aunque eso es cierto, también lo es que los economistas y otros expertos en el estudio de la brecha salarial consideran que una parte sustancial de la misma se debe a la discriminación de género. Esto significa que a las mujeres se les paga menos por el hecho de serlo, y la brecha se amplía cuanto

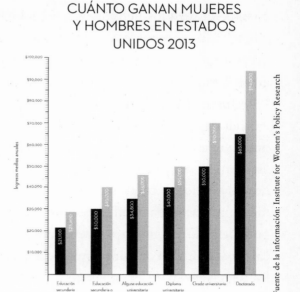

CUÁNTO GANAN MUJERES Y HOMBRES EN ESTADOS UNIDOS 2013

Fuente de la información: Institute for Women's Policy Research

mayor es el nivel educativo. Aunque la situación ha mejorado en las últimas décadas, un estudio reciente afirma que, de seguir reduciéndose al ritmo actual, la brecha salarial no se cerraría hasta el año 2058. Es decir, dentro de cuarenta y tres años, literalmente toda una vida: tú habrás cumplido los cincuenta antes de que las mujeres ganen lo mismo que nuestros maridos y amigos, e incluso que nuestros hijos.

FUERA DE FOCO... ¿DÓNDE ESTÁN LAS NIÑAS Y LAS MUJERES?

Cuesta tener en cuenta aquello que no podemos ver. Todos nos fijamos en los medios de comunicación y la industria del entretenimiento, ya sean los periódicos o revistas, las películas o videojuegos, las aplicaciones o los vídeos musicales, para entender mejor lo que sucede en el mundo (medios de comunicación) o lo que alguien está creando o imaginando (industria del entretenimiento). Un estudio reciente demostró que solo una de cada cuatro noticias en todo el mundo tenía a las mujeres como protagonistas. En la prensa empresarial o política, el porcentaje es aún menor. Aunque esto es en cierta medida comprensible, ya que la mayoría de los líderes políticos y empresariales son hombres, los medios de comunicación desempeñan un papel importante a la hora de destacar la presencia de las mujeres que están ascendiendo en todos estos campos. El hecho de que rompan el techo de cristal debería hacerlas dignas de aparecer en las noticias, hasta que deje de ser excepcional que una mujer sea directora ejecutiva o primera ministra.

No solo aparecen pocas mujeres en las historias que se cuentan, también son pocas las mujeres que cuentan historias. Un estudio reciente en el Reino Unido demostró que los hombres escriben casi cuatro de cada cinco historias que aparecen en las primeras páginas de los periódicos británicos. Tampoco hay mujeres comentando las noticias. Probablemente hayas visto muchos «expertos» en televisión, con independencia del canal que pongas. Otro estudio reciente demostró que solo uno de cada cinco expertos televisivos en los principales canales de televisión estadounidenses era mujer, a pesar de que actualmente hay millones de mujeres con doctorados, abogadas, médicos y con años de experiencia trabajando o creando negocios, presentándose a las elecciones y ganándolas, tratando a pacientes, realizando investigación, enseñando en la universidad y haciendo todo tipo de cosas que normalmente las convertirían en expertas.

Emma, Sammi y Elena con sus peticiones para exigir que una mujer moderase uno de los debates presidenciales.

Cortesía de *The Washington Post*/Getty

Otro lugar donde normalmente también había carencia de mujeres era moderando los debates presidenciales estadounidenses. En 2012, Emma, Sammi y Elena, tres estudiantes de secundaria de Nueva Jersey, lanzaron una petición en change.org para que al menos uno de los principales debates presidenciales durante la campaña electoral de ese año estuviese moderado por una mujer. En una semana reunieron más de cien mil firmas. Se pusieron en contacto con el director ejecutivo de la Comisión sobre Debates Presidenciales (una organización que hace exactamente lo que su nombre indica: supervisar los debates presidenciales) para defender la idea de que hubiese una mujer moderadora en nombre de todos los que habían firmado su petición. Al no recibir respuesta, decidieron, como puedes ver en la imagen, ir a Washington y entregar una memoria flash con todas las firmas, así como cajas llenas de las peticiones firmadas e impresas. Aunque nadie de la Comisión se reunió en ningún momento con las estudiantes ni reconoció que las peticiones hubiesen tenido algún efecto, poco después de su viaje a la capital se anunció que, por primera vez en veinte años, uno de los debates pre-

sidenciales de 2012 estaría moderado por una mujer. No es
descabellado pensar que Emma, Sammi y Elena tuvieron algo
que ver en esta decisión.

PORCENTAJE DE PELÍCULAS CON PROTAGONISTAS FEMENINAS EN DISTINTOS PAÍSES (2012)

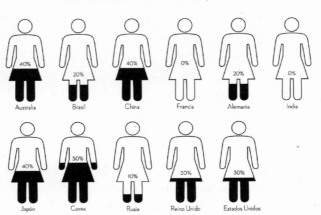

Fuente de la información: Geena Davis Institute on Gender in Media

Así como las mujeres están ausentes en los medios de comunicación, también suelen estarlo en las películas. En 2012, solo el 10 por ciento de las películas más taquilleras en todo el mundo tenían papeles protagonistas femeninos y masculinos con un número similar de líneas de diálogo. Cuesta tener en cuenta aquello que no podemos ver (u oír). En algunos países la situación es mejor que en otros. En las películas indias y francesas que analizaron los investigadores en 2012 no había ningún papel protagonista femenino. ¡Ni uno solo! En las películas grandes —las que llegan a los cines de tu pueblo o ciudad—, también son muchos más los directores que las directoras. En Estados Unidos, menos del 10 por ciento de los directores de las películas más caras son mujeres, y la situación no es mucho mejor en otros países. Si el anterior gráfico fuese de directoras de cine en lugar de actrices protagonistas, no sería muy distinto.

Es importante quién cuenta nuestras historias. En las películas (la mayoría de las cuales están hechas por hombres), los comentarios sobre el aspecto de un personaje —su pelo, su cuerpo, sus ojos, si es guapo o delgado— casi siempre se refieren a una mujer o niña. Los personajes femeninos (incluso los jóvenes) reciben comentarios sobre su aspecto con una frecuencia cinco veces mayor que los masculinos, lo que transmite el mensaje no demasiado sutil de que a las chicas se las juzga principalmente por su apariencia. Este mensaje se ve reforzado por algo que las mujeres no hacen en las películas: normalmente, no se las ve trabajar. En el mundo real, es más probable que las mujeres trabajen que no que no lo hagan, pero en las películas sucede lo contrario.

¿FEMINISTA... O NO?

Las palabras son importantes —mucho—, pero no deberíamos dejar que nos distraigan de lo que lo es aún más: las acciones. Puede que hayas oído las expresiones «feminista» o «feminismo». Si las buscas en el diccionario, verás que la definición de feminismo es la idea y creencia de que las mujeres deben tener los mismos derechos que los hombres, y que feminista es quien alberga esa idea o creencia. Cuando me preguntan, siempre digo que soy feminista porque creo firmemente que las mujeres deberían tener los mismos derechos que los hombres, que las niñas deberían tener acceso a la educación, que una mujer debería poder votar y trabajar en lo que desee, poseer propiedades, viajar y tomar las decisiones que considere oportunas por sí misma.

Cuando le preguntan a Marc, mi marido, contesta lo mismo y por las mismas razones.

En los últimos años, ambas palabras, «feminista» y «feminismo», se han vuelto controvertidas, tanto para las mujeres como para los hombres. Esto se debe, en parte, a que aún hay personas que no creen que las mujeres deberían tener los mismos derechos que los hombres, y consideran que es aceptable insultar, criticar e incluso acosar a las niñas y a las mujeres. Otras personas, aunque creen firmemente que las mujeres deben tener los mismos derechos que los hombres, consideran que son expresiones anticuadas o antiguas. Lo que importa, más que una expresión determinada, es lo que creas. Si crees que las niñas y los niños deben tener las mismas oportunidades de triunfar en la escuela y en la vida, debemos trabajar para eliminar todos los obstáculos legales, culturales y sociales a los que aún deben enfrentarse las niñas y mujeres en todo el mundo. Quizá a ti se te ocurran expresiones que recojan el mismo significado sin la controversia que rodea a estas palabras.

¿Qué puedes hacer, además de inventar nuevas palabras? Puedes ver películas —en casa, online, en los cines— en las que haya personajes femeninos fuertes y positivos y evitar las que únicamente se centran en el aspecto de las mujeres, y no en quiénes somos. Las empresas del sector del entretenimiento buscan crear productos que la gente quiera ver, por lo que, si les demostramos que queremos ver más personajes femeninos fuertes en las películas, programas de televisión, aplicaciones, juegos y sitios web, crearán este tipo de productos. Puedes ayudar a mandarles ese mismo mensaje a las empresas que producen los medios de comunicación leyendo historias sobre cómo las mujeres fuertes están ascendiendo en la escala empresarial, política, del entretenimiento, de la moda...

También puedes ayudar a que tus amigos tomen conciencia de que parte del trabajo de las estrellas de cine y las modelos es tener buen aspecto en las fotos y películas en las que aparecen, para lo cual pueden dedicar muchas horas y mucho dinero a hacer ejercicio y comer alimentos sanos. Si quieres contribuir a acabar con el estereotipo imperante de mujer y las viejas creencias sobre cuál debe ser su aspecto y a qué se deben dedicar las mujeres, puedes crear y compartir tus propias historias sobre personajes femeninos fuertes (quizá tú misma o tus amigas), a las que se las valore por su corazón y su mente, y no por su cuerpo. Esto es lo que me parece tan estupendo de Tumblr y otras plataformas que no existían cuando yo era más joven: que te permiten crear potentes y fantásticas historias y compartirlas con tus amigos o con el mundo entero, y el único coste que tienen es el tiempo que dedicas a hacerlo. También puedes decirles a las empresas del entretenimiento que quieres que haya más personas reales (no solo personajes ficticios) que parezcan... personas reales.

Exactamente eso fue lo que hizo Julia, originaria de Maine. En 2012, cuando estaba en octavo, Julia, sus amigos y otros activistas lanzaron una petición en change.org en la que solicitaban a la revista *Seventeen* que empezase a publicar fotografías sin retocar en la portada y en el interior de la revista. Más de 85.000 personas firmaron la petición, y *Seventeen* escuchó el mensaje: se comprometió a dejar de alterar las fotos e imágenes y a mostrar a las chicas y mujeres con su aspecto real.

No hace falta salir en la portada de una revista para que te ataquen por tu aspecto o por quien eres (o quien la gente cree que eres). Cualquiera puede ser víctima de acoso, y demasiadas personas de todas las edades, pero particularmente niños, lo son. Todos podemos plantarles cara a los acosadores, tanto niños como niñas, que dicen cosas desagradables sobre los cuerpos de otras personas, ya sea sobre su peso, su pelo, su altura, o lo que sea. También es importante pedir ayuda si uno tiene miedo o no sabe cómo hacer que un acosador lo deje en paz. A veces plantarle cara al acosador significa recurrir a un padre, profesor, hermano mayor o adulto de confianza. Pedir ayuda no es nada de lo que avergonzarse. Todos la necesitamos alguna vez. Ojalá yo hubiese pedido ayuda antes cuando ese niño se me sentó encima en primer curso (quizá la profesora no me habría hecho caso igualmente, pero nunca lo sabré). Hablaremos más sobre el acoso en el siguiente capítulo.

Girl Up es una organización que enseña a las chicas a alzar la voz para defenderse a sí mismas y a otras chicas vulnerables, tanto en sus entornos como en todo el mundo. También ayuda a las jóvenes a apoyarse mutuamente y a plantar cara a los acosadores. Hay más de ochocientos cincuenta clubes de Girl Up en todo el mundo, muchos de ellos fundados por las propias chicas. En 2011, en Belice, Thandiwe creó un club para el empoderamiento de chicas, que más adelante se convertiría en el primer club de Girl Up en su país. Trabajó con Girl Up para empoderar a las chicas de su instituto y de su entorno mediante talleres y celebraciones del Día Internacional de la Niña, y a través de los 16 Días de Activismo de ONU Mujeres. Thandiwe sufre el síndrome de Devic, una enfermedad autoinmune, pero no por ello dejó de movilizar a las chicas para que se hiciesen valer en la escuela, en casa y en su entorno. Para informarte sobre cómo crear tu propio club de Girl Up, puedes visitar GirlUp.org. Los chicos también pueden unirse y crear sus propios clubes. Y puedes plantearte cómo celebrar el Mes de la Historia de la Mujer (marzo), el Día Internacional de la Mujer (8

Girl Up ayuda a las chicas a convertirse en mujeres fuertes y liberadas.

Cortesía de Girl Up

de marzo) y el Día Internacional de la Niña (11 de octubre) en tu escuela y en cualquier otro lugar para dar mayor visibilidad entre tus amigos y en tu comunidad a las mujeres a las que admiras.

Muchas de las cosas que hemos visto en este capítulo son serias, y puede que sea difícil hablar de ellas. Si quieres contribuir a dar visibilidad a las dificultades a las que las chicas y las mujeres aún tienen que hacer frente, pero temes que la gente se desentienda porque les parezca espantoso o deprimente, mira el juego Half the Sky en Facebook, tanto por tu cuenta si tienes al menos catorce años como con tus padres si eres más joven. Es una manera estupenda de que todo el mundo se informe sobre estos asuntos y sobre las fantásticas personas y organizaciones que trabajan para empoderar y ayudar a las chicas en todo el mundo.

No todas las mujeres y chicas que tengan la oportunidad de hacerlo conseguirán triunfar (y no todas las que lo logren lo harán de una manera que a ti o a mí nos parezca digna de nuestro apoyo). Ha habido directoras ejecutivas y primeras ministras con cuyas políticas y prácticas yo no he estado de acuerdo, pero prefiero que hayan estado ahí y poder criticarlas a que no hubieran tenido la posibilidad de acceder a esos puestos. Nunca sabremos lo que podemos conseguir los humanos hasta que no permitamos a la mitad del mundo que tan a menudo es ignorada, oprimida, rechazada y abusada —y que también conocemos como niñas y mujeres— que se eduque, reciba nuestro apoyo, viva a salvo de la violencia y tenga la capacidad de soñar a lo grande y de tratar de realizar esos sueños, sea cual sea su nivel de ingresos y su raza. Hemos avanzado, pero aún no está todo hecho.

¡Ponte en marcha!

- ¡Ayuda a concienciar sobre las dificultades a las que aún deben enfrentarse las niñas y mujeres de todo el mundo —por el hecho de serlo— compartiendo algunas de las cosas que has aprendido en este capítulo con tu familia y al menos tres amigos (CARE publica unos estupendos gráficos con estadísticas que también puedes compartir, tuitear o pinear).
- Visita girlsnotbrides.org y únete al movimiento contra el matrimonio infantil.
- Cuéntales a los demás las admirables historias de jóvenes líderes de distintos lugares del mundo, como Malala y Memory, e infórmate sobre otras jóvenes líderes a través de Let Girls Lead en letgirlslead.org.
- Anima a las mujeres embarazadas a que cuiden su salud y vayan al médico.
- Apoya a Every Mother Counts para ayudar a que los embarazos de mujeres en Estados Unidos sean seguros y sanos.
- Háblales a los demás sobre la necesidad de utilizar fogones seguros y limpios a través de la Global Alliance for Clean Cookstoves.

- Si eres una niña y te interesan la ciencia o las matemáticas, apúntate a Girls Who Code y échale un vistazo a Made With Code.

- Apoya programas como Shining Hope for Communities (SHOFCO), que intentan que puedan ir más niñas a escuelas seguras y de calidad.

- Háblales a los demás sobre la *Girl Declaration* (que puedes leer en girleffect.org) y cuéntale a todo el mundo —incluidos niños y hombres— lo importante que es valorar a las niñas.

- Ve a ver películas en las que aparezcan personajes femeninos fuertes (en lugar de aquellas en las que solo figuran hombres) y películas dirigidas por mujeres.

- Lee noticias sobre niñas y mujeres (y coméntalas).

- Escribe —y comparte— tus propias historias sobre niñas y mujeres fuertes.

- Lanza una petición para conseguir que tu revista favorita deje de retocar las fotos de las modelos.

- Defiéndete y defiende a tus amigas si son víctimas de acoso por ser niñas (o por cualquier otro motivo).

- Crea tu propio club de Girl Up en tu escuela.

- Ayuda a organizar una celebración del Día Internacional de la Niña.

- Si tienes al menos catorce años, utiliza las redes sociales para seguir a organizaciones (como SHOFCO) y líderes (como Melinda Gates y Christy Turlington Burns) que trabajan para proteger, apoyar y empoderar a mujeres de todo el mundo. También puedes jugar a Half the Sky en Facebook (y compartirlo con un amigo si te gusta).

- Si quieres saber aún más sobre los derechos y las oportunidades de niñas y mujeres en todo el mundo, visita noceilings.org.

PARTE III

Es TU CUERPO

CAPÍTULO 5

CUIDAR NUESTRA SALUD

Cuando tenía siete años, mi abuela materna, Ginger, me preguntó qué quería para mi octavo cumpleaños, para el que quedaban unas pocas semanas. Le contesté que me gustaría que dejase de fumar. Acababa de leer todos los libros de Beverly Cleary que pude encontrar en las dos librerías del Park Plaza Mall de Little Rock y en la biblioteca próxima a donde mi madre y yo íbamos a misa. Ramona Quimby, una de las protagonistas de Beverly Cleary, enseguida se convirtió en una de mis heroínas. En uno de los libros, Ramona lanza una campaña para conseguir que su padre deje de fumar. Yo estaba dispuesta a hacer lo mismo si Ginger (mi abuela prefería «Ginger» a «abuela») hubiese dicho que no podía o no quería dejarlo. Por suerte, dijo que lo

Aquí estoy con mi abuela Ginger en 1988.

intentaría, y no solo lo intentó, sino que consiguió dejarlo. Cuando enfermó de cáncer de pulmón un par de años después, sus médicos le dijeron que su pronóstico era mejor porque ya había dejado de fumar. No sé cuánto tiempo más vivió porque ya hubiera dejado de fumar, pero, aunque no fuese más que un día, su regalo por mi octavo cumpleaños es el mejor que me han hecho jamás.

Si acabas de leer los titulares de las noticias, quizá pienses que la mayoría de la gente en Estados Unidos muere de cáncer o en espantosos accidentes de tráfico. También podrías pensar que la mayoría de las personas de los países en vías de desarrollo mueren de VIH/sida o, en 2014, quizá a causa del ébola. Desgraciadamente, la gente muere en accidentes de tráfico o a causa del cáncer cada año en Estados Unidos, y, hasta mayo de 2015, más de once mil personas han muerto como consecuencia del ébola en el brote más reciente. Pero, por horribles que sean, estas no son las principales causas de fallecimiento en el mundo. En Estados Unidos y en el resto de los países, salvo en los más pobres, las principales causas de muerte están relacionadas con el corazón. En 2012, las enfermedades cardiovasculares (es decir, las relacionadas con el corazón y el sistema circulatorio) se cobraron la vida de tres de cada diez personas en el mundo. Ese mismo año, se produjeron más fallecimientos debidos al cáncer que a la suma de VIH/sida, tuberculosis y malaria. Con esto no pretendo banalizar las enfermedades infecciosas. Como veremos en los dos siguientes capítulos, si no se tratan, las enfermedades infecciosas pueden matar a millones de personas en muy poco tiempo. Pero reconocer lo mortíferas que son las enfermedades cardíacas nos ayuda a tomar conciencia de todos los riesgos a los que estamos expuestos, vivamos donde vivamos, para así poder protegernos y proteger a quienes nos rodean de manera más efectiva.

PRINCIPALES CAUSAS DE MUERTE EN ESTADOS UNIDOS (2013)

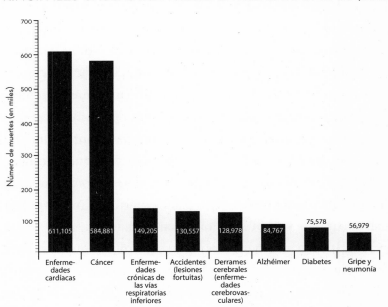

Fuente de la información: Centros para el Control y la Prevención de Enfermedades de Estados Unidos (CDC, por sus siglas en inglés)
Fuente de la información: OMS

PRINCIPALES CAUSAS DE MUERTE EN EL MUNDO (2012)*

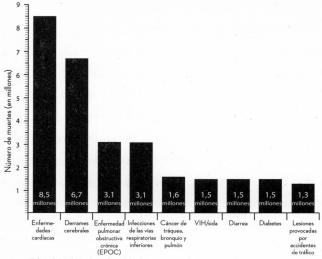

*Enfermedad cardíaca incluye enfermedad cardíaca isquémica y enfermedad cardíaca hipertensiva.

Fuente de la información: OMS

Este capítulo se centra en lo que se conocen como enfermedades no transmisibles, entre las que están las patologías cardíacas, el cáncer y la diabetes, enfermedades que no se contagian de una persona a otra, como sucede con un resfriado o la gripe. La expresión «enfermedad no transmisible» es un trabalenguas, y además no es especialmente precisa: hay virus que incrementan el riesgo de padecer cáncer, y también algunos comportamientos o hábitos que hacen que aumente el riesgo de sufrir una enfermedad cardíaca o cáncer, y que podría decirse que nuestros familiares y amigos nos «contagian» (en el sentido de que es más probable que hagamos ciertas cosas, como fumar cigarrillos, si nuestros amigos y familiares también las hacen).

Quizá, como yo, tengas familiares o amigos que han sufrido alguna enfermedad cardíaca, diabetes o cáncer, o puede que, como también me ha pasado a mí, algún ser querido haya muerto víctima de una de estas enfermedades. Mi abuela Ginger murió de cáncer de mama, y mi abuelo materno, al que yo llamaba Pop-Pop, padecía diabetes, y murió tras sufrir un derrame cerebral. Aún los echo de menos, y me habría encantado que tanto ellos como mi abuela Dorothy y Dick, el marido de Ginger, hubiesen vivido para conocer a su bisnieta, Charlotte. Todos trataron de tomar las mejores decisiones para su salud a partir de lo que se sabía en su época. Cuando Ginger empezó a fumar de joven, en 1940, no sabía lo perjudicial que era para sus pulmones o para su salud (en realidad, nadie lo sabía). Cuando a Pop-Pop le diagnosticaron diabetes, comenzó a tomar una dieta mucho más sana, pero hasta entonces no fue consciente de lo malo que era para él buena parte de lo que comía. Lo que ahora sabemos es que cuidar la salud de nuestro corazón puede ayudar a evitar que suframos una enfermedad cardíaca y minimizar el riesgo de contraer cáncer o diabetes. Mantener nuestro corazón en buenas condiciones nos permitirá llevar una vida más sana (y larga).

Quizá hayas oído alguna vez el dicho: «Saber cómo hacerlo es tener media batalla ganada». Así es como se despedían los dibujos animados de *G. I. Joe* en la década de 1980 (cuando yo los veía). La frase significa que no solo hay que saber qué hacer, sino que además hay que hacerlo. Pero «hacerlo» en el caso de la salud cardíaca suele ser difícil, en particular para quienes viven en la pobreza o cerca de ella. Las familias y las comunidades, las escuelas y las organizaciones benéficas, la Administración y las empresas privadas, todas tienen su papel a la hora de contribuir a que el cuidado de la salud del corazón sea fácil, asequible e incluso divertido para todo el mundo, y en particular para los niños. A continuación hablaremos sobre lo que esto significa.

ENFERMEDADES CARDÍACAS

El corazón del asunto

Los corazones me han fascinado desde que tengo memoria. Cuando era pequeña, pensaba que cada uno de nosotros tenía dentro un mini Thomas Edison encendiendo bombillas para que nuestro corazón siguiese bombeando. La idea era absurda y no tenía nada que ver con la realidad, pero desde siempre me ha atraído ese músculo del tamaño de un puño que propulsa nuestros cuerpos y late gracias a su propio sistema eléctrico.

La potencia de nuestro corazón es asombrosa: late unas cien mil veces al día, para bombear alrededor de 7.500 litros de sangre por todo el cuerpo, a través de una extensa red de arterias y venas. En un sentido literal, sentimos la vida a través del corazón: late más rápido cuando estamos excitados o asustados, y también para ayudarnos a correr o saltar. Esta es una de las razones que hacen que la actual epidemia de enfermedades cardíacas a escala mundial sea tan trágica. Cada vez son más intensos los vínculos entre este órgano, el más esencial de todos, y un número creciente de enfermos y fallecimientos. En Estados Unidos, más de uno de cada tres adultos padece algún tipo de enfermedad cardíaca, la primera causa de muerte entre hombres y mujeres estadounidenses, que además nos cuesta mucho dinero: en 2010, los tratamientos de las enfermedades cardíacas supusieron un gasto de 444.000 millones de dólares, una cifra que se aproxima a los ingresos de todas las tiendas de Walmart en 2014.

Las enfermedades cardíacas constituyen una categoría muy amplia, e incluyen cualquier trastorno que afecte la capacidad del corazón de llevar a cabo su labor de bombeo o la de arterias y venas de transportar la sangre por todo el cuerpo. Estas dolencias son distintas de los defectos cardíacos congénitos, entre los que están las arritmias, las diminutas perforaciones cardíacas y el agrandamiento del corazón. Los defectos cardíacos congénitos con frecuencia hacen que sea necesario operar a quienes los padecen cuando son aún muy pequeños. No sabemos mucho sobre sus causas, pero sí sabemos que no se deben a las decisiones sobre lo que comemos o sobre si fumamos o no, porque evidentemente un bebé aún no ha tenido tiempo de tomarlas. Esto es muy distinto de lo que sabemos sobre las enfermedades cardíacas.

En el caso de los adultos (y también de los niños), las decisiones que tomamos respecto a lo que comemos, cuánto ejercicio físico hacemos y cómo gestionamos el estrés afectan a la salud de nuestro corazón y al riesgo de sufrir alguna enfermedad cardíaca, en parte porque influyen en nuestra tensión arterial, entre otras cosas. La hipertensión, o tensión arterial elevada, los ataques al corazón, las paradas cardíacas y los derrames cerebrales son distintos tipos habituales de enfermedades cardíacas de las que probablemente hayas oído hablar, o quizá hayas vivido en tu familia. Una elevada tensión arterial se produce cuando las arterias de la persona se estrechan, lo que obliga al corazón a hacer un esfuerzo adicional para bombear la sangre a través de ellas. Si no se trata ni se vigila, una alta tensión arterial hace que aumente el riesgo de que una persona pueda sufrir un ataque al corazón o un derrame cerebral. La mayoría de quienes la padecen no presentan síntomas, por lo que es importante someterse a revisiones médicas anuales e insistirles a tus padres, abuelos y demás adultos de tu entorno para que también lo hagan, ya que, como parte de la revisión, se les tomará la tensión arterial.

Los ataques cardíacos se producen cuando se reduce, e incluso se llega a detener, el flujo sanguíneo hacia el corazón, a menudo debido a algo llamado placa (imagina algo así como unos depósitos pegajosos) que se ha acumulado en las arterias. Es un proceso similar al que tiene lugar cuando la placa dental se acumula en tus dientes si no te los cepillas. La placa es conse-

La acumulación de placa en las arterias no es nada buena. De hecho, es peligrosa.

cuencia, entre otras cosas, de un exceso de colesterol y grasa en la dieta, y una elevada tensión arterial suele ser una señal de alarma de que las arterias están congestionadas (otro motivo más para ir al médico a pasar una revisión). Las arterias se pueden estrechar tanto que el flujo sanguíneo al cerebro también puede llegar a ser muy limitado o incluso nulo, lo que puede dar lugar a un derrame cerebral.

Cuando alguien pierde la sensibilidad o la movilidad de la mitad de su cara o de un brazo y tiene dificultades para hablar con claridad, puede que esté sufriendo un derrame. Y si alguien experimenta dolor o rigidez en el pecho, le cuesta respirar o jadea, en particular si la persona tiene un historial de problemas cardíacos, es posible que esté sufriendo un ataque al corazón. Los síntomas que se observan en las mujeres pueden ser distintos de los que experimenta un hombre, ellas presentan fatiga, dolor de espalda o sienten el estómago revuelto. Los derrames cerebrales y los ataques cardíacos en niños no son habituales, pero, por desgracia, también suceden. Cualquier persona, tenga la edad que tenga, debe llamar al teléfono de emergencias inmediatamente (o pedirle a un adulto que lo haga) si cree que alguien está sufriendo un ataque al corazón o un derrame cerebral. Cuanto antes se inicie el tratamiento —por ejemplo, suministrarle oxígeno y una combinación de medicamentos para evitar lesiones en el corazón tras un ataque cardíaco—, mejor.

Cuando hay un fallo eléctrico en el corazón y este deja de latir, se produce lo que se conoce como parada cardíaca. Esto sucede muy rápido y sin previo aviso: un adulto o un niño en parada cardíaca se desploma, pierde el conocimiento y deja de respirar. También deja de tener pulso, porque su corazón se ha detenido. Además de llamar al teléfono de emergencias, mientras esperas a que llegue la asistencia, puedes (y, de hecho, deberías) realizar lo que se conoce como RCP (acrónimo de reanimación cardiopulmonar). La RCP tradicional consta de dos partes: las compresiones cardíacas (presionar rápidamente y con fuerza en el centro del pecho de la persona) y la respiración boca a boca. Hoy en día, la American Heart Association recomienda

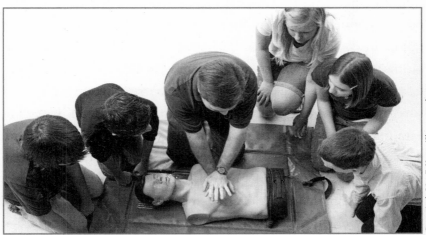

Varios niños practican RCP solo con las manos y aprenden a salvar una vida.

Cortesía de Lisa F. Young/Shutterstock

que quienes no hayan recibido una formación avanzada (es decir, la mayoría de nosotros) se limite a realizar las compresiones cardíacas. Es lo que se conoce como «RCP solo con las manos».

A partir de los nueve años, si tienes la fuerza suficiente (cosa que un monitor sabrá decirte), puedes realizar correctamente una RCP. En internet existen cursos de RCP gratuitos, que pueden servirte para empezar a informarte sobre el asunto, pero esto no es algo que se pueda aprender solo a través de vídeos. Al igual que necesitamos que alguien nos enseñe a montar en bicicleta o a golpear un balón de fútbol (al menos, ese fue mi caso), también necesitamos que alguien nos muestre cómo realizar la RCP para saber cómo efectuar las compresiones cardíacas correctamente. Después tenemos que practicar, y mucho.

Cada vez es más habitual que los estados ofrezcan formación en RCP en la escuela secundaria, y algunos de ellos (como Arkansas, de donde provengo) han empezado a exigirla como requisito obligatorio para graduarse en la educación secundaria. Si no quieres esperar hasta entonces, puedes pedir a tu escuela primaria que comience a ofrecer formación en RCP a los alumnos que cumplan con los requisitos de fuerza. Puedes obtener información sobre el contenido de las lecciones de RCP en la web BetheBeat.heart.org, de la American Heart Association, que también ofrece recursos para que los niños aprendan los fundamentos de esta maniobra.

Con un mínimo de formación se puede salvar una vida. Los médicos recomiendan actuar y realizar las compresiones cardíacas si alguien se encuentra en situación de parada cardíaca, siempre que la víctima tenga al menos ocho años. Si ves a alguien que está sufriendo una parada cardíaca y le aplicas una

A PRINCIPIOS DE 2015, VEINTIDÓS ESTADOS DE ESTADOS UNIDOS EXIGEN QUE LOS ALUMNOS SE HAYAN FORMADO EN RCP PARA COMPLETAR LA EDUCACIÓN SECUNDARIA

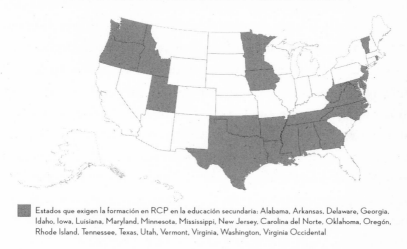

Estados que exigen la formación en RCP en la educación secundaria: Alabama, Arkansas, Delaware, Georgia, Idaho, Iowa, Luisiana, Maryland, Minnesota, Mississippi, New Jersey, Carolina del Norte, Oklahoma, Oregón, Rhode Island, Tennessee, Texas, Utah, Vermont, Virginia, Washington, Virginia Occidental

Fuente de la información: American Heart Association

RCP solo con las manos, puedes doblar e incluso triplicar sus posibilidades de sobrevivir. Es asombroso, y es algo que todos podemos hacer bien si practicamos lo suficiente y tenemos la fuerza que se requiere.

Cómo ayudar a un corazón

¿Qué se puede hacer, además de la RCP? Los médicos realizan operaciones de corazón de distinta entidad para evitar que se produzca un ataque cardíaco o para tratar sus consecuencias. En 2004, tras experimentar dolor de pecho y dificultades para respirar, mi padre se sometió a una operación de cuádruple baipás. En una operación como esta, los médicos crean caminos alternativos alrededor de la parte de un vaso sanguíneo que está demasiado congestionado para que la sangre lo atraviese. Da escalofríos solo de escucharlo, lo sé, pero cuando llega el momento son intervenciones que pueden salvar vidas. Cada día doy gracias porque mi padre llamase a su médica en cuanto empezó a sentir opresión en el pecho, y porque ella le recomendase ir al hospital cuanto antes. Enseguida empezó a tomar la medicación necesaria y dos días después se sometió a la operación.

Cuando salió del hospital, por suerte les hizo caso a sus médicos y siguió el régimen que le prescribieron: hacer ejercicio, comer comida sana y limitar el estrés (bueno, esto último aún no lo ha conseguido del todo...). Cambió su dieta por completo (menos grasa, menos colesterol, menos azúcar, más verduras y más cereales integrales) y empezó a caminar con regularidad (al menos cuatro días la mayoría de las semanas, unos 3 kilómetros cada vez). Las recomendaciones que los médicos le hicieron son bastante comunes. Mi madre y yo apoyamos firmemente las decisiones de mi padre de comer más sano y salir a caminar, porque queríamos que se sintiese mejor y que tuviese una vida (mucho) más larga y sana.

Una manera de ayudar a quien padece una dolencia cardíaca consiste en animarle a adoptar hábitos más sanos después de un ataque al corazón, un derrame cerebral o un susto cardíaco serio como el de mi padre. De hecho, todo esto también es bueno para prevenir una enfermedad cardíaca. Puedes aprender a cocinar comida sana y sabrosa en familia, e incluso hacer ejercicio juntos. Mi padre camina con mi madre, con sus perros, con amigos —y sí, a veces también solo—, pero lo importante es que no deja de andar. Esto es más fácil para algunas personas que para otras. Algunos pacientes no viven en barrios seguros, y otros viven en lugares donde los inviernos son largos, y es difícil caminar al aire libre cuando hace mucho frío. Muchos sitios —aunque no todos— disponen de la pista de atletismo del instituto, un centro social, un centro comercial o algún otro lugar, cubierto o no, donde se puede caminar sin peligro y sin tener que pagar. Además, los pequeños gestos —como subir las escaleras o aparcar más lejos de las tiendas— también ayudan. Así pues, anima a tus familiares y amigos a que piensen cuál es el mejor sitio para caminar y a que se marquen una rutina que se adapte a sus necesidades.

Esta fotografía se tomó en 2004, mes y medio después de que mi padre se sometiese a una operación de baipás de urgencia. Tiene un aspecto mucho más saludable del que presentaba justo después —y justo antes— de su operación.

Cortesía de David Scull/Clinton Foundation

Las enfermedades cardíacas, como algunas otras, pueden ser aterradoras. Tras la operación de mi padre, en lugar de limitarme a temer por lo que podría pasarle, decidí informarme sobre lo que podía hacer para ayudarle y, para ello, bombardeé a preguntas a sus médicos. De hecho, aún sigo haciéndolo. Creo que nadie es demasiado joven —o demasiado mayor— para hacer preguntas a los médicos para entender mejor la salud del corazón y cómo mejorarla, tanto la propia como la de su familia. Si tienes dudas sobre la atención cardíaca (o de cualquier tipo) que está recibiendo un familiar o un amigo, o sobre por qué un médico prescribe tal o cual medicamento, pregunta. Lo peor que puede pasar es que te den una respuesta extremadamente técnica que solo otro médico podría entender, o que no te hagan caso. Si eso sucede (espero que no sea así), pregúntale a otro médico, enfermera o profesional sanitario, o visita con tus padres, abuelos o cualquier otro adulto al que quieras ayudar la web de la American Heart Association (heart.org). Saber más sobre las enfermedades cardíacas y sus cuidados servirá para que tus familiares y amigos reciban la mejor atención posible.

Una manera de cuidar la salud de toda la familia es hacer ejercicio juntos.

Cortesía de la American Heart Association

¿Quién está en peligro?

Aunque las enfermedades cardíacas son la principal causa de muerte en todo el planeta y en Estados Unidos, no afectan a todo el mundo por igual. Los genes (lo que heredamos de nuestros padres, abuelos y todos nuestros antepasados) tienen su importancia a la hora de determinar quién corre el riesgo de ser víctima de una enfermedad cardíaca (si en nuestra familia hay un historial de enfermedades cardíacas, es más probable que nosotros también las suframos). Como ya hemos comentado, la hipertensión, el colesterol elevado, padecer diabetes y la obesidad son factores que aumentan la probabilidad de padecer una enfermedad cardíaca. El estrés, una dieta poco sana y la falta de actividad o ejercicio físicos también influyen. El acceso a una atención médica de calidad es determinante para que un enfermo del corazón reciba los cuidados que necesita para tener una vida larga y sana. En los países en vías de desarrollo, los pacientes cardíacos son, en promedio, mucho más jóvenes que en Estados Unidos. Por ejemplo, la edad media de un paciente con un fallo cardíaco en Ghana es de cuarenta y dos años, mientras que en Minnesota es de setenta y siete. Una diferencia de treinta y cinco años es enorme.

Las enfermedades cardíacas no afectan por igual a todos los estadounidenses. En nuestro país, los hombres afroamericanos tienen una mayor probabilidad de morir por esta causa que los blancos, en parte porque suelen tener una tensión arterial más elevada. ¿Por qué? Por toda una serie de razones complejas e interrelacionadas, entre las que está una mayor tasa de pobreza, que se corresponde con una dieta más pobre y con un mayor estrés, motivos ambos que pueden contribuir a elevar la tensión arterial. También es más probable que las personas pobres de cualquier origen racial carezcan de seguro médico, lo que significa que seguramente no recibirán un diagnóstico y un tratamiento precoz de la enfermedad cardíaca. Ello incrementa el riesgo de sufrir un ataque al corazón. Sí, ser pobre puede ser muy malo para el corazón. Los estudios han demostrado que la historia de segregación racial y el hecho de que los médicos favorezcan a unos pacientes más que a otros —incluso sin ser conscientes de ello— hacen que algunos afroamericanos aún reciban una atención de menor calidad. En el caso de estos pacientes, es posible que una elevada tensión arterial no se diagnostique y se trate con la celeridad necesaria para evitar un ataque cardíaco o un derrame cerebral. Por desgracia, no resulta sorprendente que los hombres y mujeres afroamericanos, en promedio, acumulen un mayor número de los denominados «factores de riesgo», rasgos, características o circunstancias que hacen que aumente la probabilidad de padecer enfermedades como las cardíacas. Muchos de estos factores de riesgo están relacionados con la historia y la pobreza, y muchos pueden llegar a ser mortales.

Las mujeres, en general, tienen un mayor riesgo que los hombres de sufrir y morir de enfermedades cardíacas. Está demostrado que fumar, el estrés y la diabetes hacen que el riesgo de padecer una enfermedad cardíaca aumente relativamente más en las mujeres que en los hombres. Como mujer, esto me parece tremendamente injusto, pero creo que ignorar este hecho no ayuda, y que las mujeres debemos ser más cuidadosas con la salud de nuestro corazón (y no estoy hablando en un sentido romántico, aunque puede que eso también sea cierto).

PORCENTAJE DE MUERTES RELACIONADAS CON ENFERMEDADES CORONARIAS EN EUA SEGÚN RAZA/ORIGEN ÉTNICO (2008)

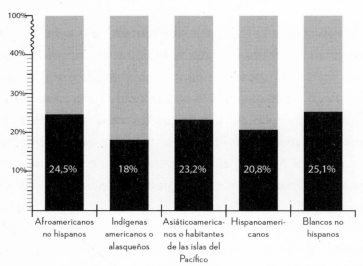

Fuente de la información: Centros para el Control y la Prevención de Enfermedades de Estados Unidos (CDC)

Aunque hoy en día las enfermedades cardíacas afectan y provocan la muerte de menos estadounidenses que hace apenas unos pocos años, gracias a que su prevención y tratamiento son ahora más efectivos, aún siguen siendo demasiados los fallecimientos por esta causa, en particular de hombres afroamericanos y mujeres de todos los orígenes raciales y étnicos. Hemos avanzado, pero queda mucho por hacer. Una de las vías para derrotar a las enfermedades cardíacas es asegurarse de que todos los estadounidenses tienen la posibilidad de crecer y vivir en barrios con un acceso fácil, seguro y asequible a opciones sanas de dieta y ejercicio, algo de lo que ya hablamos en el primer capítulo del libro y de lo que seguiremos hablando a lo largo de este. Otro aspecto que hay que tener en cuenta es que todo el mundo tenga un médico o enfermera a quien llamar y pedir consejos sobre las enfermedades cardíacas, o simplemente para asegurarse de que están cuidando adecuadamente de la salud de su corazón. Si quieres saber más sobre lo que aquí hemos hablado respecto a la salud del corazón, explora los diversos recursos de la American Heart Association en heart.org. Cuanto antes empieces a cuidar tu corazón, más te durará.

CÁNCER

Una invasión celular

Las células son los componentes microscópicos que forman todas las partes de nuestro cuerpo; el pelo, el corazón, los músculos y los huesos están hechos de células. El cáncer se produce cuando las células experimentan un desarrollo anormal, empiezan a crecer descontroladamente e invaden otras partes sanas del cuerpo. Como veremos en el capítulo siguiente, en cierto modo es similar a la manera en que los virus atacan nuestro cuerpo (salvo por el hecho de que el cáncer no se transmite de una persona a otra). El cáncer no es una sola enfermedad, sino muchas, que afectan a distintos órganos y hacen que enfermemos de muchas formas distintas. Actualmente, se conocen más de cien tipos de cáncer, y en algunos casos sus nombres no reflejan lo peligrosos que pueden ser ni hasta dónde pueden extenderse. Por ejemplo, hay cánceres que empiezan en el pulmón y luego pasan al hígado, aunque no por ello dejan de ser cánceres de pulmón. Además, el cáncer es diferente en cada paciente. Afortunadamente, cada año los científicos y los médicos entienden mejor esta enfermedad, cómo prevenirla y cómo combatirla.

Como sucede con las enfermedades cardíacas, el cáncer no se contagia de una persona a otra como un resfriado, aunque algunos virus y bacterias hacen que aumente el riesgo de que una persona padezca determinados tipos de cáncer. A menudo, las células cancerígenas se agrupan en masas denominadas tumores. En ocasiones, en función de dónde se encuentre el cáncer, los tumores pueden crecer hasta ser visibles en forma de bulto bajo la piel. Si una parte del tumor se desgaja (esté donde esté) y esas células

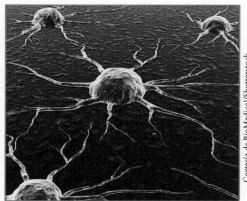

Cortesía de BioMedical/Shutterstock

Este es el aspecto que tiene el cáncer en el interior del cuerpo humano.

cancerígenas invaden otra zona del cuerpo (como en el ejemplo del paso del pulmón al hígado que acabo de mencionar), se produce lo que se conoce como metástasis. En estos casos, el cáncer es mucho más difícil de eliminar.

Se estima que uno de cada dos hombres y una de cada tres mujeres estadounidenses tendrán cáncer a lo largo de sus vidas, lo cual equivale a más de 100 millones de personas (más que toda la población junta de California, Texas, Nueva York e Illinois). Así pues, no resulta sorprendente que muchos estadounidenses enfermen de cáncer cada año. En 2012, a más de 1,6 millones se les diagnosticó un cáncer (sin incluir ciertos tipos de cáncer de piel muy comunes y que, por lo general, se pueden tratar si se detectan lo suficientemente pronto). Como sucede con las enfermedades cardíacas, se dedica mucho dinero a tratar y curar el cáncer. Solo en 2011, Estados Unidos gastó más de 88.000 millones de dólares en tratamiento del cáncer (más dinero del que supuso toda la comida y bebida que vendieron entre McDonald's, Subway, Starbucks, Wendy's, Burger King, Taco Bell y Dunkin' Donuts ese año). Asimismo, como también ocurre con las enfermedades cardíacas, el cáncer es un reto global cada vez más importante. En 2012, se diagnosticó un cáncer a más de 14 millones de personas en todo el mundo (de nuevo, sin contar los cánceres de piel relativamente leves). Se espera que esa cifra ascienda hasta casi 24 millones a lo largo de las dos próximas décadas (es decir, para cuando algunos de vosotros tengáis mi edad).

Tras el cáncer de piel, los de pulmón y mama son los más habituales entre las mujeres estadounidenses. Por su parte, el cáncer de próstata y el de pulmón son los más comunes entre los

TIPOS COMUNES DE CÁNCER EN ESTADOS UNIDOS (2015)

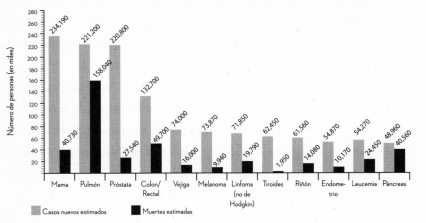

Casos nuevos estimados   Muertes estimadas

Fuente de la información: National Cancer Institute

hombres en Estados Unidos. (La próstata es una parte del cuerpo que solo poseen los hombres.) El cáncer de próstata se detecta en más hombres que cualquier otro cáncer, mientras que el de pulmón es el que resulta más mortífero entre ellos. Esto es así en los distintos grupos raciales o étnicos. El cáncer de mama es el más habitual entre las mujeres estadounidenses, pero el de pulmón es el más mortífero. Esto también es así en los distintos grupos raciales, con una excepción: el cáncer de mama provoca más muertes entre las mujeres hispanas que el de pulmón. Es importante ser consciente de qué tipos de cáncer pueden suponer un mayor riesgo para tu familia.

Por lo general, los tipos de cáncer que afectan a los niños estadounidenses son distintos. La leucemia, el cáncer de sangre y médula, es el más habitual y, junto con los tumores cerebrales y del sistema nervioso central, supone alrededor de la mitad de los cánceres que afectan a los niños estadounidenses. Los niños también pueden desarrollar los tipos de cáncer más comunes entre los adultos, aunque esto sucede con muy poca frecuencia.

Cuando los niños enferman de leucemia, inicialmente experimentan cansancio y dolor de articulaciones, pierden peso y tienen fiebre. Estos síntomas son parecidos a los que suelen presentar cuando tienen un resfriado o la gripe (y lo más probable es que sean debidos a un resfriado o a la gripe y no a un cáncer). La American Cancer Society explica que es importante informar a tu pediatra si notas esos síntomas y si duran más de lo que tus padres consideren que es normal. Aunque son muy pocos los niños que enferman de cáncer, es fundamental asegurarse de que se detecta pronto. Actualmente, más del 80 por ciento de los niños enfermos de cáncer sobreviven porque la enfermedad se detecta antes y los tratamientos son más efectivos.

Los tratamientos pueden ayudar

Si algún familiar o amigo tuyo ha tenido cáncer, habrás notado que durante su tratamiento estaban cansados, y quizá también se les cayese el pelo. Esto se debe a la quimioterapia que estaban recibiendo como tratamiento contra la enfermedad. Aunque se están desarrollando nuevas terapias (incluidos medicamentos personalizados), en la actualidad existen básicamente tres tipos de tratamientos contra el cáncer: la quimioterapia, la radioterapia y la cirugía.

La quimioterapia consiste en unos medicamentos muy potentes que matan las células cancerígenas. Hoy en día, en quimioterapia se usan habitualmente más de cien medicamentos distintos, en función del tipo de cáncer que tiene el paciente y de cuán avanzado está. Todos esos medicamentos atacan y matan todas las células de crecimiento rápido, aunque no sean cancerígenas, como las de los nuevos cabellos (esta es la razón por la que a las personas que se someten a quimioterapia se les suele caer el pelo). La pérdida de cabello no es el único efecto secundario de la quimioterapia, ya que también suele hacer que los pacientes se sientan fatal, pero sí es el más conocido. Puede que hayas visto a personas que se han quedado calvas debido a la quimioterapia, y algunas quizá hayan decidido ponerse un pañuelo o una peluca. También es posible que conozcas gente que se ha afeitado la cabeza para mostrar su apoyo a sus amigos y seres queridos que están recibiendo quimioterapia.

Durante el tratamiento de su cáncer de mama, mi abuela Ginger perdió pelo (aunque nunca se quedó completamente calva). Tenía una hermosa peluca, pero no le gustaba ponérsela. Creo que el hecho de saber que podía usarla en ocasiones especiales (y siempre que quisiese) le hacía sentirse mejor los días que decidía no ponérsela. La peluca la liberó para poder tomar sus propias decisiones. Todos los enfermos de cáncer deberían tener esa misma libertad para elegir usar una hermosa peluca o no, tanto si han perdido algo de pelo como si se han quedado completamente calvos, tanto si llevan el pelo corto como si se han afeitado la cabeza.

Varias organizaciones estupendas proporcionan pelucas a los niños que debido al cáncer y su tratamiento o a otras enfermedades han perdido el pelo y no pueden permitirse comprarse una. Locks of Love es probablemente la más importante. Háblale de ella a cualquiera que tenga menos de veintiún años que necesite una peluca y no pueda costeársela. Si la pide a Locks of Love, recibirá una hecha a medida y gratuita. Y cada dos años le enviarán una nueva hasta que cumpla los veintiuno. También puedes donar tu pelo para que se utilice para fabricar pelucas, y animar a tus familiares y amigos a que lo hagan también (se acepta casi cualquier tipo de pelo, tanto rizado como liso y del color que sea —salvo gris—, siempre que tenga una longitud mínima de 25 centímetros). Para más información, visita locksoflove.org.

Mientras escribía este libro, leí una historia que me impresionó mucho (en el sentido más positivo de la expresión). Cuando tenía seis años, Christian, de Florida, decidió dejarse crecer el pelo hasta que alcanzase los 25 centímetros de longitud y donarlo a Children With Hair Loss para que pudiesen fabricar con él pelucas para niños que se hubiesen quedado calvos. Lo hizo tras ver un anuncio del Saint Jude Children's Research Hospital (un hospital especializado en la investigación y el tratamiento del cáncer infantil) y después de informarse sobre la labor que llevaba a cabo. Christian tuvo que soportar el acoso de quienes consideraban que llevar el pelo largo no era muy masculino, pero no se dejó intimidar.

Después de dos años, alcanzó su objetivo de los 25 centímetros. Tenía tanto pelo que donó un total de 100 centímetros (porque, antes de cortárselo, pudo hacerse cuatro coletas de 25 centímetros cada una). Impresionante. Para informarte sobre cómo puedes hacerlo tú también, visita children-

Cortesía de Deeanna Thomas

Christian muestra los 100 centímetros de pelo que donó a Children With Hair Loss.

withhairloss.us. Yo nunca he donado pelo, pero es una de mis metas pendientes.

Otro tratamiento contra el cáncer es la radioterapia, que utiliza partículas u ondas de partículas de energía elevadísima, como los rayos X, para matar células cancerígenas. Si alguna vez te han hecho una radiografía, piensa que la radioterapia es parecida, pero a mucha mayor escala (como un lago comparado con una piscina). A diferencia de la quimioterapia, la radioterapia ataca únicamente la zona donde se encuentra el cáncer, y no las células en todo el cuerpo. Por este motivo, hay quien dice que es un tratamiento «más inteligente» que la quimioterapia para ciertos tipos de cáncer. También suele tener menos efectos secundarios. La radioterapia puede ser más efectiva contra determinadas variedades de cáncer, como el de pulmón, pero no contra otras. La quimioterapia es más eficaz para tratar y combatir otros tipos de cáncer, y esta es la razón por la que aún se utiliza. A veces se aplican ambas terapias. Estas son decisiones que los enfermos, sus familias y los médicos toman conjuntamente para encontrar el mejor tratamiento para cada paciente.

La American Cancer Society tiene un sitio web con ideas y consejos para apoyar a amigos o familiares enfermos de cáncer, tanto en el hospital cuando se someten a tratamiento, como en la escuela, mientras luchan contra el cáncer o se recuperan de sus secuelas. Por aterrador que esto nos pueda parecer a ti, a mí o a cualquiera que tenga un amigo o familiar enfermo de cáncer, lo es mucho más para quien sufre la enfermedad en primera persona. Podemos demostrar nuestro apoyo y cariño llamándoles por teléfono, visitándolos, ayudándoles a que la vuelta a la escuela les resulte más llevadera, llevando Halloween, San Valentín o alguna otra fiesta —quizá la de su cumpleaños— al hospital (siempre que los médicos y enfermeras nos den permiso) y haciendo cualquier otra cosa que pensemos que puede ayudar. Puedes obtener más información en cancer.org.

Kendra, originaria de Indiana, ha ideado una manera creativa de ayudar a los niños con cáncer. Cuando tenía diez años, le diagnosticaron un tipo de cáncer infantil llamado neuroblastoma. Se sometió a dos años de tratamiento, que incluyó quimioterapia, radioterapia, cirugía y otras terapias, y, afortunadamente, de momento su cáncer ha sido derrotado.

Kendra, junto con una enfermera y una trabajadora social, lleva uno de sus paquetes de ayuda a la unidad donde antes estuvo ingresada.

Kendra quiso entonces hacer algo para ayudar a otros niños que estaban en su situación y creó Kendra's Call for Komfort, que prepara paquetes de ayuda para niños que aún se encuentran en las primeras fases de su lucha contra el cáncer. Los doscientos paquetes de ayuda que ha repartido hasta hoy contienen juegos, material para hacer artesanía, tarjetas de regalo y ropa elegida específicamente para cada niño. Kendra ya ha recaudado más de 50.000 dólares para el proyecto, y no ha hecho más que empezar. Para saber más sobre Kendra's Call for Komfort y sobre lo que puedes hacer para ayudar, visita kendrascallforkomfort.org.

Cuando estaba en la universidad en Stanford, trabajé como voluntaria durante un par de años en el Hospital Infantil Lucile

Packard. Lo hice en la sala de terapia artística con niños que estaban ingresados, muchos de los cuales eran enfermos de cáncer. Dibujábamos juntos, pintábamos con los dedos y utilizando purpurina. Colaboré en la organización de un par de fiestas de cumpleaños y ayudé a varios niños con sus deberes. Los mejores momentos eran cuando los chavales olvidaban que eran pacientes y recordaban que, antes que nada, eran niños, y también cuando recibía sus abrazos. Aunque hay que tener dieciocho años para ofrecerse como voluntario en la mayoría de los hospitales, algunos los aceptan a partir de los dieciséis. No obstante, siempre que a los médicos les parezca bien, puedes visitar a tus amigos o familiares en el hospital y ayudar a alegrarles el día a través del arte, dándoles abrazos o llevándoles regalos o uno de los paquetes de ayuda de Kendra. También puedes hacer todo esto por cualquier persona que conozcas que está hospitalizada por el motivo que sea.

Aunque reciban también quimioterapia y radioterapia, la mayoría de los enfermos de cáncer se someterán a cirugía en algún momento, para tratar o extirpar un tumor, ya sea parcialmente o por completo. La cirugía también se emplea para diagnosticar si alguien tiene cáncer. Es lo que se conoce como biopsia, que consiste en extirpar tejido corporal de la zona en la que se sospecha que puede haber células cancerígenas. Las células que se extraen del tejido se examinan al microscopio para ver si son o no cancerígenas. Los científicos trabajan actualmente para desarrollar análisis sanguíneos que puedan utilizarse para diagnosticar el cáncer. El momento en que se recibe el diagnóstico también puede ser aterrador, y todos podemos apoyar a nuestros familiares y amigos a sobrellevar la inquietud hasta que saben a ciencia cierta si tienen cáncer o no.

FACTORES DE RIESGO

Los científicos han descubierto que algunos genes e infecciones pueden incrementar los riesgos de padecer ciertos tipos de cáncer. Es importante vacunarse contra los virus que aumentan el riesgo de cáncer, como la hepatitis B, que puede provocar cáncer de hígado, y el virus del papiloma humano (VPH), que puede causar cáncer de cuello de útero. Pink Ribbon Red Ribbon y el George W. Bush Institute están liderando un intento de incrementar el número de vacunaciones de VPH en los países en desarrollo. Si quieres saber más sobre su trabajo, visita bushcenter.org. Ciertas bacterias están relacionadas con determinados tipos de cáncer de estómago (otra razón más para tomarse los antibióticos cuando uno sufre una infección bacteriana), y hay parásitos —de los que hablaremos en el capítulo 7, «Bichos y bacterias»— que también pueden incrementar el riesgo de padecer cáncer. Estos parásitos no existen en Estados Unidos, pero sí en otros países.

Es importante tomarse en serio cualquier factor de riesgo, con independencia de lo aterrador que pueda ser. Está en nuestra mano minimizar e incluso evitar algunos factores de riesgo, mientras que otros no, como sucede con los que dependen de nuestros genes. Y otros factores de riesgo son difíciles de evitar, porque no están en nuestro interior, sino a nuestro alrededor, como el humo que inhalan los fumadores pasivos (humo que alguien ha exhalado al fumar un cigarrillo o un puro, y que otra persona inspira) o la intensa polución atmosférica. Ambos factores favorecen el desarrollo de cáncer de pulmón. En la medida en que podamos, debemos evitar ser fumadores pasivos y animar a los adultos que nos rodean a que dejen de fumar, como hizo mi abuela Ginger, o al menos a que dejen de hacerlo delante de nosotros. Pero es más difícil, por no decir imposible, que los niños vivan alejados de las zonas relativamente más contaminadas. Puesto que normalmente no podemos alejarnos de la polución, debemos exigir a quienes tienen poder —como los cargos públicos y los empresarios— que alejen la polución de nosotros o, aún mejor, que la hagan desaparecer, o al menos que reduzcan el daño que supone para nuestros pulmones. También podemos dar pasos dentro de nuestras propias familias para reducir la contaminación que generamos. Hablaremos más sobre ello en el capítulo 8, «Parte meteorológico», y seguiremos hablando sobre el tabaco más adelante en este mismo capítulo.

Aunque sabemos mucho sobre cuáles son las causas del cáncer, aún es mucho también lo que desconocemos. La ciencia ha demostrado que existe un vínculo entre el tabaco y muchos tipos de cáncer. Sabemos que la exposición a la radiación —ya sea en forma de potentes rayos solares, procedente de las armas nucleares o debida a múltiples radiografías— es también un factor de riesgo significativo. Este es el motivo por el que es importante hacerse radiografías solo cuando el médico lo indica para hacer un diagnóstico (como tras una lesión) y someterse a radioterapia para el cáncer únicamente cuando lo prescriba el oncólogo, a fin de evitar una exposición innecesaria a la radiación. No hay evidencia de que la llamada «radiación no ionizante» de los microondas, los teléfonos móviles, los iPads y las radios produzca cáncer. Sabemos que el uso intensivo de determinados pesticidas produce cáncer entre los agricultores que los emplean en sus cosechas, pero la ciencia aún no ofrece una respuesta clara a la pregunta de si también puede ser peligroso para las personas que ingieren alimentos procedentes de esas cosechas. Sabemos que una dieta poco sana y la obesidad incrementan los casos de cáncer, y que el ejercicio puede hacer que el riesgo de contraer esta enfermedad disminuya, pero aún es necesario llevar a cabo más estudios para determinar cuál es el equilibrio ideal entre dieta y ejercicio para minimizar dicho riesgo. A pesar de todo lo que desconocemos, a estas alturas ya sabemos mucho sobre el cáncer. Si quieres hacer algo para minimizar los riesgos de los que somos conscientes y que pueden afectarte a ti, a tu familia y al resto de las personas, encontrarás muchas ideas en la web del American Institute for Cancer Research (aicr.org). Si te interesa unirte a un grupo para trabajar por la prevención del cáncer, o crear el tuyo propio, standup2cancer.org es un buen sitio donde informarte.

DIABETES

Subidón de azúcar

¿Recuerdas esos cereales azucarados que yo quería de niña y que mi madre no me dejaba tomar? ¿Y los cereales bañados en miel que tomaba a escondidas oculta tras el periódico? Cuando comemos, nuestro sistema digestivo descompone los alimentos en minúsculos nutrientes y azúcares que nuestro cuerpo necesita como combustible, y el resto se almacena como grasa o se expulsa en forma de excrementos. La diabetes se produce cuando el cuerpo del enfermo no es capaz de descomponer y procesar debidamente el azúcar (con independencia de que proceda de la que contiene el propio cereal o de la miel que lo recubre). En consecuencia, por el torrente sanguíneo circula un exceso de azúcar, mientras que, sin embargo, las células reciben menos de la que necesitan como combustible para realizar bien su trabajo (nuestros cuerpos precisan una cierta cantidad de azúcar para funcionar y para que podamos seguir vivos). Mucha es mala, pero cierta cantidad es necesaria.

Hay dos tipos de diabetes. La cifra de estadounidenses a los que se les ha diagnosticado diabetes tipo 2 está aumentando a gran velocidad. En 1997, el año en que terminé la educación secundaria, eran menos de 10 millones; en 2012, superaban los 29 millones. En Estados Unidos, más de uno de cada tres adultos padece prediabetes, lo que significa que corre el riesgo de desarrollar diabetes tipo 2. La buena noticia es que, modificando, por ejemplo, sus hábitos alimentarios muchos de estos prediabéticos pueden evitar desarrollar la enfermedad. La diabetes tipo 1 afecta a 1,25 millones de estadounidenses y, aunque comparten nombre y tienen algunas características en común, la diabetes tipo 1 y la tipo 2 representan problemas diferentes.

El sistema inmunitario de las personas que sufren diabetes tipo 1 ataca a las células del páncreas que generan insulina (una sustancia necesaria para que el cuerpo sea capaz de transferir el azúcar, o glucosa, desde el flujo sanguíneo a los miles de millones de células —o, billones, en los adultos— que la necesitan para funcionar y para mantenernos sanos). Si no se trata, con el tiempo la diabetes tipo 1 puede dar lugar a enfermedades cardíacas y lesiones nerviosas, hepáticas, oculares o podológicas. Estas últimas, en los casos más graves, pueden obligar a la amputación del pie.

Un síntoma de la diabetes tipo 1 es una sed constante (y una continua necesidad de orinar), porque el cuerpo intenta deshacerse por cualquier medio del azúcar sobrante. Además, las personas que la padecen sin que se les haya diagnosticado a menudo tienen mucha hambre, porque sus células están esforzándose por obtener el azúcar que sus cuerpos son incapaces de procesar debido a la falta de insulina. Sus cuerpos les dicen que coman más, porque así esperan conseguir más azúcar, pero eso no sucede. Aun comiendo más, los diabéticos tipo 1 que no saben que lo son a menudo pierden peso y se sienten agotados, debido a la falta de azúcar como combustible celular. Supongo que debe de ser muy frustrante comer mucho, perder peso y seguir estando hambriento y cansado.

Aún no sabemos qué provoca la diabetes tipo 1. Su origen podría ser genético, o bien el resultado de una misteriosa infección, pero, puesto que no se sabe con certeza, es imposible saber cómo prevenirla. Quizá tengas algún amigo con diabetes tipo 1, porque a la mayoría de las personas que la padecen se les diagnostica antes de cumplir los catorce años, aunque los adultos también pueden desarrollarla. Una vez que esto sucede, la persona padecerá la enfermedad durante toda su vida, porque no existe cura, al menos hasta ahora, y los diabéticos tipo 1 deben inyectarse o bombearse insulina a diario. La buena noticia es que este tipo de tratamiento les permite llevar una vida normal y evitar las terribles complicaciones que hemos mencionado antes.

La diabetes tipo 2 se produce cuando el páncreas genera una cantidad de insulina insuficiente para que el cuerpo funcione de forma correcta, o cuando, aunque la cantidad de insulina sí es suficiente, el cuerpo no es capaz de utilizarla de manera eficaz para procesar el azúcar. Las personas que la padecen experimentan cansancio y sienten la necesidad de beber mucha agua y otros fluidos, y de ir al baño a menudo. Históricamente, este tipo de diabetes se conocía como diabetes de adulto, porque en la mayoría de los casos se daba en personas adultas con sobrepeso. Casi siempre se diagnosticaba en mayores de cuarenta y cinco años, la mayoría de ellos mayores de sesenta y cinco.

Pero esta situación está cambiando. Cada vez son más numerosos los niños con sobrepeso, que corren por tanto el riesgo de desarrollar diabetes tipo 2. Una elevada tensión arterial y el hecho de tener familiares con este tipo de diabetes también hace que aumente el riesgo de que una persona desarrolle la enfermedad. Los afroamericanos, los hispanos, los indios americanos y los asiático-americanos tienen un riesgo relativamente mayor de padecer diabetes tipo 2 por motivos que aún nadie entiende.

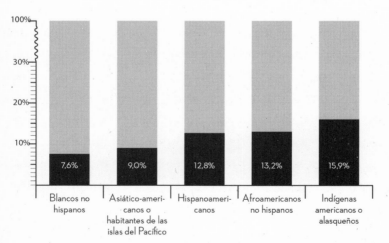

PORCENTAJE DE PERSONAS EN ESTADOS UNIDOS DIAGNOSTICADAS CON DIABETES EN FUNCIÓN DE SU RAZA/ ORIGEN ÉTNICO 2014

Fuente de la información: American Diabetes Association

Aunque tampoco existe una cura para la diabetes tipo 2, los adultos y niños que la padecen no siempre necesitan inyecciones o una bomba de insulina. Como sucede con la diabetes tipo 1, se desconoce la causa precisa de la enfermedad. No obstante, sí tenemos una mejor idea de cómo prevenirla, porque sabemos cuáles son muchos de los principales factores de riesgo. Muchos diabéticos tipo 2 pueden controlar su enfermedad con una combinación de medicamentos, dieta sana y ejercicio habitual, lo que también permite reducir la probabilidad de sufrir problemas cardíacos o un derrame cerebral.

Una persona que está ayudando a su familia a adoptar hábitos más sanos —y sabrosos— es Haile, de Arizona. Haile apenas tenía siete años cuando a su padre le diagnosticaron diabetes, pero decidió entonces aprender a cocinar, una pasión para la que recibió todo el apoyo de sus padres. Ahora, a sus catorce años, le encanta cocinar comidas fáciles, baratas y deliciosas para ella y su familia. Gracias al ejercicio y la dieta, en particular gracias a las comidas sanas de Haile, la salud de su padre ha mejorado y ha logrado controlar su diabetes. Además de ayudar a su familia, Haile trabaja para que otros niños ejerzan una influencia sana y cocinen tanto en sus propios hogares como en sus escuelas. Incluso está intentando hacer que las vacaciones sean más sanas: ha trabajado con la cadena hotelera Hyatt para que sus comidas dirigidas al público infantil sean más nutritivas (y sabrosas). Tuve el privilegio de participar con Haile en el *Rachael Ray Show* hace un par de años y me enseñó a preparar un delicioso pastel de arándanos, melocotón y quinua. Para saber más sobre la historia de Haile —y sus recetas—, puedes visitar hailevthomas.com. Si ella ha sido capaz de cambiar las costumbres alimentarias de su propia familia, y la comida que toman muchos niños en sus casas e incluso en los hoteles, ¡tú también puedes hacer muchas cosas al respecto! En breve seguiremos hablando de cómo comer sano.

Haile cocinó comida sana en el Rachael Ray Show, *y yo tuve la suerte de probarla.*

Puedes ayudar a tus padres, abuelos y amigos a evitar la diabetes o a controlarla animándolos a que sigan una dieta sana, hagan ejercicio con regularidad, vigilen su tensión arterial y eviten el tabaco (sí, el tabaco también incrementa el riesgo de desarrollar diabetes). Otra manera de ayudarles consiste en asegurarte de que todas las personas que te rodean saben si padecen diabetes o no. Más de 8 millones de estadounidenses tienen diabetes y no lo saben. Cuando la gente no sabe que sufre esta enfermedad, difícilmente puede decidir cambiar su dieta para tener una vida larga y sana. Anima a los tuyos a que vayan al médico y se hagan un sencillo análisis de sangre, e informa a los diabéticos que conozcas de lo importante que es que controlen eficazmente su nivel de azúcar en sangre; esto solo puede mejorar la calidad de vida de muchos de ellos e incluso salvar sus vidas.

OBESIDAD

Uno de los principales factores de riesgo para la diabetes, las enfermedades cardíacas y muchos tipos de cáncer, incluido el de mama, es la obesidad. En Estados Unidos, uno de cada tres niños tiene sobrepeso o es obeso (es decir, tiene mucho sobrepeso). Aún son más los estadounidenses adultos obesos o con sobrepeso: dos de cada tres. Y el problema no es exclusivamente estadounidense. En todo el mundo, más de una de cada cuatro personas es obesa o tiene sobrepeso. Una persona es obesa o tiene sobrepeso si pesa más de lo que los médicos y enfermeras consideran que es saludable en función de su altura, edad y sexo. Para ello suelen utilizar un indicador denominado índice de masa corporal (IMC) para determinar si una persona tiene un peso saludable o no. En general, un IMC entre el percentil 5 y el 85 se considera saludable. Si tienes preguntas sobre tu IMC o sobre tu peso, habla con tus padres, tu médico o la enfermera de tu escuela. Nunca es aceptable (ni positivo) estigmatizar a alguien por el hecho de que esté obeso o tenga sobrepeso. Es importante que todos apoyemos a nuestros familiares y amigos en sus esfuerzos por cuidar su salud, y que les pidamos que hagan lo mismo con nosotros.

Los niños obesos tienen una mayor probabilidad de seguir siéndolo de mayores, por lo que tendrán que enfrentarse a las complicaciones a las que deben hacer frente los adultos obesos hoy en día. Pero la obesidad infantil no es solo un factor de riesgo para desarrollar enfermedades cardíacas de adultos. Un niño obeso tiene más probabilidades de tener problemas de corazón en la infancia, incluido un ataque al corazón, y de sufrir un derrame cerebral, así como una mayor tendencia a desarrollar asma, ya que el exceso de peso puede dificultar la respiración. Por otra parte, los niños que padecen asma aguda también tienen una mayor probabilidad de tener sobrepeso. Otro ejemplo más de lo difícil que es distinguir causa y efecto.

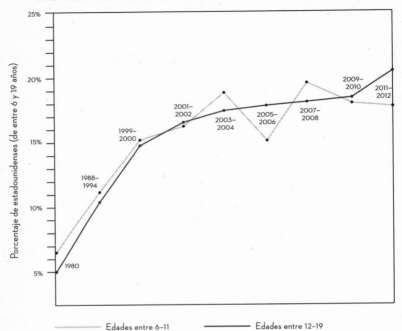

TASA DE OBESIDAD EN ESTADOS UNIDOS (1980–2011)

Edades entre 6–11   Edades entre 12–19

Fuente de la información: Centros para el Control y la Prevención de Enfermedades de Estados Unidos (CDC)

Como este gráfico deja bien claro, la tasa de obesidad infantil ha aumentado espectacularmente desde que yo nací: en algunos grupos, es cuatro veces superior que en 1980. ¿Por qué? Porque los niños empezaron a comer más y a hacer menos ejercicio, debido a que la comida poco sana es ahora más accesible que nunca, mientras que ha sucedido exactamente lo contrario con las posibilidades de hacer ejercicio. Por fortuna, sabemos lo que necesitamos para ayudar a los niños, a las familias y a las comunidades a llevar vidas más saludables, ahora y en el futuro.

COMIDA SALUDABLE

La American Heart Association calcula que menos del 1 por ciento de los estadounidenses sigue una dieta ideal para la salud cardíaca, y que prácticamente ningún niño lo hace. ¡Increíble! Antes vimos lo que Haile está haciendo por la salud de su padre y para ayudar a otros niños. Todos conocemos las reglas de la comida saludable: hay que comer más fruta, verdura, cereales integrales y proteínas magras, como lácteos bajos en grasa, pollo, pescado, legumbres, tofu y huevos. Sabemos que debemos evitar los excesos de azúcar, sal y grasas, especialmente de grasas saturadas y trans. Todos esos consejos son importantes, pero ¿cómo cumplirlos?

Seguir una dieta saludable no es algo sencillo. Resulta mucho más difícil para algunas familias que para otras, en función de dónde viven, cuánto dinero del presupuesto familiar pueden gastar en comida y cuánto tiempo pueden dedicar a pensar en comida saludable, a comprarla y a prepararla. Como mencioné en el capítulo 2, «32 dólares al día», es difícil para una familia que vive en un desierto alimentario encontrar comida saludable y asequible. Si no tienes cerca una tienda que venda frutas y verduras que encajen con tu presupuesto familiar, plantéate la posibilidad de unir tu voz a la de otros familiares, amigos y vecinos para hacer saber a vuestro alcalde, concejal u otros cargos públicos lo importante que es para vosotros disponer de una tienda así. Un recurso que os puede ser útil para argumentar vuestro caso, aunque está dirigido a los adultos, es The Food Trust, cuyo sitio web es thefoodtrust.org.

Teniendo en cuenta el tiempo que pasáis la mayoría de vosotros en la escuela, es importante que esta ofrezca opciones de comida sana y, en general, que sea un lugar saludable. Puedes colaborar con el director de tu colegio, con los profesores y con tus amigos para ayudar a evaluar en qué medida es saludable el entorno escolar (aunque estoy segura de que ya tienes una idea aproximada) utilizando las herramientas de Alliance for a Healthier Generation, una asociación promovida por la Clinton Foundation y la American Heart Association, sobre la que te puedes informar en healthiergeneration.org. Esta entidad ofrece consejos sobre muchos temas, desde máquinas expendedoras con productos más saludables a almuerzos o tentempiés más sanos. Paso a paso, se pueden conseguir grandes avances para prevenir el sobrepeso infantil y favorecer que los niños (y también los adultos) pierdan los kilos que les sobran.

Lo que sucede en torno a una escuela también puede ayudar a los niños y a las familias a cuidar mejor su salud. Katie se dio cuenta de esto un día cuando estaba en tercer curso de primaria. Llevó a casa una plántula de col procedente de un programa de horticultura de su escuela de Carolina del Sur. Katie la cuidó y vio cómo creció hasta alcanzar unos asombrosos 18 kilos. Sabía que una col tan especial necesitaba acabar en un lugar especial, así que la donó a un comedor social local. Al darse cuenta de que su col contribuiría a que quienes acudían al comedor recibiesen una comida sana (y quizá su única comida del día), pensó que no podía limitarse a donar una col y que tenía que hacer algo más. En sus propias palabras, se comprometió a «acabar con el hambre huerto a huerto». Consiguió que su escuela dedicase un terreno a un huerto escolar y acabó creando una organización llamada Katie's Krops, que ayuda a niños de todo el país a cultivar alimentos sanos para donarlos a personas que los necesitan. En la actualidad hay 81 huertos gestionados por niños en 31 estados. Para apoyar a Katie's Krops o informarte sobre cómo organizar tu propio huerto, visita katieskrops.com.

Quizá tu familia sí puede costearse toda una variedad de alimentos saludables, pero si es así, saber lo que contienen los alimentos que compras puede ser difícil, debido a lo confuso que suele ser su etiquetado. No obstante, las etiquetas son útiles para comparar alimentos y ver cuál contiene más proteínas o más grasas, y así poder

Cortesía de Stacy Stagliano

Katie ayuda a niños de todo el país a cultivar alimentos para donarlos a personas que los necesiten.

elegir la mejor opción. Aunque nunca te equivocarás si recurres directamente a lo natural —frutas, verduras y otros alimentos procedentes de la huerta—, eso es algo que no está al alcance de muchas familias que viven con un presupuesto ajustado o lejos de las huertas, los mercados de productores y otros lugares donde se venden alimentos frescos. Afortunadamente, los alimentos saludables pueden estar congelados, enlatados o frescos; eso sí, no debes añadirles nunca demasiada sal o azúcar. En general, las verduras congeladas son tan saludables como las frescas, y normalmente mucho más baratas.

Existen toda clase de herramientas y aplicaciones para ayudar a los niños a elaborar comidas saludables y asequibles, como choosemyplate.gov. La mayoría de los médicos coinciden en afirmar que la clave para casi todos nosotros está en encontrar un equilibrio entre lo que comemos y cuánto comemos. Si te encantan los Cheetos (como a mi marido, Marc) y no te ves capaz de renunciar a ellos, no lo hagas, pero cómelos solo una vez a la semana, en lugar de hacerlo a diario. ¿Eres goloso y no te quedas tranquilo hasta que tomas algo de chocolate? Vale, pero opta por un par de bombones pequeños, en lugar de un gran batido de chocolate. Es importante que tomemos conciencia de cuánto comemos. Sin que nos hayamos dado mucha cuenta, los tamaños de las porciones de comida y de las bebidas han ido aumentando en todas partes (en los restaurantes, los supermercados, las máquinas expendedoras e incluso en las casas). Los estudios han demostrado que cuando a las personas, incluidos los niños, se les sirven raciones más grandes, tienden a comer o beber más sin siquiera ser conscientes de ello.

Idealmente, la comida es algo tan necesario como divertido, rico y bueno para la salud. No deberías avergonzarte de cómo comes, y comer nunca debería convertirse en una tarea más o en algo que ver con aprensión. Reconozco que esto lo aprendí de

ALREDEDOR DE 1 MILLÓN DE PERSONAS EN CALIFORNIA VIVE EN DESIERTOS ALIMENTARIOS (2015)

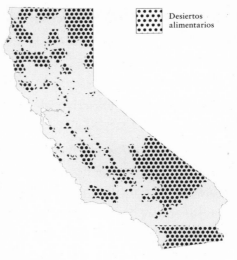

Desiertos alimentarios

Fuente de la información: Departamento de Agricultura de Estados Unidos y California Watch

mi abuela Dorothy, que siempre procuró no tomar más de tres galletas de menta de las Guías Scouts al día (volveremos a hablar de estas galletas más adelante). Aunque probablemente hayas oído hablar de los «superalimentos», y a pesar de que se ha demostrado que algunos alimentos contribuyen a reducir el riesgo de padecer cáncer o una enfermedad cardíaca, la mayoría de los médicos afirma que es más importante comer habitualmente fruta, verdura y cereales integrales en general que tomar un alimento específico, y que no pasa nada por tomar de vez en cuando caramelos, helados, patatas fritas y bollos.

Como mi madre era firmemente contraria a que la comida basura entrase en nuestra casa, aprendí desde pequeña que los caprichos estaban reservados para las ocasiones especiales, como los cumpleaños y las vacaciones. Solo me dejaban comer caramelos cuando íbamos al cine. Por suerte, cuando yo era pequeña íbamos mucho al cine —de media, al menos una vez cada dos semanas—, por lo que tenía muchas oportunidades de tomar osos de gominola y otras golosinas. Guardo muy buenos recuerdos de la cantidad ilimitada de helado que devoraba cada vez que iba a casa de cualquiera de mis abuelas (ambas tenían siempre helados recubiertos de chocolate en el congelador)... Yo lo justificaba diciendo que ir a casa de mi abuela era siempre, por definición, una ocasión especial. En fin, que me siento muy agradecida de que mis padres me inculcasen buenas costumbres alimentarias, y de que me encanten las verduras y solo tenga ganas de dulce (como chocolate negro... o helados recubiertos de chocolate) muy de vez en cuando.

Aunque nunca me apetecen galletas, y el chocolate solo de tanto en tanto, siempre tengo ganas de comer patatas fritas y prácticamente cualquier cosa que lleve sal. A todas horas. Todo el mundo debe tener cuidado con el exceso de sal. Cuesta imaginar que un exceso de algo tan pequeño pueda ser tan peligroso, pero demasiado sodio —el componente principal de la sal— puede producir hipertensión. El hecho de que ahora ingerimos más sal es la razón principal por la que es cada vez más habitual que haya niños que tengan la tensión arterial alta. Hay ciertos alimentos que se sabe que tienen un alto contenido de sal; entre ellos, por ejemplo, los fiambres (como los que se suelen poner en los bocadillos) y la mayoría de las pizzas precocinadas (las que se compran en la sección de congelados del supermercado), muchas comidas rápidas (como el pollo frito) y la sopa de bote. No es necesario evitar estas comidas por completo, pero sí conviene saber qué contiene lo que comes, aunque no puedas verlo (como sucede normalmente con la sal). En promedio, los chavales de entre ocho y dieciocho años consumen más del doble de la cantidad de sal recomendada por la American Heart Association. ¡Ojo! Nuestros cuerpos necesitan sodio, pero no demasiado, y desde luego no el doble de lo que recomiendan los médicos.

EN MOVIMIENTO

Ah, el ejercicio... Cualquiera capaz de moverse de un sitio a otro debería hacerlo: para ponerse en forma, para mantenerse en forma, para vivir más tiempo. Pero parece que nunca somos capaces de hacer el suficiente ejercicio, tengamos la edad que tengamos. Aunque la mayoría de los adolescentes estadounidenses físicamente capaces hacen algo de ejercicio, la mayor parte de ellos no hace el suficiente. Y eso a pesar de que sabemos que mantiene nuestro corazón sano, contribuye a reducir el riesgo de desarrollar ciertos tipos de cáncer y puede incluso ayudar a los enfermos de cáncer a recuperarse. También sabemos que hacer ejercicio es más fácil para algunas familias y niños que para otros.

Una hora de ejercicio diario es ideal para todo el mundo, pero cada minuto es importante, ya sea jugando en un equipo, en una pista de entrenamiento, en un campo de juegos o subiendo por las escaleras, en lugar de hacerlo en ascensor. ¿Sabías que deportes como el fútbol o el baloncesto son estupendos para tu salud y para tus notas? Los estudios han demostrado una y otra vez que los niños que hacen ejercicio durante el día aprenden más, recuerdan más y obtienen mejores resultados en cuestionarios y exámenes. Pero muchos niños no pueden practicar deporte, porque no siempre hay equipos en los que jugar o, si los hay, participar en ellos resulta demasiado caro. Creo que todos los niños deberían ejercitarse a lo largo del día en una clase de educación física, tanto si alguna vez pisan un campo o una pista de entrenamiento como si no. Si estás de acuerdo conmigo, habla con tus padres para aseguraros de que tu distrito escolar, ayuntamiento y administración estatal saben que el ejercicio es una prioridad —para tu cuerpo y para tu mente— y exígeles que conviertan las clases diarias de educación física en una prioridad también para ellos. Antes, las clases de educación física eran muy habituales. Cuando yo estaba en la escuela primaria, teníamos educación física todos los días, algo que es muy poco frecuente hoy. En Estados Unidos, menos del 10 por ciento de las escuelas de educación primaria y secundaria ofrecen clases diarias de educación física, lo que dificulta que los niños alcancen los 60 minutos de actividad física al día que los médicos recomiendan.

La clase de educación física es tan importante porque los niños de hoy en día son menos activos fuera de la escuela que los de hace unas décadas. Tres de cada cuatro niños ni siquiera llegan a la media hora de actividad física al día. Quizá sea porque existen menos lugares seguros donde jugar, o porque sus padres trabajan y nadie puede vigilarlos mientras juegan en la calle. Además, hay que reconocer que, cuando estamos en casa, es más probable que estemos mirando una pantalla o jugando en ella que dando saltos de tijera. (Mis padres lo sabían, y por eso no me permitían jugar a un videojuego o ver la televisión más de 30 minutos al día; una cosa o la otra, no ambas, y nunca durante más de media hora, a menos que estuviésemos viendo la televisión o jugando a un juego en familia.)

Incluso si tienes clase de educación física, es importante hacer ejercicio fuera de la escuela, lo cual es más fácil en unos sitios que en otros. Igual que existen desiertos alimentarios (que ya comentamos en el capítulo 2, «32 dólares al día», y en este mismo capítulo), también hay desiertos de ejercicio, lugares en los que es realmente difícil encontrar un sitio seguro donde correr o darle patadas a un balón. Si este es tu caso, o si este asunto te preocupa, puedes hablar con tus familiares, amigos y vecinos para animar a tu ayuntamiento y a la Administración estatal a que inviertan en la construcción de más lugares seguros donde la gente pueda caminar, correr y montar en bicicleta, para que incorporar el ejercicio físico a la rutina diaria sea más fácil para todo el mundo, con independencia de cuánto dinero ganen. También puedes buscar empresas locales que se impliquen en estos proyectos, por ejemplo patrocinando parques o equipos deportivos. Mi equipo de sóftbol de cuando era niña fue patrocinado durante unos años por una clínica dental (éramos las Mollar Rollers) y otros por una funeraria. Si no puedes salir a la calle porque no es seguro, porque no tienes dónde ir o hace muchísimo frío o calor, pon música a todo volumen y organiza un baile o una competición de saltos de tijera o de flexiones de brazos. El deporte y otros tipos de actividad física son buenos para vuestros cuerpos y para vuestras mentes. También deberían ser divertidos, tanto en la calle como bajo techo. Espero que en esto podamos ponernos todos de acuerdo.

Una persona decidida a conseguir que hacer ejercicio sea algo divertido, tanto para ella misma como para sus compañeros de clase y sus vecinos, es Danyel, una chica de catorce años de Nuevo México. Danyel corre carreras de campo a través y juega al baloncesto y al béisbol (sí, béisbol, no sóftbol). Hace unos años, sufrió una apendicitis y tuvo que ser operada de urgencia. Fue su primer problema grave de salud. Aunque enseguida se recuperó, empezó a fijarse en cuánta gente en su comunidad de indios navajos, en particular otros niños, tenían problemas de salud o de obesidad y decidió ayudar a sus amigos y vecinos a hacer ejercicio y a ponerse en forma, pero haciéndoles entender que no todo el mundo tenía que ser atleta como ella

Cortesía de los padres de la autora

Esta soy yo en 1987, cuando jugaba en el equipo de sóftbol de las Screamin' Eagles en Little Rock.

para disfrutar con el ejercicio físico. Convenció a su escuela para que organizase una yincana dedicada a los indios navajos, con el objetivo de que los niños pudiesen pasar el día corriendo y divirtiéndose al tiempo que aprendían sobre su cultura y sus tradiciones. Esa primera actividad no fue más que el comienzo del trabajo que Danyel aún sigue realizando para ayudar a que sus vecinos se pongan en forma mientras celebran sus tradiciones, len-

Cortesía de Alliance for a Healthier Generation/Dominic Arizona Bonuccelli

Danyel convenció a su escuela para que organizase una yincana dedicada a los indios navajos, con el objetivo de que los niños pudiesen hacer ejercicio y aprender sobre su cultura al mismo tiempo.

gua, historias, bailes y canciones de los navajos. No conozco a Danyel personalmente, pero espero hacerlo, y, si alguna vez paso cerca de la reserva de los indios navajos durante una de sus yincanas, espero que me invite a participar y divertirme.

PROHIBIDO FUMAR

Se calcula que las enfermedades relacionadas con el tabaquismo provocarán la muerte de 1.000 millones de personas en todo el mundo durante este siglo. Es una cifra exorbitante —diez veces mayor que el número de estadounidenses que se estima que desarrollarán cáncer—, pero por desgracia no es sorprendente. En 2012, había casi 1.000 millones de fumadores en el mundo, una cifra que continúa subiendo a medida que crece la población mundial y aumenta la cantidad de personas que dedica una parte de sus ingresos a comprar cigarrillos. Se han identificado más de siete mil compuestos químicos en el humo del tabaco. El más famoso es la nicotina, que hace que el tabaco sea tan adictivo. Se sabe que casi setenta de esos compuestos incrementan el riesgo de desarrollar diversos tipos de cáncer, incluidos los de pulmón, boca y garganta. Además del cáncer, fumar puede provocar enfermedades pulmonares, como el enfisema, que hace que el tejido pulmonar acabe tan dañado que respirar resulta imposible; enfermedades gingivales; trastornos cardíacos, incluidos los ataques al corazón; derrames cerebrales; y, como se mencionó antes, diabetes. El tabaco no solo hace que enfermes, e incluso puede llegar a matarte, sino que también puede hacer que empeore tu rendimiento como atleta, que te salgan manchas en los dientes y arrugas alrededor de la boca. Nada de eso es divertido, y desde luego tampoco es atractivo, pero, para colmo, además es peligroso.

No existe una manera segura de consumir tabaco, ya sea fumando cigarrillos o puros, mascándolo o tomándolo en forma soluble. A pesar de ello, casi uno de cada cinco adultos estadounidenses lo hace, la mayoría de ellos en forma de cigarrillos. La gente puede engancharse a los cigarrillos en unos pocos días —lo que significa que sus cuerpos necesitan la nicotina del tabaco para sentirse bien—, y, cuando hablo de gente, me refiero sobre todo a los niños. Casi todos los fumadores adultos comenzaron a fumar antes de cumplir los dieciocho años. Muchos fumadores estadounidenses se engancharon alrededor de los catorce años, y habían probado su primer cigarrillo a los once.

Fumar no es un problema exclusivamente estadounidense, sino mundial. Casi todos los fumadores del mundo viven en los países en vías de desarrollo, y la mayoría de quienes enfermarán y morirán debido al tabaquismo se encuentran en los países más pobres. Los estadounidenses no son los únicos que necesitan ayuda para dejar de fumar y para evitar empezar a hacerlo.

La buena noticia es que dejar de fumar permite que el cuerpo vuelva a la normalidad. Aunque es indudablemente mejor no haber fumado nunca, una vez que una persona deja de hacerlo,

CASI UNO DE CADA CINCO ESTADOUNIDENSES CONSUME TABACO*

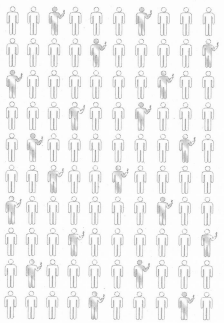

*Datos basados en los años 2005-2013.

Fuente de la información: Centros para el Control y la Prevención de Enfermedades de Estados Unidos (CDC)

su cuerpo comienza inmediatamente a sanar y regenerar los tejidos dañados, tanto en los pulmones como en el corazón. Literalmente de inmediato. El riesgo de sufrir un ataque cardíaco disminuye incluso tan solo 24 horas después del último cigarrillo, se reduce a la mitad un año después de haber dejado de fumar, y quince años más tarde es aproximadamente igual que el de alguien que nunca ha fumado. Dos o tres meses después de que la persona deje de fumar, sus pulmones funcionan mejor, lo que significa que puede correr distancias más largas sin quedarse sin aliento. Veinte años después de haberlo dejado, un exfumador tiene el mismo riesgo de morir de cáncer que un no fumador.

Con una excepción: el cáncer de pulmón. Así pues, dejar de fumar es bueno, pero no haber fumado nunca es aún mejor, tanto para ti como para quienes te rodean.

Nunca olvidaré cuando, en quinto curso, vi por primera vez una imagen del aspecto de los pulmones de un fumador (por si te cabe alguna duda, son los de la derecha). ¿No es increíble la diferencia?

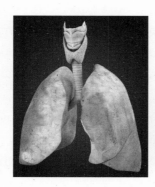
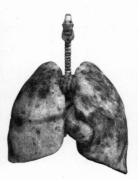

Cortesía de Stocktrek Images, Inc./Alamy

Cortesía de Valentyna Chukhlyebova/Alamy

Fumar supone un riesgo para los familiares, amigos y las personas cercanas al fumador, pues se convierten en fumadores pasivos. Los niños que viven con personas fumadoras se resfrían y sufren infecciones de oído más a menudo que los que forman parte de familias no fumadoras. Si conoces a algún adulto que necesita ayuda para dejar de fumar, explícale que también es bueno para tu propia salud. Y no se trata únicamente de la salud. Fumar embota los sentidos del olfato y del gusto: los exfumadores y no fumadores huelen y saborean mejor. Además, fumar es caro. En Estados Unidos, un fumador gasta más de 1.800 dólares al año solo en cigarrillos. En 2014, el precio medio de una entrada de cine era de 8,17 dólares: con lo que una persona se ahorra al dejar de fumar podría comprar doscientos veinte entradas al año.

Aunque fumar no es contagioso (como sí lo son las enfermedades infecciosas), si tus padres, hermanos o amigos fuman, es más probable que tú también lo hagas. Ayudar a tus padres o amigos a que dejen de fumar es bueno para su salud y para reducir la probabilidad de que tú acabes también fumando. La mayoría de los fumadores afirman que quieren dejarlo, así que es probable que los fumadores que te rodean también quieran hacerlo. Puedes ayudarles haciendo que sea más difícil fumar en tu casa, escondiendo los ceniceros y los encendedores, y no permitiendo a nadie que fume en ella. Puedes incluso poner carteles de PROHIBIDO FUMAR, como yo amenacé con hacer a mi abuela Ginger... en su propia casa, antes de pedirle que dejase de fumar.

Dejar de fumar puede ser muy difícil, y a una persona puede llevarle un par de intentos conseguir no volver a encender un cigarrillo (o mascar tabaco) nunca más. Es importante ser comprensivo si un familiar o un amigo «recae» y enciende un cigarrillo o vuelve a mascar tabaco, y recordarles por qué habían decidido dejarlo. Ayudar a alguien a dejar de fumar puede incluso ser divertido. Recuerdo que mi abuela Ginger y yo jugábamos a las cartas, cocinábamos y nos reíamos un montón mientras ella intentaba dejarlo. Es más probable dejar de fumar definitivamente si se cuenta con el apoyo del entorno. Recuerdo lo orgullosa que estaba Ginger cuando consiguió abandonar el hábito del tabaco, y lo orgullosa que estaba yo de haberla ayudado. Dejar de fumar es un paso muy importante, que merece celebrarse. Cuando Ginger dejó de sentir la necesidad de fumar, lo celebramos con su pastel alemán de chocolate favorito y con un maratón de películas de Elvis. La página teen.smokefree.gov es un buen recurso donde encontrar consejos sobre cómo ayudar a otras personas, en particular, amigos de tu edad, a dejar de fumar o a evitar que empiecen a hacerlo. También hay información para ayudar a un fumador a dejar de fumar en cancer.org.

En Estados Unidos, puedes llamar al número 1-800-QUIT-NOW, donde resolverán de manera gratuita cualquier duda que tengas sobre cómo dejar de fumar y te informarán sobre los grupos de apoyo existentes en tu localidad para ayudarte a ti o a cualquier fumador de tu entorno a dejarlo.

Si estás pensando en empezar a fumar, debes ser consciente de todos los riesgos que implica para tu salud y la de tu familia y amigos, y para tu bolsillo. Aquí solo hemos comentado unos pocos. Plantéate lo siguiente: ¿merece la pena? Si estás pensando utilizar cigarrillos electrónicos (lo que también se conoce como «vapear»), plantéate la misma pregunta. Como los cigarrillos convencionales, los electrónicos contienen nicotina, que es una sustancia peligrosa para la salud. Aún no hay suficientes estudios para conocer a ciencia cierta cuáles son los efectos a largo plazo sobre la salud de los cigarrillos electrónicos, pero los médicos sí están de acuerdo en que no son buenos para nadie.

Mientras intentas que la gente deje de fumar (o no empiece a hacerlo), puedes trabajar al mismo tiempo para hacer que cada vez más personas tengan acceso a la comida sana. Eso es lo que hizo Magi, de Florida, cuya imagen aparece al principio de este capítulo. En 2014, Magi recibió el galardón a la activista joven del año otorgado por la Campaign for Tobacco-Free Kids. En su primer año en el instituto, se unió a la organización Students Working Against Tobacco, desde donde contribuyó a que en todo su

Cortesía de la cuenta en Twitter del cirujano general de Estados Unidos

Vivek Murthy, cirujano general de Estados Unidos, se unió a la campaña #NotAReplacement de Magi.

condado se prohibiese el tabaco en las instalaciones escolares, e incluso en los eventos escolares que se celebrasen fuera de las mismas. Lanzó una campaña de selfis en la que algunos jóvenes (y también adultos) se hacían fotos contra el consumo de tabaco y contra las tabacaleras, utilizando la etiqueta #NotAReplacement. Puedes informarte sobre la campaña en kickbuttsday.org.

Magi también colaboró con United Way, AmeriCorps y otras organizaciones en el evento Tobacco-Free Farm Share. Este esfuerzo colectivo consiguió repartir cinco toneladas de comida saludable y gratuita entre personas de su condado. Durante la celebración de Tobacco-Free Farm Share no se permitió consumir tabaco y, además de la comida que se llevaron a sus casas, las mil doscientas familias que participaron se fueron con material de ayuda para dejar de fumar o para evitar caer en el tabaquismo. Para conocer la historia de Magi con sus propias palabras, puedes ver su estupendo vídeo en la web de Campaign for Tobacco-Free Kids (tobaccofreekids.org).

OTROS PROBLEMAS DE SALUD

Accidentes y alergias

Hay muchísimas enfermedades crónicas y otros problemas de salud de los que aún no he hablado en este capítulo. Mencionaré un par de ellos brevemente. De ninguna manera debes pensar que los que no aparecen aquí o solo se comentan de pasada son menos importantes. Por ejemplo, los accidentes de tráfico son una de las causas principales de lesiones y fallecimientos entre los adultos y niños, tanto estadounidenses como de todo el mundo, por lo que espero que siempre te abroches el cinturón de seguridad y les insistas a tus padres para que conduzcan con prudencia. Esto es algo extraordinariamente importante, aunque solo le dedique este par de frases en todo el capítulo. Los ahogamientos y los incendios también constituyen un riesgo prevalente para los niños de todo el mundo, mientras que para las personas mayores caerse por las escaleras es con demasiada frecuencia una sentencia de muerte. Muchísimos niños nunca aprenden a nadar, lo que incrementa el riesgo de que puedan morir ahogados. Aprender a nadar, animar a otros niños a que también lo hagan y trabajar con tus padres y otros adultos para utilizar el fuego y los fuegos artificiales con prudencia son cosas que contribuyen a proteger tanto tu salud como la de otros niños. Muchos ayuntamientos ofrecen clases de natación gratuitas para niños. Si aún no sabes nadar, junto con tu familia podéis informaros en internet para encontrar la mejor manera de aprender. Las lesiones —provocadas por accidentes de tráfico o incendios, por ejemplo— son la principal causa de muerte en el mundo entre niños de más de nueve años. Para saber más sobre seguridad vial, la prevención de las muertes por ahogamiento y lo que puedes hacer para prevenir estas y otras causas de lesiones evitables, visita safekids.org. Es un recurso dirigido a los adultos, pero ofrece consejos de seguridad que nos pueden ser útiles a todos.

Un tipo de «accidente» que puedes intentar prevenir por parte de las personas de tu entorno es comer accidentalmente alimentos a los que son alérgicos. En Estados Unidos, se calcula que unos 6 millones de niños tienen alguna alergia alimentaria. Algunas de ellas son leves —pueden provocar un sarpullido—, pero otras son tan graves que incluso pueden provocar la muerte. Entre los alimentos más habituales a los que son alérgicos los niños están varios tipos de frutos secos, la leche, los huevos, el trigo y el marisco. Yo soy muy alérgica a ciertos mariscos, por lo que tengo que tener cuidado de no comer algo que para muchas personas es delicioso, pero que para mí sería peligroso. Mi marido y mis amigos me ayudan a evitarlo cuando pedimos en un restaurante. Tú también puedes ayudar a tu familia y amigos de la misma manera. Es importante saber qué alergias tienen tus amigos, para no compartir con ellos alimentos que no pueden tomar. En el caso de amigos con alergias graves, asegúrate de que no hay nada a su alrededor que les pueda hacer enfermar, y recuerda lavarte las manos con agua y jabón si has comido recientemente algo que contenga las sustancias a las que son alérgicos (como galletas con cacahuetes). Sí, lavarse las manos puede ayudar a proteger a quienes sufren alergias. Si crees que tú también puedes tenerlas (por ejemplo, si te salen sarpullidos o se te irrita la garganta después de comer), pídeles a tus padres que llamen al médico y plantea la posibilidad de que te hagan un análisis de alergias. Y, como siempre, si hay una emergencia y alguien está sufriendo una reacción alérgica grave, llama al teléfono de emergencias.

Salud mental

La salud mental engloba nuestras emociones, cómo pensamos y nos sentimos con nosotros mismos, nuestra familia y amigos y con todo lo que nos rodea, así como la manera en que nos comportamos y nos manejamos en el mundo. Todos tenemos emociones (¿estamos contentos hoy, o estamos tristes o estresados?). Si alguien a quien conoces está especialmente triste o cansado, quiere estar solo todo el tiempo, se pelea a menudo, pierde el control de alguna otra manera o no quiere comer o come demasiado, es importante animar a esa persona, ya sea un amigo o un familiar, a que hable con sus padres o con un médico, un profesor o un consejero religioso (o con cualquier adulto con el que se sienta cómodo). Si algunas de esas cosas te ocurren a ti, sigue ese mismo consejo, por favor. Los problemas de salud mental no son nada de lo que avergonzarse.

Como sucede con las enfermedades cardíacas, quienes viven en la pobreza, tanto en Estados Unidos como en el resto del mundo, están expuestos a un mayor riesgo de sufrir problemas de salud mental, en parte debido al estrés que conlleva la pobreza (cómo pagar el alquiler, cómo pagar la comida...). Las personas que padecen problemas crónicos de salud mental suelen tener más dificultades para tener un trabajo estable, lo que hace que sean más vulnerables a la pobreza y al estrés que la acompaña. La relación entre la salud mental y la pobreza demuestra una vez más lo difícil que puede ser distinguir entre causas y efectos.

El abuso o el mal uso de determinadas sustancias, ya sean drogas ilegales, medicamentos o alcohol, es un problema global que está relacionado con la salud mental. Las personas con problemas de salud mental son más proclives a abusar de las drogas y el alcohol, y quienes tienen problemas de abuso de sustancias son más propensos a padecer problemas de salud mental, aunque la mayoría de las personas se enfrenta a estos problemas sin necesidad de recurrir a las drogas o el alcohol. Si te preocupa alguna persona concreta de tu entorno que abusa de las drogas o el alcohol, o está pensando hacerlo (en particular, si se trata de un amigo de tu edad, o algo más joven o más mayor), es importante hablar con adultos de tu confianza y pedirles consejo. Suele ser difícil que las personas que tienen problemas de abuso de sustancias reconozcan su situación, de ahí que resulte clave que los amigos y la familia estén ahí para servirles de apoyo durante su recuperación.

Es básico que las personas traten sus problemas de salud mental cuanto antes, a fin de asegurar su salud futura y evitar las autolesiones y el suicidio. Ninguna persona joven —o de la edad que sea— debería pensar que el suicidio es una opción. Si tienes dudas sobre cómo contribuir a evitar los suicidios en el conjunto de tu comunidad, o sobre cómo ayudar a algún amigo cuya situación te preocupe especialmente, un buen recurso es halfofus. org, de la Jed Foundation. Tus médicos, profesores y líderes religiosos también podrán proporcionarte información útil. Si tú o algún amigo tuyo creéis que no hay ningún adulto de confianza con quien podáis hablar, o simplemente preferís hablar con alguna otra persona, Crisis Text Line ofrece asesoramiento y recomendaciones a través de mensajes de texto. Para informarte sobre Crisis Text Line y sobre cómo utilizar el servicio, visita crisistextline.org. Este espacio es demasiado breve para tratar las dificultades a las que se enfrentan muchos jóvenes y su derecho a sentirse valorados y apoyados, pero también es demasiado importante como para no mencionarlo en absoluto.

Acoso

Nadie debería ser víctima de acoso por querer a tal o cual persona, por ser como es o por tener determinado aspecto. Es importante plantarle cara al acoso, sea quien sea el acosador o acosadora, y con independencia de la excusa que emplee para justificar su acoso. Ni la raza, ni el género, ni la orientación sexual de una persona, ni la ropa que lleve, el aspecto de su pelo, lo que hizo hoy en la escuela o lo que hará después de clase, si es artista o deportista, si está gorda o flaca, si en su casa hay dos madres, dos padres o solo una madre o un padre, o si no tiene un hogar fijo son justificaciones para la intimidación física, los insultos, la violencia, la vejación o el desprecio. Tampoco existe ninguna excusa que justifique intimidar a alguien online, ya esté detrás de una cuenta de Facebook, Twitter, SnapChat o Whats-App o de una pregunta en Ask.Fm. Permanecer impasible y no hacer nada tampoco es una opción digna; si lo puedes conseguir sin peligro, intervén y haz que pare el acoso, o bien contacta por teléfono, mensaje de texto, correo electrónico o en persona con un profesor, padre, líder religioso o algún otro adulto de tu confianza para que detenga el acoso sin que nadie resulte aún más perjudicado. El acoso también perjudica al acosador: estar enfadado y recurrir a la violencia no es bueno para la salud mental de nadie. Esto es igualmente cierto cuando se practica online y en las redes sociales. Para informarte sobre cómo detener el acoso, tanto si eres víctima de él como si eres testigo, o sobre cómo evitarlo y cómo ayudar a que los acosadores reciban el apoyo que normalmente necesitan, visita stopbullying.gov.

Aún hoy en día, en pleno siglo XXI, es más habitual que lesbianas, gais, bisexuales, transexuales y *queer* (LGBTQ) sean víctimas de acoso físico y psicológico. Lamentablemente, el acoso continuado guarda relación con el hecho de que algunos jóvenes LGBTQ se autolesionen e incluso decidan acabar con sus vidas. El Trevor Project trabaja específicamente para evitar las autolesiones y el suicidio entre jóvenes LGBTQ, así como para ofrecerles un espacio seguro online donde puedan contactar y apoyarse mutuamente. Para informarte sobre cómo puedes participar y apoyar a tus amigos LGBTQ, visita thetrevorproject.org.

Autismo y alzhéimer

Quiero mencionar brevemente (de nuevo, demasiado brevemente) otros dos problemas de salud con los que puede que te encuentres en tu clase, tu comunidad y posiblemente en tu familia. El autismo (una manera abreviada de referirse a los trastornos del espectro autista), que es una enfermedad que solemos relacionar con la infancia, porque normalmente son niños de muy corta edad quienes la desarrollan, y el alzhéimer, que afecta por lo general a personas mayores, normalmente de la edad de tus abuelos o más mayores, aunque también puede observarse en personas de la edad de tus padres e incluso más jóvenes, en casos muy excepcionales. Tanto el autismo como el alzhéimer afectan al funcionamiento del cerebro y la manera en que las personas interactúan con sus familiares, amigos, etc.

Los niños autistas suelen tener problemas para comunicarse. Puede que se queden tranquilamente jugando solos, sin hacer caso de nadie más, o que eviten el contacto visual, o quizá se relacionen con los demás de una manera que a ti te resulte incómoda. Es posible que no sean capaces de mantener una conversación, o que repitan una y otra vez las mismas frases, probablemente elevando la voz. El autismo se ha vuelto más habitual en Estados Unidos en los últimos años por motivos que aún no se comprenden por completo. Lo que sí sabemos es que cualquier persona, tenga la edad que tenga, puede apoyar a sus familiares y amigos con autismo. Ser paciente y tolerante, aunque no sea fácil cuando tus amigos o familiares no pueden comunicarse contigo de la misma manera en que tú puedes comunicarte con ellos, puede ayudarnos a todos a ser buenos amigos, familiares y vecinos.

Lo mismo puede decirse en el caso de que alguno de nuestros seres queridos padezca alzhéimer. Con el paso del tiempo, los adultos con alzhéimer experimentan una creciente pérdida de memoria, hasta el punto de que puede llegar un momento en que sean incapaces de recordar los nombres de quienes los rodean o los detalles de sus propias vidas. Quizá no reconozcan a sus propios seres queridos, incluidos sus hijos y nietos. De nuevo, la paciencia y la tolerancia son importantes para ser un buen amigo o nieto. Sabemos cómo debemos tratar a quienes nos rodean, incluso cuando estos no siempre sepan cómo comportarse. El alzhéimer se está convirtiendo en algo más habitual, a medida que los adultos viven vidas más largas. Como con muchos otros problemas que afectan al cerebro, aún no comprendemos bien el alzhéimer, aunque se está investigando intensamente para llegar a saber cómo evitarlo y tratarlo.

Tanto el alzhéimer como el autismo merecen más espacio del que les hemos dedicado aquí. Espero que visites los estupendos recursos que describen en profundidad lo que son estas enfermedades, la investigación que se está llevando a cabo y lo que tú puedes hacer para apoyar a quienes deben enfrentarse a estas enfermedades. La Alzheimer's Association tiene una sección para niños, que encontrarás en alz.org. Puedes aprender más sobre el autismo y sobre cómo ser un buen amigo de alguien que lo padezca en autismspeaks.org.

Si adoptamos hábitos saludables para nuestros cuerpos, corazones y mentes, y animamos a nuestros familiares y amigos a que hagan lo mismo siempre que puedan, conseguiremos tener vidas más largas y sanas, lo cual nos permitirá pasar más tiempo juntos, y tener más tiempo para cambiar el mundo.

¡Ponte en marcha!

- Comparte la información y los consejos de este capítulo con tu familia y al menos tres amigos.
- Hazte una revisión anual que incluya la medición de tu tensión arterial.
- Asegúrate de que los adultos que te rodean también se la hacen.
- Practica cualquier tipo de ejercicio siempre que puedas (si es posible, al menos durante 1 hora al día).
- Anima a tu familia y amigos a que den paseos juntos.
- Pregúntale a tu médico cualquier duda que tengas sobre tu salud o la de los tuyos.
- Infórmate online sobre los procedimientos de RCP.
- Apúntate a una clase presencial de RCP.
- Infórmate sobre cómo podrías organizar una clase de RCP en tu escuela.
- Dona pelo a Locks of Love o Children With Hair Loss.
- Ofrécete como voluntario en un hospital (si tienes edad suficiente).
- Evita ser fumador pasivo.
- Anima a la gente que conozcas que fuma o consume tabaco de otras maneras a que deje de hacerlo.
- Escribe a tus representantes políticos para explicarles la im-

portancia de reducir la contaminación en tu barrio, hacer que sea más fácil conseguir alimentos saludables y asequibles y lograr que vuelva a haber más horas de clases de educación física en las escuelas.

- Entérate de si tienes diabetes o no, y asegúrate de que los adultos que te rodean también lo hacen.
- Ayuda a los adultos a planificar y cocinar comidas saludables y asequibles; puedes hacerlo utilizando las aplicaciones adecuadas.
- Sensibiliza a quienes te rodean sobre la existencia de los desiertos alimentarios.
- Echa un vistazo a los consejos de cocina saludable de Haile.
- Compara las etiquetas de los alimentos y compra los más saludables.
- Habla con el director de tu colegio para averiguar cómo de saludable es tu escuela y qué puedes hacer para conseguir que lo sea aún más, especialmente durante el almuerzo.
- Crea un huerto a través de Katie's Krops o por tu cuenta.
- Participa en el Kick Butts Day de la Campaign for Tobacco-Free Kids.
- Organiza un baile.
- Organiza una competición de saltos de tijera.
- Compite con tus amigos para ver quién puede hacer más flexiones de brazos.
- Organiza una salida con tu clase en la que se puedan llevar a cabo actividades que creas que puedan ser divertidas, como hizo Danyel.
- Hazte una prueba de alergias (si crees que la necesitas).
- Aprende a nadar.

- Plántales cara a los acosadores, tanto a los que actúan por internet como a los que te molestan en la vida real, y apoya a los niños víctimas de acoso.
- Ayuda a tus amigos que estén pasando por momentos difíciles y habla con un adulto de tu confianza para que reciban el apoyo que necesiten.
- Sé paciente y amable con todas las personas con autismo, alzhéimer o cualquier otro problema que afecte a su capacidad para comunicarse y relacionarse.
- Si tienes al menos catorce años, utiliza las redes sociales para seguir a organizaciones (como la American Cancer Society) y líderes (como Michelle Obama) que trabajan para ayudar a más gente a vivir vidas saludables.

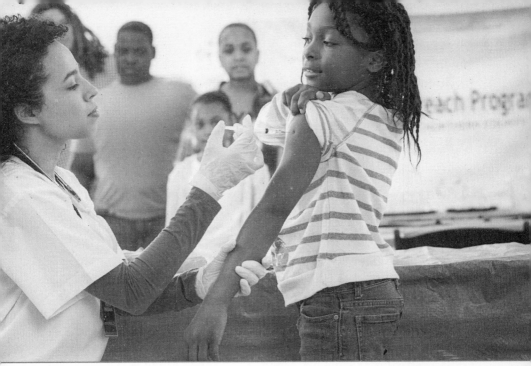

CAPÍTULO 6

VIRUS Y VACUNAS

El jueves 7 de noviembre de 1991, después de clase, cuando yo tenía once años, estaba la oficina de campaña de mi padre en el centro de Little Rock. El 3 de octubre, mi padre había anunciado su candidatura a la presidencia. Poco más de un mes después, ya todo estaba en movimiento, y yo disfrutaba entre la gente que discutía propuestas políticas y elaboraba la estrategia electoral mientras los teléfonos no dejaban de sonar. Todo el mundo garabateaba notas en cuadernos amarillos y, sobre todo, podía sentir la energía de las personas que habían venido de todo el país para sumarse a la campaña de mi padre. En esa oficina se concentraba una enorme cantidad de energía, porque la gente tenía que estar físicamente junta para poder trabajar en equipo: la mayoría aún no usaba teléfonos móviles ni internet (o ni siquiera había oído hablar de internet). Yo no estaba allí muy a menudo, porque tenía que ir a la escuela, hacer los deberes e ir a ballet, pero siempre que iba, después de clase y los fines de semana, me encantaba escuchar sus discusiones.

Recuerdo que ese jueves de noviembre la oficina quedó completamente en silencio cuando en el telediario de la noche mostraron imágenes de la rueda de prensa que Earvin «Magic» Johnson había ofrecido esa misma tarde en Los Ángeles para anunciar que era portador del virus de inmunodeficiencia humana (VIH). Como muchos niños de finales de los años ochenta y principios de los noventa, yo estaba fascinada por los grandes baloncestistas de la época: Magic Johnson, Michael Jordan, Larry Bird y Scottie Pippen, oriundo de Arkansas. Había oído hablar algo del VIH y el sida, pero hasta que Magic Johnson no le puso un rostro a la epidemia, ni yo ni muchos otros estadounidenses sabíamos qué era el VIH ni cuál era su relación con el sida. No tenía ni idea de lo terrible que sería para el mundo ni cuántas vidas se había lle-

Magic Johnson en 1991, cuando anunció en rueda de prensa que era portador del VIH.

Cortesía de Ken Levine/Getty

vado ya por delante. Y, desde luego, tampoco sospechaba que dedicaría buena parte de mi vida adulta a pensar sobre este problema, a estudiarlo y a contribuir a la lucha global contra el sida. No sabía hasta qué punto me sentiría impelida a trabajar activamente para que más personas en todo el mundo tuviesen acceso a agua potable, a mejores sistemas de saneamiento y a la misma atención médica de calidad que tenemos, cuando es el caso, en Estados Unidos.

Hoy en día, en Estados Unidos, el VIH ya no es una condena a muerte, siempre que se diagnostique suficientemente pronto y se empiece a tratar de inmediato. En la actualidad, Magic Johnson es más conocido por sus comentarios sobre baloncesto y su éxito empresarial que por el hecho de estar infectado con el VIH. Parece tan sano ahora como cuando dio esa rueda de prensa hace más de veinte años. Pero esa no es la realidad que se vive en buena parte de los países en vías de desarrollo, donde a millones de personas no se les diagnostica la enfermedad lo bastante pronto, si es que eso sucede, y millones más no siguen los tratamientos que podrían salvarles la vida, en parte porque ni ellos ni sus gobiernos pueden costearlos.

Una de las principales causas de muerte infantil en todo el mundo es la deshidratación aguda pro-

En esta fotografía, tomada veintidós años después de anunciar que era portador del VIH, Magic Johnson tiene un aspecto sano —y lo está— gracias a la terapia con antivirales.

Cortesía de Joe Seer/Shutterstock

vocada por la diarrea, pero prácticamente solo es mortal en los países en desarrollo, no en los países ricos. Esto no siempre fue así. En 1900, la deshidratación aguda debida a la diarrea era una de las causas principales de muerte en Estados Unidos. De nuevo, vuelvo a pensar en el dicho: «Dios me libre». Si hubiésemos nacido en otro lugar del mundo, o incluso en Estados Unidos, pero en otro siglo, tanto tú como yo podríamos haber contraído muchas de las enfermedades que veremos en este capítulo y en el siguiente. Como hicimos en el capítulo anterior, hablaremos de enfermedades concretas y de lo que cada uno de nosotros podemos hacer para protegernos a nosotros mismos y a nuestros familiares y amigos, y para ayudar a proteger a personas de todo el mundo de estas infecciones, contra muchas de las cuales llevamos luchando desde hace mucho tiempo.

Durante gran parte de la historia de la humanidad, se pensó mayoritariamente que las enfermedades se debían a un desequilibrio en nuestros cuerpos (del que algunos culpaban a nuestros padres y antepasados, aunque el ADN no se identificó hasta el siglo XX). Otra teoría afirmaba que enfermábamos al respirar aire viciado y maloliente, cuya peste solía deberse a la comida podrida o a la presencia de aguas contaminadas. Ahora sabemos que, aunque los niños heredan de sus padres algunas enfermedades y factores de riesgo, varios de los organismos más diminutos del planeta —virus, bacterias y parásitos— provocan algunas de las infecciones más aterradoras y mortíferas, desde la neumonía al VIH/sida, pasando por el ébola. Aunque el aire viciado o el agua maloliente por sí solos no hacen que la gente enferme, es cierto que aquello que puede infectarnos y hacer que enfermemos sí puede transmitirse a través del aire, desarrollarse en aguas sucias o sentirse como en casa en los alimentos en descomposición.

HACE MUCHÍSIMO TIEMPO...

Desde siempre, la gente ha muerto por enfermedades infecciosas. Se han hallado rastros de tuberculosis en un esqueleto de nueve mil años de antigüedad enterrado en el Mediterráneo, junto a la costa de Israel. La primera mención de la malaria de la que se tiene constancia apareció en un texto médico chino de hace unos cuatro mil setecientos años. Se han encontrado indicios de viruela en varias momias egipcias de tres mil años de antigüedad, y esta enfermedad se menciona también en textos indios de hace mil setecientos años.

¿Cuál crees que es la enfermedad infecciosa más mortífera de toda la historia? ¿Has dicho malaria? Algunos estudios calculan que la mitad de todas las muertes a lo largo de la historia de la humanidad se deben a la malaria, lo que significa que más de 50.000 millones de personas han muerto a causa de esta enfermedad, un dato que la convierte en un villano sin rival. Incluso si la cifra real fuera la mitad de ese número, no dejaría de ser una estadística asombrosa. Se estima que, solo a lo largo del siglo XX, la viruela mató a entre 300 y 400 millones de personas, más de las que murieron en las dos guerras mundiales juntas. La influenza, también conocida como gripe, fue particularmente dañina en el siglo XX, y se calcula que acabó con la vida de entre 30 y 50 millones de personas en menos de un año, entre 1918 y 1919.

La historia de la humanidad es en parte la historia de nuestros esfuerzos por prevenir, detener y recuperarnos de diversas infecciones.

UNAS POCAS DEFINICIONES

Antes de continuar, quiero definir algunas expresiones para que sepas de lo que hablo en este capítulo (y en el siguiente). Cuando surge una nueva enfermedad o una enfermedad ya conocida reaparece con una intensidad sorprendente e infecta a más personas de las que cabría esperar, se produce lo que se conoce como un «brote». Cuando una enfermedad está muy extendida en una determinada comunidad y en un determinado momento, se habla de una «epidemia». Si la enfermedad afecta a más de un país, o incluso a muchas comunidades dentro de un mismo país, pasa de considerarse una epidemia a una «pandemia». Esta palabra procede de los términos griegos *pan*, que quiere decir «todas», y *demos*, que significa «pueblo». De manera que tiene sentido que una pandemia sea una situación en la que una enfermedad afecta a muchas personas. (Por si te interesa este tipo de cosas, te diré que «epidemia» viene de *epi*, que significa «sobre», y *demos*, que, de nuevo, quiere decir «pueblo», por lo que la palabra significa literalmente «sobre el pueblo».) La gripe de 1918 y 1919 que mencioné antes es un ejemplo de un brote que se convirtió en epidemia y, en última instancia, en una pandemia global. La «tasa de letalidad» es una cifra importante para cualquier enfermedad. Es la proporción de personas que mueren del total de las que contraen la enfermedad.

LO QUE SABEMOS ACTUALMENTE

A lo largo del siglo XX y durante estos primeros años del XXI hemos hecho grandes avances en la lucha contra las enfermedades infecciosas, pero aún siguen siendo una de las causas principales de muerte en muchos de los países más pobres del planeta, y también de los fallecimientos infantiles en todo el mundo. Aunque las personas en Estados Unidos viven ahora en promedio treinta años más que a principios del siglo XX, en todo el mundo siguen siendo demasiados los niños y adultos que contraen enfermedades que sabemos cómo prevenir y tratar. Sigue habiendo demasiados lugares en todo el mundo donde es muy habitual morir de neumonía, malaria o deshidratación aguda debida a la diarrea.

Uno de los aspectos en los que hemos avanzado ha sido en nuestra capacidad de cortar las vías por las que las enfermedades infecciosas viajan de una persona a otra. Varias enfermedades, como la gripe, se transmiten mediante el contacto directo piel con piel (por ejemplo, al darse la mano), a través de toses y estornudos. Algunos gérmenes pueden permanecer en una superficie como una mesa, un teclado de ordenador o una pelota de baloncesto, esperando a que otra persona los recoja para alojarse en su cuerpo. Otras enfermedades —la malaria, por ejemplo— se sirven de animales o insectos (en el caso de la malaria, mosquitos), que las transportan hasta conseguir infectar a su siguiente víctima humana. Y aún hay otras que se desarrollan en los alimentos en mal estado y en el agua sucia.

Ahora sabemos que mantener limpias nuestras manos y las superficies que tocamos evita innumerables casos de gripe o de resfriado común. Esta es la razón por la que tus profesores y tus padres (y yo también) insisten en que te laves las manos. Utilizar repelente de insectos y mosquiteras para impedir las picaduras de los mosquitos ha ayudado a controlar la malaria en algunas zonas. La mejora de los métodos de conservación de los alimentos, incluido el uso de la refrigeración, ha contribuido a evitar innumerables casos de infecciones estomacales y diarrea que son particularmente letales entre los niños. Y la mejora de los sistemas de saneamiento, que mantienen el agua que bebemos limpia y libre de los gérmenes que viven en lo que tiramos por el váter, ha salvado millones de vidas. Las enfermedades infecciosas son espantosas, pero sabemos que podemos combatirlas y derrotarlas si mantenemos nuestras comunidades y a nosotros mismos libres de gérmenes, sanos y vacunados, y las tratamos cuando se produzcan. Todo eso es mucho más difícil conseguirlo en los países en vías de desarrollo y en las comunidades más pobres de todos los países, pero no es imposible, y a lo largo del capítulo veremos varias soluciones concretas.

VIRUS

Los virus son unas de las criaturas más diminutas de la Tierra, más pequeñas incluso que las bacterias (de las que hablaremos en el capítulo siguiente), y provocan toda una variedad de enfermedades infecciosas, entre las que están el resfriado común, la gripe, el VIH/sida y la diarrea (aunque algunas bacterias también pueden causarla). Los científicos comparan los virus con unos secuestradores, porque invaden nuestro cuerpo y utilizan nuestras propias células sanas contra nosotros al obligarlas a producir más virus nocivos, que acaban matando las células sanas o, en un círculo vicioso, al anfitrión del virus. Las infecciones virales son particularmente peligrosas porque los medicamentos que utilizamos para tratar otros tipos de enfermedades, como los antibióticos para las infecciones bacterianas, no sirven contra los virus. Los antivirales, medicamentos diseñados para tratar virus, son bastante recientes. Y, aunque en todo el mundo se está investigando activamente en el campo de los antivirales, hasta ahora se han utilizado principalmente para tratar el VIH/sida, la gripe y otras pocas enfermedades muy concretas.

Viruela, vacunas... y sarampión

Empecemos con un caso de éxito. De entre las enfermedades más importantes, el sarampión es la única que el mundo ha sido capaz de derrotar, a pesar de que en su peor época fue extremadamente contagiosa y mortífera.

La viruela, por otra parte, hacía que la gente se sintiese muy cansada y provocaba fiebres elevadas, dolores de articulaciones y llagas terriblemente dolorosas (y feas), con frecuencia por todo el cuerpo. Aunque muchas de las personas que contrajeron la enfermedad conseguían recuperarse, acabó con la vida de más de una cuarta parte de sus víctimas (su tasa de letalidad rondaba el 30 por ciento) y dejó terribles secuelas en los supervivientes, que llegaban incluso a quedarse ciegos cuando sufrían llagas en los ojos. Los virus, como otros gérmenes, actúan de manera egoísta: quieren seguir vivos, igual que las personas. Si los virus matasen al cien por cien de las

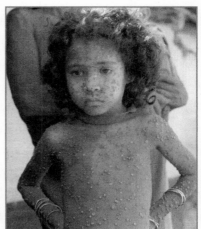

Esta niña india contrajo el sarampión en 1974.

Cortesía de Associated Press

personas infectadas, también ellos mismos morirían. Puesto que la mayoría de las personas que contraían la viruela sobrevivían, el virus también podía seguir viviendo, y de paso recorriendo el mundo, cobrándose vidas y dejando su huella en la historia.

Los exploradores y colonos españoles, ingleses, franceses y portugueses llevaron la viruela consigo, junto con sus barcos, sus animales y sus herramientas, cuando llegaron a América. Algunas tribus de indígenas americanos resultaron prácticamente exterminadas por virus, y otras gravemente diezmadas: se calcula que, solo en 1738, la viruela mató a la mitad de la población de indios cherokees norteamericanos en Carolina del Norte y del Sur y sus alrededores. Se cree que, solo durante los siglos XVI y XVII, múltiples epidemias de viruela acabaron con la vida de decenas —e incluso cientos— de miles de personas en Brasil. En un sentido trágico, la viruela pudo ser la ayuda más importante que los europeos tuvieron para la colonización del continente.

La viruela no discriminaba entre reyes y campesinos. El zar Pedro II de Rusia es una de sus víctimas famosas, y la reina Ana de Inglaterra, una de las afamadas supervivientes. Pero la viruela era especialmente letal entre los niños. Por ejemplo, en Londres, a finales de la década de 1880, ocho de cada diez niños infectados fallecían. No es de extrañar, pues, que la que se considera la primera vacunación de la historia se suministrase a un niño de ocho años, pero supongo que James Phipps —ese era su nombre— debió de pasar mucho miedo al participar en este avance científico. En 1796, el doctor Edward Jenner introdujo virus de la viruela bovina bajo la piel de James mediante un par de cortes superficiales (las inyecciones aún no se habían inventado). Jenner creía que el uso de un virus mucho menos peligroso —como el de la viruela bovina— protegería a James contra la viruela, mucho más mortífera. Un mes y medio más tarde, Jenner repitió el proceso con James, pero esta vez introdujo viruela bajo su piel (hoy en día, un experimento así no estaría permitido). Afortunadamente, el chico no contrajo la enfermedad. La inmunidad (o defensa) que había desarrollado contra la viruela bovina lo protegió también de la viruela humana. Aunque a finales del siglo XVIII y principios del XIX mucha gente aún desconfiaba de las vacunas, en cuatro años cien mil personas recibieron la vacuna de la viruela en Europa, al tiempo que en Estados Unidos se iniciaron programas de vacunación a gran escala.

El general George Washington también creía en la vacunación. Incluso antes de que Jenner descubriera que un virus menos agresivo podía proteger contra otro más potente, inoculó a las tropas americanas durante la guerra de la Independencia estadounidense e instruyó a los médicos castrenses para que empleasen el mismo procedimiento que utilizaría Jenner, pero con viruela humana, en lugar de bovina (lo cual era aún más peligroso). A los soldados se les introducía una pequeña cantidad de viruela a través de cortes en la piel. Por lo general, este proceso, conocido como variolización, daba pie a variedades menos agresivas de la viruela y, una vez que los

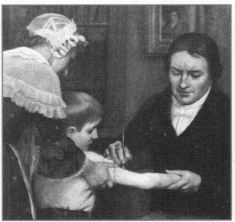

El doctor Edward Jenner y James en 1796.

Cortesía de Popperfoto/Getty

soldados se recuperaban, les proporcionaba inmunidad contra otras más potentes. Algunos historiadores creen que esta decisión de Washington (que, inicialmente, tuvo que hacer frente a una amplia oposición) resultó fundamental para la victoria estadounidense en la guerra de Independencia.

El presidente Thomas Jefferson también creía en la vacunación. Escribió a Jenner alabando su descubrimiento y afirmando, prácticamente, que las vacunas constituían el avance más importante de la historia de la medicina. Si tenemos en cuenta la cantidad de vidas que han salvado a lo largo de los últimos dos siglos, no es fácil discrepar de la afirmación de Jefferson (aunque Alexander Fleming, a quien conoceremos en el capítulo siguiente, tendría algo que decir al respecto). Incluso aunque nos limitásemos al caso particular de la vacuna de la viruela, el entusiasmo de Jefferson estaría justificado. La erradicación de la viruela, la completa eliminación del virus, se convirtió oficialmente en una prioridad global en 1966. Mediante la adecuada coordinación entre una serie de campañas de vacunación y la rápida identificación de todos los casos de viruela, la enfermedad se eliminó en una década. El último caso conocido de viruela se detectó en 1978, y dos años más tarde el mundo declaró su victoria contra la enfermedad. El papel de la viruela bovina en el desarrollo de las vacunas tampoco cayó en el olvido: la propia palabra «vacuna» procede de «vaca».

INYECCIONES

¿Conoces a alguien a quien le guste que le pongan inyecciones? Creo que yo no. Recuerdo que mi amiga Elizabeth me contó que, cuando iba a la escuela primaria, había amenazado con saltar desde la ventana del médico para evitar que le pusiesen una inyección. Pero, independientemente de que nos gusten o no, todos deberíamos sentirnos afortunados de que las vacunas de hoy en día sean muy distintas de las de hace más de doscientos años, cuando Jenner introdujo viruela bovina en los cortes abiertos que antes había hecho en el brazo de James Phipps. Actualmente, la mayoría de las inyecciones se administran en unos pocos segundos, y algunas vacunas incluso vienen en forma de espray nasal o de una gota de líquido que se vierte sobre la lengua.

Cuando uno se vacuna, disminuye la probabilidad de contagiarse del virus contra el que se protege y al mismo tiempo contribuye a la «inmunidad de grupo». Como el ganado en un rebaño (no es la más halagadora de las comparaciones, pero espero que me sepas disculpar), las personas viven juntas en comunidades, y cuando casi todas ellas están inmunizadas (protegidas) contra una enfermedad, esa protección de grupo actúa como un escudo que evita que quienes no pueden vacunarse —como los bebés y las personas con enfermedades graves— caigan enfermos. Cuanto más peligrosa es la enfermedad, más necesidad hay de que las personas se vacunen para asegurarse de que la inmunidad de grupo funciona. Y, como vivimos en una sociedad en la que la gente viaja y se mueve de un sitio a otro con tanta frecuencia, es especialmente importante que todo el que pueda vacunarse lo haga, porque nuestros gérmenes viajan con nosotros.

Hoy en día, en Estados Unidos existe un intenso debate en torno a las vacunas y sobre si son seguras y necesarias o no, en particular en relación con la denominada vacuna triple vírica, que inmuniza contra el sarampión, las paperas y la rubeola, tres virus capaces de hacer que las personas enfermen de gravedad, y que pueden incluso ser letales. Este debate no es nuevo. George Washington tuvo que convencer a un escéptico Congreso Continental de que inocular a las tropas americanas contra la viruela tenía más ventajas que riesgos. Hace más de cien años, en 1905, el Tribunal Supremo estadounidense decidió que los estados podían obligar a la gente a recibir la vacuna de la viruela. Y menos de veinte años después, en 1922, decidió también que los distritos escolares podían impedir que los niños que no hubiesen recibido las vacunas obligatorias accediesen a sus escuelas. Pero estos casos no zanjaron el asunto. En 2014, Estados Unidos registró el mayor número de casos de sarampión de los últimos años, al mismo tiempo que la tasa de vacunación alcanzaba niveles mínimos.

Hay adultos que deciden no vacunarse ni vacunar a sus hijos por muchas razones que carecen de fundamento científico. Por ejemplo, algunos dicen que no se vacunan de la gripe porque la vacuna hará que contraigan la enfermedad. Pero eso no es posible: la vacuna de la gripe no contiene virus vivos, por lo que es imposible que alguien contraiga la enfermedad al recibirla. Los científicos ponen todo su empeño en predecir qué cepas de la gripe serán las más comunes en un año dado, y crean una vacuna que proteja contra dichas cepas. Pero no siempre aciertan, y es posible contraer la gripe al resultar infectado por una cepa contra la que la vacuna no protege. También, aunque poco habitual, es posible que el cuerpo no sea capaz de desarrollar la inmunización contra las cepas de la gripe incluidas en la vacuna. Lo importante es entender que es imposible contagiarse de la gripe por recibir una inyección con la vacuna.

Una idea equivocada sobre las vacunas particularmente preocupante es que pueden provocar otras enfermedades, como el autismo. No existe ni la más minúscula evidencia científica que respalde esta afirmación. Otra razón por la que la gente no se vacuna ni vacuna a sus hijos es porque piensan que la enfermedad en cuestión, ya sea la gripe o el sarampión, no es tan grave. Volvamos por un momento al sarampión, que forma parte de la triple vírica (la vacuna que más gente cree que provoca autismo, a pesar de que no hay ninguna evidencia que lo confirme). Una persona que contraiga el sarampión experimentará fiebre alta, tos, irritación de garganta y un sarpullido rojo por todo el cuerpo. En el mejor de los casos, es algo molesto; pero, en el peor, es letal. Tanto la gripe como el sarampión pueden ser muy graves, incluso mortales, especialmente entre los niños pequeños o las personas mayores. Investigaciones recientes también demuestran que el sarampión debilita nuestros sistemas, en ocasiones mucho tiempo después de habernos recuperado (si es que nos recuperamos), haciendo que seamos más vulnerables a otras infecciones. Tanto el sarampión como la gripe se transmiten por el aire, a través de las toses y estornudos, por lo que es difícil evitar contagiarse en lugares donde hay muchas personas juntas, como las escuelas o el transporte público (si vives en Nueva York, como yo, piensa en el metro...), por lo que la prevención mediante la vacunación es aún más importante, ya que lavarse las manos en un autobús, avión o tren es, en el mejor de los casos, complicado y, a menudo, imposible.

Otro motivo más que se suele aducir contra las vacunas es que el descenso en el número de casos de estas enfermedades en países como Estados Unidos se debe a las mejoras en la higiene y en el saneamiento. Aunque es absolutamente cierto que en el hecho de que las personas no enfermen con tanta frecuencia y se recuperen más rápido en caso de hacerlo ha contribuido el que las viviendas sean más espaciosas y tengan mejor ventilación (que no estén abarrotadas) y que el agua sea más limpia y haya un mejor saneamiento (que evite que se mezclen los excrementos y el agua) y mayor seguridad de los alimentos, tampoco cabe ninguna duda de que las vacunas también han ayudado. Especialmente en el caso del sarampión.

Antes de que se introdujese la vacuna en los años sesenta del pasado siglo, en Estados Unidos había cientos de miles de casos de sarampión. En el transcurso de una década, esa cifra se había reducido a unas decenas de miles y para cuando yo nací, en 1980, a varios miles. En 2000 solo se produjeron 86 casos confirmados. De cientos de miles a menos de cien en cuarenta años: este es el poder de las vacunas.

CASOS DE SARAMPIÓN EN ESTADOS UNIDOS ENTRE 1950-2014

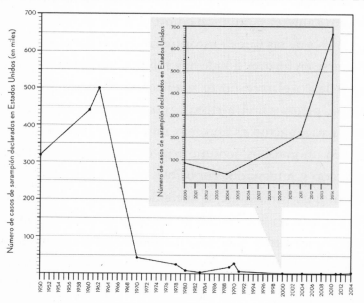

Fuente de la información: Centros para el Control y la Prevención de Enfermedades de Estados Unidos (CDC)

Entonces, ¿por qué estamos empezando a ver un repunte en los casos de sarampión en Estados Unidos? El reciente aumento de los casos de sarampión demuestra el poder del miedo y la capacidad de la desinformación sobre la vacuna triple vírica y el autismo de propagarse tan rápido como un correo electrónico o una publicación en Facebook. Existe una clara relación entre unas tasas de vacunación más bajas y el hecho de que aumente el número de personas que contraen el sarampión respecto a hace unos pocos años. Para algunos de los temas de los que hablo en este libro, no existe una respuesta única y clara. Para las vacunas, sí la hay.

No deberíamos tener que seguir preocupándonos por el sarampión, pero tenemos que hacerlo, y la situación no cambiará hasta que no aumenten las tasas de vacunación. Afortunadamente, por lo que sí podemos dejar de preocuparnos es por la viruela. En cuanto a la gripe (sobre la que seguiremos hablando a continuación), nos podemos proteger si nos vacunamos, nos lavamos las manos con agua y jabón, y evitamos tocarnos los ojos, la nariz y la boca (esto es, puntos que ofrecen muchas facilidades a los gérmenes para que penetren en nuestro cuerpo). Todos estos gestos también sirven para proteger a nuestros familiares y amigos.

Si enfermamos, deberíamos quedarnos en casa y no ir a la escuela o al trabajo, beber mucho líquido y descansar (todo lo que siempre nos recomienda el médico o nuestros padres). ¿Por qué? Porque mantener el cuerpo hidratado y dormir lo suficiente ayuda a que nos recuperemos más rápido. Tengo treinta y cinco años y mi madre aún me sigue dando esos consejos continuamente.

Gripe y neumonía

Cada año, hasta medio millón de personas en todo el mundo mueren a causa de la influenza, más conocida como gripe. A diferencia de muchas enfermedades que son comunes a lo largo de todo el año, la gripe tiene una estación, que coincide prácticamente con la temporada de fútbol americano en Estados Unidos: del otoño hasta el invierno, y, algunos años, hasta el principio de la primavera. Existen muchas cepas diferentes de gripe, algunas de las cuales quizá te suenen, como la H1N1, también llamada gripe porcina, por su semejanza con un virus que se encuentra en los cerdos. Aunque hay enfermedades que se pueden contraer al comer carne infectada con cosas feas como la bacteria *E. coli*, uno no se contagia de la gripe porcina por comer beicon o chuletas de cerdo. Los síntomas de la gripe son parecidos a los del resfriado común, aunque más fuertes, y suelen incluir fiebre alta, irritación de garganta, dolor de articulaciones y cansancio. En parte, lo que hace que la gripe sea tan peligrosa es que, como el sarampión, es muy contagiosa y, además, puede debilitar el sistema inmunitario, lo que allana el camino para la neumonía, en particular en los niños y las personas mayores.

La neumonía es una infección pulmonar que suele ir acompañada de fiebre, tos y dificultad para respirar. Puede ser letal. Aunque la mayoría de las personas que enferman de gripe nunca contraen neumonía, es algo que puede suceder, por lo que es importante vacunarse también contra ella (cosa que normalmente basta con que se haga una vez). Sin embargo, para complicar aún más el asunto, la neumonía puede ser el resultado tanto de virus como de bacterias, y la vacuna solo protege contra la infección viral. A pesar de ello, más vale alguna protección que ninguna en absoluto. En 2013, la gripe y la neumonía conjuntamente mataron a más de cincuenta mil estadounidenses. ¿Quién quiere engrosar esa estadística? Lo repito una vez más: vacunarse es una manera fácil (y no muy dolorosa) de evitar caer enfermo, e incluso algo peor.

Rotavirus

Quizá nunca hayas oído hablar del rotavirus, pero probablemente estés vacunado contra él (mi hija Charlotte recibió su vacuna cuando apenas tenía unos meses). El rotavirus es la principal causa de diarrea aguda entre niños menores de cinco años, incluidos bebés. Aún hoy día más de setecientos cincuenta mil niños mueren al año en todo el mundo debido a la pérdida grave de agua (deshidratación) por diarrea, a menudo consecuencia de una infección por rotavirus. Me parece terrible que en el siglo XXI tantos niños mueran aún de diarrea, algo que sabemos cómo prevenir y tratar. Hasta que se desarrolló una vacuna para el rotavirus, la mayoría de los niños estadounidenses padecían al menos una infección por el virus, y algunos incluso morían por ello. De hecho, a principios del siglo XX, la deshidratación grave provocada por la diarrea era una de las causas principales de muerte entre los niños estadounidenses, como aún lo es actualmente en muchos de los países en vías de desarrollo.

Cortesía de The Science Picture Company/Alamy

Puede que el rotavirus sea pequeño, pero el peligro que supone para los niños es enorme.

Gavi, The Vaccine Alliance es una asociación que actúa en todo el mundo y que se dedica a cerrar lo que se conoce como la «brecha de las vacunas». Su objetivo es que se vacune a los niños de todos los países —y no solo de los relativamente ricos, como Estados Unidos— contra las enfermedades infecciosas que constituyen las mayores amenazas para sus vidas actualmente, como la neumonía y el rotavirus. Desde el año 2000, Gavi ha contribuido a la vacunación de 500 millones de niños en todo el mundo. Para saber más sobre su trabajo, puedes visitar su sitio web: gavi.org. Y, una vez que te hayas informado, si quieres ayudar a que los niños de todo el mundo reciban las vacunas que reciben la mayoría de los niños estadounidenses, puedes pedir a tus senadores, tu congresista y al presidente que continúen apoyando desde Estados Unidos el trabajo de Gavi (ya que la mayor parte de sus fondos proceden de los países donantes). Puedes escribir cartas, enviar correos electrónicos, hacer llamadas de teléfono y firmar peticiones. Si tienes más de catorce años, puedes tuitear, publicar cosas en Facebook o participar de cualquier otra manera en las redes sociales para asegurarte de que tus representantes políticos saben que, como joven, crees que nadie de tu edad, en ningún lugar del mundo, debería morir de algo que una vacuna puede evitar. Puedes incluso difundir la historia de James Phipps, o explicar que promover un mayor acceso a las vacunas es tan estadounidense como George Washington.

Es importante tratar la deshidratación aguda (tanto si se debe al rotavirus como a cualquier otra causa) al tiempo que se trabaja para elevar la tasa de vacunación en todo el mundo. La mejor manera de tratarla es utilizar la denominada solución de rehidratación oral, un compuesto en proporciones precisas de agua destilada, sal y azúcar, en combinación con zinc, que ayuda a que el cuerpo se recupere y, literalmente, se rehidrate con más rapidez. En la India, los niños de tu edad actúan como una especie de «embajadores de la salud»: aprenden técnicas de prevención de la diarrea y transmiten esa información a sus padres en sus casas, todo ello en un intento de ayudarles a que puedan cuidar de sí mismos y de sus hermanos menores. La Clinton Health Access Initiative, una oenegé afiliada a la Clinton Foundation que mi padre fundó, es una de las organizaciones que trabaja con estos jóvenes embajadores de la salud. Hasta principios de 2015 había

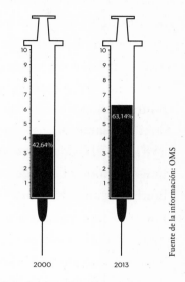

AUMENTO DE LA TASA DE VACUNACIÓN BÁSICA EN EL MUNDO*

2000 — 42,64%

2013 — 63,14%

Fuente de la información: OMS

*Incluye difteria, hepatitis B, H. *influenzae* de tipo B, niños protegidos contra el tétano al nacer, sarampión, meningitis, tos ferina, polio, rotavirus, tétano, tuberculosis, fiebre amarilla.

explicado a quinientos mil chavales los datos sobre la diarrea, incluido cómo prevenirla y cómo encontrar tratamientos asequibles. Es un programa que ayuda a los niños a salvar sus propias vidas.

Como sucede con todas las enfermedades, lo mejor sería no caer enfermo. Afortunadamente, cada año aumenta el número de niños de todo el mundo que reciben la vacuna del rotavirus, en gran parte gracias a Gavi y sus entidades asociadas.

VIH/sida

Como ya expliqué al principio del capítulo, yo no sabía mucho sobre el VIH hasta que me enteré de que Magic Johnson era portador (otra manera de decir que tenía VIH). Ahora parece que no soy capaz de recordar la época anterior al VIH o al síndrome de inmunodeficiencia adquirida (sida), la fase final de la infección por VIH. Como el sida es la forma avanzada del VIH, en casi toda esta sección utilizaré la expresión VIH/sida para referirme a la enfermedad.

Se calcula que en todo el mundo viven actualmente unos 35 millones de personas con VIH/sida (una cifra similar a la población de Canadá). Desde que se confirmaron los primeros casos en 1981, el VIH/sida se ha cobrado aún más vidas —unos 39 millones— en todo el mundo, y la cifra por desgracia sigue aumentando. En Estados Unidos, han muerto más de seiscientas cincuenta mil personas de VIH/sida y actualmente más de 1,2 millones viven con la enfermedad, que está presente en todos los continentes, pero su efecto ha sido más demoledor en África, donde hoy en día es la principal causa de muerte entre los adultos. No cabe ninguna duda de que, si se mide por el número de vidas con las que ha acabado o a las que ha afectado (en particular, los millones de niños a los que ha dejado huérfanos), el VIH/sida es el más cruel de los nuevos virus aparecidos en las últimas décadas.

Afortunadamente, ahora existen medicamentos antivirales que permiten que las personas con VIH/sida vivan vidas saludables y completas. Estos medicamentos impiden que el virus se replique (esto es, que haga más copias de sí mismo) en el interior de las células de una persona portadora del VIH. En 2015, si se aplica el tratamiento adecuado desde un momento suficientemente temprano, una persona portadora del VIH puede tener una expectativa razonable de vivir una vida saludable.

El número de nuevos casos de VIH está descendiendo gracias

a la mayor extensión y eficacia de los programas de prevención y tratamiento. A finales de 2013, casi 13 millones de personas portadoras del VIH estaba recibiendo tratamiento con antivirales en todo el mundo, la inmensa mayoría de ellas (11,7 millones) en los países en vías de desarrollo. La Clinton Health Access Initiative ha contribuido a extender el tratamiento del VIH/sida trabajando con las empresas farmacéuticas para reducir notablemente el coste del tratamiento para que un mayor número de personas pueda recibir los medicamentos que necesitan. Lo que antes costaba miles de dólares por persona y año ahora cuesta entre 100 y 200 dólares por adulto y año (e incluso menos para los niños). Gracias a que los tratamientos son mucho menos costosos, los países en vías de desarrollo y los países donantes (como Estados Unidos, que es el principal contribuyente a los programas de tratamiento del VIH/sida en el mundo) pueden comprar más medicamentos y ayudar a más personas.

PERSONAS CON VIH/SIDA EN EL MUNDO (2013)*

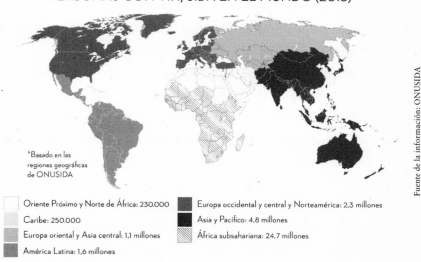

*Basado en las regiones geográficas de ONUSIDA

Fuente de la información: ONUSIDA

- Oriente Próximo y Norte de África: 230.000
- Caribe: 250.000
- Europa oriental y Asia central: 1,1 millones
- América Latina: 1,6 millones
- Europa occidental y central y Norteamérica: 2,3 millones
- Asia y Pacífico: 4,8 millones
- África subsahariana: 24,7 millones

NÚMERO DE PERSONAS QUE RECIBEN TERAPIA CON ANTIVIRALES EN PAÍSES DE INGRESOS BAJOS Y MEDIOS, COMPARADO CON EL NÚMERO TOTAL DE PERSONAS PORTADORAS DE VIH EN EL MUNDO (2002–2013)

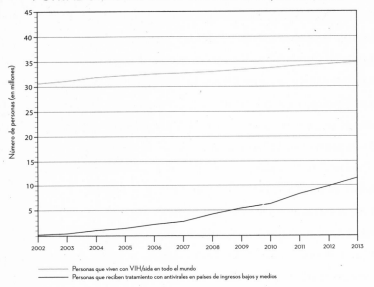

Fuente de la información: UNAIDS

······ Personas que viven con VIH/sida en todo el mundo
—— Personas que reciben tratamiento con antivirales en países de ingresos bajos y medios

Basil es un niño que está recibiendo actualmente este trata-miento más barato, pero igualmente efectivo. Cuando lo conocí en Camboya en 2013, a punto de cumplir siete años y lleno de ener-gía, me enseñó con orgullo (más bien, me arrastró a ver) la escuela, el patio y la clínica de la New Hope for Cambodian Children, un centro residencial para niños huérfanos y abandonados que viven con VIH/sida. Entonces Basil no tenía en absoluto el aspecto de estar enfermo, pero, cuando tenía solo un mes de vida y lo aban-donaron en una clínica sanitaria, estaba muy enfermo de tubercu-losis (de la que hablaré en el capítulo siguiente). Su madre acababa de morir de VIH/sida y él era portador del virus. Ese día, nadie creyó que pudiese llegar a vivir tanto tiempo con una vida tan saludable como la que tiene. Basil se convirtió, por aquel entonces, en el niño camboyano más joven portador del VIH en recibir tratamiento y ahora, nueve años después, está sano y sigue corriendo de un sitio para otro. La comunidad global ha progresado en la lucha contra esta enfermedad, pero aún queda mucho por hacer hasta que cualquier persona portadora del VIH reciba los medicamentos que necesita y tenga una historia como la

Cortesía de Ken Avelino/Clinton Foundation

Aquí estoy con Basil, un niño superenergético que lleva casi toda su vida tomando medicamentos antivirales.

de Magic Johnson o Basil, para quienes el VIH/sida es una enfermedad crónica que hay que controlar, no una condena a muerte.

El VIH/sida es distinto de virus como los de la viruela o el sarampión porque ataca al sistema inmunitario y nunca se da por vencido. Nuestro sistema inmunitario mantiene sano nuestro cuerpo al repeler todas las infecciones con las que nos topamos (como el sarampión o la neumonía), pero ante la embestida del VIH/sida, nuestro sistema inmunitario deja de funcionar. Un resfriado común puede acabar siendo letal para alguien con VIH/sida sin tratar. En ausencia de tratamiento, esta enfermedad casi siempre es mortal.

El VIH se transmite de una persona a otra si se comparte sangre u otros fluidos corporales, a menudo a través del sexo. Otra manera habitual en que se puede transmitir es a través de las llamadas «agujas sucias», agujas que previamente ha utilizado alguien con VIH/ sida. Por ejemplo, si un hospital emplea una aguja para extraer sangre de un paciente con VIH/sida y a continuación usa esa misma aguja para sacarle sangre a otra persona que no tiene esta enfermedad, esta última

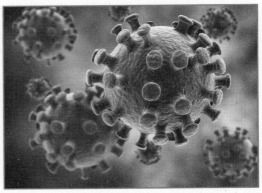

El *virus del VIH es mortífero, aunque mide apenas 0,00001 centímetros*

corre un grave riesgo de verse infectada. No te preocupes: en Estados Unidos, y en todo el mundo, es obligatorio que los hospitales, clínicas y consultas médicas utilicen agujas nuevas, estériles (una forma más fina de decir superlimpias) y seguras. Por otra parte, los médicos y enfermeras se protegen a sí mismos y a los pacientes utilizando guantes de látex cuando entran en contacto con sangre, como probablemente hayas notado cuando te sacan sangre o te ponen una inyección.

El VIH/sida puede contagiarse a través de las agujas infectadas, pero afortunadamente los mosquitos no lo transmiten. Por desgracia, las madres con VIH/sida sí pueden contagiar a los bebés que llevan en el vientre. Es lo que se conoce como transmisión de la madre al hijo y es la manera más habitual en que se contagian de VIH/sida los niños de todo el mundo. Para proteger a los bebés nacidos de madres con esta enfermedad, las mujeres infectadas deben tomar medicamentos antivirales durante el embarazo. Los niños no pueden contagiarse por abrazar a sus madres (o por recibir un abrazo de ellas). Tampoco podemos contagiarnos por tocar, abrazar o ir de la mano con alguien que tenga VIH/sida, ni por tocar algo que antes haya tocado una persona infectada.

Hoy día, no existe una vacuna contra el VIH/sida. Por lo general, las vacunas se desarrollan a partir de virus muertos o debilitados, y esas vías de investigación normalmente avanzan al estudiar a personas que se hayan recuperado de la enfermedad. Por desgracia, hasta ahora no se conoce ningún caso de alguien que se haya recuperado a largo plazo del VIH/sida, aunque sí hay unos pocos «no progresores a largo plazo», es decir, personas con VIH que no han desarrollado el sida sin que para ello tuvieran que tomar medicamentos. Los métodos más habituales para el desarrollo de vacunas han resultado ser demasiado peligrosos o poco efectivos. A pesar de estas dificultades, hay muchas personas en todo el mundo trabajando infatigablemente para crear una vacuna contra el VIH/sida.

El aspecto de una persona, el hecho de que sea chico o chica, la religión que practica, el lugar donde vive o a quién ama no ofrecen ninguna protección especial contra esta enfermedad. No se puede saber si alguien tiene VIH/sida solo por su aspecto (a diferencia de lo que sucede con otras enfermedades con síntomas característicos, como sarpullidos o llagas). La situación de una persona en relación con la enfermedad solo se puede conocer a través de una prueba específica. Si alguien desconoce su situación, no puede comenzar el tratamiento que su cuerpo necesita. Se calcula que hay millones de personas en todo el mundo, y cientos de miles en Estados Unidos, que no saben que están infectados. En muchas comunidades de todo el mundo, también en Estados Unidos, es posible someterse a una prueba de VIH/

sida confidencial y gratuita («confidencial» significa que solo la persona a la que se le realiza la prueba conocerá su resultado). Si conoces a alguien que tenga dudas respecto a su situación en relación con la enfermedad, por favor, anímale a que se haga la prueba. En Estados Unidos, cualquiera puede visitar aids.gov para encontrar una clínica en su localidad que ofrezca pruebas del VIH/sida gratuitas y confidenciales. Si tienes alguna duda sobre cómo protegerse del VIH/sida al practicar sexo o en cualquier otra situación, por favor, habla con tus padres, profesores, médico, enfermera escolar o cualquier otro adulto de tu confianza. Cuanto antes se haga la prueba una persona, antes podrá empezar su tratamiento si resulta que es portador del VIH, lo que será bueno para ella y para todos nosotros. Es menos probable que alguien que se esté sometiendo a un tratamiento con antivirales transmita el virus a otra persona.

Es particularmente importante informarse sobre el VIH/sida para poder a su vez enseñarles a otras personas cómo se transmite y cómo no. ¿Por qué? Además de para ayudar a las personas a que sepan cómo protegerse de la enfermedad, también es importante porque, lamentablemente, en muchos lugares aún se discrimina a las personas cuando ellas o algún ser querido tienen VIH/sida. En algunos países la discriminación contra los portadores del VIH todavía es legal. En distintos lugares del mundo, el miedo a la estigmatización sigue siendo uno de los motivos principales por los que la gente se resiste a hacerse la prueba del VIH/sida e incluso a someterse a las terapias con antivirales que les permitirían llevar una vida más saludable y larga. Una de las razones para tratar a las personas con respeto y dignidad, con independencia de que estén o no infectados por el VIH/sida, es procurar que nadie se avergüence de ser portador del virus o tema hacerse la prueba. Otra razón es defender a los niños que sufren acoso porque ellos o alguien de su familia padecen VIH/sida. Esto es algo que todos podemos hacer.

Una manera de ayudar a los niños como Basil (y también a los adultos) con VIH/sida (o tuberculosis, o malaria, de las que hablaremos en el capítulo siguiente) en los países en vías de desarrollo es

Cortesía de Gideon Mendel/Corbis

En manifestaciones como esta, personas portadoras y no portadoras del VIH llevan camisetas en las que anuncian ser portadores del virus, demostrando así que no hay que avergonzarse por serlo. La manifestación de la imagen la convocó Treatment Action Campaign, una organización que lucha por los derechos de los enfermos de VIH/sida en Sudáfrica, para conseguir que reciban el tratamiento que necesitan y el respeto que, como todo el mundo, se merecen.

apoyando a organizaciones como UNITAID y el Global Fund to Fight AIDS, Tuberculosis and Malaria [Fondo Mundial de Lucha contra el Sida, Tuberculosis y Malaria]. Ambas trabajan para hacer llegar a las personas que viven en los países en vías de desarrollo los medicamentos y la atención que necesitan para llevar unas vidas saludables y largas, y para evitar que caigan enfermas. Puede que ya estés apoyando a UNITAID si alguna vez has tomado un avión desde Camerún, Chile, República del Congo, Francia, Madagascar, Malí, Mauricio, Níger o Corea del Sur. ¿Cómo? Estos países han decidido introducir una pequeña tasa, o impuesto, sobre los billetes de avión. En general, es de

1 dólar o 1 euro (la moneda que se utiliza en buena parte de Europa) para un billete de clase turista. Con el tiempo, dólar a dólar, se han alcanzado cifras importantes: entre 2006 y 2014, UNITAID recaudó casi 1.500 millones de dólares solo en las tasas a las aerolíneas. Para saber más sobre el trabajo de UNITAID, visita unitaid.org.

Si alguna vez has comprado un producto de (RED), ya has apoyado al Fondo Mundial. Ha habido camisetas de (RED) en Gap, ordenadores Apple de (RED) y también bolsas de FEED. Muchas veces, aunque no siempre, los productos de (RED) son literalmente rojos. Las empresas que venden los productos de (RED) aportan una parte de los ingresos que obtienen por ellos al Fondo Mundial, en concreto para apoyar los proyectos para evitar que los bebés contraigan el VIH/sida de sus madres. Entre 2006 y 2014, las empresas que participaron en (RED) aportaron más de 275 millones de dólares al Fondo Mundial, gracias a las compras de personas como tus padres o tú (quizá realmente fue gracias a tus padres y a ti). Puedes obtener más información sobre el Fondo Mundial y (RED) en theglobalfund.org. A diferencia de la financiación de UNITAID, la mayor parte de la financiación del Fondo Mundial procede de los países donantes, por lo que, si crees en su misión y en su trabajo (después de haberte informado), anima a tus senadores, tu congresista y al presidente a que hagan que Estados Unidos siga financiando al Fondo Mundial.

Ébola

Si tuvieses que decir ahora mismo, en este preciso instante, la enfermedad que te da más miedo, ¿cuál sería? ¿Quizá el ébola? Se trata de una enfermedad terrorífica, en parte porque es muy contagiosa y en parte porque ha demostrado ser muy mortífera. Hasta mayo de 2015 había matado a más de once mil personas en Liberia, Sierra Leona y Guinea, los países del oeste africano más duramente golpeados por el reciente brote que estalló a principios de 2014. Pero también circula mucha desinfor-

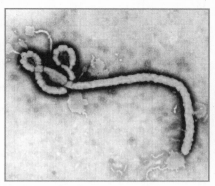

No todos los virus parecen tan peligrosos como lo son. Al microscopio, el virus del Ébola recuerda a una serpiente.

mación sobre la enfermedad (entre otras cosas, sobre quién corre el riesgo de contraerla), una situación en cierta medida comprensible, si tenemos en cuenta que el ébola se identificó por primera vez apenas unos años antes que el VIH/sida.

En primer lugar, el ébola ataca el sistema inmunitario y debilita las defensas de su víctima, antes de extenderse más ampliamente por su cuerpo. Es un ataque rápido y, con mucha frecuencia, letal, que provoca fiebre y otros síntomas comunes a otros virus, así como hemorragias. Debido a lo extremos que pueden llegar a ser sus síntomas, a lo letal que suele ser y a lo poco que aún sabemos sobre él, este virus ha conseguido atemorizar a mucha gente, y con demasiada frecuencia este miedo se ha dirigido hacia las personas enfermas. El temor al ébola y el extendido estigma que acompaña a sus víctimas han contribuido a que no se hayan declarado ante las autoridades todos los casos que se han producido en los países más afectados, lo que significa que muchas personas que estaban infectadas no se lo decían a nadie (esta es también la razón por la que no estamos seguros de cuántas personas murieron y el motivo por el que la tasa de letalidad varía tanto, entre el 50 y el 80 por ciento). En el caso de una epidemia de este tipo, el hecho de no declarar todos los casos reales supone un grave problema al intentar controlar una enfermedad infecciosa. Si los médicos, enfermeras y demás personal sanitario no saben quién está enfermo, difícilmente podrán proporcionar a la gente la ayuda que necesita y evitar que contagien a otras personas. También es muy habitual que el miedo lleve a la estigmatización de las víctimas y los supervivientes de una enfermedad. En abril de 2015 tuve el honor de conocer a un grupo de supervivientes del ébola en Liberia, y me entristeció enormemente saber que muchos de ellos no habían recuperado sus antiguos trabajos ni a sus amigos, porque la gente aún les tenía miedo, incluso mucho tiempo después de que el ébola hubiese abandonado sus cuerpos.

El ébola se transmite mediante el contacto con la sangre o los fluidos corporales de la persona infectada, de algún objeto que esta haya tocado o llevado puesto, o de la cama en la que haya dormido, lo que hace que sea muy diferente del VIH/sida. No se transmite por el aire. Sin embargo, a diferencia de lo que sucede con muchos virus, sí puede infectar a otra persona in-

Cortesía de Max Orenstein/Clinton Foundation

Aquí estoy con mi padre, conociendo a varios supervivientes del ébola en Liberia, en mayo de 2015.

cluso después de la muerte de la víctima, al menos durante unos días. Como el ébola es tan agresivo, es importante que los médicos, enfermeras y otras personas que tratan a los enfermos lleven el equipamiento de protección (trajes que les cubran todo el cuerpo, gafas y guantes) que quizá hayas visto en las noticias, para que los afectados puedan recibir la atención médica que necesitan y el personal sanitario esté protegido mientras realiza su trabajo. Las personas que se ocupan de los cadáveres de las víctimas del ébola deben tomar también las mismas medidas de protección. El hecho de que no hubiera suficientes equipos protectores seguros y de cuerpo completo para todos aquellos que se encontraban en primera línea del reciente brote ayuda a entender por qué el ébola se ha cobrado tantas vidas de médicos, enfermeras y el resto del personal sanitario (más de quinientos solo en 2014). Debido a la capacidad de transmitirse de tantas maneras distintas, esta enfermedad puede moverse tan rápido dentro de las familias y comunidades, e infectar a las personas siguiendo las vías del cariño, el cuidado y el apoyo que normalmente son nuestro sustento. Muchas personas han perdido a varios familiares a causa del ébola, y los sanitarios que cuidaron a las primeras víctimas no siempre usaron el equipo protector necesario y acabaron sucumbiendo también a la enfermedad.

Aún no existe una vacuna aprobada para el ébola, aunque varios grupos distintos trabajan en su desarrollo, y en Sierra Leona y en Guinea se están realizando pruebas con potenciales vacunas (es posible que para cuando este libro se publique ya se haya encontrado una). También se están llevando cabo actualmente pruebas para determinar cuál de los tratamientos antivirales contra el ébola es el más efectivo. La ausencia de medicamentos aprobados y ampliamente disponibles significa que el tratamiento de la mayoría de los enfermos de ébola se reduce a lo que se conoce como «cuidados paliativos»: asegurarse de que la persona enferma no se deshidrata y tratar otras infecciones, en caso de que se produzcan, para que su sistema inmune pueda reservar todas sus fuerzas para hacer frente al virus del Ébola.

En Estados Unidos y otros países con potentes sistemas sanitarios, contamos con medidas de protección contra enfermedades como el ébola de las que aún carecen quienes viven en lugares como Sierra Leona, Guinea y Liberia. Contamos con una robusta red de personal sanitario público, hospitales, clínicas y montones de médicos y enfermeras, personas formadas para detectar enfermedades en los aeropuertos, puertos marítimos y otros puestos fronterizos. En pocas palabras, estamos mucho más preparados para detectar rápidamente peligrosas enfermedades infecciosas, de manera que las personas afectadas puedan recibir el tratamiento que necesiten en un entorno seguro, lo que incrementa las posibilidades de que se recuperen y limita la probabilidad de que infecten a otras personas. Por eso, en Estados Unidos solo hemos tenido cuatro casos de ébola, y tres de las personas afectadas se han recuperado. Mucha gente aún tiene miedo de la enfermedad, porque es terrorífica, pero dista mucho de ser la más peligrosa de las enfermedades infecciosas a las que estamos expuestos. Un componente esencial de nuestra robusta red de protección son los Centros para el Control y la Prevención de Enfermedades de Estados Unidos (CDC). Si tienes más dudas sobre el ébola, como por ejemplo cómo protegerte de la enfermedad (quizá alguna vez visites una zona donde se haya producido un brote), visita su web: cdc.gov.

Polio

Este capítulo dedicado a los virus se abrió con la mayor derrota de una enfermedad infecciosa: el triunfo del mundo contra la viruela, y se cierra con otra derrota casi total. Con suerte, los esfuerzos contra la polio no harán bueno el dicho «arrancar la derrota de los dientes de la victoria». En 2015, la polio se ha erradicado de casi todo el mundo, pero aún persiste en Afganistán, Pakistán y Nigeria, y ha reaparecido en otros lugares, como Siria. La polio es extremadamente contagiosa y la aparición de un caso supone una amenaza real para todas las personas, estén donde estén, y en particular para los niños. En los casos más graves, puede provocar debilidad muscular extrema, que en ocasiones lleva a la parálisis permanente (pérdida de la capacidad de sentir alguna parte del cuerpo o el cuerpo entero) e incluso a la muerte. Algunas personas, como el presidente Franklin Delano Roosevelt (FDR), sobreviven a un caso grave de polio y consiguen llevar una vida completa y, por lo demás, sana. Otros no logran superar la enfermedad, y muchos de los que la padecen no reciben los mismos cuidados que FDR.

A lo largo de su historia, la

Cortesía de Everett Collection Historical/Alamy

A Franklin Delano Roosevelt, nuestro trigésimo segundo presidente, la polio le dejó paralítico a los treinta y nueve años. Aquí aparece junto a su nieta Ruthie Bie y su perro, Fala.

polio ha tenido una especial incidencia sobre los niños, las mujeres embarazadas y las personas cuyo sistema inmune estaba débil de antemano, ya que no pueden repeler la infección. Esta enfermedad se transmite principalmente cuando alguien, sin saberlo, ingiere cantidades diminutas e invisibles de materia fecal de personas infectadas a través de agua o comida contaminadas, o cuando toca algún objeto que contenga el virus y a continuación se toca la boca con las manos. Puesto que es tan contagiosa, quienes viven, trabajan o juegan con una persona recién infectada corren un alto riesgo de caer enfermos.

No existe cura para la polio, por lo que la vacuna es crucial para garantizar que se evita que la población experimente los peores efectos de la enfermedad, o incluso los efectos moderados. La vacuna más comúnmente utilizada en la actualidad se administra por vía oral. Para que la protección sea completa, la persona necesita tomar varias dosis a lo largo de varios años. Lamentablemente, en Pakistán, Afganistán y Nigeria, en distintos momentos a lo largo de los últimos años, varios líderes sociales y religiosos se han manifestado públicamente en contra de los esfuerzos por erradicar la polio. Suelen acusar falsamente a quienes trabajan en estos proyectos —la mayoría de ellos miembros de sus propias comunidades en Pakistán, Afganistán y Nigeria— de formar parte de una conspiración estadounidense para impedir que los niños puedan reproducirse cuando sean mayores, lo cual no tiene ni pies ni cabeza. Solo en Pakistán, entre diciembre de 2012 y noviembre de 2014, murieron asesinados al menos 65 de estos trabajadores. En un solo día de 2013, nueve personas que trabajaban para erradicar la polio fueron trágicamente asesinadas en el norte de Nigeria. Los niños que

Las personas que administran la vacuna contra la polio sufren violentos ataques mientras trabajan para erradicar la enfermedad del planeta.

Cortesía de Asianet-Pakistan/Shutterstock

ahora están infectados de polio son las víctimas invisibles de esos asesinatos. En Pakistán hubo cuatro veces más casos de la enfermedad en 2014 que en 2013.

A diferencia de muchas otras enfermedades, el virus de la polio no puede sobrevivir mucho tiempo fuera del cuerpo humano, ni siquiera en otros animales. La vacuna es efectiva, y su fabricación es relativamente barata, aunque, hoy día, la situación de quienes se la administran a los niños que más la necesitan es peligrosa. Esperemos que las nuevas estrategias que están adoptando las valerosas personas y organizaciones que trabajan contra la polio permitan reducir el temor a la vacuna, para que todos los niños puedan recibirla y la enfermedad pronto se sume a la viruela en los libros de historia. Si quieres obtener más información sobre los proyectos de vacunación contra la polio en todo el mundo, polioeradication.org es un buen punto de partida.

Como siempre, lo primero y lo más importante que puedes hacer es procurar mantenerte sano, tanto en casa como en la escuela o cuando viajes. Si lo logras, contribuirás a evitar que otras personas enfermen. Si te aseguras de cumplir con el calendario de vacunaciones, tanto tú como tus amigos (e incluso desconocidos) no contraeréis enfermedades como el sarampión o la gripe. Aunque ya lo hemos mencionado muchas veces (y te avisé de que insistiría en ello), es imposible exagerar la importancia de lavarse las manos con agua y jabón después de ir al baño y antes de comer, algo que puede parecer completamente evidente, pero que la gente olvida, o simplemente no se molesta en hacer, con demasiada frecuencia. Puedes utilizar un líquido limpiamanos con base de alcohol como segunda opción si no dispones de agua y jabón. Puede parecer obvio, pero si ves sangre o vómito o cualquier otro tipo de fluido procedente de alguna persona o animal (sí, acabo de escribir eso), busca a un adulto para que te ayude a limpiarlo de manera segura y adecuada.

Otra manera de contribuir a tu protección y a la de los demás consiste en comentar con otras personas lo que sabes sobre higiene y comportamientos saludables. Sin siquiera pensar en ello, a menudo suponemos que los demás saben tanto como nosotros, pero a veces no es así. Una cosa que puedes hacer es explicarles (amablemente), o incluso recordarles, la importancia de las vacunas, de lavarse las manos, de utilizar repelente de insectos (más sobre este asunto en el capítulo siguiente), de mantenerse bien hidratado y de otras estrategias de eficacia probada para ayudar a evitar determinadas enfermedades y mantenerse libre de virus y sano.

Eso es justamente lo que está haciendo Shaba, de Pakistán (por su seguridad, no utilizaré su nombre real). Cuando se convirtió en líder escolar con Right To Play, una organización que trata de enseñar a los niños importantes lecciones vitales a través del deporte y los juegos, Shaba estaba en sexto de primaria. Shaba padece discapacidades mentales y físicas, y durante mu-

Cortesía de Right To Play International

Right To Play ayuda a los niños a aprender buenos hábitos de higiene a través de juegos como este.

chos años fue víctima de burlas y acoso, a lo que solía responder de la única manera que conocía: con agresividad. Cuando empezó a trabajar con Aisha (este tampoco es su nombre real), su mentora voluntaria en Right To Play, Shaba se encontraba aislada socialmente.

Aisha le ofreció la oportunidad de utilizar el deporte y los juegos para enseñarles a sus compañeros de clase la importancia de la higiene, haciendo que lavarse las manos fuese algo divertido (centrándose, como seguro que has adivinado, en la manera correcta de hacerlo). Shaba les enseñó a los otros niños juegos para lavarse las manos antes de las comidas que podían hacer tanto en la escuela como en casa. Con el tiempo, ha ido ganando confianza, lo cual es fantástico para ella y ayuda a que la gente vea cómo es realmente como persona, más allá de su discapacidad. Ahora se burlan menos de ella, y ya no piensa que la agresividad sea la única respuesta posible, incluso cuando alguien la acosa.

La confianza en sí misma también ha contribuido a hacer de ella una líder y educadora más efectiva, lo que a su vez significa que habrá más personas que sepan cómo proteger su salud de manera más eficaz y por qué lavarse las manos es tan importante. Esto es bueno para todo el mundo: tanto los niños de su escuela como para sus familias, que ahora también conocen los juegos con los que aprender la importancia de la higiene y la salud y de lavarse las manos. Para saber más sobre el trabajo que Right To Play lleva a cabo con niños como Shaba para inculcarles la importancia de lavarse las manos y para informarles de otros asuntos relacionados con la salud, así como sobre el estupendo Johann Koss, su fundador (y mi amigo), visita righttoplay.com.

Cuando hablamos de los riesgos para la salud y de su prevención, tanto si están relacionados con la higiene como si no, tenemos que basarnos en datos. Puedes compartir con otras personas las tablas y útiles infografías sobre todo tipo de cosas (enfermedades concretas [lo que son y lo que no son]; por qué las vacunas son seguras; cuál es la mejor manera de lavarse las manos [sí, hay una manera «correcta», etc.) que te ofrecen fuentes de confianza como los CDC (disponibles en cdc.gov) o la Organización Mundial de la Salud (OMS; WHO por sus siglas en inglés, cuyo sitio web es who.int). También es importante ser consciente de cuáles no son riesgos directos para nuestra salud (por ejemplo, durante el reciente brote en África occidental, el ébola no supuso un riesgo directo para la mayoría de los estadounidenses) y cuáles sí lo son, como la gripe durante su temporada de mayor incidencia cada año. No es bueno para nadie que cunda el pánico innecesariamente, ni en nuestra mente, ni en nuestros hogares o escuelas. Si viajas fuera de Estados Unidos por cualquier motivo, échale un vistazo a la sección de viajes del sitio web de los CDC para estar al tanto de las precauciones adicionales (como vacunas complementarias) que quizá deberías tomar. Debes proteger tu salud siempre, en casa y cuando estás lejos de ella.

Esto no significa que no debas prestar atención o preocuparte por lo que sucede en otros lugares, incluso si no tienes intención de viajar al extranjero. Ni mucho menos. Esta es una manera elegante de decir que creo que debemos apoyar los intentos por mejorar la salud en cualquier lugar: es algo que repercute en el beneficio de todos nosotros. Si todos los países tuviesen sistemas sanitarios más parecidos al nuestro, se reduciría la probabilidad de que la gente que vive allí enfermase, y también de que enfermásemos nosotros. No tendríamos que preocuparnos por que se produjese un brote de ébola en algún otro país, porque sabríamos que todos los enfermos serían rápidamente identificados y tratados, lo que, con suerte, llevaría a su recuperación y a evitar que la enfermedad se extendiese entre sus vecinos, y a otros países.

Si quieres ayudar a combatir las enfermedades infecciosas en otros países (aunque no puedas visitarlos), antes de nada conviene tener claro qué problemas existen en ellos (en algunos lugares, el enemigo principal es el VIH/sida; en otros, son las enfermedades cardíacas; en otros, ambos). Es importante saber qué cosas se ha demostrado que funcionan y aceptar que algunas de las que funcionan en un lugar podrían no hacerlo en otro. Asimismo, hemos de ser conscientes de cuáles son los métodos mejores y más adecuados para prevenir y tratar las distintas enfermedades en opinión de las propias comunidades que han de enfrentarse a ellas. Imagina cómo os sentiríais tu familia y tú si

alguien apareciese y os dijese que hicieseis A, B y C sin pregun-
taros siquiera lo que pensabais de A, B y C.

Erin, originaria de Carolina del Norte, es un ejemplo excelente de alguien que sentía una conexión especial con un lugar
—Haití— y un asunto —el acceso a la atención sanitaria tras el
devastador terremoto de 2010— concretos y quiso hacer algo
para ayudar. Encontró una organización —Partners In Health
(PIH)— que trabaja, como su propio nombre indica [*partner*, en
inglés significa «socio», «compañero»], en colaboración con las
comunidades locales, tanto en Haití como en otros lugares, para
ofrecer atención sanitaria de calidad en sitios que a menudo
nunca han dispuesto de ella (donde nunca ha habido un médico
o una enfermera). Erin supo en 2009 de la existencia de PIH y
de cómo estaban ayudando a los haitianos a vacunarse, a recibir
atención cardíaca y en su lucha contra el VIH/sida.

Tras el terremoto de 2010, Erin, que por aquel entonces solo
tenía siete años, le dio a su madre los 3,08 dólares que había
ahorrado para que los
donase a PIH con desti-
no a Haití. Aunque había
entregado todo el dinero
que tenía, quería hacer
algo más, así que decidió
vender marcapáginas he-
chos a mano en el merca-
dillo local. Como le dijo
recientemente a PIH, su
objetivo inicial era re-
caudar 10 dólares, pero

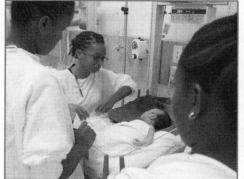

*PIH dispone de instalaciones por todo
Haití, como la que se muestra en esta
imagen. Es un lugar donde cualquiera
querría ser tratado.*

enseguida tuvo que aumentarlo hasta 100, y después hasta 1.000.

Podría haberse detenido hace tiempo —lleva ya cinco años recaudando fondos para PIH— y ya habría hecho mucho, pero sabe que puede aportar todavía más, y por eso continúa vendiendo sus marcapáginas y ahora, además, vende también tarjetas de felicitación para asegurarse de que personas a las quizá nunca llegue a conocer no mueren de VIH/sida, malaria o cólera (en el siguiente capítulo seguiremos hablando de estas dos últimas enfermedades). Para informarte sobre PIH, visita pih.org. Creo tan firmemente en su misión y en el trabajo que realiza que soy miembro del consejo de administración de esta organización, y me siento muy agradecida por las oportunidades que la Clinton Foundation y la Clinton Health Access Initiative han tenido de trabajar con PIH en Haití y en otros lugares del mundo. Paul Farmer, uno de sus fundadores, es uno de mis héroes, y alguien a quien me honra contar como amigo.

Erin recauda dinero para que PIH ayude a los haitianos a recibir atención sanitaria de calidad.

Cortesía de la familia Manuel

Además de recaudar dinero, Erin hizo otra cosa importante: demostró que a una niña de Carolina del Norte le importaba tanto PIH como para, en primer lugar, crear tarjetas de felicitación y marcapáginas y, a continuación, viajar hasta Boston a conocer a parte del equipo de PIH para darles las gracias en persona. Este es el tipo de apoyo que está al alcance de cualquiera de nosotros: todos podemos agradecer su labor a quienes están en primera línea de la investigación contra las enfermedades u ofrecer su apoyo a las comunidades para evitar que estas enfermedades se extiendan y cuidando de las personas ya enfermas. Puedes enviar cartas o correos electrónicos para darles las gracias, tanto a PIH como a cualquier otra de las organizaciones o personas que se mencionan en el libro, o a cualquiera que consideres que lleva a cabo un trabajo importante. Recuerdo que cuando yo era pequeña mi madre y mi abuela Dorothy me explicaron esto como la disciplina de la gratitud: si nos sentimos agradecidos hacia alguien por algún motivo, deberíamos hacérselo saber. No es una idea original de ninguna de ellas dos (ni mucho menos: ya aparece en la Biblia), pero, cuando pienso en la disciplina de la gratitud, siempre me acuerdo de ellas y de todas las conversaciones que tuvimos al respecto a lo largo de los años. Y procuro practicarla cada día. Gracias al doctor Jenner, al doctor Farmer y a todos los médicos, enfermeras, personal sanitario, profesores y padres, y gracias también a todos los que me han ayudado a llevar una vida saludable y siguen ayudando a que gente de todo el mundo también pueda vivir así.

¡Ponte en marcha!

- Asegúrate de que cumples con el calendario de vacunaciones y vacúnate de la gripe cada año.
- Tápate la nariz y la boca con un pañuelo o con el brazo cuando estornudes.
- Si estás enfermo, quédate en casa y no vayas a la escuela.
- Lávate las manos con agua y jabón cada vez que vayas al baño, y también siempre antes de comer.

- Cuéntales al menos a tres amigos lo importante que es vacunarse y lavarse las manos.
- Ayuda a que tus amigos se informen sobre cuáles son (y cuáles no son) las causas y los tratamientos para distintas enfermedades.
- Nunca discrimines o estigmatices a ninguna persona que padezca cualquier enfermedad, o que la haya superado.
- Envía cartas o correos electrónicos para dar las gracias a cualquier oenegé o entidad benéfica que salve vidas o que lleve a cabo un trabajo importante (como hizo Erin con PIH).
- Escribe a tus representantes políticos para explicarles la importancia de las vacunas y de los proyectos de vacunación en todo el mundo.
- Si viajas fuera de Estados Unidos, visita cdc.gov para saber cuáles son las vacunas que has de ponerte y qué precauciones debes tomar.
- Ayuda a recaudar fondos para organizaciones que luchan contra las enfermedades que quieres contribuir a derrotar o que contribuyen a construir sistemas sanitarios más fuertes.
- Lanza una petición online sobre las vacunas o para apoyar a los enfermos y supervivientes de distintas enfermedades.
- Comenta con tu familia la posibilidad de comprar productos (RED) para apoyar al Fondo Mundial.
- Apoya a tus familiares y amigos que luchan contra alguna de las enfermedades que se mencionan aquí o contra cualquier otra.
- Si tienes al menos catorce años, comparte historias en Twitter, Facebook u otras redes sociales sobre las vacunas, los virus y los enfermos y supervivientes de distintos virus.

- Si tienes al menos catorce años, utiliza las redes sociales para seguir a organizaciones (como PIH y Right To Play) y líderes (como Elton John, a través de la Elton John AIDS Foundation) que trabajan contra las enfermedades infecciosas y el estigma social al que, con demasiada frecuencia, los enfermos se enfrentan, además de tener que luchar contra sus infecciones.

CAPÍTULO 7

BICHOS Y BACTERIAS

uál fue la primera cosa que aprendiste en la escuela que te dio miedo, mucho miedo? Quizá aún no te ha pasado. En mi caso fue la peste negra, o peste bubónica. Nunca olvidaré el día en que oí hablar por primera vez de la peste negra en mi clase de historia de noveno curso, y aún recuerdo las vívidas y terroríficas descripciones que la profesora, la señora Morin, hizo de cómo, hace varios siglos en toda Europa, la gente moría en sus casas, en las calles, en las iglesias, por todas partes. Siempre me ha encantado aprender historia, tanto en la escuela como fuera de ella. Me gusta tanto que decidí estudiar historia y literatura en la universidad. ¿Recuerdas las visitas a la biblioteca cuando era niña que mencioné antes? Solían ser para tomar prestados libros sobre figuras históricas reales que me fascinaban e inspiraban, como Leonor de Aquitania, que vivió en la Edad Media y es la única persona que ha ocupado los tronos de Inglaterra y de Francia, o personajes de ficción que atrapaban igualmente mi imaginación, como el héroe de la Revolución estadounidense Johnnie Tremain, un valiente aprendiz de platero. Soñaba que cabalgaba junto a Leonor en la Francia del siglo XII y con Johnnie en el Boston del XVIII. Decir que por aquella época tenía una visión idealizada del pasado sería... correcto. Entonces llegó ese día en la clase de la señora Morin. Enterarme de que familias e incluso pueblos enteros habían sufrido muertes espantosas y terribles debido a una bacteria hizo que me sintiese muy afortunada de vivir a finales del siglo XX, de tener unos médicos fantásticos y de estar viva después de que el doctor Alexander Fleming hubiese descubierto la penicilina, que abrió el camino para los antibióticos modernos.

Los virus existen desde hace mucho tiempo; las bacterias, incluso desde antes. ¡Todo esto es relativo! Junto con los parásitos, llevan miles de años atormentándonos (y probablemente también atormentaron a nuestros antepasados prehumanos durante millones de años más). Es importante entender cuáles son las diferencias entre los virus, bacterias y parásitos que provocan nuestras enfermedades, para tener más posibilidades de proteger a sus posibles víctimas hoy, y de derrotarlos en el futuro. Así como para tratar los virus se emplean antivirales, para tratar las infecciones bacterianas se utilizan los antibióticos, aunque ambos tipos de medicamentos funcionan de maneras muy diferentes. Un determinado antiviral solo es efectivo contra ciertos virus (porque estos utilizan nuestras propias células para reproducirse, y nadie desea un medicamento que, para acabar con el virus, mate todas las células sanas de nuestro cuerpo). Históricamente, los antibióticos han sido efectivos contra muchas bacterias diferentes, ya que atacan a sus paredes celulares (lo cual no supone un riesgo para nuestras células sanas, porque las células humanas carecen de pared celular). Pero hoy en día los antibióticos resultan cada vez menos efectivos porque hay mucha gente que no toma el medicamento adecuado contra cada bacteria de la manera apropiada, y las astutas bacterias se están haciendo resistentes a ellos.

Aun así, mientras los investigadores buscan nuevos antibióticos y nuevas estrategias para conseguir que las personas se los tomen como deben, todos deberíamos expresar nuestra gratitud al moho (sí, el moho, esa cosa verde que les sale a las frutas y al pan si están mucho tiempo fuera de la nevera) y al desorden (sí, de verdad, al desorden). En 1928, el doctor Fleming estaba limpiando su laboratorio cuando encontró moho de *penicillium* —pero no bacterias— en parte de una placa de Petri aislada (un recipiente redondo en el que se cultivan bacterias), mientras que las demás tenían bacterias, pero no moho. Algo que contiene moho había matado las bacterias. Fleming y su equipo se dieron cuenta enseguida de lo potente que podía ser la penicilina, extraída del moho (la palabra «penicilina» procede del vocablo latino para «pincel»). Aunque los investigadores aún tardarían quince años en conseguir producir penicilina a gran escala, cues-

ta imaginar cómo ha-
brían sido los últimos
más de setenta años sin
ella. La penicilina y otros
antibióticos más moder-
nos me han ayudado a
superar la faringitis es-
treptocócica y otras infecciones unas cuantas veces
a lo largo de mi vida. Seguro que a ti te ha pasa-

El doctor Alexander Fleming descubrió la penicilina gracias en parte al desorden de su laboratorio.

Cortesía de Everett Collection Historical/Alamy

do algo parecido. Gracias, doctor Fleming. Volveremos más adelante a los antibióticos, pero primero hablaremos de por qué los
necesitamos.

BACTERIAS

Las bacterias son organismos unicelulares capaces de reproducirse por su cuenta (no necesitan invadir nuestras células sanas,
como hacen los virus). Además, como ya he comentado antes, su
aspecto es distinto del de nuestras células; no obstante, aunque
no parecen tan sibilinas como los virus, algunas de ellas pueden
ser muy mortíferas. De todas formas, a diferencia de los virus, la
mayoría de las bacterias son útiles; así, por ejemplo, algunas viven en nuestro estómago y ayudan a digerir lo que comemos. De
hecho, cada vez sabemos más sobre cómo las bacterias buenas
contribuyen a la buena salud de otros de nuestros órganos, además del estómago. Estudios recientes establecen una relación
entre la salud del cerebro, el corazón y otros órganos y las bac-

terias que viven en el estómago y en otras partes del cuerpo. Menos del 1 por ciento de todas las bacterias causan enfermedades en los humanos, pero las que lo hacen son peligrosas. Si nos fijamos en el número de personas muertas, la causante del brote más devastador de una enfermedad infecciosa en toda la historia fue una bacteria.

La peste

Cuando piensas en la peste, quizá pienses (como yo) en la peste negra, el brote de peste bubónica que arrasó el mundo a mediados del siglo XIV. Hace más de seiscientos cincuenta años, en el transcurso de unos cuatro años, se calcula que la peste mató a alrededor de la mitad de la población de China, un tercio de la europea y una octava parte de toda la de África, lo que la convierte en la mayor pandemia de la historia, dado el porcentaje de la población total a la que mató. Y aún no sabemos cómo sobrevivieron otras muchas personas que la contrajeron. Por desgracia para el mundo, esa no fue la primera ni la última ocasión en que la peste hizo estragos.

Hay varios tipos de peste; el más común es la peste bubónica (muchas enfermedades mortales tienen nombres que no suenan especialmente amenazadores, pero siempre he pensado que «bubónica» sí que da mucho miedo). Provoca la inflamación de los nodos linfáticos (las glándulas que depuran los gérmenes como los virus y las bacterias) en el cuello de la persona y en otras partes del

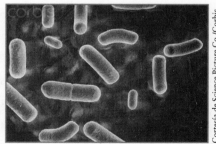

Este es el aspecto de la bacteria de la peste en humanos y en ratas.

Cortesía de Science Picture Co./Corbis

cuerpo, lo que hace que la sangre se extienda visiblemente bajo la piel. La peste neumónica es un estadio avanzado de la peste bubónica que infecta los pulmones, en ocasiones de una manera tan intensa y dolorosa que estos llegan a desintegrarse (simplemente, desaparecen). Es la forma más contagiosa de la peste, y una de las enfermedades más contagiosas.

La bacteria de la peste vive en animales pequeños (sobre todo, en ratas) y en sus pulgas. La peste es extremadamente contagiosa. Primero se transmite de los animales a las personas (en gran medida a través de las pulgas, que muerden a las ratas y después a las personas) y a continuación de una persona a otra. Se extiende por muchas vías: toses o estornudos, al tocar a una persona infectada o una superficie contaminada, etc. Una de las cosas que hacen que la peste sea tan terrible es que puede pasar de una persona a otra de muchas maneras, así como de los animales a las personas, y viceversa, repetidamente. Si no se trata, la peste bubónica mata a alrededor de la mitad de las personas infectadas, mientras que la tasa de mortalidad de la peste neumónica es prácticamente del cien por cien.

Existen vacunas para la peste, pero su eficacia es limitada. Los antibióticos pueden ser efectivos si se suministran pronto (poco después de que la persona se infecte). De nuevo, como cabe suponer, la prevención es clave. La enfermedad se ha erradicado en casi todas partes gracias a las mejoras en el saneamiento y en el control de plagas, en particular de ratas. Pero aún no ha desaparecido completamente. Mientras escribo esto, a principios de 2015, Madagascar se encuentra en pleno combate contra un mortífero brote de peste, y no hace mucho en Estados Unidos se confirmaron cuatro raros casos de la enfermedad, aunque, afortunadamente, todas las personas infectadas se recuperaron gracias a un diagnóstico precoz y al uso de los antibióticos adecuados.

La bacteria de la peste es tan resistente que hace poco tiempo los científicos encontraron lo que creen que son trazas de ADN de la enfermedad en la red de metro de Nueva York (también encontraron muchas otras bacterias asquerosas). Por suerte, enseguida explicaron que no suponía ningún riesgo para los 6 millones de personas que utilizan el metro cada día. ¡Menos mal! Aunque, de todas formas, otro grupo de científicos puso en duda que lo que sus colegas habían hallado fuese peste. Sea como sea, yo trato de no pensar en ello cada vez que voy en el metro, aunque a veces no lo consigo.

Cólera

Puede decirse que el cólera fue la primera enfermedad de los inicios de la globalización, en el siglo XIX. A principios de ese siglo, con la difusión de los viajes y el comercio marítimos, el cólera comenzó a aparecer en distintos puertos de todo el mundo, incluido Estados Unidos. Nueva York sufrió varias terribles epidemias de cólera a lo largo del siglo, que golpearon con particular dureza las zonas más pobres y pobladas de la ciudad, donde vivían los inmigrantes recién llegados y los libertos. En 1854, en Londres, el doctor John Snow descubrió que el cólera se propagaba por el agua al darse cuenta de que las personas que bebían agua procedente de un pozo enfermaban más que quienes lo hacían de un pozo distinto... o bebían cerveza. Este y otros hallazgos posteriores sobre la bacteria del cólera fueron claves para la puesta en marcha de proyectos públicos de aguas y saneamiento. Hoy cuesta imaginarlo (y nos parece repugnante), pero en nuestro país las aguas residuales, lo que tiramos por el váter, no siempre se separó y se filtró del agua potable. El hecho de que ahora sí se haga explica por qué el cólera es muy poco frecuente en Estados Unidos y otros países desarrollados.

Por desgracia, la enfermedad continúa siendo demasiado común en los países en vías de desarrollo, donde los sistemas de saneamiento están menos extendidos y evolucionados (la situación es tan terrible en otros países hoy día como lo fue aquí hace mucho tiempo; sin embargo, todo el mundo, viva donde viva, tiene derecho a disponer de agua potable e inodoros, como nosotros aquí en Estados Unidos). Alrededor de 750 millones de personas siguen sin poder acceder al agua potable de manera segura, y más de 2.500 millones carecen de sistemas de saneamiento avanzados, esto es, lugares donde puedan ir al baño sin tener que entrar en contacto con materia fecal (o, más probablemente, con residuos invisibles de heces, incluidos las repugnantes bacterias del cólera y otros bichos peligrosos).

Se calcula que el cólera infecta a entre 3 y 5 millones y mata a entre cien mil y ciento veinte mil personas al año. La mayoría de quienes contraen la enfermedad se infectan a través del agua sucia (aunque pueda parecer limpia), pero la comida contamina-

ACCESO AL AGUA POTABLE

¿SABÍAS QUE...?

Una de cada nueve personas carece de acceso al agua potable

Una de cada tres personas no tiene acceso a unos inodoros seguros

Fuente de la información: Water.org

da también supone un riesgo. El marisco puede contener bacterias del cólera, y su consumo debe evitarse en las zonas donde la enfermedad está extendida. Los casos de cólera han aumentado en los últimos años debido al movimiento masivo de personas que se trasladan de las zonas rurales a las ciudades o que huyen de la violencia y acaban en barriadas chabolistas o en campos de refugiados. Es decir, cada vez son más las personas que viven en lugares muy poblados sin agua potable ni sistemas de saneamiento, por lo que aumentan también las posibilidades de que las heces y el agua se mezclen.

Aunque la mayoría de las personas infectadas de cólera no desarrollan los síntomas, para quienes sí lo hacen la enfermedad es devastadora, dolorosa y, con frecuencia, mortal. Y golpea sin avisar. Primero llegan la diarrea y los vómitos, que llevan a una deshidratación aguda, ya que el cuerpo del enfermo no puede retener el agua que necesita para sobrevivir. Sin tratamiento, la persona infectada es incapaz de reponer los fluidos que pierde su cuerpo y muere. El cólera puede acabar con la vida de una persona en menos de un día. El riesgo es mayor para los niños y para aquellos cuyo sistema inmune se encuentra debilitado, como las personas con VIH/sida.

Como sucede con todas las infecciones que provocan diarrea, el mejor tratamiento para los enfermos de cólera consiste en ayudarles a que recuperen y retengan los fluidos y el agua que sus cuerpos necesitan, así como en proporcionarles antibióticos para combatir la bacteria. Habida cuenta de la velocidad con la que la enfermedad se hace con el control del cuerpo de la persona enferma, cuanto antes reciban tratamiento, mejores serán sus perspectivas. La manera más efectiva de evitar la difusión del

Cortesía de SHOFCO

SHOFCO lleva a cabo un estupendo trabajo en Kivera, donde proporciona mejores sistemas de saneamiento y acceso al agua potable a sus alumnos y al resto de la comunidad.

Cortesía de SHOFCO

cólera consiste en construir y mantener sistemas que preserven el agua de beber limpia y separada de los lugares donde la gente va al baño. Por lo general, este es un trabajo que corresponde a los gobiernos, en ocasiones en colaboración con compañías privadas, pero sitios como SHOFCO, del que hablamos en el capítulo 4, «Aún no está todo hecho», no esperan a que actúe el gobierno o ninguna otra entidad, sino que están construyendo sus propios sistemas.

Es imposible exagerar la importancia del agua potable. El agua aparece continuamente en este libro porque todos la necesitamos para vivir. Pero, con demasiada frecuencia, es la propia agua la que trae la muerte. Ciertos parásitos (como los mosquitos transmisores de la malaria, de los que hablaremos enseguida), repugnantes bacterias (como el cólera) y virus (como el rotavirus) viven y se reproducen en aguas sucias, en particular cuando las heces y el agua no se han separado debidamente. Estas enfermedades transmitidas por el agua matan al menos a un niño menor de cinco años cada minuto.

Como se mencionó en el primer capítulo, hay muchas organizaciones que trabajan para remediar la crisis del agua. Algunas, como Water.org, charity: water y Living Water International, trabajan con colaboradores locales para financiar, excavar y construir pozos u otros tipos de redes de abastecimiento más adecuadas para las comunidades locales. Así luego pueden asumir fácilmente el mantenimiento de estos sistemas en el futuro. Esto es algo importante. Imagina que alguien te diese una bomba, pero esta funcionase con electricidad y no tuvieses acceso a ella. Estas organizaciones se aseguran de que los sistemas que financian, excavan o construyen encajan con lo que las comunidades quieren y son capaces de mantener. Para informarse sobre cómo entienden su trabajo y dónde lo llevan a cabo, puedes visitar sus sitios web, que se mencionan en el capítulo 1, «1,25 dólares al día». Por ejemplo, en la web de charity: water encontrarás un fantástico mapa en el que aparecen todos sus proyectos en distintos lugares del globo.

A través de su programa Children's Safe Drinking Water, Procter & Gamble, una empresa que produce todo tipo de cosas, desde la pasta de dientes Fluocaril al detergente Ariel, pasando por los pañales Dodot, ofrece a las familias una solución para obtener agua potable mientras esperan a que construyan (o construyen ellos mismos) las redes de abastecimiento de agua potable y los sistemas de saneamiento. Procter & Gamble produce paquetes de purificación que convierten diez litros de agua sucia en agua con la que se puede cocinar y que puede incluso beberse (y que a una familia de cuatro personas le puede durar uno o dos días). La fabricación y el transporte hasta su destino de cada uno de estos paquetes cuestan 10 centavos. Organizaciones colaboradoras, como la oenegé World Vision, los distribuyen entre las familias que más los necesitan, en zonas donde no hay agua potable o donde algún desastre natural ha echado a perder la que había (como sucede tras un huracán o un terremoto).

Cortesía de Procter & Gamble

Procter & Gamble ofrece paquetes de purificación que permiten transformar en agua potable cualquier tipo de agua, incluso la más sucia.

Estos paquetes de 10 centavos son claramente más baratos que los pozos o las redes de abastecimiento de agua potable, cuyo coste puede superar los 10.000 dólares. No obstante, una vez completada la construcción de los pozos o las redes, podrán suministrar a las comunidades suficiente agua potable durante muchos años. La función de los paquetes de purificación de agua que distribuyen Procter & Gamble y otras organizaciones es ayudar a las familias ahora mismo, mientras se construyen las redes de abastecimiento o se excavan los pozos. Todos estos esfuerzos son vitales. Si te preocupa el acceso al agua potable, puedes ayudar a concienciar sobre él o a recaudar dinero (como Matti, a quien conocimos en el capítulo 1, «1,25 dólares al día»), o hacer público tu apoyo y tu agradecimiento a las personas que están en primera línea, como quienes trabajan en World Vision (como hizo Erin como PIH). Para informarte sobre el programa Children's Safe Drinking Water de Procter & Gamble y sobre lo que puedes hacer para apoyarlo o ayudar a las entidades colaboradoras, visita csdw.org. Cada gota de agua —igual que cada vacuna y cada mosquitera, de las que hablaremos en un momento— puede contribuir a salvar una vida.

Tuberculosis

Según la Organización Mundial de la Salud, más de 2.000 millones de personas son portadoras de la bacteria de la tuberculosis. Eso supone más de una de cada cuatro personas en todo el mundo, lo que hace de la tuberculosis una de las enfermedades más comunes en el planeta. En la mayoría de estas personas, la infección se encuentra latente, lo que significa que en la práctica está durmiente y no les hace daño ni es contagiosa para los demás. Cuando está activa, la tuberculosis hace que la persona enferme y que resulte contagiosa, con síntomas como tos, dolor torácico, fatiga y fiebre, entre otros. Aunque es menos habitual, la enfermedad también puede atacar al cerebro, la columna vertebral, los riñones y otros órganos. En 2013, se contabilizaron más de 9 millones de nuevos casos, y más de 1,5 millones de muertes debidas a la enfermedad.

Claramente, la tuberculosis es muy contagiosa, pues de lo contrario no habría más de 2.000 millones de personas portadoras. Es una enfermedad que se transmite con facilidad entre familiares, amigos y colegas de trabajo; es decir, entre las personas con las que pasamos más tiempo. Esto se debe a que se propaga por el aire (y no a través de las pulgas de las ratas o del agua contaminada de materia fecal, como otras enfermedades) y basta con que una persona inhale los gérmenes de la tuberculosis para que resulte infectada. Está mucho más extendida en unos lugares que en otros, en particular en zonas de Asia, África y América Latina. Es, junto al VIH/sida, la principal causa de muertes a escala mundial.

MORTALIDAD POR TUBERCULOSIS EN TODO EL MUNDO (2013)

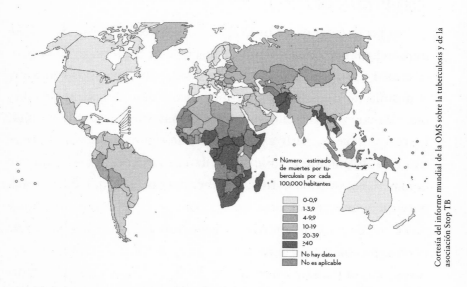

Número estimado de muertes por tuberculosis por cada 100.000 habitantes

- 0-0,9
- 1-3,9
- 4-9,9
- 10-19
- 20-39
- ≥40
- No hay datos
- No es aplicable

Cortesía del informe mundial de la OMS sobre la tuberculosis y de la asociación Stop TB

Existe una vacuna contra la tuberculosis, pero, como la de la peste, no es muy efectiva. La enfermedad se puede curar, aunque para ello no basta con tomar antibióticos durante unas cuantas semanas, sino que se administra una serie de antibióticos distintos durante al menos seis meses. Muchas de las personas infectadas de tuberculosis no toman sus antibióticos correctamente o durante todo el tiempo necesario. Insistimos: las bacterias son muy astutas. Si se les da la oportunidad, mutan (se transforman) y aprenden a resistir a los antibióticos que se utilizan para combatirlas. Esto ha sucedido con la tuberculosis: se ha vuelto más fuerte y ha aprendido a burlar a los antibióticos tradicionales; es lo que se conoce como «resistencia a los medicamentos». Se han desarrollado nuevos antibióticos para tratar las cepas de tuberculosis resistentes a los fármacos, y los investigadores siguen buscando tratamientos aún más potentes y mejores maneras de ayudar a los enfermos para que se tomen todos sus antibióticos correctamente y durante todo el tiempo necesario.

Es fundamental que todo el mundo se tome las medicinas para erradicar la infección de tuberculosis de sus cuerpos, por su propio bien y también porque es la manera más efectiva de detener la transmisión a otros. Para ello es esencial asegurarse de que las personas saben si son o no portadoras de la enfermedad. Puede parecer evidente, pero muchos de los portadores no saben que lo son. La tuberculosis es muy poco frecuente en Estados Unidos; si viajas a alguna zona donde sí esté extendida (algo sobre lo que, de nuevo, puedes informarte en los Centros para el Control y la Prevención de Enfermedades), procura evitar estar en espacios cerrados con personas infectadas o con extraños, porque es el contacto cercano con enfermos de tuberculosis lo que puede hacer que te contagies. Esto no

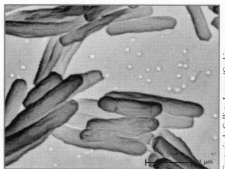

La tuberculosis recibió ese nombre en parte debido a su forma tubular.

Cortesía de Callista Images/Corbis

significa, de ninguna manera, que debas dejar de viajar a esos países, sino simplemente que debes tomar precauciones. He viajado a muchos lugares donde la enfermedad estaba extendida y, por suerte, nunca me he contagiado. La mayoría de quienes entran en contacto con la tuberculosis tampoco se contagian, pero más vale ser precavido y someterte a las pruebas pertinentes si alguna vez sospechas que puedes tener la enfermedad. También es probable que debas realizarte esas pruebas si te ofreces como voluntario o trabajas en alguno de los lugares que se mencionan en este libro (como el Hospital Infantil Lucile Packard donde trabajé como voluntaria mientras estaba en la universidad). No hay que tenerle miedo a la prueba.

PARÁSITOS

Malaria

El término «malaria» procede de las palabras en italiano para referirse al aire malo (*mal o mala*, «malo»; *aria*, «aire»). Como dije al principio del capítulo anterior, hasta el siglo XIX, cuando los científicos descubrieron que eran los gérmenes —virus, bacterias u otros— los culpables de que las personas enfermasen, mucha gente (científicos incluidos) creía que la causa de las enfermedades se encontraba en el aire malo, llamado miasma (del término griego para «contaminar»). Teniendo en cuenta la cantidad de enfermedades que se transmiten por el aire, se entiende que esta teoría fuese popular, aunque básicamente errónea. A pesar de que se sabía que eran los gérmenes (algunos de los cuales se desplazaban por el aire) los verdaderos culpables de todas las enfermedades, desde el cólera a la «tisis» (nombre con el que se conocía la tuberculosis en el siglo xix), el término de «malaria» ya daba nombre a una dolencia concreta y muy habitual.

Hoy día la malaria está presente en algo menos de cien países (aunque, como veremos, la situación está cambiando, y no para mejor) y amenaza cada año a casi la mitad de la población mundial. En 2013, se contabilizaron cerca de 200 millones de casos de malaria, y más de medio millón de personas murieron como consecuencia de la enfermedad. Pero hace cien años, e incluso hace solo quince, la malaria estaba más extendida y era más mortífera. El número de niños que mueren de malaria en África se ha reducido a menos de la mitad desde 2000. Esto es importantísimo, porque casi todas las muertes por malaria se producen en ese continente, y la mayoría de las víctimas son niños menores de cinco años. Pero aún queda mucho por hacer hasta

TASAS DE MALARIA EN TODO EL MUNDO (2013)

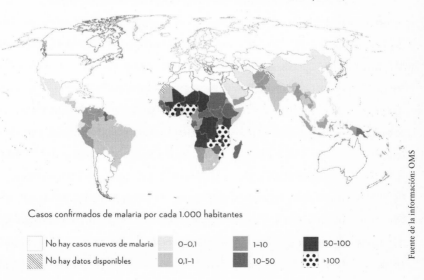

Casos confirmados de malaria por cada 1.000 habitantes

| | No hay casos nuevos de malaria | | 0–0,1 | | 1–10 | | 50–100 |
| No hay datos disponibles | | 0,1–1 | | 10–50 | | >100 |

Fuente de la información: OMS

conseguir que todos los niños estén a salvo de los letales mosquitos. En 2013, murió un niño de malaria cada minuto.

· · Hay cinco parásitos diferentes que causan la malaria en los
humanos, y todos ellos se transmiten a las personas a través de las
picaduras de mosquitos infectados. Los tipos de mosquitos portadores de la enfermedad por lo general pican por la noche y se reproducen en aguas estancadas, en ocasiones en sitios tan poco
profundos como una huella humana. A los mosquitos les encanta
el agua estancada, es ahí donde los insectos adultos ponen los
huevos de los que, cuando eclosionan, salen más bebés mosquitos
capaces de infectar a más personas. Esa es la razón por la que son
tan importantes las iniciativas en curso para depurar o eliminar
las masas de agua estancada, ya se trate de abrevaderos para animales o de los floreros en las casas. Cuando crece el número de
mosquitos, por ejemplo después de la estación lluviosa en los tró-
picos, crece también el riesgo de malaria y otras infecciones.
A medida que se incrementa la temperatura media de la Tierra,
como sucede actualmente, aumentan también los lugares donde
los mosquitos portadores de la malaria pueden sobrevivir, reproducirse e infectar a un mayor número de personas. Esto es en especial preocupante en los lugares que nunca han tenido que enfrentarse a los mosquitos (porque es menos probable que estén
preparados para hacerlo) y en aquellos que habían erradicado la
enfermedad varias décadas atrás, como Estados Unidos.

En los años cuarenta del siglo pasado, la erradicación de
la malaria se convirtió en una prioridad para Estados Unidos. La
iniciativa nacional a gran escala se centró en los trece estados del
sudeste del país, donde la enfermedad aún persistía (incluido
Arkansas, donde yo nací). Mediante el uso intensivo de insecti-

cidas dentro y alrededor de los hogares, así como a través del drenaje de pantanos, en 1951 Estados Unidos declaró la victoria contra la malaria. Pero, con el calentamiento del planeta, unas temperaturas más elevadas pueden allanar el camino para que los mosquitos invadan de nuevo el país. Por suerte, como comentamos en el capítulo 6, «Virus y vacunas», contamos con un potente sistema sanitario, por lo que, aunque confiamos en que la enfermedad no vuelva a territorio estadounidense, en caso de que lo hiciese estaríamos mejor preparados que en épocas anteriores. Otros países no están tan bien protegidos, por lo que el número de países en el que está presente la enfermedad podría, lamentablemente, superar los cien si no continuamos combatiéndola y no actuamos para detener el calentamiento global (del que hablaremos en el capítulo siguiente).

Con frecuencia, los primeros síntomas de la malaria se pueden confundir con los de la gripe o el resfriado: fiebre, dolor de cabeza, escalofríos y vómitos. Los síntomas pueden agravarse en personas de todas las edades, pero los niños son especialmente vulnerables, en parte porque carecen de la inmunidad (protección) a la enfermedad que los adultos normalmente han desarrollado (gracias a haber sobrevivido a varias infecciones). Pero los síntomas leves de la malaria no son para tomarlos a broma: suelen hacer que los adultos falten al trabajo y los chicos no puedan ir a clase. Como vimos en el capítulo 1, «1,25 dólares al día. La pobreza en el mundo», la malaria supone un gran gasto tanto para las familias como para los países.

Los avances que el mundo entero ha hecho en su lucha contra la malaria son el resultado de una combinación de esfuerzos sostenidos en el tiempo, entre los que figuran proporcionar a los enfermos los medicamentos que necesitan para curarse y hacerles llegar las mosquiteras y otros instrumentos necesarios para evitar contraer la enfermedad. Un insecticida llamado DDT tuvo un papel destacado en la campaña estadounidense contra la malaria a mediados del siglo pasado. No cabe duda de que la estrategia resultó efectiva a la hora de erradicar la malaria, pero también fue perjudicial para el águila calva (de la que hablaremos en el capítulo 9, «Al borde de la desaparición: especies en peligro de extinción». Por eso, aunque aún se emplean otros insecticidas para prevenir la enfermedad, el mundo ha dejado de utilizar DDT. Además, investigaciones recientes han establecido una probable relación entre la exposición a largo plazo al DDT y ciertos tipos de cáncer. Aun así, algunas personas creen que deberíamos seguir utilizándolo, debido a su eficacia contra las enfermedades transmitidas por mosquitos. Como sucede en todos los debates, en este también tendrás que valorar las distintas evidencias, que pueden incluso evolucionar con el tiempo, y decidir qué postura adoptas.

Hoy en día, las principales herramientas en el combate contra la malaria son las mosquiteras tratadas con insecticida (como la que aparece en la imagen al principio de este capítulo). Son exactamente lo que su nombre indica: redes con insecticida que los mosquitos son incapaces de atravesar. Las redes impiden el paso de estos insectos y el insecticida acaba con ellos. Cuando las mosquiteras se utilizan correctamente, la gente duerme bajo su protección por las noches. Casi la mitad de todas las personas en África que viven en lugares donde hay malaria o bien disponen de una mosquitera con la que cubrirse, tanto ellos como sus hijos, o bien se la pueden costear. Es de particular importancia que los niños duerman protegidos por mosquiteras, ya que son especialmente vulnerables frente a la malaria. También existen fármacos que se pueden tomar para prevenir la enfermedad. Aunque en cierta medida son similares a las vacunas, no son exactamente lo mismo y suelen ser caros de producir y no muy fáciles de usar, motivo por el cual aún necesitamos encontrar una vacuna para la malaria. De todas formas, nunca se ha desarrollado una vacuna contra un parásito como este; los científicos y los investigadores trabajan intensamente para conseguirlo.

Puesto que no hay una vacuna y millones de personas no duermen bajo mosquiteras, el diagnóstico y el tratamiento precoces son importantes para controlar la malaria y para que los enfermos se recuperen con mayor rapidez. Esto parece obvio, y lo es. Como también lo es dar un tratamiento precoz para reducir la probabilidad de que las personas infectadas transmitan a otros el parásito de la malaria a través de un mosquito. Y es que los mosquitos infectan a las personas, pero antes ellos mismos se infectan al picar a alguien con la enfermedad. Es un círculo vicioso que solo se puede romper mediante el tratamiento correspondiente —que incluye una familia de fármacos llamada artemisininas— y la prevención. Existe una preocupación creciente por que la malaria se vuelva resistente a la artemisinina, una posibilidad que las autoridades sanitarias vigilan atentamente. Para informarte sobre la malaria y su impacto económico (del que hablamos en el capítulo 1, «1,25 dólares al día»), Malaria No More es un recurso fantástico, que puedes encontrar en malarianomore.org.

Katherine, de Pensilvania, supo por primera vez de la existencia de la malaria en 2006, cuando vio con su madre, Lynda, el documental de la PBS titulado *Malaria: Fever Wars*. Decidieron contribuir a que tantas personas como fuese posible recibiesen mosquiteras con las que protegerse a sí mismos y a sus hijos de la malaria. Pensaban que todo el mundo debería saber que, por aquel entonces, la enfermedad mataba a un niño en África cada treinta segundos (algo tan sencillo como una mosquitera puede conseguir que las estadísticas cambien, como así ha sucedido). Katherine y Lynda empezaron trabajando en el seno de su iglesia y de su comunidad para concienciar a los demás feligreses y vecinos sobre la malaria y para animarlos a que se planteasen regalar mosquiteras por Navidad. Ese primer año, Katherine y su madre recaudaron más de 10.000 dólares, gracias entre otras cosas a la venta de más de seiscientos tarjetas regalo que decoraron a mano y que acabaron en los calcetines colgados en la chimenea y bajo el árbol de Navidad. Las tarjetas regalo servían para comprar mosquiteras en nombre del receptor, que sabría entonces que había contribuido a proteger e incluso a salvar una vida de la malaria. Eso no fue más que el principio de su trabajo de concienciación y recaudación de fondos. En 2011, cuando Katherine tenía diez años, su madre y ella ya habían hablado en la Casa Blanca, en la conferencia anual de la United Methodist Church y en las Naciones Unidas, y habían aparecido en el *Philadelphia Inquirer* y en el *New York Times*. Lynda había viajado a Uganda para participar en un programa de distribución de mosquiteras. En 2015 ya habían recaudado más de 300.000 dólares, lo que les ha permitido costear decenas de miles de mosquiteras, en colaboración con Nothing But Nets. Cuando Katherine empezó esta labor, solo tenía cinco años. Nadie es demasiado joven para cambiar las cosas. Si quieres conocer más formas de sensibilizar a la gente sobre la malaria y recaudar dinero para proporcionar mosquiteras a quienes las necesitan y prevenir esta enfermedad,

Cortesía de Mike DuBose, de la United Methodist Church

Katherine utilizó una maqueta en su iglesia para informar
a los feligreses sobre la malaria y sobre lo efectivas
que son las mosquiteras para proteger a niños y familias
de la enfermedad.

visita nothingbutnets.net. En esta misma web también encontrarás información sobre el trabajo de Katherine y Lynda,

La malaria no debería impedirte viajar a ningún lugar del mundo. Si vais a visitar una zona donde está extendida, pregunta a tu médico cuáles son los medicamentos que tu familia y tú deberíais tomar, qué repelente de insectos podéis utilizar y qué otras cosas deberíais hacer. Es probable que te explique la importancia de dormir bajo una mosquitera tratada con insecticida. Cuando he viajado a sitios donde hay malaria, y han sido muchos, al igual que he hecho al ir a países donde hay tuberculosis, he seguido los consejos de mis médicos y nunca he enfermado (toco madera).

La malaria no es la única enfermedad transmitida por mosquitos que se está extendiendo por más lugares a medida que la Tierra se calienta: otra es el dengue. Aunque no se trata de un parásito (en realidad, es un virus, por lo que es un intruso en este capítulo), el dengue, como la malaria, se transmite entre los mosquitos y las personas, y viceversa. No suele ser mortal, pero es cada vez más habitual, sobre todo en América Latina y Estados

Unidos, por ello lo he incluido aquí. En los últimos tiempos, ha infectado a cientos de millones de personas cada año, que experimentan fiebres elevadas, dolores en todo el cuerpo y la cabeza, sarpullidos y hemorragias en nariz y encías. Son estas últimas las que le dan el nombre a la forma más grave de dengue: el dengue hemorrágico (*haima* significa «sangre» en griego, y *–rrhagia*, «ruptura»). El dengue es una de las raras enfermedades que, por lo general, no es tan grave en los niños más pequeños como en los más mayores o los adultos. Para prevenirlo hay que seguir prácticamente los mismos pasos que para la malaria: utilizar repelente de insectos y mosquiteras tratadas con insecticida, y eliminar las aguas estancadas que tanto les gustan a los mosquitos. Su tratamiento es parecido al de la gripe o al de un resfriado: gran cantidad de líquidos y descanso. Afortunadamente, la mayoría de las personas que contraen la enfermedad no sufren la variedad hemorrágica y se recuperan. Hemos hecho grandes avances en lo que respecta a las mosquiteras, pero la cobertura aún dista mucho de ser completa. Debemos seguir esforzándonos para hacer llegar una mosquitera con insecticida a todas las familias que la necesitan para prevenir la malaria y el dengue.

Gusano de Guinea

He aquí otro caso de éxito (casi total): la derrota del gusano de Guinea (suena a película de verano, y desde luego a mí me encantaría ir a verla). El nombre técnico de la enfermedad del gusano de Guinea es *dracunculiasis* (sí, como Drácula, aunque el nombre de la enfermedad no se debe al legendario vampiro). El gusano de Guinea se transmite a través del agua de beber, cuando esta contiene diminutas pulgas de agua portadoras de las larvas (bebés) del gusano. Una vez que las larvas han entrado en un cuerpo humano, eclosionan y empiezan a crecer. En aproximadamente un año, el gusano puede crecer hasta alcanzar unos 90 centímetros (¡la altura media de un niño de dos años!). Los científicos los comparan con fideos muy largos y finos, pero con la diferencia de que comerlos no tiene ninguna gracia. Más bien al contrario.

Después de un año creciendo en el interior del cuerpo humano, extraer gusanos como este es doloroso.

Los gusanos también se aparean dentro del cuerpo del anfitrión —la persona inicialmente infectada con las larvas—, algo tan espantoso como parece. Cuando un joven gusano hembra quiere abandonar el cuerpo de su anfitrión, comienza a perforar hacia fuera, dejando una ampolla en la piel de la persona como puerta de salida, normalmente en los pies o las piernas. La ampolla suele escocer y, para aliviar esa sensación, la persona mete las piernas en agua. Cuando el gusano abandona el cuerpo, suelta (da a luz) más larvas en esa agua que beberá otra víctima desprevenida.

Unas pajitas especiales filtran el agua y evitan que el gusano de Guinea se extienda.

En 1986, aproximadamente 3,5 millones de personas sufrían cada año la enfermedad del gusano de Guinea. En 2014 se calcula que se produjeron 126 casos. En algo menos de treinta años, el gusano de Guinea prácticamente se ha erradicado. Como no existe ninguna vacuna ni cura para la enfermedad, todo este progreso se ha conseguido gracias a la prevención. Es decir, educando a las personas en las zonas donde la enfermedad está presente para que filtren el agua y eliminen así las larvas, y ayudando a que los enfermos comprendan la importancia de evitar meter las piernas en agua (para que las larvas no puedan salir e infectarla). En la actualidad, la inmensa mayoría de los países del mundo están libres del gusano de Guinea. Este es otro caso de éxito real (y casi total), hecho posible por la asociación internacional liderada por el Carter Center, fundado por el expresidente Jimmy Carter. Para informarte sobre el heroico trabajo contra el gusano de Guinea, visita cartercenter.org.

CASI TODOS LOS PAÍSES HAN ERRADICADO EL GUSANO DE GUINEA (1996–2014)

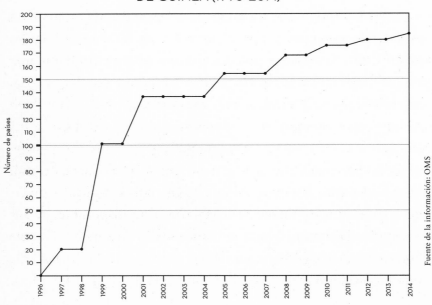

Fuente de la información: OMS

VENCER A LOS BICHOS

Afortunadamente, es mucho lo que podemos hacer para protegernos de las infecciones y para tratar de ayudar a otros a que también se protejan de manera más efectiva contra lacras ancestrales como la malaria. Repelente de insectos. Mosquiteras. Tener cuidado con las aguas estancadas (y vaciarlas de manera segura). También, antes de viajar, comentar con el médico cuáles son las precauciones adicionales que debemos adoptar, como tomar los medicamentos para prevenir la malaria. En Estados Unidos tenemos la suerte de contar con unas autoridades sanitarias que controlan (vigilan de cerca) lugares como los pantanos, donde las enfermedades pueden ocultarse, pero es posible que visites algunos países donde la situación sea distinta, por lo que lo mejor es ser precavido (¡y curioso!).

Además de todo lo que comentamos en el capítulo anterior —grupos de apoyo que trabajan para la mejora de la atención sanitaria (como PIH) y por la adopción de hábitos saludables (como Right To Play)—, puedes concentrarte en combatir una determinada enfermedad, como hizo Katherine con la malaria, sensibilizando a la población y recaudando fondos. También existen juegos online y aplicaciones que pueden ayudaros a tus amigos y a ti a informaros sobre la malaria (y sobre otras enfermedades, pero creo que actualmente los mejores juegos tratan sobre la malaria). En mi opinión, el juego más sofisticado, divertido y aterrador es Nightmare: Malaria. Está disponible gratuitamente en iTunes, la tienda de aplicaciones de Apple y Google Play, a las que se puede acceder desde nightmare.againstmalaria. com. La única manera de acabar con la pesadilla [*nightmare*, en inglés] de la malaria, la tuberculosis o el cólera es asegurarnos de mantenernos sanos y salvos en nuestras casas, nuestras escuelas y nuestras comunidades y ayudar a que los demás hagan lo mismo en todo el mundo.

Una organización que se dedica precisamente a esto es Project C.U.R.E., el mayor proveedor mundial de equipamiento médico (por ejemplo, camas de hospital) y material sanitario (como vendas) procedentes de donaciones a los países en vías de desarrollo. En todos sus centros en Estados Unidos, Project C.U.R.E. acepta donaciones de suministros sobrantes procedentes de hospitales, clínicas, empresas fabricantes y particulares. A continuación, trabaja con hospitales y clínicas en los países en vías de desarrollo para determinar cuáles son sus necesidades, a fin de que el material que envía se utilice de manera inmediata y eficaz (por ejemplo en el cuidado de mujeres recién paridas o de pacientes que sufren deshidratación). Project C.U.R.E. también dona toneladas de jabón y otros productos para ayudar a que las familias y los niños se mantengan a salvo de las infecciones que se transmiten por el agua y otros medios, especialmente tras alguna catástrofe natural. Los voluntarios (incluidos niños) pueden llevar a cabo todo tipo de trabajos en Project C.U.R.E., desde ayudar a separar las donaciones por categorías (como «guantes estériles» o «tubos para uso médico») a meter en bolsas o en cajas el material que se enviará a otros países. También puedes apoyar a Project C.U.R.E. donando cualquier material médico que te sobre (por ejemplo, una caja de tiritas sin abrir que ya sean demasiado pequeñas para ti) y alentando a los médicos y enfermeras que conozcas a que hagan lo mismo. Para informarte sobre cómo participar, visita projectcure.org. Cada venda y cada mosquitera —y cada hora de trabajo voluntario— ayuda a cambiar las cosas.

Con voluntarias de Project C.U.R.E. y otras organizaciones, después de haber estado empaquetando suministros juntas en Denver (Colorado).

¡Ponte en marcha!

- Recuérdales a las personas enfermas que deben tomar sus antibióticos, u otros medicamentos, durante todo el tiempo necesario, aunque sean meses (o incluso más tiempo).
- Utiliza repelente de insectos.
- Antes de viajar, visita la web sobre viajes de los CDC para saber si debes tomar precauciones adicionales (como el repelente de insectos que acabamos de mencionar).
- Lávate las manos (es algo tan importante que, como en el caso de la recomendación de consultar la web sobre viajes de los CDC, se menciona en dos de las listas a final de capítulo).

- Si vas a algún lugar donde haya malaria (o dengue, o cualquier otra peligrosa enfermedad transmitida por mosquitos), duerme bajo una mosquitera.
- Vacía con frecuencia los contenedores de agua estancada. Es una forma de evitar que haya mosquitos, y ¿a quién le puede parecer mal eso?
- Contribuye a la sensibilización, online y offline, sobre la malaria, el cólera y otras enfermedades.
- Juega a Nightmare: Malaria y difúndelo entre tus amigos.
- Recauda dinero, como Katherine, para grupos como Nothing But Nets que ayudan a proporcionar mosquiteras a quienes las necesitan para protegerse.
- Habla con tus amigos sobre la importancia de disponer de agua potable.
- Recauda dinero para organizaciones como Living Water International, charity: water, Water.org, entre otras, que trabajan para proporcionar agua potable a familias de todo el mundo.
- Apoya a grupos como PIH, que dan tratamiento a personas que sufren deshidratación aguda debida a la diarrea.
- Colabora con los proyectos que trabajan para hacer llegar rápidamente agua potable a la gente (mientras esperan a que se construyan los pozos y los sistemas de abastecimiento de agua), como el impulsado por Children's Safe Drinking Water de Procter & Gamble y oenegés como World Vision.
- Dona el material de primeros auxilios que te sobre y anima a los médicos, enfermeras y hospitales que conozcas a que donen el excedente de material médico a Project C.U.R.E.
- No estigmatices a nadie por ninguna enfermedad, y apoya a

tus familiares y amigos afectados por alguna de las enfermedades mencionadas aquí, o por cualquier otra.

- Si tienes al menos catorce años, utiliza las redes sociales para
seguir a organizaciones cuyo trabajo quieres apoyar (como
Water.org) y también a personas individuales (como Bill Gates, un infatigable impulsor de la lucha contra muchas de las
enfermedades que se discuten en este capítulo y en el anterior: VIH/sida, polio, malaria, etc.).

PARTE IV

Es TU MEDIO AMBIENTE

CAPÍTULO 8

PARTE METEOROLÓGICO

Cuál es tu asignatura favorita? A mí, además de historia, siempre me encantó la de ciencias. Todos los años, en todos los cursos, fue una de mis asignaturas favoritas, en parte por los trabajos y proyectos que tenía que hacer. En la escuela primaria, la investigación para mis proyectos consistía básicamente en rebuscar en libros y revistas tanto en la bibliote-

La de ciencias era una de mis asignaturas favoritas, en parte por trabajos como este sobre Júpiter. (Os aseguro que disfruté haciéndolo mucho más de lo que mi cara tan seria hace suponer.)

Cortesía de los padres de la autora

ca de mi escuela como en la gran biblioteca que había en el centro del pueblo, cerca de mi parroquia. También hablaba con expertos locales, en el planetario y en otros lugares, dependiendo de cuál fuese el tema del trabajo. No existía Google ni Wikipedia, ni las revistas online o los sitios web; aún no se habían inventado. La clase de ciencias se desarrollaba frente a la pizarra, sobre tableros que también hacían las veces de laboratorios y, sobre todo, en nuestra imaginación.

Los trabajos y proyectos de ciencias de primaria que aún recuerdo tenían que ver con panales de abejas y arrecifes de coral (y con Júpiter, como se ve en la fotografía, aunque debo reconocer que este último no encaja tan bien en este capítulo). Disfruté aprendiendo la importancia de los panales y los arrecifes para la salud del planeta, y me entristeció saber que corrían un gran peligro debido al cambio climático. El espectro de colores de los corales me fascinaba. Había oído decir que se estaban decolorando y que incluso su propia supervivencia estaba en peligro a causa del calentamiento de los océanos. Y eso me preocupaba mucho.

Como parte de mi trabajo en cuarto o quinto curso, construí con arcilla y palos de piruleta algo que esperaba que se pareciese a un arrecife de coral. Luego lo pinté y lo pegué en una cartulina. Aunque mis dotes artísticas eran, como mucho, dudosas (bueno, vale, bastante horribles), me encantaba aprender sobre la vida en las profundidades del océano y sentía la responsabilidad de contarles a mis compañeros de clase y a mis profesores por qué pensaba que la situación de los arrecifes debería preocuparnos a todos, incluso en Arkansas, a gran distancia del coral o del océano más cercanos.

También me gustaba saber que podía actuar contra el cambio climático. Recuerdo que, en la época en que hice mi trabajo sobre los arrecifes, estaba orgullosa de pertenecer a un grupo que las señoras Eilers y Huie, dos profesoras de Booker, habían organizado para ayudar a lanzar el primer proyecto de reciclaje de papel en nuestra escuela. Mi interés por el cambio climático no ha hecho más que aumentar en los veinticinco años que han pasado desde que, junto a la maqueta del arrecife, pegué sin querer a la cartulina parte de mi camiseta (que tuve que recortar y cubrir con más arcilla). Nuestro planeta sigue calentándose, los patrones climáticos están cambiando, y la vida sobre la tierra, en el cielo, y en océanos, lagos y ríos se está viendo alterada por estas transformaciones, posiblemente para siempre. Y lo más aterrador es que, como veremos, ninguno de estos cambios es positivo.

Los científicos nos dicen que las inundaciones y las tormentas de gran intensidad, como el huracán *Sandy* que azotó la costa este de Estados Unidos en 2012, serán cada vez más frecuentes. Los hogares y las vidas de millones de personas que viven cerca de la costa se verán amenazados e incluso serán destruidos. Las operaciones de limpieza, como aquellas en las que participé tras el

Sandy, formarán parte habitual de nuestras vidas. Los períodos de sequía también serán más habituales, así que millones de personas tendrán aún más dificultades para conseguir agua potable, mientras que algunas que hoy en día no deben preocuparse por cómo obtenerla tendrán que hacerlo en el futuro. Todo ello dificultará las labores agrícolas en más lugares, lo que conllevará que la comida sea más escasa y más cara, posiblemente para todo el mundo.

Soy consciente de que todo esto puede resultar un poco (muy) aterrador y de que buena parte de todo lo que comentaremos en este capítulo puede parecer abrumador, pero también es mucho lo que todos podemos hacer para echar una mano. El primer paso es tener claro qué es el cambio climático, por qué se está produciendo y qué podemos hacer para ralentizarlo e incluso para revertir la situación cuando sea posible. Pero también ser conscientes de lo que el cambio climático no es, cuáles no son sus causas y qué cosas no son eficaces para combatirlo (como esperar, por ejemplo). Todo esto puede parecer obvio, pero para muchísima gente no lo es.

En todo el mundo, el consenso científico respalda casi unánimemente la idea de que son las decisiones de los humanos (nosotros) a la hora de gestionar nuestras fábricas, propulsar nuestros coches, alimentar nuestros edificios, utilizar aparatos de aire acondicionado, criar ganado y talar árboles (deforestación) las que impulsan el cambio climático y el calentamiento global. A pesar de lo cual, solo la mitad de los estadounidenses admite que las decisiones humanas contribuyen al cambio climático. La mayoría de los científicos también coincide en considerarlo un problema muy grave. Sin embargo, según encuestas recientes, solo un tercio de los estadounidenses piensa lo mismo. La brecha entre lo que los científicos saben, basándose en sus investigaciones y en el análisis de los patrones climáticos y de la temperatura del planeta a lo largo de muchos años, y lo que cree la opinión pública no ha variado mucho con el tiempo.

Como la mayoría de los científicos, la mayoría de los alumnos de octavo también admitieron en una encuesta reciente que la actividad humana está acelerando el cambio climático y el calentamiento global. Muchos de vosotros ya conocéis los datos, sabéis qué cosas no son ciertas y podéis ayudar a vuestros padres y familias a que tomen conciencia y se informen sobre lo que es el cambio climático (y lo que no es) y sobre lo que todos podemos hacer para combatirlo. Muchos de los vídeos y juegos gratuitos sobre el cambio climático creados originalmente para niños pueden ser igualmente divertidos para toda la familia. PBS LearningMedia tiene unos estupendos vídeos sobre asuntos relacionados con el cambio climático (a Marc y a mí nos encanta verlos, porque siempre aprendemos algo nuevo, aunque muchos de ellos son espeluznantes). Puedes buscar por tema y por curso en pbslearningmedia. org. El vídeo *Climate 101* de Bill Nye es otro recurso fantástico (lo puedes encontrar en climaterealityproject.org) y su juego Lab

Dash también es muy divertido e informativo. Puedes verlo en billsclimatelab.org.

En este capítulo hay un poco de ciencia, pero no mucha (no encontrarás ningún gráfico sobre el ciclo del carbono). Si realmente te interesan los datos científicos que explican el cambio climático

Cortesía de Penguin Young Readers Group

El juego Lab Dash de Bill Nye es una manera estupenda (y muy divertida) de informarse sobre el cambio climático.

—y cómo detenerlo—, espero que visites los sitios web sobre cambio climático dirigidos específicamente a los jóvenes de la Administración Nacional de la Aeronáutica y del Espacio (más conocida como NASA, la rama de la Administración estadounidense que se dedica al espacio) y de la Agencia de Protección Ambiental (EPA). Ambos son gratuitos y puede decirse que tan útiles para adultos como para niños. Los encontrarás en climatekids.nasa.gov y epa.gov/climatestudents. También puedes recurrir a tus profesores de ciencias y a cualquier museo local dedicado a la historia natural, la ciencia y la exploración.

Como conté al principio del libro, creo que la suma de muchas acciones pequeñas acaba dando lugar a acciones grandes, y a cambios grandes. Esto es especialmente cierto en lo que se refiere al cambio climático. Lo que hacemos en nuestros propios hogares, escuelas y barrios tiene efectos en la salud de nuestros pueblos y ciudades y de todo el mundo.

CLIMA Y CAMBIO CLIMÁTICO

El clima hace referencia a cómo es en promedio el tiempo atmosférico en un lugar determinado (que podría ser el pueblo o ciudad en los que vivimos, nuestro país o el planeta en su conjunto) a lo largo de un período de tiempo. «Cambio climático» significa exactamente lo que su nombre indica: todos los cambios del clima en distintos lugares del mundo, incluidas las variaciones en los patrones climáticos, las corrientes oceánicas y eólicas, y las temperaturas medias del aire y el agua. La expresión engloba también lo que sucede con los huracanes y los tornados, las precipitaciones en forma de lluvia y de nieve, y si estas se producen en el Ártico, cerca del ecuador o en nuestros propios pueblos.

A lo largo de la larga historia de nuestro planeta, el clima ha fluctuado. La temperatura y la cantidad de precipitaciones medias han aumentado y disminuido repetidamente a lo largo del tiempo. Pero el clima nunca ha cambiado tan rápidamente como lo está haciendo ahora. La mayoría de los científicos cree que estos cambios son distintos de los que se han venido produciendo históricamente, en gran medida porque están ocurriendo a una velocidad nunca vista. Y la inmensa mayoría de los científicos nos señalan a nosotros, los humanos, como causantes del cambio climático actual y no a los fenómenos naturales, que sí explican por qué las temperaturas o las precipitaciones aumentaron o disminuyeron hace cientos o miles de años. ¿Cuáles son los principales culpables? La quema de combustibles fósiles, principalmente carbón y petróleo en coches y fábricas, así como la deforestación (talar o quemar enormes cantidades de árboles en muy poco tiempo).

¿Por qué está cambiando el clima?

¿De dónde procede la luz (aparte del Sol)? ¿Y el calor? Llevamos miles de años quemando carbón para alumbrarnos, para calentarnos y para otros fines. Con la revolución industrial, a finales del siglo XVIII y durante el XIX, el carbón se fue convirtiendo en el combustible más utilizado para propulsar barcos y trenes, para calentar hogares y edificios y para electrificar todo lo que se pudiese iluminar, como las calles, las casas y los edificios. Desde el principio, el carbón sirvió para mucho más que para proporcionar energía a las bombillas. La electricidad que permitía producir desencadenó la innovación de una manera extraordinaria. De las bombillas a los motores de tren, de las fábricas a las cocinas, cuesta imaginar los últimos doscientos años sin el carbón y todo lo que hizo posible. Y es imposible imaginar nuestras vidas diarias actuales sin la electricidad, de la que dependemos para tantas cosas (iluminar nuestros hogares, mantener la leche y los huevos frescos en el refrigerador, proporcionar energía a nuestros ordenadores y teléfonos para poder estar conectados al mundo y con nuestros amigos). Lo mismo sucede con el petróleo, que utilizamos para propulsar la mayoría de nuestros coches, autobuses y aviones, y que permite a muchos padres ir a su trabajo y a ti llegar a la escuela, al cine o a casa de un amigo. En muchos países, incluido Estados Unidos, el carbón sigue siendo una de las principales fuentes de energía, y en la mayoría de los sitios el petróleo continúa siendo el combustible más utilizado en el transporte. Actualmente, las fuentes más importantes de gases de efecto invernadero, impulsoras del cambio climático, son la electricidad, el transporte y los usos industria-

ENERGÍA RENOVABLE Y NO RENOVABLE	
FUENTES RENOVABLES*	FUENTES NO RENOVABLES
Eólica	Carbón
Hidroeléctrica	Gas natural
Solar	Petróleo
Geotérmica (calor extraído del subsuelo)	Uranio
Biomasa, que incluye desechos de la agricultura/silvicultura y residuos procesados (materia fecal desinfectada)	*No hemos «descubierto» la energía renovable recientemente. El ser humano lleva cientos de años utilizando el viento y el agua como fuentes de energía.

Fuente de la información: U.S. Energy Information Administration

les de la energía (por ejemplo, en las fábricas), en gran medida porque aún dependen del carbón y el petróleo.

Además, en el siglo XXI, más aún que en cualquier época anterior, aparte del carbón y el petróleo existe toda una variedad de maneras renovables de generar energía. Lo que las hace renovables es el hecho de que proceden de fuentes que nunca se agotarán (el viento siempre soplará, el Sol siempre seguirá brillando y las olas del mar nunca dejarán de subir y bajar). Además, hoy se trabaja intensamente en lo que se conoce como «carbón limpio», carbón utilizado para producir energía de tal manera que no emita gases de efecto invernadero a la atmósfera (o al menos lo haga en menor medida).

Cuando se utiliza el carbón tradicional para generar energía y electricidad, o se usa petróleo para propulsar un coche, se emite dióxido de carbono. Una cantidad enorme de esta sustancia. Se emite más dióxido de carbono, o CO_2, por cada unidad de carbón consumido que para cualquier otro de los combustibles más utilizados. Esto es importante porque el aumento de dióxido de carbono en la atmósfera en los últimos doscientos años, y especialmente en las últimas décadas, es uno de los motivos principales por los que el planeta se está calentando. Aunque hay muchas fuentes naturales de dióxido de carbono (incluida nuestra propia respiración), la mayoría del que se ha emitido a la atmósfera durante las últimas décadas, e incluso siglos, tiene su origen en la manera que tenemos de generar y consumir energía.

Los científicos calculan que un tercio de todas las emisiones anuales de dióxido de carbono procede exclusivamente de la combustión de carbón. Las plantas absorben dióxido de carbono y luz solar para producir su propio alimento, y al hacerlo emiten oxígeno. Esto las convierte en las compañeras ideales de los humanos (nosotros inspiramos oxígeno y espiramos dióxido de carbono). Históricamente, los bosques, las plantas y los océanos absorbían todo el carbono (del dióxido de carbono) que emitíamos a la atmósfera. Pero ya no es así. Las emisiones de carbono (procedente de un número cada vez mayor de fábricas, servicios públicos, coches, aviones, edificios y muchos otros usos) han provocado un enorme desequilibrio. Actualmente, las plantas terrestres y las que viven en los océanos son incapaces de compensar la cantidad de carbón y otros combustibles fósiles que consumimos. Eso sería cierto incluso si no estuviésemos talando árboles. Pero lo estamos haciendo, y a un ritmo cada vez mayor en todo el planeta, de manera que cada vez quedan menos árboles para absorber el dióxido de carbono.

Deforestación mediante la quema de superficies arboladas en la Amazonia.

Cortesía de Brazil Photos/Getty

La reforestación es una de las maneras en que podemos contribuir a combatir el cambio climático. Este proyecto de reforestación se lleva a cabo en los Andes.

Los árboles se talan y se queman por muchos motivos: por ejemplo, para que los terrenos despejados se puedan dedicar a la agricultura, con frecuencia de una manera que no es sostenible —es decir, que no se podrá mantener durante mucho tiempo—, y para utilizar la madera como combustible, para fabricar muebles o como material de construcción. En particular, la deforestación supone un riesgo para los pueblos indígenas de todo el mundo que viven en los bosques. En la Amazonia, los pueblos indígenas están trabajando para proteger los terrenos densamente arbolados en los que han cazado y vivido durante generaciones. Los activistas indígenas luchan para evitar que se talen árboles de forma ilegal y trabajan para implantar políticas y prácticas de tala más responsables. También defienden su derecho a la propiedad de la tierra en la que llevan siglos viviendo. La deforestación ilegal puede ser un negocio muy rentable, y quienes ganan mucho dinero con ello no tienen ninguna intención de dejar de talar árboles. Los leñadores ilegales han amenazado a los pueblos de todo el territorio amazónico e incluso, como sucedió en Perú en 2014, han llegado a asesinar a cuatro activistas indígenas. La tragedia no ha detenido a quienes trabajan en favor de prácticas de tala más sostenibles y de una mayor reforestación —reponer los árboles talados— en la Amazonia, sino todo lo contrario: ha conseguido que luchen con más ahínco aún por sus bosques y su futuro.

La reforestación no se está llevando a cabo en todas partes, ni siquiera en muchos de los sitios donde se han talado muchos árboles. Al menos hasta ahora. Hay que reponer los árboles que se talan por la deforestación, al tiempo que se promueven prácticas de tala y silvicultura responsables. Y debemos plantar aún más árboles para compensar las cantidades crecientes (al menos por ahora) de carbono que se emiten debido al consumo de combustibles fósiles. La mejor manera de hacerlo es muy distinta en la Amazonia que en Canadá, China o Kenia. Cuando plantemos árboles en nuestra casa o en nuestro pueblo, es importante que sean los adecuados para el entorno, para que crezcan saludablemente, encajen en el ecosistema y tengan una elevada probabilidad de vivir mucho tiempo, y así combatir el cambio climático en el futuro.

Wangari Maathai ha sido desde siempre una de mis heroínas. Un día plantó un árbol para compensar la deforestación en su Kenia natal. Después plantó otro. Y otro. A continuación, reclutó a otras personas para que le ayudasen a plantar más árboles y creó un movimiento, conocido como Green Belt. Wangari animó a los kenianos a plantar 30 millones de árboles, y a gente de toda África a plantar varios millones más.

También motivó a Felix, un chico que vivía en Alemania, a más de 8.000 kilómetros de distancia. En 2007, cuando tenía nueve años, Felix decidió que el mundo (y los niños) no podía esperar a que los adultos se decidiesen a combatir el cambio climático, y se propuso seguir el ejemplo de Wangari de luchar contra el cambio climático y la deforestación árbol a árbol. Ese año creó Plant-

En la imagen, Wangari junto a un árbol. Su movimiento Green Belt inspiró a los kenianos a plantar 30 millones de árboles.

for-the-Planet, con el objetivo de plantar 1 millón de árboles. Reclutó para su causa tanto a amigos como a desconocidos y logró alcanzar esa cifra en 2010. Su objetivo es ahora plantar 1.000 millones de árboles antes de 2020. Para informarte sobre su organización y sobre cómo participar, visita el sitio web plant-

for-the-planet.org. Para saber más sobre el asombroso legado de Wangari, puedes ir a greenbeltmovement.org. Si quieres crear tu propio proyecto en Estados Unidos, la Arbor Day Foundation te puede ayudar a saber qué árboles son los más ade-

Felix creó Plant-for-the-Planet cuando tenía nueve años. Aquí está hablando en la ONU, instando a todo el mundo a plantar árboles.

387

cuados para tu barrio, y a combatir al mismo tiempo el cambio climático. Encontrarás más información en arborday.org.

La vida en un invernadero

Volviendo a los combustibles fósiles, ¿qué es lo primero que te viene a la mente cuando piensas en ellos? ¿Dinosaurios? Los combustibles fósiles se llaman así porque se forman a partir de los restos de plantas o animales prehistóricos (aunque no dinosaurios) que vivieron hace cientos de millones de años. El carbón es uno de los principales combustibles fósiles y, como mencionamos antes, una fuente considerable de dióxido de carbono, el más importante de los gases de efecto invernadero. Estos gases deben su nombre al hecho de que retienen energía en las inmediaciones de la superficie terrestre, de la misma manera en que un invernadero conserva el calor cerca de las plantas, flores y árboles para permitir que crezcan, aun cuando haga frío en el exterior. El dióxido de carbono es el más relevante de entre ellos, pero ni mucho menos el único. El metano, el óxido nitroso y el ozono son los otros gases de efecto invernadero importantes, y la concentración en la atmósfera de todos ellos ha aumentado desde antes de que tú nacieras, e incluso desde antes de que lo hiciera yo. Así, también es importante que trabajemos para limitarlos en parte porque algunos —como el metano— desaparecen de la atmósfera más rápido que el dióxido de carbono.

Como sucede con el dióxido de carbono, existen fuentes naturales y artificiales de metano, óxido nitroso y ozono. La ganadería (por ejemplo, de vacas u ovejas), los océanos y los humedales emiten metano a la atmósfera. Aunque los océanos son la principal fuente de emisiones de óxido nitroso a la atmósfera, la actividad humana también genera enormes cantidades de este gas (en particular, la agricultura, debido al uso de fertilizantes para ayudar al crecimiento de las cosechas). En las inmediaciones de la superficie terrestre, el ozono, famoso sobre todo como componente del esmog, es en su totalidad de origen humano. En breve hablaremos tanto de uno como del otro.

AUMENTO DEL CO_2 EN LA ATMÓSFERA (1960–2010)

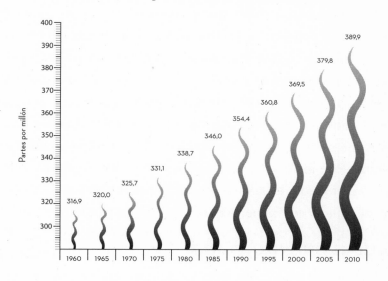

Los hidrofluorocarbonos (HFC) no son aún uno de los principales gases de efecto invernadero, pero van camino de serlo. Y esto no es nada bueno. Los HFC son capaces de retener más calor que el dióxido de carbono, lo que en cierta medida es irónico, porque se utilizan principalmente en los sistemas de refrigeración y de aire acondicionado. Son tan peligrosos que se conocen como «gases de superefecto invernadero». Antes de los HFC, los clorofluorocarbonos (CFC) se utilizaban para fines similares (y suscitaban una preocupación parecida). El mundo estaba tan preocupado por los CFC que, en 1987, todos los países se comprometieron a ir gradualmente dejando de utilizarlos. Hoy en día ya casi no se usan. Esto es algo positivo, y una muestra de lo que se puede conseguir si el mundo coordina sus esfuerzos. Por desgracia, las sustancias que reemplazaron a los CFC no eran mucho mejores. Muchos científicos creen que se deben tomar medidas similares para abandonar progresivamente los HFC (y encontrar una alternativa más ecológica), pues de lo contrario el cambio climático se acelerará de manera vertiginosa.

La atmósfera, que está compuesta de distintas capas de gases, actúa como una manta sobre la Tierra. Se necesita una cierta cantidad de gas de efecto invernadero para que no nos quedemos congelados por la noche, una vez que el Sol se ha puesto. Pero en los últimos diez o veinte años los gases de efecto invernadero han alcanzado unos niveles tan elevados que retienen una cantidad cada vez mayor de calor cerca de la superficie terrestre, con lo que el planeta se convierte en un invernadero global.

Calentamiento global

Una consecuencia de vivir en un invernadero global (y uno de los aspectos más preocupantes del cambio climático) es algo que ya hemos mencionado en este capítulo: el calentamiento global. Es otra expresión que significa exactamente lo que parece: un incremento en la temperatura media anual del planeta. Desde 2000, el mundo ha vivido nueve de los diez años más calurosos de los que se tiene constancia, incluido el más caluroso de todos: 2014. Los diez años más cálidos de los que se guarda registro se han producido desde que yo terminé el instituto. Eso no solo me hace sentir vieja, sino que también consigue que me preocupe aún más por las consecuencias de un clima cada vez más caluroso para el futuro de la vida en la Tierra.

TEMPERATURA MEDIA GLOBAL (1990–2014)

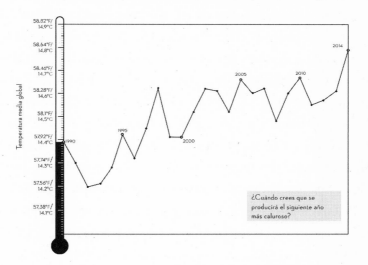

¿Cuándo crees que se producirá el siguiente año más caluroso?

Fuente de la información: NOAA y NASA

El calentamiento global no implica un aumento de la temperatura en todos los puntos de la Tierra, sino que la temperatura media del planeta se está elevando. Puesto que se trata de un promedio, algunos lugares podrían experimentar un clima más frío (algo que, de hecho, está sucediendo). Dependiendo de dónde vivas, puede que lo hayas notado. En 2014, algunas zonas de la costa este de Estados Unidos (entre ellas Nueva York, donde vivo) y del Medio Oeste experimentaron en promedio un año más frío, mientras que California vivió su año más caluroso hasta la fecha.

No solo se están extremando las temperaturas, sino el tiempo atmosférico en general. Las inundaciones y las sequías, que antes eran fenómenos poco frecuentes, ahora resultan habituales. A medida que la Tierra se calienta, se acelera el deshielo de los glaciares y los casquetes polares y, en consecuencia, se eleva el nivel de los mares. En el extremo norte del planeta, las capas de hielo del Ártico y de Groenlandia se están derritiendo, y lo mismo está ocurriendo en el extremo sur, donde la superficie de hielo que cubre el océano Antártico se derrite también, y al hacerlo pierde grosor. En Groenlandia, cada año se funde un pedazo de hielo del tamaño de la ciudad de Washington. ¡Qué horror!

Aún más preocupante que el calentamiento que hemos vivido hasta ahora es el hecho de que, si nada cambia en los niveles actuales de polución (más gases de efecto invernadero) y de deforestación (pérdida de capacidad de absorción de dichos gases), se calcula que, en 2100, la temperatura media de la Tierra se habrá elevado en al menos dos grados centígrados. Esto es sobrecogedor. Los científicos predicen que, incluso si hiciésemos todo lo posible para detener el cambio climático (por ejemplo, usando más energías renovables y menos carbón), la temperatura aún aumentaría más de un grado centígrado. Puede que estas predicciones no parezcan grandes variaciones, pero lo son. Cambios aparentemente pequeños en la temperatura pueden tener consecuencias enormes para la vida en la Tierra. Piensa en cuando tienes fiebre. Un aumento de un grado en la temperatura corporal puede hacer que cualquiera se encuentre fatal y se sienta atontado. Si la temperatura del cuerpo sube dos grados, la fiebre empieza a ser peligrosa (en particular para los niños). Una fiebre de más de seis grados sería fatal. Los cambios aparentemente pequeños son importantes.

Aunque es cierto que el calentamiento global no significa que el clima sea más caluroso en todas partes, en los lugares donde sí aumente la temperatura este incremento se prolongará durante más tiempo, con lo que se elevará el riesgo de sufrir peligrosas olas de calor. Las personas mayores son especialmente vulnerables a las olas de calor. En la que azotó Chicago en 1995 se calcula que, en solo cinco días, murieron setecientas cincuenta personas por causas relacionadas con las altas temperaturas, como golpes de calor, ataques cardíacos y deshidratación. Quienes viven en la pobreza están más expuestos a las consecuencias de las olas de calor. En Chicago, muchas de las víctimas vivían en edificios sin aire acondicionado, lo que significa que no tenían medios de refrescarse cuando las temperaturas rondaron los cuarenta grados. Muchos de ellos vivían en barrios en los que la inseguridad hacía que no se sintiesen cómodos si abrían las ventanas por la noche.

Cortesía de Keystone/Getty

Este no es el método más eficiente para refrescarse, si se piensa en el ahorro en el consumo de agua, pero es comprensible que cuando las temperaturas rondaban los cuarenta grados centígrados, como sucedió en la década de 1950, los chavales abriesen una boca de incendios.

La ola de calor que sufrió Europa en 2003 fue aún más mortífera, pues se cobró cincuenta mil vidas, entre ellas las de muchas personas mayores y pobres, tanto en las ciudades como en los pueblos, y en distintos países del continente. El cambio climático golpea con más saña a quienes viven en la pobreza, pero nos afecta a todos, tanto hoy como en el futuro. Algunos científicos predicen que, en el futuro a largo plazo, algunas zonas del planeta pueden volverse inhabitables porque el calor será excesivo todo el año (una visión espantosa). Otros creen que la vida tal como la conocemos será inviable en casi todas partes (lo cual sí que es verdaderamente aterrador).

Pequeños cambios, grandes desafíos

¿Somos los humanos los únicos que estamos amenazados por el cambio climático? No, ni mucho menos. El calentamiento del planeta también supone un riesgo para los animales y las plantas (lo cual tampoco es bueno para nosotros, porque dependemos de ellos para muchas cosas, y en particular como fuente de alimento). Los animales que necesitan climas templados (relativamente más frescos) se ven obligados a migrar (desplazarse) para encontrar entornos más confortables. En ocasiones, esas migraciones los llevan muy lejos de sus lugares de origen, lo que no es positivo para ellos, ni tampoco para otros animales o plantas que forman parte de su ecosistema (la comunidad de organismos que comparten un mismo entorno y dependen los unos de los otros de forma evidente o imperceptible). El desplazamiento de una especie de animales puede tener un efecto dominó y afectar de manera negativa a otras especies (e incluso obligarlas a emigrar también, o arriesgarse a desaparecer), tanto de plantas como de animales, e incluso a los humanos (en particular si dependen de ellos para completar su dieta).

Las plantas también están sintiendo los efectos directos del cambio climático. Ciertos cultivos solo crecen bien a determinadas temperaturas, y cabe la posibilidad de que el calentamiento del planeta haga imposible cultivar alimentos que han formado parte esencial de nuestra dieta durante siglos. Una Tierra más caliente también implica que habrá más sequías, lo que dejará menos lluvia y menos agua con las que hacer crecer las cosechas. Los científicos estiman que, si la temperatura media del planeta aumenta dos grados centígrados, la producción de maíz en Estados Unidos disminuiría entre un 10 y un 30 por ciento, debido a que se reducirían las zonas en las que podría crecer el cereal y a que se producirían más sequías, lo que perjudicaría a las cosechas en los lugares donde el maíz aún pudiese cultivarse. Por encima de los treinta y cinco grados, el maíz no se puede cultivar. Esto implica algo más que quedarnos sin palomitas en el cine, porque dependemos del maíz para muchas otras cosas: aparte de en la alimentación, se utiliza como combustible, como pienso para animales y para fabricar plásticos (sí, en serio), jabones e incluso medicamentos.

Para producir comida suficiente para alimentar a todo el mundo, incluidas las personas que pasan hambre hoy en día, y a la vez tratar de mitigar los efectos del cambio climático, posiblemente tengamos que modificar los alimentos que cultivamos, dónde los cultivamos y cómo lo hacemos. Por fortuna, existen muchas soluciones de alta y baja tecnología de eficacia demostrada, y tanto los científicos como los granjeros siguen experimentando para encontrar aún más. Entre ellas están la combinación de árboles y cosechas en lo que se conoce como «agricultura ecológica» para poder cultivar una variedad más amplia de alimentos en las ciudades (en los tejados y en otros lugares), así como para desarrollar nuevos tipos de semillas capaces de crecer en entornos de temperaturas mucho más elevadas y con menos agua.

Normalmente, semillas como esas, que crecen a temperaturas más elevadas, necesitan menos agua o son capaces de soportar enormes fluctuaciones en la temperatura y en la pluviosidad, proceden de organismos genéticamente modificados (OGM). Puede que hayas oído hablar de los OGM, porque han recibido mucha atención recientemente. Aunque muchos científicos y expertos en salud consideran que las verduras y frutas procedentes de semillas modificadas genéticamente no suponen ningún riesgo, otros opinan lo contrario, y la mayoría de los estadounidenses aún se oponen a su uso, o al menos siguen sin estar convencidos de sus beneficios. Muchas personas no saben que es probable que la mayoría de nosotros ya estemos comiendo alimentos (y llevando ropa) procedentes de cultivos genéticamente modificados. En Estados Unidos, alrededor del 90 por ciento del maíz y el algodón, por poner dos ejemplos, se produce utilizando semillas genéticamente modificadas. En lo que casi todo el mundo sí que está de acuerdo es en que deben realizarse más estudios sobre los OGM para comprender todos sus beneficios, tanto económicos como relacionados con la salud, así como los posibles riesgos a largo plazo para los agricultores y para la sociedad en general.

Según la ONU, la producción de alimentos deberá doblarse en 2050 para que todo el mundo tenga suficientes alimentos nutritivos que comer, aunque al mismo tiempo se espera que, debido al cambio climático, sea cada vez más difícil cultivar los

Las sequías alteran los alimentos que podemos cultivar y dónde podemos cultivarlos.

mismos tipos de alimentos que producimos actualmente de la manera en que lo hacemos. Si te interesa saber cómo estamos abordando este desafío, es importante que te informes sobre el debate en torno a los OGM y decidas cuál crees que debería ser (o no) su papel a la hora de alimentar a la población mundial. Si quieres saber más sobre los OGM y sobre por qué tienen defensores y detractores tan firmes, puedes empezar en pbs.org, buscando «*harvest of fear*» [«la cosecha del miedo»].

«*Agua, por todas partes agua, y ni una gota que beber*»

Sí, el agua de nuevo. La escasez de agua —cuando no hay suficiente agua potable para todos— es también un desafío al que el mundo ya se enfrenta, y que se espera que se complique aún más si se mantienen las tendencias actuales. Si no modificamos la manera en que la utilizamos, no habrá agua suficiente para todos los habitantes del mundo. La ONU estima que en 2050, además de necesitar mucha más comida en el mundo, también necesitaremos un 40 por ciento más de agua de la que habrá disponible si la Tierra sigue calentándose al ritmo actual y las sequías se vuelven fenómenos cada vez más habituales. Es mucha más agua, y supone un problema que el mundo debe resolver trabajando conjuntamente.

PAÍSES QUE SE ENFRENTAN A RESTRICCIONES DE AGUA (2013)

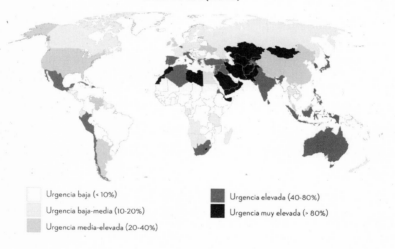

Fuente de la información: World Resources Institute

Imagina que, cada día, solo pudieses beber aproximadamente la mitad del agua que quisieses, o que solo pudieses lavarte los dientes una vez al día, en lugar de dos. O que no pudieses conseguir la comida que quisieses porque no hubiese suficiente agua para cultivar las cosechas o para dar de beber a los animales. Para evitar este futuro aterrador y al mismo tiempo combatir el cambio climático, debemos introducir cambios importantes en la manera en que recogemos y utilizamos el agua de lluvia, potabilizamos y reutilizamos el agua y regamos los cultivos (sea cual sea el tipo de semillas del que proceden) y nuestras plantas en casa. Todo ello, además de lo que debemos empezar a hacer ya para conseguir que la gente tenga acceso al agua que necesita y para garantizar que esta sea potable y no suponga ningún peligro para quien la consume. Esta es otra área de actuación en la que existen opiniones de todo tipo sobre lo que el mundo debería hacer, y donde se trabaja intensamente para encontrar las mejores soluciones.

Los gobiernos, las empresas, las oenegés y los emprendedores ya están cambiando la manera en que el planeta en su conjunto utiliza el agua, y para qué la usa. Por ejemplo, Coca-Cola se ha comprometido a alcanzar una huella hídrica neutral en 2020, lo que significa que, por cada litro que la empresa utilice para producir sus bebidas y otros productos, devolverá una cantidad equivalente a la sociedad y a la naturaleza. Tanto los gobiernos como las empresas están invirtiendo en tecnologías de desalinización, para que transformar el agua salada de los océanos en agua para beber o para irrigar los cultivos resulte más barato, más fácil y más eficiente desde un punto de vista energético. Algunas compañías están experimentando con la posibilidad de convertir el aire en agua. Sí, en serio.

Otras empresas y emprendedores buscan maneras de transformar tecnologías que consumen grandes cantidades de agua para que necesiten menos o ninguna cantidad. Por ejemplo, están intentando desarrollar lavadoras y lavavajillas que funcionen con mucha menos agua y dejen la ropa y los platos tan limpios como los aparatos actuales. Y también váteres que sean igualmente higiénicos pero requieran menos agua o, mejor, nada de agua. Recientemente me enteré de que un emprendedor está desarrollando un sistema de lavado de coches sin agua. De veras.

Los gobiernos y otras entidades también están analizando cómo preservar el aspecto y el atractivo de los campos de golf, los parques y otros espacios verdes, aun siendo algo menos verdes y necesitando un poco (o mucho) menos de agua. La irrigación por inundación —literalmente, inundar los terrenos de cultivo con agua desviada de ríos o extraída de fuentes subterráneas— es todavía uno de los métodos más utilizados para regar cultivos en todo el mundo, a pesar de que supone un gran derroche de agua, pues las plantas reciben mucha más de la que realmente necesitan. Los agricultores, los expertos académicos, las empresas y otras personas y organizaciones están experimentando con distintas maneras de hacer llegar a los cultivos el agua que necesitan, pero no más (y de evitar la inundación de los terrenos).

En tu casa, tu familia y tú podéis reducir la cantidad de agua que consumís si, por ejemplo, no dejáis el grifo abierto mientras os cepilláis los dientes, os dais duchas más cortas, comprobáis que los váteres y los grifos no pierden agua, usáis botellas de agua reutilizables cuando salís de casa (en lugar de comprarlas nuevas y de plástico). En nuestra casa procuramos hacer todo eso siempre. Algunos días lo conseguimos más que otros, y siempre nos recordamos el uno al otro que debemos llevar agua al salir de casa, para evitar comprar botellas de plástico. A veces yo me olvido de hacerlo, así que desde luego aún tengo que mejorar.

Dónde decides comprar y lo que eliges comprar o comer puede contribuir a combatir el cambio climático y el calentamiento global. Si tu familia puede permitirse tomar decisiones respecto a lo que compráis y dónde lo hacéis, podéis optar por apoyar a empresas «verdes» (lo cual puede significar que utilizan menos agua, que consumen más energía procedente de fuentes renovables o que reciclan mucho y, en general, se esfuerzan por reducir su efecto negativo sobre el medio ambiente. Cada año, *Newsweek* publica una clasificación de las empresas estadounidenses y de todo el mundo en función de lo verdes que son (puedes encontrar la correspondiente a 2014 en newsweek.com). Es una lista variada, en la que figuran desde compañías tecnológicas hasta fabricantes de calzado. Las empresas prestan atención a sus clientes: al apoyar sus esfuerzos en favor de la ecología comprando lo que venden (en lugar de comprar algo parecido de otra empresa que no sea tan ecológica) demuestras la importancia que das a sus esfuerzos en favor del medio ambiente.

El Aumento de la Temperatura de los Océanos
¿Sabías que...?
En promedio, la temperatura de los océanos ha aumentado alrededor de 0,1 grados centígrados durante el último siglo
En los 700 metros más superficiales de los océanos de todo el planeta (donde vive la mayor parte de la flora y fauna marinas), la temperatura se ha elevado en promedio más de 0,17 grados centígrados tan solo desde 1969
Puede que el incremento de la temperatura de los océanos no parezca gran cosa, pero está teniendo efectos muy importantes

Fuente de la información: NASA y National *Geographic*

Unas temperaturas más elevadas y una menor pluviosidad no suponen un riesgo únicamente para nuestro modo actual de cultivar alimentos y de obtener agua potable, sino que también conllevan un aumento del riesgo de que se produzcan sequías e incendios. En 2012, muchas zonas de Estados Unidos padecieron temporadas de sequía, debido a que los veranos de 2011 y 2012, más calurosos de lo habitual, y la disminución de la pluviosidad dejaron el suelo y las plantas abrasados y secos. No es de extrañar que temporadas de sequía más prolongadas conlleven una disminución de la cantidad de agua dulce disponible, pues hay menos lluvia y nieve con las que reponer los manantiales. El hecho de que caiga menos lluvia y las temperaturas sean más altas no solo tiene como consecuencia el derretimiento de las capas de hielo, como se mencionó antes, sino también la reducción de la superficie cubierta por glaciares en todo el mundo, desde las Montañas Rocosas en Estados Unidos y Canadá hasta el Himalaya en Asia, pasando por los Alpes en Europa y los Andes en Sudamérica. Este «retroceso» de los glaciares conlleva que disminuya la cantidad de agua dulce que llega a los ríos y acuíferos (el origen del agua de los pozos) y que puede utilizarse para beber, cocinar, regar, combatir incendios, etc. Unas condiciones climatológicas más calurosas y secas en el oeste de Estados Unidos ayudan a explicar por qué los incendios forestales son más habituales y más graves (queman mayores extensiones de terreno y también muchas más casas) que hace apenas unas décadas. Una vez iniciados, estos incendios ahora duran más tiempo y arrasan terrenos más ex-

A MEDIDA QUE SE DERRITEN LOS CASQUETES DE HIELO, EL AGUA INUNDA LA TIERRA

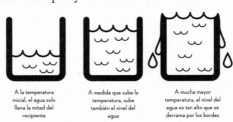

A la temperatura inicial, el agua solo llena la mitad del recipiente

A medida que sube la temperatura, sube también el nivel del agua

A mucha mayor temperatura, el nivel del agua es tan alto que se derrama por los bordes

A medida que sube la temperatura (y los casquetes de hielo se derriten), el agua inunda la tierra. No parece mortal, pero puede serlo para la gente que vive sobre o cerca del agua

Fuente de la información: EPA

tensos. Y se espera que la situación empeore, a menos que detengamos el cambio climático.

El calentamiento global también conlleva el calentamiento de los océanos. Cuando el agua se calienta, da lugar a más agua, por surrealista que pueda parecer. El agua procedente del deshielo de los casquetes polares y los glaciares acaba en los océanos; además, al calentarse, el agua se expande, y ocupa más espacio que cuando está más fría. Todo esto provoca que el nivel del mar —la altura de los océanos en relación con la costa— se eleve. En 2012, el nivel del mar en todo el mundo había aumentado 20 centímetros desde 1870, de los cuales alrededor de 17 se habían producido en los últimos cien años. Este es otro cambio aparentemente pequeño, pero con importantes consecuencias. Se espera que el nivel del mar continúe subiendo, y ya hay islas y zonas costeras que están desapareciendo bajo las aguas. En Estados Unidos, casi 5 millones de personas viven poco más de un metro por encima del nivel de la marea alta del mar, bahía o cauce fluvial más cercano y —junto con sus hogares— corren el peligro de ser engullidos por la subida del nivel del mar, especialmente en caso de inundaciones o fuertes tormentas. Es lo que ocurrió cuando se desencadenó el huracán *Sandy*, que se cobró la vida de al menos 53 personas y destruyó miles de hogares y negocios en la costa este estadounidense, afectando también a Nueva York.

Hoy día, algunos lugares aún están recuperándose del *Sandy*, y algunos cargos públicos de distintas administraciones, junto con científicos y otras personas, están tratando de pensar cómo hacer que la costa este, y cualquier otra zona, esté preparada para «la próxima vez», para evitar que ninguna persona muera, que las casas no resulten destruidas y que todo el mundo salga mejor parado. Esto es muy importante, porque los investigadores que estudian el comportamiento del clima y el cambio climático advierten que es probable que haya más supertormentas como *Sandy* en el futuro.

Con la subida del nivel del mar y el des-

Cortesía de NG Images/Alamy

Los huracanes y las supertormentas como Sandy, que se muestra en la imagen, pueden ser devastadores cuando tocan tierra, e incluso en el mar. Son tan peligrosos como parecen.

hielo de los casquetes polares y los glaciares, ciudades enteras están en peligro. Si no actuamos para frenar el cambio climático, partes de la ciudad de Nueva York podrían desaparecer para siempre. Nueva Orleans y Venecia (Italia) podrían desaparecer por completo. En Calcuta (India), 14 millones de personas podrían quedarse sin hogar si el nivel del mar aumentase poco más de 45 centímetros. Asimismo, casi 5 millones de personas podrían perder sus casas en cada una de las siguientes ciudades: Shanghái (China), Ciudad Ho Chi Minh (Vietnam; que en tus libros de historia quizá aparezca como Saigón) y Miami (Estados Unidos). En Alejandría (Egipto), más de 4 millones de personas están en peligro; en Ámsterdam (Países Bajos), más de 1 millón. Recuerda que muchas de las mayores ciudades del planeta están junto al mar. En todo el mundo, en casi todos los continen-

La subida del nivel de las aguas puede hacer que ciudades como Bangkok (en la imagen) se inunden por completo.

Cortesía de KAMONRAT/Shutterstock

tes, la subida del nivel del mar supone una amenaza para los hogares de millones y millones de personas. En algunos casos, países enteros están en peligro. Las Maldivas y otros Estados nación insulares podrían desaparecer bajo las aguas si el nivel del mar no deja de subir.

La aparición de tormentas tropicales y huracanes (como *Sandy*) más potentes, devastadores y habituales es otra de las consecuencias del calentamiento del agua de los océanos. Cuanto más caliente está el agua, más energía extraen de ella las tormentas (otra cosa que parece surrealista, pero es así). Esto es importante, porque tormentas más fuertes (como lo fue *Sandy*) tienen más probabilidad de provocar daños graves y duraderos tanto en tierra como en el mar (como hizo *Sandy*). Si las tormentas son más grandes, pueden llegar a convertir el agua dulce en salada, lo que sería letal para los peces que no pueden sobrevivir en agua salada, lo cual a su vez es también perjudicial para quienes dependen de esos peces como fuente de alimento. Si las tormentas son más intensas, también es más probable que causen estragos en las cosechas, produciendo daños en los cultivos actuales y alterando la composición del suelo (por ejemplo, volviéndolo más salino y haciendo que sea imposible plantar en él durante años). Todo esto ya está ocurriendo. A lo largo de los últimos treinta años, ha ido creciendo la intensidad de los huracanes que, procedentes del océano Atlántico, se han abatido sobre Norteamérica y el Caribe y han acabado con los peces y con las cosechas. Muchos científicos temen que esto no sea más que el principio, a menos que detengamos el cambio climático y el calentamiento global.

Arrecifes de coral: las selvas tropicales del mar

¿Qué te viene a la cabeza cuando piensas en los arrecifes de coral? Yo imagino unos arrecifes de colores brillantes e intensos repletos de peces (y recuerdo el trabajo de ciencias que tuve que hacer en primaria). También llamados las selvas tropicales del mar, en los arrecifes de coral se encuentra una parte significativa de la biodiversidad del planeta.

Se estima que una cuarta parte de todas las formas de vida marinas viven en los propios arrecifes o en sus aledaños. Desempeñan un papel fundamental a la hora de mantener los fondos marinos en buen estado y constituyen espacios seguros donde viven peces y otras especies marinas. Por este motivo, son importantes para quienes viven en sus alrededores, por la pesca y como atracción turística, pues la gente acude a bucear en sus aguas. A mí me encanta bucear, y el paisaje más hermoso que he visto nunca bajo el agua es un arrecife de coral.

Además, los arrecifes protegen las costas y a sus habitantes al actuar como freno frente a las tormentas y a la subida del nivel del mar (las tormentas se tropiezan con el arrecife y llegan a tierra firme debilitadas). Pero, si disminuye la superficie de los arrecifes, es probable que las tormentas que nacen en el mar, ya de por sí más fuertes debido al calentamiento de las aguas, sean aún más intensas cuando toquen tierra, lo que no es bueno para nadie.

A medida que las plantitas verdes que viven en los océanos absorben una mayor cantidad de dióxido de carbono, el agua se vuelve más ácida.

La subida de la temperatura de los océanos y su acidificación tiene muchos efectos perjudiciales para el coral, entre ellos lo que se conoce como decoloración, por la que los vibrantes tintes del coral se desvanecen hasta transformarse en tenues tonos blanquecinos (como sucede cuando utilizamos lejía para quitar una mancha al lavar una camisa blanca). Aunque no siempre implica su muerte, la decoloración suele ser simplemente un paso en una fatal cadena de acontecimientos para el coral.

Lo que es mortal para el arrecife también lo es para los peces que dependen de él. Por ejemplo, los arrecifes situados junto a las Seychelles, un país formado por islas situado junto a la costa africana, sufrieron una terrible decoloración cuando las temperaturas y la acidificación se dispararon en 1998. En 2006, apenas ocho años más tarde, un estudio reveló que la mitad de las especies de peces que vivían en las inmediaciones del coral habían desaparecido.

Cuando el coral empieza a decolorarse, como sucede aquí, todo el ecosistema del arrecife se vuelve vulnerable.

Cortesía de Helmut Corneli/imageBROKER/Corbis

Los arrecifes no son la única forma de vida marina que se ve afectada por la subida de las temperaturas y la acidificación. Igual que sucede en tierra firme, a medida que aumenta la temperatura del mar, nuevas especies migran hasta aguas que antes habrían estado demasiado frías para ellas. Estos invasores a menudo perturban unos ecosistemas que hasta entonces estaban en perfecto equilibrio. Las consecuencias de estas alteraciones aún no están claras, pero lo que sí se sabe a ciencia cierta es que la vida marina está en continuo cambio y muchas especies de peces, corales y otros animales y plantas están desapareciendo o sufriendo transformaciones permanentes debido al cambio climático.

Los bancos de ostras también desempeñan un papel importante como freno para las tormentas, y además mejoran la calidad del agua que los rodea al filtrar y eliminar sustancias contaminantes. Estos bivalvos pueden contribuir a mitigar el impacto de las tormentas de mayor intensidad que se esperan, incluso en lugares donde uno normalmente no lo imaginaría, como Nueva York. En 2011, en la Clinton Global Initiative (un encuentro de líderes gubernamentales, empresariales y de oenegés y fundaciones que aúnan esfuerzos para tratar de resolver grandes problemas globales), la Harbor School de Nueva York se comprometió a producir 10 millones de ostras al año al llegar a 2015 (algo que van camino de conseguir). Ese objetivo suponía una ampliación ambiciosa del trabajo que ya estaban llevando a cabo, pero es evidente que solo era una pequeña parte del plan global de la escuela, pues llamaron a su objetivo Billion Oyster Project [el Proyecto de los 1.000 Millones de Ostras].

La Harbor School quería recuperar los bancos de ostras que fueron tan habituales en épocas anteriores en el puerto de Nueva York, restaurar la calidad del agua y combatir los efectos del cambio climático. Actualmente, los alumnos de secundaria de esta escuela participan en un programa de cultivo de ostras y ayudan a alimentarlas y a cuidarlas. Asimismo, reciclan conchas de ostras desechadas por los restaurantes de Brooklyn y Manhattan para albergar a las nuevas que están cultivando. Esto es mucho más interesante que todo lo que yo pude hacer en el instituto (el Billion Oyster Project cuenta ahora con cien entidades asociadas en toda la ciudad de Nueva York, incluidos 46 institutos de secundaria).

Con independencia de dónde vivas —en un desierto, junto

Cortesía de Billion Oyster Project

Alumnos de la Harbor School de Nueva York supervisan el crecimiento de las ostras que cultivan.

a las montañas o a la orilla de un lago—, ya sea en una gran ciudad o en un pequeño pueblo, formas parte de un ecosistema y puedes trabajar con tus profesores para identificar qué especies de animales o plantas son esenciales para la buena salud de la zona y elaborar un plan de estudios en torno a ellas, como la Harbor School hizo con las ostras. Si hubiese más programas como el de esta escuela, más estudiantes aprenderían sobre sus entornos locales y el cambio climático, al mismo tiempo que ayudarían a proteger los primeros y a combatir el segundo. ¡Y todo en una misma jornada escolar! Para informarte sobre la Harbor School de Nueva York, cómo apoyar sus programas o cómo podrías crear algo similar en tu propia escuela, visita billionoysterproject.org.

CAMBIO CLIMÁTICO Y SALUD

Polución atmosférica

Cuanto mayor es la temperatura media de la Tierra, peores son las consecuencias para nuestra salud. Las olas de calor no son la única amenaza para nuestra salud relacionada con el cambio climático. Polución atmosférica es cualquier cosa en el aire que sea perjudicial para los humanos o para nuestro ecosistema global. Como el calentamiento global, suele ser consecuencia de utilizar carbón y petróleo para proporcionar energía a las fábricas y los coches. Las sustancias que componen la polución atmosférica pueden debilitar nuestros pulmones, haciéndonos más vulnerables a contraer resfriados y otras enfermedades. También pueden provocar asma, en especial en los niños, y agravar el estado de quienes ya padezcan esa enfermedad.

Cortesía de Don Price/Getty

Esta fotografía se tomó durante la Gran Niebla de 1952 en Londres. Aunque no lo parezca, es de día.

Actualmente, sufren asma más de 20 millones de estadounidenses, entre ellos más de 6 millones de niños y adolescentes menores de dieciocho años. Probablemente, conoces a alguien que tiene asma, o quizá tú mismo la padezcas, y reconoces los síntomas característicos de jadeo, tos y dificultad para respirar. Si no se trata, el asma puede producir daños permanentes en los pulmones de quien la sufre, e incluso provocarle la muerte (razón por la cual muchos niños con asma llevan siempre consigo un inhalador). Se suele señalar al polvo y el polen de los árboles y las flores como dos de los desencadenantes principales de los ataques de asma. Otros factores son el ozono, el monóxido de carbono y otras sustancias contaminantes generadas por los coches, las fábricas y las centrales eléctricas, todos ellos componentes importantes de la polución atmosférica. Además de contribuir a la lucha contra el cambio climático, tomar decisiones sostenibles sobre el origen de la energía que consumimos (utilizar energía solar en lugar de carbón) ayudará a que el aire siga siendo limpio y seguro para todos aquellos que necesitan respirar (¡todos nosotros!).

Ozono

El ozono puede resultar algo confuso: es bueno en las capas altas de la atmósfera (lo que se conoce también como «ozono bueno»), pero nocivo cerca de la superficie terrestre («ozono malo»). Es el componente principal del esmog, razón por la cual ambos términos se suelen utilizar de manera equivalente. Se llame como se llame, no cabe duda de que respirarlo es perjudicial para nuestra salud. Además de agravar el asma y provocar daños duraderos en los pulmones, respirar esmog puede ser letal, y en poco tiempo.

En 1952, durante la llamada Gran Niebla de Londres, en menos de una semana murieron miles de personas. Para evitar tragedias similares en el futuro, el Reino Unido aprobó toda una serie de leyes para cambiar la manera en que se construían las fábricas, así como los lugares en que podían construirse, buscando así reducir la polución, en particular en las ciudades y en sus alrededores, las zonas más pobladas. Con ello, mejoró la calidad del aire y la gente dejó de preocuparse por el esmog. Estados Unidos y otros países aprobaron normas similares, que se conocen como «leyes de aire limpio», porque su objetivo es regular la polución atmosférica. En nuestro país, estas leyes tuvieron una gran importancia.

Por su parte, las empresas también implantaron cambios, a menudo obligados, porque la propia población pedía, e incluso exigía, que emitiesen menos ozono, monóxido y dióxido de carbono y otras sustancias que contaminan el aire (y también la tierra y el agua). En 2013, nuestros coches, fábricas, edificios y centrales eléctricas emitieron dos tercios menos de dióxido de carbono que en 1980. Pero es tal la cantidad ya presente en la atmósfera de este y otros gases de efecto invernadero que queda mucho por hacer para evitar que la polución afecte negativamente a la salud de la población, tanto ahora como en el futuro. También debemos combatir la polución y el calentamiento global por otro motivo adicional relacionado con la salud: evitar que las enfermedades transmitidas por mosquitos (como la malaria) y por las garrapatas (como la enfermedad de Lyme) se extiendan a otras zonas y sobrevivan durante más tiempo a lo largo del año (lo que permitiría que contagiasen a un mayor número de personas). Si vives en Estados Unidos y te interesa la polución atmosférica y el esmog que afecta a tu pueblo o ciudad, visita stateoftheair.org, un sitio web de la American Lung Association, para ver qué puedes hacer para reducir la contaminación atmosférica y proteger tu salud y la de tu familia.

CAMBIO CLIMÁTICO Y DIVERSIÓN

El cambio climático no solo afecta a nuestros hogares y nuestra salud, sino también a cómo y dónde jugamos y pasamos nuestras vacaciones, y a los deportes que podemos practicar. Con la subida del nivel del mar, la extensión de las playas se está reduciendo en todo el mundo (es posible que lo hayas notado si vives cerca del mar), y algunas de ellas podrían incluso llegar a desaparecer por completo bajo las aguas. Durante el invierno de 2014-2015, en la costa este de Estados Unidos cayó una enorme cantidad de nieve, mientras que en ciertas regiones del oeste del país apenas nevó. Los cambios en las precipitaciones en forma de nieve conllevarán que sea más difícil poder esquiar en algunas zonas del mundo. Si hay menos nieve en invierno, también es menor el deshielo en primavera, lo cual a su vez significa que baja el nivel de los ríos. Esto último implica que se reducirán los lugares donde poder pescar, así como los rápidos donde practicar el descenso de ríos o el piragüismo. El retroceso progresivo de los glaciares tiene las mismas consecuencias: nivel de los ríos más bajo y menos sitios donde poder esquiar. Desde luego, el cambio climático no tiene nada de divertido.

GANADORES (O AL MENOS NO PERDEDORES) Y... PERDEDORES

Los corales no son, ni mucho menos, los únicos animales amenazados por el cambio climático. Muchas especies ya se están adaptando a él, o al menos intentan hacerlo. Se trasladan hacia el norte en busca de climas más frescos, o bien nadan hacia nuevas aguas por el mismo motivo. Los científicos hablan de cuáles serán los probables ganadores y perdedores del cambio climático y el calentamiento del planeta. Entre los primeros estarán los animales capaces de desplazarse a otras zonas y de encontrar nuevos alimentos, así como los que puedan sobrevivir y medrar en un amplio rango de temperaturas. Reconozco que me cuesta verlos como verdaderos «ganadores», porque también ellos tendrán que hacer enormes cambios si aspiran a tener alguna posibilidad de sobrevivir en un mundo más caluroso y seco (incluso aunque los lugares donde vivan se estén volviendo más fríos y húmedos).

Los claros perdedores serán los animales incapaces de adaptarse a las nuevas temperaturas o de trasladarse a otras regiones. Es el caso de los koalas, cuya dieta se compone básicamente de eucalipto. Su hábitat (el lugar donde viven) se

Cortesía de Robert Fried/Alamy

Es probable que el sapo dorado se haya extinguido. Solo pervive en fotografías como esta.

limita a las zonas donde es fácil encontrar eucaliptos, como ocurre en Australia, su país de origen. Si la subida de las temperaturas amenaza a los eucaliptos, los koalas estarán en aprietos. Australia es enorme, pero no deja de ser una isla, y actualmente los koalas habitan únicamente una pequeña parte del país.

Los científicos creen que ya se ha extinguido una especie debido en parte, cuando no enteramente, al cambio climático. La última vez que se vio un ejemplar de sapo dorado fue en 1989. Con la desaparición de los bosques nubosos en Costa Rica, país de donde estos animales son originarios, debida a prolongados períodos de sequía, unidos al cambio climático, desapareció también su hábitat natural. Como los humanos, los animales tampoco pueden vivir mucho tiempo sin un hogar. En el capítulo siguiente hablaremos de las especies en peligro de extinción. Las vidas de algunos de estos animales se ven amenazadas por cambios en su entorno producidos por el cambio climático, tal como le ocurre al oso polar.

POR QUÉ LAS PERSONAS POBRES SON PARTICULARMENTE VULNERABLES

Además de las personas que viven en zonas situadas por debajo del nivel del mar, ¿quién más crees que es especialmente vulnerable al cambio climático? Las personas que viven en la pobreza, y no solo a causa de las olas de calor de las que hablamos antes. A medida que el clima se vuelva más extremo, la obtención de cosechas será más complicada, por lo que cabe esperar que los precios de los alimentos suban, lo que hará que sea más complicado que las personas pobres de todo el mundo puedan permitirse comprar la comida que necesitan para alimentar a sus familias. Aquellos que disponen de menos recursos también tienen una menor capacidad de adaptarse al cambio climático. Por ejemplo, cuanto más pobres sean las familias, menos probable es que puedan trasladarse a climas más moderados o a regiones donde el riesgo de sufrir inundaciones u olas de calor o la contaminación atmosférica sea menor. También es menos probable que dispongan de aparatos como el aire acondicionado que ayudan a mitigar los peores efectos de las olas de calor (algo que se pudo comprobar trágicamente en la ola de calor que padeció Chicago, como ya hemos comentado), o que puedan adaptar sus hogares para que sean más resistentes (mejor protegidos) en caso de inundaciones e incendios, a medida que estos eventos se vuelven más habituales. Por poner solo un ejemplo, las personas más afectadas en 2005 por el huracán *Katrina* en Nueva Orleans y otras zonas de la costa del golfo de México tenían el doble de probabilidad de ser pobres y de no tener coche respecto a la media nacional (lo cual significa que tenían menos posibilidades de reforzar sus hogares, de escapar antes de que el *Katrina* tocase tierra, o de buscar refugio en algún otro lugar después de que el huracán hubiese destruido sus hogares). A las familias pobres también les resulta más difícil alejarse de los lugares donde hay mucha polución atmosférica o un esmog persistente, lo cual hace que tengan más riesgo (en particular los niños) de padecer asma y otros problemas de salud relacionados con la contaminación. De hecho, los niños de las familias más pobres ya sufren asma en mayor proporción que la media nacional.

LO QUE EL MUNDO ESTÁ HACIENDO (O AL MENOS INTENTANDO HACER)

La polución —así como el agua y el aire en los que se mueve— no necesita pasaporte para viajar de un país a otro. A la vista de este hecho, los líderes gubernamentales de todo el mundo se reunieron en 1992 en una conferencia denominada Cumbre de la Tierra. Acordaron que debían intensificar los esfuerzos para reducir las emisiones de gases de efecto invernadero y evitar que posibles escenarios terroríficos de cambio climático se hiciesen realidad (incluso hace veinte años la situación era aterradora). Desde 1992, se han reunido muchas veces más para discutir lo que debía hacerse. En 1997 se alcanzó un importante acuerdo, conocido como el Protocolo de Kioto, por el que los países desarrollados (Reino Unido, Alemania o Japón, entre otros) se comprometían a reducir sus emisiones de gases de efecto invernadero (como el dióxido de carbono procedente del carbón o el petróleo). Al Gore, por aquel entonces vicepresidente de Estados Unidos, fue un gran defensor del Protocolo de Kioto. Puede que lo conozcas más bien como el narrador de *Una verdad incómoda*, una película digna de verse sobre el cambio climático y lo que perfectamente podría suceder si el mundo no adopta un plan de acción coordinado como el que reflejaba ese protocolo.

Desde aquel año, no ha habido mucho acuerdo sobre lo que el mundo debería hacer para evitar que el cambio climático continuase, ni sobre lo que deberían hacer al respecto cada uno de los países individualmente. La mayoría no han sido capaces de reducir sus emisiones, aunque algunos sí lo han conseguido: Dinamarca, Suecia, Francia y Bélgica, por ejemplo, lo han logrado en buena medida porque cada vez son más las personas y las empresas que usan formas de energía que producen menos emisiones de carbono. Por poner un par de ejemplos, en 2014, Dinamarca generó una gran proporción de su electricidad a partir de la energía eólica; por su parte, Alemania es líder en energía solar y en reciclaje (los alemanes reciclan casi la mitad de sus residuos).

Estados Unidos no ha hecho avances significativos en la reducción de emisiones, pero sí tiene ambiciosos planes para hacerlo. A principios de 2015, el gobierno estadounidense anunció un plan para reducir las emisiones de gases de efecto invernadero antes de 2025 (aún se están concretando los detalles de cómo se conseguirá este objetivo). China y otros países también han anunciado planes ambiciosos, y se espera que más países hagan lo propio, aunque otros estados siguen centrados en su propio desarrollo económico (esto nos remite a la pobreza energética que ya hemos comentado a lo largo del libro). La siguiente gran cumbre del clima (algo así como el hijo ya adulto de la Cumbre de la Tierra) se celebrará en París a finales de 2015. Tendremos entonces una idea más clara de lo que el mundo hará (o no hará) a gran escala. Puedes tratar de influir en lo que sucederá en París y más adelante diciéndoles a tu congresista, tus senadores y al presidente lo que crees que Estados Unidos y otros países deberían hacer para combatir el cambio climático. También puedes asistir a concentraciones y manifestaciones, o unirte a campañas online, para llamar la atención sobre la necesidad urgente de actuar contra el cambio climático. Recuerda que, como se dijo al principio de este capítulo, es mucho lo que cada uno de nosotros podemos hacer individualmente, y esto puede tener mucha importancia (con independencia de lo que suceda, o deje de suceder, en la cumbre de París).

LO QUE CADA UNO DE NOSOTROS PUEDE HACER

Reciclar

¿Reciclas? Si es así, ¡estupendo! Si quieres hacerlo, pero no sabes adónde ir o cómo empezar, puedes visitar earth911.com para encontrar un lugar donde puedas reciclar prácticamente cualquier cosa —papel, aluminio, plástico...— cerca de casa. Otro recurso estupendo es iRecycle, un sitio web y una aplicación gratuita disponible en iTunes y Android que te permite encontrar las maneras de que tu familia pueda reciclar en tu pueblo o ciudad todo lo que acabo de mencionar y también, entre

otras cosas, aparatos electrónicos antiguos y pilas. Casi
cualquier cosa se puede reciclar —papel, plástico, metal,
vidrio, aparatos electrónicos
y pilas usadas están entre las
más habituales—, y proba-
blemente haya algún lugar
cerca de donde vives donde
puedas reciclar todas esas cosas (aunque puede que no en
todos los sitios se reciclen todos los materiales).

Los habitantes de San
Francisco tienen la obliga-
ción de separar lo que se puede reciclar de lo que no. Actualmente, alrededor del 80
por ciento de los residuos de
la ciudad se reciclan o bien se

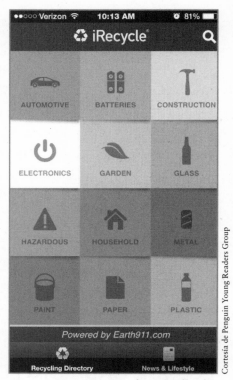

*Esta es una captura de pantalla de
la aplicación iRecycle, que tengo
instalada en mi teléfono y me
resulta muy útil.*

compostan (se transforman en fertilizante para ayudar a que
crezcan los cultivos), en lugar de acabar en un vertedero. Si te
gusta esta idea, puedes convencer a tu familia para que apoye
medidas similares en tu pueblo o ciudad. Si la idea no te gusta,
puedes animar a tu familia para que adopte medidas que tengan
en cuenta su efecto sobre el clima (tales como reciclar materiales
comunes como el vidrio, el papel, el plástico o el aluminio), algo
que sea más fácil, pero no obligatorio. También aquí change.org
puede ser una buena herramienta.

Asimismo, puedes organizar un programa de reciclaje en tu escuela, si no dispone de uno ya, y sugerir a tus padres que hagan lo mismo en sus trabajos. Marc y yo reciclamos de manera obsesiva, y me alegro mucho de que Nueva York nos ponga las cosas muy fáciles. Reciclar puede ser también una fuente de ingresos, ya que algunos estados pagan por cada lata de aluminio. Podrías incluso plantearte lanzar un negocio de reciclaje si vives en alguno de esos lugares.

¡Reutilizar! ¡Donar!

Reutiliza lo que puedas y dona lo que puedas (para que otra persona no tenga que comprárselo nuevo). Reutilizar significa usar algo más de una vez, como cuando llevas tu propia bolsa al supermercado en lugar de que te den una de papel o de plástico cada vez que vas, o llevar una botella que puedas rellenar con agua en lugar de comprar una nueva (sí, ¡el agua otra vez!). Donar significa dar cosas. Por ejemplo, puedes dar libros (a la biblioteca pública, al albergue para personas sin hogar o a la parroquia), para que otras personas puedan disfrutar de ellos en lugar de tener que comprarlos nuevos, lo que también significa (si hablamos de muchos libros) que se talarán menos árboles, ya que la madera es el componente principal del papel. Los libros no son más que un ejemplo de las cosas que podrías plantearte donar. La Agencia de Protección Ambiental estadounidense (EPA) dispone de un buen sitio web; aunque no está muy pensado para niños, sí es sencillo y útil: epa.gov. Otra posibilidad es intercambiar libros con amigos, en lugar de comprarlos nuevos (si te gusta, espero que le dejes este a algún amigo).

La idea de la reutilización se puede aplicar incluso al aceite de cocina. Sí, el aceite de cocina. Cuando Cassandra estaba en quinto curso en Westerly (Rhode Island), aprendió que el aceite de cocina usado se podía transformar en combustible biodiésel no contaminante para calentar los hogares, y que hacerlo no era muy caro, lo que la llevó a crear, en 2008, Turn Grease Into Fuel [Convertir la Grasa en Combustible]. A través de esta organización, los niños consiguen que los restaurantes locales se comprometan a donar su aceite de cocina usado a otras entidades locales para que lo transformen en combustible para calefacción. A continuación se reparte entre familias de bajos ingresos que sin esta ayuda no podrían calentar sus hogares, algo especialmente importante en inviernos tan fríos como el de 2014-2015. Hasta 2014, Turn Grease Into Fuel había contribuido a evitar que se emitiesen a la atmósfera casi un millón y medio de kilogramos de dióxido de carbono, gracias a que las familias estaban utilizando para calentar sus hogares biodiésel obtenido a partir de aceite de cocina usado, y no de otras fuentes. En 2015, la organización de Cassandra ya tenía restaurantes y empresas asociadas en tres estados, y había convertido en combustible más de 750.000 litros de aceite de cocina usado para ayudar a que cuatrocientas familias calentasen sus casas.

Cortesía de Jason Lin

Cassandra demuestra cómo el aceite de cocina se puede convertir en combustible para calefacción.

Cassandra y Turn Grease Into Fuel querían hacer

aún más aparte de su trabajo con los restaurantes y las familias. Así fue como, en 2011, redactaron una ley que obligaría a todas las empresas de Rhode Island a reciclar su aceite usado y colaboraron con los legisladores del estado para conseguir que se aprobase. Lo lograron y la ley entró en vigor en 2012. Ahora, Turn Grease Into Fuel ayuda a reciclar aceite a restaurantes y hogares de Connecticut, Massachusetts y Rhode Island. Si vives en uno de esos tres estados y quieres saber cómo participar, o si quieres crear un programa similar en tu estado, visita w-i-n.ws.

Reducir el consumo de agua

¿Cuánta agua crees que consumes en un día? ¿Y en un año? El estadounidense medio gasta entre 300 y 380 litros de agua al día, en beber (aunque esta es solo una pequeña parte del total), lavarse (pensemos en las duchas) y en los aparatos que utilizamos (como lavavajillas y lavadora). Para poner esta cifra en perspectiva, es como si cada uno de nosotros bebiésemos hasta mil seiscientos vasos de agua al día. La huella hídrica del estadounidense medio (esto es, cuánta agua gastamos, tanto directa como indirectamente) es en realidad mucho más elevada: ¡7.800 litros al día! Esta cifra se debe a toda el agua contenida implícitamente en lo que comemos (porque se necesita una gran cantidad de agua para cultivar las cosechas y criar el ganado), en el combustible de nuestros coches o en las cosas que compramos (sí, probablemente se ha utilizado agua para producir la ropa que llevas). Seguro que la mayoría de nosotros podríamos hacer el esfuerzo de consumir menos agua, algo que, como ya hemos dicho a lo largo de este capítulo, no tiene por qué ser tan difícil. Visita la página watercalculator.org para calcular cuánta agua gastas cada día, di-

recta e indirectamente, y qué puedes hacer para consumir una menor cantidad de una manera que os resulte factible a ti y a tu familia.

Consejos para Reducir Nuestro Consumo de Agua
Espera a que el lavavajillas esté lleno para ponerlo
Dúchate en lugar de bañarte (y date una ducha más corta)
Cierra el grifo mientras te cepillas los dientes
Pídeles a tus padres que comprueben que los grifos y váteres no pierden (y derrochan) agua
Usa botellas de agua reutilizables en lugar de comprar botellas de plástico nuevas (excepto cuando tengas que hacerlo, como en los aeropuertos)
Coloca un contenedor de plástico lleno de piedras en la cisterna de tu váter para que se llene con menos agua
Comprueba que tu lavadora utiliza la cantidad de carga adecuada y no usa más agua de la que necesita

Fuente de la información: National Geographic

Aquí también es importante reciclar y reutilizar: no será necesario gastar más agua en producir algún objeto nuevo si otro
ya usado se puede reciclar o volver a utilizar. Por su parte, donar
la comida sobrante y reducir el desperdicio alimentario, algo de
lo que ya hemos hablado también en este capítulo, permite que
las familias que pasan hambre consigan los alimentos que necesitan, que todo el mundo ahorre dinero y que dejemos de gastar
millones y millones de litros de agua cada año.

Opinar con nuestro bolsillo

De la misma manera en que puedes apoyar a empresas verdes adquiriendo sus productos, si tu familia puede permitirse

elegir qué comida compra, plantéate de dónde procede esa comida y cómo el hecho de que la compres o no puede afectar al medio ambiente. Comprar productos «locales» suele implicar menor contaminación ambiental para llevar las frutas, las verduras, el pescado y la carne hasta tu supermercado, al no haber tenido que ser transportados en avión o en camión de largo recorrido, medios de transporte que emiten gran cantidad de dióxido y monóxido de carbono. También contribuye a generar puestos de trabajo en tu pueblo o ciudad. No todo el mundo puede permitirse comprar productos locales, pero si tú y tu familia podéis, utilizad Locavore. Es una aplicación gratuita disponible en iTunes y Android que te ayuda a determinar qué alimentos son locales y cuáles no. Probablemente conozcas o puedas encontrar muchas otras aplicaciones gratuitas parecidas o pensadas específicamente para que puedas utilizarlas en tu pueblo o ciudad y que os resultarán útiles a tu familia y a ti.

También puedes trabajar con tus padres, amigos y profesores para tratar de que vuestro distrito escolar compre alimentos locales. Si todos los distritos escolares en Estados Unidos favoreciesen el consumo de productos locales para alimentar a los más de 50 millones de alumnos que van a clase cada día, eso significaría que junto a la pizza de la cafetería se serviría mucho menos carbono. Siempre que podemos, mi marido y yo compramos frutas, verduras, huevos y carne locales, y hacemos un derroche de carbono (lo llamamos así) en café, aunque confiamos en que nuestra huella de carbono (así como nuestra huella hídrica) total para el consumo de comida sea relativamente pequeña. No todo el mundo puede permitirse elegir qué comida compra para cenar o de dónde procede. Nosotros somos muy afortunados por poder elegir lo que comemos (y el café que bebemos... probablemente en exceso).

Caminar, usar la bici, compartir coche

Si todos cambiásemos la manera de ir de un sitio a otro, podríamos evitar que se emitiese una gran cantidad de carbono a la atmósfera. Caminar es una forma estupenda de combatir el cambio climático, siempre que sea seguro. Y también ir en bicicleta (de nuevo, si es seguro, ¡y siempre llevando casco!). El único carbono que se emite cuando caminamos o montamos en bici es el que expulsamos al respirar. Anima a tu familia a que comparta coche para ir a trabajar o a la escuela, o, si es posible donde vivís, a que use el transporte público (como el metro o el autobús), para no emitir dióxido de carbono y otras sustancias contaminantes si no es absolutamente necesario. Cuando vayas en coche (espero que compartido), piénsalo un momento antes de utilizar el aire acondicionado: su uso implica un mayor consumo de combustible (y, por lo tanto, mayores emisiones de dióxido de carbono a la atmósfera). Así que, si puedes, mejor abre la ventana. Cuando llegue el momento de cambiar de coche, quizá tu familia puede plantearse la posibilidad de comprar uno eléctrico (que consume electricidad en lugar de gasolina) o uno híbrido (que utiliza una combinación de gasolina y electricidad). Pasar de un coche tradicional de gasolina a uno que utilice electricidad, aunque solo sea en parte, puede reducir las emisiones de carbono de tu familia (y su huella hídrica).

Compartir coche no siempre es una opción factible, y en ocasiones tenemos que tomar un vuelo de larga distancia para visitar a familiares o amigos que viven muy lejos, o para ir de vacaciones. O quizá tus padres o yo necesitemos viajar al otro extremo del país (o del mundo) por trabajo. En lugar de no viajar a ninguna parte, lo que debemos hacer es tener en cuenta el efecto sobre el clima al decidir cuál es la mejor manera de llegar a donde debemos (y queremos) ir. Como sucede con todo lo que venimos comentando en este capítulo, las decisiones más pequeñas pueden tener un gran efecto.

También puedes convencer a tus padres para pedirle a vuestro ayuntamiento que facilite el ir en bici. Nueva York, Minneapolis y otras ciudades han invertido en la construcción de carriles para bicis, con el objetivo de fomentar su uso en los desplazamientos de ida y vuelta al trabajo. En Ámsterdam (Países Bajos) y Copenhague (Dinamarca), la bicicleta es uno de los principales medios de transporte, si no el más importante. Puedes pedirle a tu ayuntamiento que busque maneras de facilitar el uso de la bici y de reducir el efecto sobre el medio ambiente de los vehículos de motor. Por ejemplo, los parquímetros en Salt Lake City ahora funcionan con energía solar.

Proteger los espacios naturales

Dependiendo de dónde vivamos, podemos ayudar a proteger y a mantener limpios y saludables los humedales, las playas, los bosques y otros lugares ofreciéndonos voluntarios para recoger la basura que con tanta frecuencia se acumula en ellos procedente de los vertidos en mares y ríos, de lo que la gente tira por la ventanilla del coche o de los desperdicios que dejan los que salen de acampada. Esto ayuda a preservar y realzar la belleza natural de esos lugares y es bueno para el medio ambiente. Los humedales, como los Everglades de Florida, protegen las regiones costeras, las orillas de los ríos, las ciudades y los pueblos de las inundaciones, y también ayudan a preservar importantes ecosistemas para muchas especies de peces, pájaros, animales terrestres y plantas. Los científicos consideran que son los hábitats más diversos del mundo.

Los humedales contribuyen a mitigar los efectos del cambio climático, pero aun así también ellos están en peligro debido al calentamiento global. Entre las amenazas concretas para los humedales, que ponen en peligro su propia existencia, están la inundación con agua salada, las sequías y los incendios. Así pues, además de ayudar a mantenerlos limpios, puedes pedirles a tus representantes políticos que apoyen propuestas legislativas para proteger las playas, los humedales, los bosques y los océanos, lugares que constituyen la primera línea de la lucha contra el cambio climático y son también parajes hermosos donde a muchos nos gusta pasear, jugar y nadar.

Proteger a los más afectados por las tormentas y las olas de calor

Anima a tu parroquia, mezquita, templo, escuela y cualquier otro espacio comunitario que frecuentes a que abran sus puertas durante las olas de calor y proporcionen ventiladores, aire acondicionado y otros medios para que la gente pueda refrescarse y permanecer a salvo en los días de más calor o durante las tormentas. Eso ayudará a proteger a quienes son más vulnerables a los fenómenos climatológicos más extremos, como las personas mayores o las que viven en la pobreza. También puedes recaudar fondos para financiar esas iniciativas, o pedir a la gente que done o preste sus ventiladores y otros aparatos de refrigeración a las entidades que los necesiten.

Después de las tormentas, puedes colaborar en programas de recuperación como el de Team Rubicon, que aparece que en la imagen al principio del capítulo. Team Rubicon es una organización que saca partido de la experiencia, las habilidades y la capacidad de trabajo en equipo de exmilitares para dar una respuesta efectiva a los desastres naturales. Esta entidad ayuda a determinar la extensión de los daños y a limpiar los escombros y la destrucción que las tormentas dejan a su paso (algo que es especialmente importante después de tormentas tan gigantescas como *Sandy*). También organizan a otras personas dispuestas a ayudar. Para saber más sobre Team Rubicon, dónde han actuado y cómo trabajan, visita teamrubiconusa.org. Si quieres ofrecerte como voluntario inmediatamente después de una tormenta, puedes preguntarles a ellos o a los líderes políticos, religiosos o sociales de tu entorno cuál es la mejor manera de hacerlo.

Utilizar menos energía en casa (y en todas partes)

Actualmente, existen bombillas respetuosas con el medio ambiente (como los ledes o las lámparas fluorescentes compactas) que consumen mucha menos energía que las tradicionales incandescentes. La Agencia de Protección Ambiental estadounidense otorga a las bombillas un estatus de ENERGY STAR si consumen como mínimo un 70 por ciento menos de energía que las tradicionales y duran al menos diez veces más. No todas las familias pueden permitirse cambiar las bombillas, bien porque son demasiado caras, o bien porque no son compatibles con las lámparas y apliques que tienen en sus casas. Pero, si en tu caso sí es posible, espero que comentes con tus padres la posibilidad de sustituir las bombillas de tu casa. Energystar.gov es un recurso útil para determinar qué tipo de bombillas serían las más adecuadas para tu familia.

No se trata únicamente de la clase de bombillas que utilices, sino también de con qué frecuencia las enciendes (y las apagas). En tu familia, podéis apagar las luces cuando salís de casa para ir a la escuela o al trabajo, si pasáis fuera el fin de semana o antes de acostaros, desenchufar los aparatos (como las lámparas) y los cargadores (para móviles, iPads u ordenadores) que no estéis utilizando y procurar enchufar los aparatos únicamente cuando los estéis usando. Yo solo conecto nuestra cafetera cuando estoy a punto de utilizarla y la desenchufo una vez que el café está hecho. Tanto Marc, mi marido, como yo desenchufamos nuestros ordenadores todas las noches antes de acostarnos. No pasa nada por reconocer que no es práctico desconectar determinados aparatos (como el frigorífico, aunque probablemente todos podríamos abrirlo y cerrarlo más rápido). Deberíamos desconectar (o no conectar) todas las cosas que podamos: es bueno para el medio ambiente, y también para nuestros bolsillos. En Estados Unidos, los aparatos gastan más energía cuando están enchufados sin estar encendidos o cargándose que cuando realmente estamos utilizándolos (es lo que ocurre con el teléfono, el ordenador o la lámpara). Asombroso. Si nuestros hogares están debidamente aislados (para mantener el calor en invierno, el frío en verano, y estar siempre seguros), también gastaremos menos electricidad, lo cual a su vez significa menos emisiones de carbono y menos dinero en la factura de la luz.

Además de usar otro tipo de bombillas y aislar adecuadamente vuestra casa, en tu familia quizá podáis plantearos, cuando llegue el momento de sustituir el frigorífico o la lavadora, comprar electrodomésticos más eficientes desde el punto de vista energético (si es que son asequibles) y utilizar ventanas que permitan mantener la casa más caliente en invierno y más fresca en verano, para reducir así el uso de la calefacción o del aire acondicionado. (De nuevo, siempre que os lo podáis permitir.)

No se trata únicamente de las bombillas, los electrodomésticos y el aislamiento. Plantéate de dónde proceden el jabón de tu lavavajillas y el detergente de tu lavadora, y si existen opciones más respetuosas con el medio ambiente. GoodGuide es una aplicación gratuita que puede ayudar a tu familia a encontrar los productos adecuados para las necesidades de vuestro hogar que estén dentro de vuestro presupuesto y que respeten el medio ambiente. Asimismo, el sitio web de Earth911 (earth911.com), que ya mencioné antes, puede ser útil en este contexto.

Plantéate también visitar energystar.gov con tu familia para calcular la eficiencia energética actual de vuestro hogar y ver qué podéis hacer para mejorarla, lo cual probablemente os permita ahorrar dinero al tiempo que combatís el cambio climático. Aun a riesgo de resultar demasiado repetitiva, insisto en que pequeños cambios cuando estamos en nuestras casas y cuando salimos de ellas pueden acabar teniendo efectos importantes. Y, como siempre, puedes convencer a tu familia para que apoye la legislación estatal y nacional que establece unos requisitos mínimos de eficiencia para las bombillas, los electrodomésticos y cualquier otro aparato que utilice electricidad, tanto en tu casa como fuera de ella.

Puedes animar a tu escuela, parroquia, templo, sinagoga, mezquita, centro social o cualquier otro lugar donde pases tiempo a que comprueben cuánta energía consumen en energystar.gov. Existe incluso un programa ENERGY STAR dirigido específicamente a las escuelas, en el cual la tuya podría participar. También puedes pedirles a tus padres que propongan que se vigile el consumo de energía en los edificios donde trabajan (es probable que ya se esté haciendo, pero no está de más que se enteren de si es así). En Estados Unidos, los edificios suponen alrededor del 40 por ciento del consumo total de energía y de las emisiones de carbono totales. Conseguir que nuestros edificios (por ejemplo, las escuelas y las oficinas) sean más eficientes es fundamental para reducir el consumo de energía del país y luchar contra el cambio climático. Puedes incluso pedirle a tu ciudad que tome medidas para hacer un uso más eficiente de la energía. Los Ángeles cambió las más de cien mil bombillas de sus farolas por otras de tipo led, que son mejores para el medio ambiente y, a largo plazo, también son mejores para el bolsillo de la ciudad, y ya ha conseguido ahorrar millones de dólares en la factura de la luz.

Las bombillas con el sello ENERGY STAR son mejores para el medio ambiente y además duran más tiempo.

Cortesía del programa ENERGY STAR de la Agencia de Protección Ambiental (EPA)

¡Calcula tu huella de carbono y celebra cada día el Día de la Tierra!

¿Cuál crees que es el tamaño de tu huella de carbono (es decir, cuánto carbono crees que emites en total a la atmósfera)? Igual que puedes calcular el total de agua que gastas, también puedes utilizar una calculadora de carbono para obtener la respuesta a esta pregunta y saber qué puedes hacer para reducir tu huella de carbono. La Agencia de Protección Ambiental ha creado una estupenda calculadora pensada específicamente para niños (aunque es igualmente útil para los adultos; al menos para mí lo fue). La puedes encontrar en epa.gov. Solo tardarás unos minutos en introducir la información que necesita para mostrarte el efecto que diversas acciones (como desenchufar los aparatos) tienen sobre nuestra huella de carbono. Comenta tus resultados con tu familia y amigos, y pensad lo que podéis hacer para reducir vuestra huella de carbono en casa, en el trabajo y en vuestro barrio.

En mi familia solemos decir que la paciencia es una virtud, pero la impaciencia hace que las cosas salgan adelante. Para contrarrestar el cambio climático son necesarias ambas. La única manera de revertir el proceso de calentamiento global pasa por reducir de forma drástica nuestras emisiones de gases de efecto invernadero, como el dióxido de carbono procedente de los combustibles fósiles. Piensa que, aunque lográsemos detener todas las emisiones de estos gases mañana mismo (algo que en la práctica es imposible), los bosques y océanos tardarían al menos décadas, cuando no siglos, en absorber y procesar todo el dióxido de carbono que ya existe en la atmósfera. Aun así, cualquier contribución es importante, y cuanto más tiempo esperemos más difícil será limpiar la atmósfera y salvar el planeta. Puede que esto parezca ingenuo, pero es lo que pienso. No deberíamos celebrar el Día de la Tierra únicamente el 22 de abril, sino todos los días del año. No hay tiempo que perder.

¡Ponte en marcha!

- Comenta lo que sabes sobre el cambio climático con los adultos (y también con tus amigos), y recicla todo lo que puedas.
- Juega con tu familia a juegos que traten sobre el cambio climático.
- Planta árboles (antes puedes informarte en la Arbor Day Foundation).
- Compra productos de empresas que se esfuerzan por ser «verdes».
- Si aún no existe, lucha para que se implante un programa de reciclaje en tu población.
- Utiliza bolsas de la compra y botellas de agua reciclables.
- Intercambia libros, revistas, videojuegos y otras cosas con tus amigos.
- Dona el aceite de cocina usado para que se transforme en combustible para calefacción, o crea un programa como el de Cassandra si no existe algo así en tu pueblo o ciudad.
- Espera a que el lavavajillas esté lleno antes de ponerlo en marcha.
- Date una ducha corta, en lugar de un baño.
- Cierra el grifo mientras te cepillas los dientes.
- Dona libros a la biblioteca de tu pueblo o ciudad (¡o a cualquier sitio donde se vayan a leer!).
- Si tienes la posibilidad, compra alimentos locales y sostenibles.
- Plantéate crear un huerto en tu escuela o en casa. (¿Recuerdas Katie's Krops de capítulos anteriores del libro?)
- Camina siempre que puedas (o desplázate en bici o patinete), en lugar de usar el coche.

- Usa el transporte público o comparte coche siempre que puedas.
- Ofrécete voluntario para recoger basura de las zonas donde viven animales (o de cualquier otro sitio).
- Actúa para que se creen lugares donde las personas mayores o aquellas que viven en la pobreza puedan estar resguardadas durante las tormentas y frescas en caso de una ola de calor.
- Si tenéis la posibilidad, anima a tu familia a que opte por un coche eléctrico o híbrido cuando tengáis que comprar uno nuevo.
- Calcula la eficiencia energética de tu hogar y, si es posible, utiliza bombillas más eficientes (busca la etiqueta ENERGY STAR).
- Apaga las luces siempre que salgas de casa.
- Desenchufa los aparatos (por ejemplo, las lámparas) y los cargadores (de teléfonos, iPads u ordenadores) cuando no los estés utilizando.
- Anima a tu escuela, lugar de culto o centro social a que calculen su eficiencia energética y procuren mejorarla.
- Organiza un grupo sobre el clima en tu escuela o en tu lugar de culto.
- Escríbeles a tus representantes públicos locales para hacerles saber lo que crees que tu pueblo necesita hacer para ahorrar energía.
- Calcula tu huella de carbono y tu huella hídrica, y ayuda a que tu familia y tus amigos sepan también cuáles son las suyas. Trabajad juntos para reducirlas haciendo las cosas que te propongo aquí y todas las que se os ocurran a vosotros.
- Si tienes más de catorce años, utiliza las redes sociales para seguir a organizaciones (como The Nature Conservancy) y personas (como Kristen Bell) que trabajan para proteger el medio ambiente y combatir el cambio climático.

Cortesía de Julie Larsen Maher (de WCS)

CAPÍTULO 9

AL BORDE DE LA DESAPARICIÓN:
ESPECIES EN PELIGRO DE EXTINCIÓN

Cuál fue el primer grupo al que te uniste? Yo no estoy segura de cuál fue en mi caso, si el coro de la parroquia, el equipo de sóftbol, el de fútbol, las Guías Scouts o algún otro. Sí sé que las primeras grandes organizaciones de las que me hice socia fueron Greenpeace, Fondo Mundial para la

Naturaleza y Conservación Internacional. Un año, mi abuela Dorothy me dijo que Pop-Pop (mi abuelo) y ella me regalarían por Navidad la cuota anual de socia de la organización que estuviese cambiando el mundo y que yo eligiese. Creo que yo tenía unos ocho años cuando tuvimos esa conversación. Como comenté en el capítulo anterior, por aquel entonces estaba muy preocupada por los arrecifes de coral y las ballenas (a pesar de que vivía lejos del océano). Mis abuelos primero me regalaron la cuota de pertenencia a Greenpeace, y devoré todos los materiales que recibía por correo. (En aquella época, todo llegaba por correo, no había sitios web que visitar ni se podían recibir alertas por correo electrónico o mediante mensajes de texto.)

Durante los dos años siguientes, cada Navidad mis abuelos me regalaron la cuota anual de socia del Fondo Mundial para la Naturaleza y Conservación Internacional, dos organizaciones dedicadas a la conservación de la naturaleza. Por aquel entonces estaba muy interesada en salvar a los elefantes de los cazadores furtivos, y valoraba mucho el trabajo que cada una de ellas llevaba a cabo en ese ámbito. Además, había empezado a leer ejemplares antiguos de la revista *National Geographic* en la biblioteca de la escuela, en los que buscaba artículos sobre animales y otras especies en peligro de extinción (mientras esperaba a que otros alumnos devolviesen los distintos libros de la *Enciclopedia Brown* que quería leer).

Me encantaba aprender sobre lo que estábamos haciendo en Estados Unidos para salvar a nuestra icónica águila calva y al cóndor californiano, y sobre las iniciativas de otros países para proteger a los elefantes y a otros animales amenazados por los motivos que fuera. Recuerdo lo agradecida que estaba de que mis abuelos me ayudasen a contribuir en mi humilde medida, como socia de esas organizaciones, a proteger especies de animales que solo había visto en el zoo de Little Rock o en las páginas de *National Geographic*. El esfuerzo, el compromiso y el apoyo de personas de todo el mundo han ayudado a salvar muchos animales, pero, por desgracia, muchas de las especies que me preocupaban en los años ochenta aún siguen en peligro de extinción, y algunas incluso están más cerca de su desaparición.

Los científicos y otros expertos que estudian y siguen la evolución de la fauna salvaje estiman que una de cada cinco especies de animales del planeta, ya sean mamíferos, reptiles, pájaros o peces, está en peligro de extinción. Si una especie (como el sapo dorado que se mencionó en el capítulo anterior) desaparece, eso significa que todos los animales de la especie han muerto, y nadie volverá a ver nunca ninguno, en ningún lugar de la Tierra. La extinción de un cierto número de especies es algo que cabe esperar, es incluso natural. Es lo que los científicos denominan «la tasa de extinción de fondo», y debería ser aproximadamente de entre una y cinco especies por año en todo el mundo, pero actualmente las especies desaparecen a tal velocidad que los investigadores han perdido la cuenta. Lo que sí sabemos es que la cifra no es pequeña: los científicos calculan que las especies de plantas y animales se están extinguiendo a un ritmo entre mil y diez mil veces superior a la tasa de fondo natural, lo que significa que estamos perdiendo al menos mil especies por año, y probablemente más.

Si este ritmo se mantiene a lo largo de nuestras vidas, en el año 2050 podrían haber desaparecido hasta la mitad de todas las especies existentes hoy día. Esta visión desoladora es lo que se conoce como la «sexta extinción masiva». Las cinco primeras tuvieron lugar hace muchos millones de años: la mayoría de los dinosaurios murieron durante la quinta. La sexta extinción masiva no es inevitable. Sabemos qué debemos hacer, porque lo hemos hecho en el pasado, para reducir las amenazas que se ciernen sobre los animales de todo el mundo y para asegurarnos de que crecemos y nos hacemos mayores en un mundo repleto de diversidad animal y vegetal.

Las especies en peligro deberían preocuparnos a todos, no solo a quienes sentimos apego por determinadas especies (me encanta la fauna en general, pero reconozco que siento especial debilidad por las jirafas, los elefantes, las ballenas y los gorilas) o a aquellos que (como yo) disfrutan yendo al zoo con nuestra familia y amigos para maravillarnos ante la increíble capacidad de escalar, deslizarse, volar o hacer acrobacias que poseen los animales. Aunque haya a quien no le preocupe la fauna salvaje, no le interesen los leones o los leopardos y no tenga intención de ir nunca al zoo, las especies en peligro de extinción son importantes para las vidas de todos nosotros. Cuando una especie llega a encontrarse en peligro de extinción, es señal de que la situación de su entorno en general está cambiando, y no para bien. Las especies animales dependen las unas de las otras, y nosotros de ellas. Si una de ellas desaparece, puede que nos quedemos sin una parte importante de nuestra cadena alimentaria, o sin un animal que ayuda a que los océanos, los ríos y el aire permanezcan limpios. El hecho de que las especies animales gocen de buena salud significa que los ecosistemas también están en buen estado, lo cual, en última instancia, repercute positivamente en la situación de los humanos, y ¿quién no quiere eso?

A veces nos cuesta entender cómo acciones tan pequeñas como la de ayudar a salvar una especie en otro país puede también contribuir a la lucha contra la pobreza. Puede que esto parezca frívolo (o pedante), pero no lo es. Muchos países africanos dependen del turismo relacionado con la fauna salvaje (por ejemplo, a través de los safaris) para que sus economías sigan creciendo y eso permita a la población salir de la pobreza. ¿Cómo funciona esto? Piensa en cuando te vas de vacaciones con tu familia y hacéis turismo. Os gastáis dinero en hoteles o campings, en comprar comida en las tiendas locales o en comer en restaurantes, en adquirir recuerdos y en visitar lugares de interés turístico, como una reserva de fauna salvaje o un parque de atracciones. Todos estos sitios contratan trabajadores para gestionar y encargarse de las tareas propias de los hoteles, para cocinar y servir las comidas en los restaurantes, para convencerte de que te compres una camiseta más o para garantizar que todas las atracciones funcionan sin problemas. Esas personas, a su vez, ganan dinero con su trabajo y lo emplean en pagar el alquiler o comprarse una casa, hacer la compra o salir a comer fuera, o en tomar un autobús para ir a trabajar o visitar a un amigo.

Si los elefantes y los rinocerontes desaparecen, disminuirá la cantidad de turistas que visita los lugares donde viven (vivían) y eso hará que menos gente tenga trabajo. Si los padres pierden sus trabajos relacionados con el turismo, quizá no puedan pagar la escuela de sus hijos o la comida con la que alimentarlos, lo que a su vez afectará negativamente a los ingresos de los profesores, los agricultores y otros profesionales de su entorno. Hay poblaciones florecientes de animales, entre ellas las de muchas de las especies en grave peligro, como los elefantes, que atraen turistas a Kenia, Tanzania y otros países donde viven estos extraordinarios animales.

Aunque este capítulo se centra en las especies de animales en peligro de extinción, y no en las de plantas, a lo largo de los siglos las investigaciones científicas realizadas sobre estas últimas han llevado a muchos avances médicos. Según el National Cancer Institute, la mayoría de los medicamentos contra el cáncer proceden, en parte, de plantas de la selva tropical. Nuestra dependencia crónica de la naturaleza en lo que respecta a la salud (más allá de los alimentos que comemos, el aire que respiramos y el agua que bebemos) siempre me ha fascinado. En octavo curso, mi primer trabajo de ciencias en mi nueva escuela en Washington fue un proyecto en grupo sobre algunas de estas plantas, como el curare y la vincapervinca de Madagascar. El curare es una sustancia química que se extrae de varias plantas en América Central y del Sur. Tradicionalmente, los pueblos indígenas lo han utilizado como veneno en el que mojaban las puntas de sus flechas, pero tras años de experimentos el curare se emplea ahora como ingrediente en medicamentos que se administran en varios tipos de cirugía. Las medicinas que se producen a partir de la vincapervinca de Madagascar se usan para combatir muchas enfermedades, y han ayudado a que logren sobrevivir la mayoría de los chavales que desarrollan leucemia actualmente. Los componentes de mi grupo tuvimos la oportunidad de mostrar nuestro póster sobre las extraordinarias propiedades de estas plantas, junto con nuestros compañeros de clase, en el National Zoo (un escenario perfecto para hablar de la importancia de salvar todas las especies de animales y plantas). Si las plantas y los animales continúan desapareciendo a esta velocidad, ¿quién sabe qué posibles avances médicos no llegarán a producirse?

¿Qué crees que ha provocado tantas extinciones? Históricamente, las especies se han extinguido por muchos motivos, como enfermedades, desastres singulares (como la erupción de un volcán o el impacto de un as-

Una de las estrellas de mi trabajo de ciencias de octavo: la vincapervinca de Madagascar, fuente de varios medicamentos que se utilizan actualmente.

teroide) y progresivos cambios en el clima que han hecho que una región acabara siendo inhóspita para ciertas especies. Por ejemplo, se cree que la mayoría de los dinosaurios se extinguieron hace unos 65 millones de años debido a un volcán o un asteroide. Uno u otro acabaron en poco tiempo con la mayoría de las plantas y animales de los que los dinosaurios se alimentaban, y también crearon una oscuridad permanente que hizo muy difícil que las plantas y los animales que habían sobrevivido a la destrucción inicial continuasen con vida. El asteroide o el volcán no acabaron con todas las especies: por ejemplo, los cocodrilos ya existían por aquel entonces, y evidentemente sobrevivieron, y lo mismo sucedió con los tiburones. Esperemos que de ahora en adelante los asteroides solo existan en las películas y los videojuegos, y no constituyan una amenaza ni para los animales ni para nosotros.

Actualmente, la competencia entre los animales y los humanos por unos recursos limitados y el deseo de las personas de poseer joyas, objetos de decoración, supuestas medicinas sin ningún valor medicinal probado y otros objetos obtenidos a partir de animales de las especies en peligro, junto con los efectos del cambio climático, son las razones principales por las que hay especies de animales al borde de la extinción. El calentamiento global supone una amenaza inmediata para aquellas especies que viven en los entornos más vulnerables al cambio climático, como el Ártico.

La caza ilegal supone un riesgo para cualquier animal que se considera más valioso muerto que vivo. Hoy en día, los cazadores furtivos no son por lo general pequeños grupos de forajidos que intentan demostrar lo duros que son o tratan de ganar un dinero extra para mantener a sus familias: la caza furtiva se ha convertido en un enorme negocio ilegal y clandestino. A menudo, los mismos peligrosos delincuentes que controlan la caza furtiva son también responsables del tráfico ilegal de drogas y armas. Se estima que el comercio ilegal de fauna y flora salvajes y sus productos derivados, que incluyen desde maderas nobles al marfil de los colmillos de elefantes o los cuernos de rinocerontes salvajemente masacrados, constituye el cuarto mayor negocio ilegal del mundo. Mueve al año unos exorbitantes 19.000 millones de dólares. Aproximadamente, la mitad de ese dinero lo generan los productos ilegales obtenidos a partir de animales, como el marfil.

La matanza de animales en peligro de extinción es sin duda un gran negocio, letal no solo para los propios animales que son su objetivo, sino también para las personas. La protección de las especies en peligro es un trabajo de alto riesgo en muchos países del mundo. Solo en África y Asia, más de mil guardias forestales han muerto en los últimos diez años brutalmente asesinados por los mismos cazadores furtivos que matan a los animales a sangre fría.

En este capítulo conocerás a algunas de las especies en peligro en todo el mundo, así como cuáles son las principales amenazas a las que están expuestas. Mi objetivo es ponerle rostro (animal) a la crisis de las especies en peligro de extinción. También encontrarás información sobre qué podemos hacer para salvar a esas especies, tanto hoy como en el futuro. Siempre que no caiga un asteroide, claro.

¿QUÉ ES (OFICIALMENTE) UNA ESPECIE EN PELIGRO DE EXTINCIÓN?

A principios de 2015, Estados Unidos considera que más de mil trescientas especies de animales están amenazadas o en peligro de extinción, y entre ellas hay tanto especies endémicas estadounidenses como otras que viven en libertad lejos de las fronteras del país. De acuerdo con la ley estadounidense de especies en peligro de extinción de 1973 (pensada para proteger a dichas especies), la expresión «en peligro de extinción» significa que una especie está al borde de la extinción en todo o parte de su hábitat natural. «Amenazadas» se encuentran aquellas especies que se espera que pasen a estar en peligro de extinción muy pronto si nada cambia para mejorar su protección frente a los cazadores furtivos, la deforestación, el cambio climático y otras amenazas.

La Unión Internacional para la Conservación de la Naturaleza (UICN) lleva un registro de las especies extintas, en peligro y amenazadas en todo el mundo, y actualiza periódicamente su Lista Roja, un nombre muy adecuado para la relación de especies que ya se han extinguido en libertad y aquellas que se en-

NÚMERO DE ESPECIES EN LA LISTA ROJA DE ESPECIES AMENAZADAS DE LA UICN (2015)

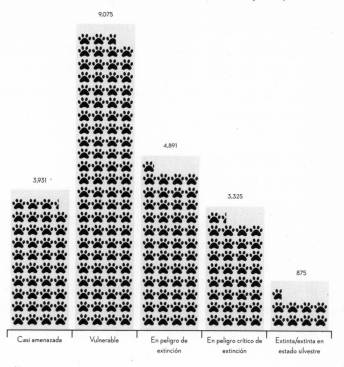

Fuente de la información: Unión Internacional para la Conservación de la Naturaleza (UICN)

= 100 especies

frentan a amenazas importantes. No todo son malas noticias (aunque debo reconocer que la mayoría sí lo son): la Lista Roja también incluye las especies que se están recuperando y van abandonando la zona de peligro de extinción. A finales de 2014, la clasificación incluía 32 especies extintas en estado silvestre, lo que significa que solo sobrevivían en cautividad (en zoológicos y reservas naturales), mientras que el resto de las especies que figuraban en la lista se consideraban en peligro crítico, o bien se enfrentaban a una amenaza muy real de extinción en un futuro próximo. Entre ellas estaban cientos de especies de mamíferos, el tipo (o, si hablamos con más propiedad, la «clase») de animal en el que nos centraremos en este capítulo. Afortunadamente, sabemos mucho sobre lo que nosotros —los mamíferos más poderosos del planeta— podemos y debemos hacer para ayudar a que las especies animales de cualquier clase se recuperen y no sigan el camino del dodo, el pájaro tristemente famoso por haber sido cazado hasta la extinción en el siglo XVII.

Una de las cosas que sabemos es que si una especie pierde su hábitat, su hogar, los animales se resentirán. En 2007, cuando estaban en séptimo curso, Rhiannon y Madison, ambas de Michigan y pertenecientes a las Guías Scouts, decidieron fundar el proyecto ORANGS (Orangutans Really Appreciate and Need Girl Scouts [Orangutanes Realmente Aprecian y Necesitan a las Guías Scouts]). Inspiradas por el trabajo de protección de los chimpancés al que la conservacionista y científica Jane Goodall (otra de mis heroínas) ha dedicado toda su vida, Rhiannon y Madison decidieron contribuir a proteger a los orangutanes en Indonesia, de donde son originarios. Trabajaron para evitar que continuase la destrucción de su hábitat natural como consecuencia del cultivo de la palma para producir aceite. Empezaron revisando todo lo que comían para ver si contenía aceite de palma y animaron a todos sus conocidos a hacer lo mismo y, si encontraban algo que llevaba ese aceite, dejaban de comerlo. Cuando descubrieron que hasta las mismísimas galletas de las Guías Scouts que estaban intentando vender contenían aceite de palma, iniciaron una campaña para que las galletas se fabricasen utilizando aceite con un sello de calidad que asegurase que su producción no había dañado la selva tropical. Incluso consiguieron que su ídolo, Jane Goodall, firmase su petición. Su pasión y su compromiso lograron que la gente escribiese más de setenta mil correos electrónicos a los directivos de las Guías Scouts, a pesar de lo cual estas siguieron utilizando el mismo aceite de palma. No todas las iniciativas logran el éxito deseado, pero

Cortesía de Sarah Roquemore

Madison y Rhiannon fundaron el proyecto ORANGS (Orangutans Really Appreciate and Need Girl Scouts) cuando estaban en séptimo.

no por ello dejan de ser importantes. ¿Recuerdas la frase «Intenta, intenta, inténtalo otra vez»? Pues bien, Rhiannon y Madison siguieron intentándolo y acabaron contribuyendo a una victoria mucho más importante: lograron llamar la atención, más allá de las Guías Scouts, sobre la amplia destrucción que provoca el cultivo de la palma y consiguieron convencer a Kellogg's, que, entre muchos otros productos (por ejemplo, cereales), fabrica también galletas de las Guías Scouts, para que obtuviese su aceite de palma de fuentes que respetasen la selva tropical y no contribuyesen a la deforestación.

EL ÁGUILA CALVA

A veces, el peligro para los animales no procede solo de la caza o de la pérdida de su hábitat, sino también de las transformaciones que sufre este último. El águila calva se convirtió en el emblema nacional de Estados Unidos en 1782, antes incluso de que se hubiese redactado la Constitución estadounidense. Por aquel entonces, había ejemplares de la especie en todo el territorio continental del país y en Alaska. Pero el hecho de ser nuestro símbolo nacional no la protegió, y su población disminuyó a lo largo del siglo XIX y principios del XX. A mediados del siglo pasado, el águila calva parecía abocada a la extinción. La caza se había convertido en una amenaza creciente, pues los pescadores alasqueños las mataban al pensar (erróneamente, como se acabaría demostrando) que eran perjudiciales para las poblaciones de salmón salvaje. Otros las cazaban con la intención de disecarlas y conservarlas como trofeos. Además, las águilas calvas debían competir por la comida y otros recursos con una cantidad creciente de estadounidenses que vivían cada vez en más sitios (su hábitat se extiende por la mayor parte del territorio de Estados Unidos y Canadá).

En el siglo XX llegó una nueva amenaza: el DDT (dicloro difenil tricloroetano; supongo que ahora entiendes por qué todo el mundo lo llama DDT), que ya mencionamos en el capítulo 7, «Bichos y bacterias». Durante los años cuarenta y cincuenta del siglo pasado, los campos de todo Estados Unidos se rociaron copiosamente con DDT para prevenir y eliminar la malaria. La sustancia también se utilizaba para proteger las cosechas de ciertos insectos, pero,

El águila calva fue una de las primeras especies considerada oficialmente en peligro de extinción en Estados Unidos, aunque por fortuna esto ya no es así.

Cortesía de Julie Larsen Maher (de WCS)

por desgracia, no solo mataba mosquitos y otros insectos: parte del DDT llegó a los ríos y lagos, donde los peces lo absorbieron. Y como las águilas calvas se alimentaban de esos peces, por alguna razón que la ciencia no ha acabado de explicar, el DDT hizo que no fuesen capaces de tener aguiluchos (crías de águila) fuertes y sanos. En 1963, solo quedaban 487 parejas de águila calva en el territorio continental de Estados Unidos (sin contar Alaska): la caza recreativa y el DDT, entre otras amenazas, habían hecho estragos.

A finales de los años sesenta, Estados Unidos puso en marcha un ambicioso proyecto para proteger al águila calva y en 1973 la incluyó en la primera lista importante de especies en peligro de extinción, tras haber prohibido un año antes el uso de DDT, en gran medida por sus efectos tan nocivos para esta especie. En las últimas décadas, el Servicio Federal de Pesca y Vida Silvestre de Estados Unidos ha colaborado intensamente con las organizaciones ecologistas para proteger a las águilas calvas que viven en libertad y para criar ejemplares de la especie en zoológicos y reservas naturales, con el objetivo de soltarlos posteriormente en su hábitat natural.

En particular en los años ochenta, los estadounidenses (incluidos niños de todo el país) se sumaron a la iniciativa. Los chavales organizaron caminatas para recaudar fondos, vendieron pegatinas para el coche y broches y, en Wisconsin, incluso pepinillos para la conservación del águila calva. Si funciona, cualquier cosa vale... Los fondos recaudados a través de estos distintos medios (que en ocasiones alcanzaron los miles de dólares) contribuyeron a llamar la atención sobre lo cerca de la extinción que había llegado a estar el águila calva, y ayudaron a protegerla. Finalmente, no se encontró ninguna evidencia que vinculase a las águilas calvas con la muerte de salmones en Alaska y, una vez que la gente lo entendió, los pescadores dejaron de matarlas. Hacer ostentación de un águila calva recién muerta como trofeo pasó a ser algo mal visto, e incluso tabú, lo cual acabó con otra de las razones por las que se las mataba. Todos estos factores contribuyeron a detener la matanza de águilas y ayudaron a que las poblaciones se recuperasen y aumentasen.

En 1995, el águila calva dejó de figurar en la lista de especies en peligro de extinción. Actualmente, en Estados Unidos hay más de seis mil parejas. *National Geographic* lo ha denominado «un gran caso de éxito de la conservación», y lo es. Este ejemplo pone de manifiesto que las especies pueden recuperarse si el gobierno, las organizaciones ecologistas y los ciudadanos (incluidos, entre otros, los cazadores y los pescadores) se alían para conseguirlo. También constituye un motivo para ser optimistas: sabemos que somos capaces de salvar especies en peligro si logramos que los socios adecuados trabajen conjuntamente, aunque tardemos años en conseguirlo.

LOS TIGRES

En poco más de cien años, el mundo ha perdido el 97 por ciento de la población de tigres en libertad. De cien mil ejemplares en 1900, hemos pasado a unos tres mil doscientos tigres silvestres en la actualidad. Todos los tigres que hay en el mundo cabrían aproximadamente en diez salas de cine grandes (si cupiesen en los asientos). Aunque las mamás tigresas paren nuevas camadas de cachorros cada dos años o dos años y medio, aproximadamente la mitad de todos los tigres que nacen no sobreviven más allá de los dos años. Mueren más tigres debido a la pérdida de su hábitat natural y a la caza furtiva de los que nacen y consiguen alcanzar la edad adulta. Por desgracia, estas criaturas majestuosas están, como afirma el título de este capítulo, al borde de la desaparición. Algunas subespecies, como los tigres de Bali o de Java, en Indonesia, ya han desaparecido.

Comencemos por su hábitat. El primer problema es la deforestación, porque, cuando los bosques se talan, los tigres pierden la cobertura arbórea y la tierra, vitales para que puedan rondar de un sitio a otro, cazar y vivir a su aire. La subida del nivel del mar provoca problemas similares para los tigres que viven cerca de la costa, en lugar de en las profundidades de los bosques.

Históricamente, los tigres vagaron por buena parte del sur y el este de Asia, desde la India a Indonesia, pasando por China y llegando hasta la Rusia oriental. Sin embargo, actualmente, solo ocupan una pequeña parte del que fue su hábitat a principios del siglo xx.

La caza furtiva también supone una grave amenaza para los tigres. Se cazan por su piel y por distintas partes de su cuerpo. Los ojos, los huesos, las garras y los dientes se utilizan en la medicina asiática tradicional porque se cree que permiten tratar todo tipo de dolencias, desde la malaria hasta el agotamiento. Lo cual, por supuesto, no es

1900   2010

Fuente de la información: WWF

La población de tigres se ha reducido en un 97 por ciento en ciento diez años. (El tigre minúsculo representa cuánto ha disminuido.)

cierto: a pesar de que la ciencia las ha buscado, no existe ninguna evidencia científica de que ninguna parte del tigre pueda curar enfermedades o hacer que una persona se sienta menos cansada.

Pero la falta de pruebas y el hecho de que se encuentren en peligro de extinción no han impedido que la gente siga queriendo conseguir partes del tigre, y que los cazadores furtivos se las proporcionen. Lamentablemente, aún se pueden encontrar las supuestas medicinas y otros productos hechos a partir del tigre en mercados y tiendas de toda Asia, e incluso de manera ilegal en Estados Unidos (por ejemplo, en Nueva York, donde yo vivo).

La protección de los tigres implica preservar su hábitat, hacer un seguimiento de las poblaciones para mantener a raya a los cazadores furtivos y educar a la sociedad explicando que no existen los medicamentos basados en partes del cuerpo del tigre, para así acabar con la demanda de los mismos. Asimismo, incluye asegurarse de que los tigres que viven en zoológicos, circos y reservas privadas aquí en Estados Unidos reciben los cuidados preceptivos. Se calcula que en Estados Unidos hay unos cinco mil tigres, una cifra superior a la de la población mundial en libertad. La pro-

Cortesía de Julie Larsen Maher (de WCS)

Hoy en día, los tigres ocupan únicamente una pequeña porción del territorio en el que vivían hace cien años.

tección de estos animales implica también la de cualquier persona que se les acerque, en particular la de los niños.

Aunque ha ido aumentando la sensibilización respecto a las amenazas que se ciernen sobre ellos y sobre lo que debemos hacer al respecto, los tigres que viven en libertad siguen estando en grave peligro. Más adelante hablaremos de lo que podemos hacer para proteger a los tigres y a otras especies en peligro de extinción.

LOS PANDAS GIGANTES

En libertad, los pandas gigantes viven en frondosos bosques de bambú en la China central, en lo alto de las montañas. Como los tigres, los pandas gigantes están amenazados tanto por la pérdida de su hábitat natural como por la caza furtiva. Son los osos más raros del planeta: hay menos pandas gigantes que tigres en libertad; alrededor de mil ochocientos. Con todos ellos ni siquiera se conseguiría llenar la cancha de baloncesto de algunos institutos.

Además de los ejemplares que viven en libertad, otros trescientos lo hacen en zoológicos y otros espacios protegidos de todo el mundo.

Los pandas gigantes tienen un apetito descomunal y se alimentan de bambú. ¡Necesitan entre 12 y 38 kilos cada día para sobrevivir! Esto significa que no pueden vivir muy lejos de un suministro de bambú (o de alguien que les lleve cantidades enormes de la planta, como sucede en los zoos). Por este motivo, la deforestación de los bosques de bambú es especialmente peligrosa para la supervivencia del panda gigante.

Fuente de la información: WWF

FINALES DE LOS AÑOS SETENTA
2014

La población de pandas gigantes ha aumentado en más de un 50 por ciento en cuarenta años.

En Estados Unidos, los pandas más conocidos probablemente sean Mei Xiang y Tian Tian, que viven en el National Zoo de Washington, famosos sobre todo por ser los padres de Bao Bao, su cachorra nacida en 2013. Son también la segunda pareja de pandas que ha acogido ese zoológico en toda su historia. La primera fue la compuesta por Ling-Ling y Hsing-Hsing, que llegaron como un regalo del gobierno chino al estadounidense en 1972. De niña, cuando iba al zoo con mi madre o con mi abuela Dorothy (a la que le gustaba tanto como a mí), recuerdo haber visto a Hsing-Hsing, aunque nunca llegué a ver a Ling-Ling, porque falleció antes de que me trasladase a Washington, y aún no he ido a ver a Bao Bao.

Todos los pandas gigantes, estén donde estén, incluso fuera de China, son propiedad del gobierno chino. No conozco ninguna otra especie con la que pase algo parecido, que todos y cada uno de los ejemplares pertenezcan a un solo país (aunque puede que exista; si conoces alguna otra, dímelo, por favor). Mei Xiang y Tian Tian son dos de los doce pandas gigantes que viven actualmente en Estados Unidos, entre los que hay cuatro en Atlanta, tres en San Diego y dos en Memphis. Bao Bao es el más joven de todos ellos. Visitar específicamente a determinados animales en los zoológicos es una manera importante de mostrar interés en la supervivencia de esas especies, apoyar el trabajo esencial que muchos zoos llevan a cabo

Bao Bao celebra su primer cumpleaños en el National Zoo.

para protegerlas y aprender más acerca de los propios animales. Si no tienes la posibilidad de visitar ningún zoológico, échale un vistazo a la cámara que sigue a los pandas gigantes en el sitio web del National Zoo, nationalzoo.si.edu.

Aunque siguen en peligro de extinción, los esfuerzos de conservación del panda gigante han dado sus frutos: actualmente hay más ejemplares que hace tres décadas, y muchos más que hace cuarenta años. El gobierno chino ha hecho de la protección del panda gigante una de sus prioridades, lo que se ha reflejado, entre otras cosas, en la creación de más reservas de pandas. El Fondo Mundial para la Naturaleza, cuyo símbolo es precisamente un panda gigante, ha llegado a un acuerdo con el gobierno chino para colaborar en la recuperación de la especie. Aun así, más de uno de cada tres pandas gigantes en libertad viven fuera de las reservas, por lo que todavía deben intensificarse los esfuerzos para determinar cuál es la mejor manera de protegerlos. Además, la mejor estrategia puede evolucionar con el tiempo, porque, aunque los pandas no se han desplazado, el aumento de la población en China está haciendo que tanto las personas como la industria estén cada vez más cerca de sus bosques de bambú. No podemos dar por seguro que los avances en la conservación de los pandas gigantes signifiquen que el peligro ya ha pasado.

LOS OSOS POLARES

La mayor amenaza para los osos polares árticos es el calentamiento global. Las aguas y el hielo del Ártico constituyen su hábitat natural. Los osos polares están adaptados a la vida a temperaturas muy bajas, aislados por un doble abrigo de pelo y una gruesa capa de grasa que los mantienen calientes incluso mientras cazan en aguas gélidas o caminan sobre hielo muy frío. En el Ártico, entre Canadá, Groenlandia, Rusia, Noruega y Estados Unidos (Alaska), viven entre veinte mil y veinticinco mil osos polares. Todos los ejemplares existentes actualmente podrían quizá llenar una cuarta parte de los asientos del estadio de fútbol americano de una gran universidad estadounidense. A diferencia de muchas especies de osos sobre las que probablemente hayas leído algo, los osos polares no hibernan. Por cierto, los pandas gigantes tampoco lo hacen.

El calentamiento global afecta a los osos polares de varias maneras. Como ya comentamos en el capítulo 8, «Parte meteorológico», el hielo sobre el que cazan y se desplazan se está derritiendo. Esto dificulta, entre otras cosas, que las osas polares embarazadas encuentren buenos lugares donde construir su madriguera y dar a luz a sus crías sin peligro. Por otra parte, la subida de las temperaturas hace que a los osos les cueste más cazar

focas, su alimento favorito, porque estas también buscan desesperadamente aguas más frías, lo que con frecuencia las lleva a
alejarse cada vez más de los lugares que habitan los osos. Varias
subespecies de focas en todo el mundo están experimentando
serias dificultades para sobrevivir debido al cambio climático y
a la caza excesiva (por los humanos, no por los osos). Esto significa que una importante fuente de alimento de los osos polares
es cada vez más escasa.

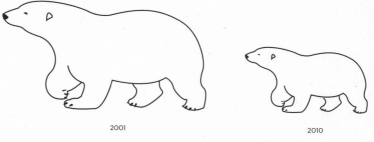

2001   2010

*La población de osos polares en el nordeste de Alaska y en los
Territorios del Noroeste disminuyó en un 40 por ciento en nueve años.*

Fuente de la información: Ecological Society of America

A diferencia de los pandas gigantes, los osos polares abun-
dan en los zoológicos estadounidenses. Recuerdo cómo deseaba
poder nadar con los osos en los días calurosos de verano en
el zoo de Little Rock, mientras los veía chapotear y jugar en el
agua. Por desgracia, a diferencia también de los pandas gigantes,
no han experimentado una recuperación de su población en la
última década. El hielo sigue fundiéndose y los osos polares continúan muriendo. El oso polar del mar de Beaufort, la subespecie
que habita en el nordeste de Alaska y en Canadá, ha pasado de
mil quinientos a novecientos ejemplares en menos de diez años.

El Servicio Geológico de Estados Unidos predice que si no sucede nada que revierta el deshielo del Ártico, en 2050 habrán desaparecido dos de cada tres osos polares. Eso significa que a lo largo de nuestras vidas nos quedaremos sin la mayoría de los osos polares en todo el mundo. El motivo principal es que, según las predicciones de dicha agencia, en 2050 el hielo del océano Ártico habrá desaparecido por completo.

Todos los osos polares del mundo llenarían únicamente una cuarta parte de un estadio universitario de fútbol americano.

Cortesía de Julie Larsen Maher (de WCS)

En los últimos años, el hielo del Ártico ha alcanzado los niveles más bajos jamás registrados. Además, su estructura ha cambiado: ya no es el blanco casquete sólido que vemos en los atlas y globos terráqueos, sino que el hielo que aún existe normalmente flota en pedazos cada vez más pequeños y más alejados entre sí. Imagina un juego de rayuela en el que fuese prácticamente imposible alcanzar las otras casillas. Esa es la realidad actual para los osos polares, lo que los obliga a nadar largas y agotadoras distancias. Cada vez son más numerosos los osos que mueren ahogados y por falta de comida, ya que no logran alcanzar a tiempo los témpanos de hielo o no encuentran focas con las que alimentarse. Además, cada vez tienen menos crías, porque, cuando pierden peso al tener menos que comer, pierden también la capacidad de reproducirse. Las osas polares deben engordar mucho antes de tener cachorros, y si no logran hacer lo primero tampoco pueden hacer lo segundo. Si no detenemos el calentamiento global, los osos polares que viven en libertad están abocados a una muerte lenta, pero segura.

LOS RINOCERONTES

Se calcula que, a principios del siglo xx, en África y Asia vivían unos quinientos mil rinocerontes salvajes. En poco más de cien años, ha desaparecido casi el 95 por ciento de los ejemplares. Se cree que solo quedan vivos unos veintinueve mil rinocerontes en libertad, y algunas de sus subespecies ya han desaparecido. En 2011, tanto el rinoceronte de Java, en Vietnam, como el rinoceronte negro occidental, en África, se declararon extinguidos. En África, el rinoceronte blanco septentrional en libertad ha desaparecido, y solo sobrevive en cautividad. Si no atajamos la caza furtiva, a lo largo de nuestras vidas podríamos ver cómo desaparecen todos los rinocerontes.

1960 1995 2010

Fuente de la información: Save the Rhino International

El rinoceronte negro africano estuvo al borde de la aniquilación durante treinta y cinco años. El intenso esfuerzo contra la caza furtiva y en pos de su conservación ha empezado a dar frutos, y hoy los rinocerontes negros están alejándose del abismo.

Los rinocerontes están desapareciendo principalmente porque la caza furtiva se ha disparado. En 2007, en Sudáfrica murieron trece rinocerontes víctimas de los cazadores furtivos; en 2013, esa cifra fue de mil cuatro ejemplares, lo que supone un incremento de más del 7.000 por ciento en menos de diez años. ¿El motivo? Su cuerno. A principios de 2015, 1 kilo de cuerno de rinoceronte cuesta más que 1 kilo de oro. Se calcula que en el mercado negro (el mercado ilegal) 1 kilo de cuerno de rinoceronte alcanza los 65.000 dólares, e incluso en ocasiones los 100.000, dependiendo del tipo de cuerno. Esa cifra es más de cuatro veces el coste anual de matrícula en una universidad pública estadounidense.

Vietnam es el mercado principal para el cuerno de rinoceronte, debido a la equivocada creencia de que puede ayudar a curar el cáncer, a pesar de que no existe ninguna evidencia científica que la avale. Esta creencia no tiene sus orígenes en la medicina tradicional, sino que es algo reciente, lo cual explica por qué la caza ilegal de rinocerontes ha aumentado vertiginosamente en los últimos tiempos. Por desgracia, la falta de evidencia científica no ha impedido que la gente compre cuerno de rinoceronte para comprobarlo por sí misma. Es esta vana esperanza en una cura mágica la que explica por qué el cuerno de rinoceronte es más caro que el oro... o que el platino. Además, el crecimiento de la economía vietnamita,

Cortesía de Julie Larsen Maher (de WCS)

Creo que el mejor lugar donde puede estar el cuerno de un rinoceronte es en su cabeza.

y con él el del número de personas con dinero que gastar, han tenido como triste resultado que parte de ese dinero se haya destinado a la compra de cuerno de rinoceronte. Si la caza furtiva sigue creciendo (porque los cazadores saben que matar a un ejemplar supone ganar muchísimo dinero), los científicos calculan que todos los rinocerontes africanos podrían extinguirse en menos de veinte años.

Aunque la caza ilegal es la amenaza principal y la más urgente, no es la única a la que se enfrentan los rinocerontes. También están viendo cómo desaparece su hábitat natural. En Indonesia, por ejemplo, los cultivos ilegales de café y de arroz están ocupando terrenos en los que durante mucho tiempo vivieron los rinocerontes, y para hacerlo o bien los matan, o bien los obligan a desplazarse a otras tierras poco propicias para ellos, donde no podrán sobrevivir a largo plazo.

Afortunadamente, cuando, en ocasiones anteriores, los rinocerontes se han visto amenazados por la caza ilegal y la pérdida de su hábitat, iniciativas de conservación bien diseñadas han permitido que su población se recuperase. Una subespecie africana, el rinoceronte blanco meridional, se dio por extinta en el siglo XIX, pero resultó que no lo estaba. En 1895 se descubrió una pequeña población de estos animales y, gracias a las iniciativas de conservación adecuadas, hoy en día en África viven miles de rinocerontes blancos meridionales, la mayoría de ellos en Sudáfrica, en santuarios y parques protegidos. Sabemos que los rinocerontes se pueden recuperar, pero antes debemos detener a los cazadores furtivos.

LOS PANGOLINES

Confieso que nunca había oído hablar de los pangolines hasta que mi madre y yo nos involucramos en un proyecto para salvar a los elefantes africanos. Fue entonces cuando empecé a conocer otras iniciativas de conservación de distintas especies, entre las que estaba el pangolín. Si vieses uno, probablemente nunca imaginarías que son mamíferos como nosotros. Los pangolines, también denominados osos hormigueros escamosos, viven en África y en Asia, se alimentan principalmente de hormigas y termitas y están recubiertos de grandes escamas (su apodo es «la piña viviente»). Perversamente, las escamas que los protegen constituyen uno de los motivos por los que son objeto de deseo de los cazadores furtivos.

El pangolín es uno de los mamíferos en mayor peligro de extinción del planeta. No disponemos de estimaciones fiables de la población total de pangolines, en parte porque son animales nocturnos (lo que significa que están despiertos por la noche, cuando la mayoría de los animales, incluidas las personas, normalmente duermen).

Pero su precaria situación no podría ser más evidente. Los están matando a una velocidad alarmante. Solo en China, se calcula que actualmente viven en libertad menos de dos mil quinientos ejemplares; en el año 2000, eran más de veinte mil. En los últimos años, miles de pangolines han salido ilegalmente de Indonesia y Tailandia, mientras que, por su parte, las autoridades chinas han confiscado miles de ejemplares que los traficantes estaban intentando introducir de manera ilegal en su país, procedentes de esos otros dos países, así como de África.

Fuente de la información: Conservación Internacional

2000   2013

La población de pangolines en China se ha reducido en un 90 por ciento en trece años.

A diferencia de los rinocerontes, los pangolines se cazan como alimento, pues su carne se considera una exquisitez, en particular en China. Los furtivos también los cazan porque sus escamas pueden utilizarse para fabricar accesorios de moda, o para disecarlos y exhibirlos como trofeo. Además, son otra de las especies animales cuyas partes se cree erróneamente que poseen propiedades medicinales. De nuevo, no existe ninguna evidencia científica de que ninguna parte del pangolín cure enfermedad alguna, a pesar de lo que alguna gente crea sobre sus escamas o su sangre. Al pangolín le corresponde la triste distinción de ser el animal con el que más se trafica ilegalmente de todo el planeta. Esto significa que se sacan de sus países originarios más ejemplares de esta especie que de cualquier otra para ser vendidos de forma ilegal como alimento, complemento de moda y supuesta medicina. Por este motivo, los pangolines están en peligro en casi todos los lugares donde han vivido tradicionalmente.

Cortesía de George Steinmetz/Corbis

En esta fotografía es fácil entender por qué a los pangolines se los llama «piñas vivientes».

LOS ELEFANTES

Los elefantes son los mamíferos terrestres más grandes, pero su tamaño no los ha protegido de los cazadores furtivos, que los matan por sus colmillos de marfil. Los elefantes africanos son más grandes que los asiáticos, y la forma de sus orejas es diferente. En el caso de los elefantes africanos, tanto los machos como las hembras tienen colmillos (mientras que solo los machos asiáticos los poseen). Su mayor talla corporal, y el correspondiente mayor tamaño de sus colmillos, hace que los elefantes africanos sean especialmente atractivos para los cazadores furtivos. Seguramente, cuando piensas en un elefante, la imagen que te viene a la mente es la de un ejemplar africano.

1980   2012

La población de elefantes africanos se ha reducido en dos terceras partes en treinta y dos años.

Fuente de la información: 96 Elephants

Los elefantes suelen vivir en grupos familiares liderados por una matriarca, como una abuela o una madre, mientras que los machos más viejos viven por su cuenta. Todos los elefantes recorren grandes distancias (cosa que no hacen los rinocerontes), en parte para poder encontrar los cientos de kilos de hojas y plantas que los ejemplares adultos necesitan cada día para sobrevivir. Esta itinerancia los lleva a aventurarse fuera de los parques nacionales y reservas, donde es mucho más probable que estén vigilados y protegidos de los cazadores furtivos. Las matriarcas y los machos más viejos suelen ser los más apreciados por los furtivos —y sus víctimas más habituales— porque poseen los colmillos de mayor tamaño.

Cuando matan a las madres y las abuelas, las familias no solo pierden a un ser querido, sino todo el conocimiento que la matriarca había acumulado a lo largo de décadas sobre dónde encontrar comida, refugio y agua en cada estación del año. Eso significa que es más probable que los hijos y nietos supervivientes pasen hambre o sed, en particular durante los períodos de sequía, cada vez más habituales debido al cambio climático. Incluso hay evidencias de que los elefantes lloran a sus seres queridos, igual que los humanos, pero esa capacidad de profunda empatía no ha disuadido a los cazadores furtivos, ni mucho menos.

La altura del montón de cadáveres —madres, padres e hijos elefantes muertos— del que son responsables los cazadores furtivos no ha dejado de crecer. Se estima que, en 1980, el año en que nací, más de 1 millón de elefantes africanos vagaban por las sabanas y los bosques.

Cortesía de Julie Larsen Maher (de WCS)

El elefante es uno de mis animales favoritos, y quiero asegurarme de que siguen existiendo para mi hija Charlotte y las generaciones futuras.

En 2012, esta cifra se había reducido en casi sus dos terceras partes, y sigue disminuyendo mientras las matanzas de elefantes continúan. Al ritmo al que se produce actualmente, la caza furtiva amenaza la mismísima supervivencia del elefante africano, así como la de las plantas y los animales que dependen de él. Los elefantes tienen un rol especialmente importante a la hora de mantener los bosques y las sabanas donde viven sanos y robustos. Al desplazarse de un sitio a otro, realizan la indispensable labor de dispersar las semillas de ciertas plantas; además, excavan los abrevaderos que otros animales necesitan para sobrevivir. Si desaparecen, también desaparecerán los ecosistemas que se han desarrollado a su alrededor.

Aunque no es tan valioso como el cuerno de rinoceronte, en 2014 el precio de 1 kilo de marfil rondaba los 10.000 dólares, lo cual triplicaba su valor de apenas unos pocos años antes. A diferencia del cuerno de rinoceronte, con el que se comercia en el mercado negro, en la mayoría de los países el marfil se vende de manera legal. Pero la caza furtiva de elefantes en particular está vinculada a actividades ilegales de la peor calaña en todo el mundo. Cada vez es más habitual que los cazadores furtivos estén integrados en las redes del crimen organizado o en organizaciones terroristas. Probablemente, resulta más fácil abatir elefantes que rinocerontes, porque son más numerosos y cubren un territorio más extenso. Esto dificulta que los guardas forestales los puedan proteger debidamente dentro de un parque natural, y mucho más que lo puedan hacer cuando salen de él. A menudo los cazadores les arrancan la cara brutalmente para poder transportar los colmillos de marfil con más comodidad. Esta crueldad hacia los elefantes ayuda a financiar la peor crueldad ejercida contra los seres humanos.

Algunos estudios relacionan la venta de marfil con grupos terroristas como el Ejército de Resistencia del Señor en el este de África. Por este motivo, a veces se habla del marfil como «el oro blanco de la *yihad*», ya que su venta contribuye a financiar grupos que amenazan a la población en distintos países africanos y que tienen vínculos con terroristas de todo el mundo. La campaña 96 Elephants (que puedes encontrar en 96elephants.org) busca llamar la atención sobre estos vínculos. Se llama así en homenaje a los 96 elefantes africanos que murieron en promedio a manos de los cazadores furtivos cada día del año 2014. En su sitio web hay algunas imágenes horripilantes y dolorosas, por lo que quizá sea conveniente que hables con tus padres y lo veáis juntos. La relación que existe entre la caza furtiva y el terrorismo ayuda a explicar por qué los dos grandes partidos políticos estadounidenses han colaborado para reforzar el apoyo de Estados Unidos a las iniciativas contra la caza ilegal. Detenerla es esencial para asegurarse de que los elefantes sobreviven en las próximas décadas. También es una vía importante para combatir el terrorismo que amenaza a la población africana y de todo el mundo.

Por todos estos motivos, en 2013 mi madre y yo empezamos a colaborar con grupos conservacionistas, así como con países donde viven poblaciones de elefantes, con otros donde existe una importante demanda de marfil, con funcionarios gubernamentales y con otras entidades para mejorar la coordinación de las iniciativas internacionales que buscan acabar con la caza furtiva de elefantes, y con la demanda y el tráfico ilegal de marfil en todo el mundo. Se han producido avances, pero aún queda mucho por hacer.

QUÉ ESTÁ HACIENDO EL MUNDO (O AL MENOS QUÉ ESTÁ INTENTANDO HACER)

Acuerdos internacionales

CITES (Convention on International Trade in Endangered Species [Convención sobre el Comercio Internacional de Especies Amenazadas de Fauna y Flora Silvestres]) es un acuerdo entre países para delimitar cuándo y bajo qué condiciones se permite el envío de un país a otro de un ejemplar (o de partes de un ejemplar) perteneciente a una especie en peligro de extinción. Al igual que la ley estadounidense de especies en peligro de extinción, CITES clasifica las especies en peligro según lo cercanas que están a la extinción. A continuación, determina en qué medida el comercio —la venta de ejemplares vivos o de partes de animales muertos— supone una amenaza para cada especie e impone una serie de controles, e incluso restricciones, diseñados para garantizar que cualquier comercio que se produzca no pone en peligro la supervivencia de dicha especie. Aunque casi todos los países han firmado CITES, resulta evidente que el comercio ilegal de productos relacionados con la flora y la fauna salvajes sigue siendo un gran negocio (cuyo volumen, por desgracia, no deja de crecer).

De acuerdo con CITES, el comercio internacional de cuerno de rinoceronte y productos derivados está prohibido desde 1975, antes de que yo naciese, pero eso no ha detenido su tráfico ilegal. De hecho, actualmente involucra a más gente que nunca. Así pues, aunque CITES es muy importante, por sí solo no basta para garantizar que los animales están a salvo de la extinción y que reciben el apoyo necesario para que sus poblaciones se recuperen, y así más especies puedan tener historias como la del águila calva en Estados Unidos.

Leyes estatales

¿Qué más se puede hacer para complementar el trabajo de CITES? Afortunadamente, muchas cosas. Por ejemplo, yo abogo por que, en Estados Unidos, una ley federal y leyes estatales en cada uno de los cincuenta estados prohíban la venta de marfil, sin excepciones. Me siento orgullosa de vivir en un estado (Nueva York) que ha prohibido su venta, aunque con alguna salvedad. Aunque preferiría que no hubiese ninguna excepción, este es un importante paso adelante, y, a principios de 2015, Nueva York era uno de los únicos dos estados que lo han dado (el otro es Nueva Jersey). El hecho de que se haya dado este paso en dos estados ya es algo. Confío en que seamos capaces de aprobar leyes que prohíban toda la venta de marfil y otros productos obtenidos a partir de especies en peligro de extinción. Enseguida diré algo más al respecto.

Vigilar a los animales

Existen nuevas formas de seguirles la pista a las poblaciones de especies vulnerables y en peligro de extinción en África y Asia. Hoy en día contamos, por ejemplo, con tecnologías novedosas como los drones, aviones no tripulados capaces de sobrevolar zonas donde es demasiado peligroso que se adentren los humanos, y que pueden también cubrir mayores extensiones de terreno en menos tiempo que los humanos, sin ayuda. Además, es menos probable que los drones atraigan la atención de los cazadores furtivos o que incomoden a los animales que si se empleasen aviones más grandes o helicópteros. Actualmente, se utilizan para seguirles el rastro a los animales y para disuadir a los cazadores, así como para ayudar a detener a los que no se dan cuenta de que los están siguiendo. Aunque hay quien cree que los drones no deberían utilizarse para ningún propósito, los expertos esperan que sean especialmente útiles para vigilar a animales como los rinocerontes, que no cubren territorios extensos (como sí hacen los elefantes), y zonas con mucha fauna, que resultan particularmente atractivas para los cazadores furtivos. Estudios preliminares realizados en Kenia sugieren que los drones contribuyeron de manera significativa a reducir la caza ilegal en determinadas zonas.

Proteger a los guardias forestales y a las comunidades de los cazadores furtivos

Aparte del uso de dispositivos manejados a distancia, cada vez es más habitual que los guardas forestales reciban la formación y las herramientas que necesitan para combatir a los cazadores furtivos y protegerse de ellos. Pero es necesario intensificar los esfuerzos para apoyar a los guardas que están en primera línea de la lucha contra la caza ilegal para que puedan salvar las vidas de los animales que protegen y, lo que es igualmente importante, para que los propios guardas se protejan. Los cazadores furtivos disponen de tecnologías propias del ejército (helicópteros, rifles o prismáticos de visión nocturna o mejorada, así como sistemas de GPS con los que seguir a los animales). Es probable que tengan y utilicen cualquier cosa que puedas haber visto en una película de acción. Afortunadamente, cada vez es más frecuente que los guardas reciban también todo lo que necesitan para detener y atrapar a los cazadores ilegales.

Asimismo, los guardas y las organizaciones conservacionistas trabajan conjuntamente con las comunidades situadas tanto dentro como en las inmediaciones de los parques nacionales, bosques y otras reservas naturales para proteger a los animales y para que alerten a los guardas en caso de cualquier peligro inminente. Por ejemplo, en Namibia, el Fondo Mundial para la Naturaleza colaboró con el gobierno del país y una compañía telefónica local para implantar un sistema gratuito y confidencial de envío de SMS para que cualquier persona pudiera, sin correr ningún riesgo y sin necesidad de dar su nombre (lo que podría exponerla a las represalias de los cazadores furtivos), mandar un mensaje de texto y alertar a las autoridades en caso de que sospechase que se estaba produciendo alguna actividad de caza ilegal. Debido en parte a estas iniciativas, la caza furtiva de rinocerontes en Namibia se ha reducido de forma espectacular.

En Tanzania, la Wildlife Conservation Society o WCS [Sociedad para la Conservación de la Vida Silvestre] contrata a personas procedentes de las comunidades que rodean el Parque Nacional Tarangire para que ayuden a controlar las poblaciones de elefantes locales mediante el uso de teléfonos móviles, de manera que esas personas puedan informar fácil y rápidamente de cualquier actividad sospechosa. Junto con sus socios, también pagan a los habitantes locales para que puedan proteger sus tierras de los elefantes que se aventuran fuera del parque, tratando así de evitar que recurran a los cazadores furtivos para conseguir dinero y para que les quede claro que un futuro compartido con los elefantes también será bueno para ellos. Hasta ahora, la comunidad ha invertido ese dinero en la construcción de una escuela de primaria, donde los niños del pueblo aprenden a conocer mejor la fauna con la que conviven, entre otras muchas cosas.

Cortesía de Barbara Kinney/ Clinton Foundation

Me encantó ver elefantes en el Parque Tarangire de Tanzania, donde tuve el honor de conocer a los valientes guardas forestales que protegen a los elefantes y otras especies.

Cortesía de Barbara Kinney/Clinton Foundation

En 2013 visité Tarangire y me impresionó profundamente la dedicación de la comunidad local y de los guardas para proteger su fauna y a sí mismos de los cazadores furtivos. Pude ver con mis propios ojos elefantes que probablemente no estarían vivos de no ser por los esfuerzos conjuntos de los guardas tanzanos, la comunidad local y la WCS. Vi enormes elefantes machos y familias con crías recién nacidas. Conocí a los habitantes de los pueblos locales que ahora se ganan la vida ayudando a vigilar a los elefantes que salen del parque (y a los cazadores furtivos que quieren matarlos). Ganaban dinero suficiente como para mantener a sus familias y mandar a sus hijos a la escuela. Conocí a guardas que saben que ahora es más probable que lleguen sanos y salvos a sus casas por las noches porque disponen de las herramientas que necesitan para protegerse mejor, y proteger también a los animales. Siempre les estaré agradecida a las personas que conocí, y nunca olvidaré los elefantes que vi, especialmente las grandes matriarcas que se aseguraban de que sus familias tuviesen comida suficiente y seguían sus pasos sin peligro. Espero ser capaz de hacer siempre lo mismo con mi hija Charlotte.

Compartir la tierra...

No siempre es fácil conseguir que quienes viven en países con importantes poblaciones de fauna salvaje apoyen la protección y la conservación de las especies animales de su zona, en particular si se ganan la vida con el comercio de ejemplares (o de parte de ejemplares) de especies en peligro de extinción o con la agricultura ilegal (que supone una gran amenaza para algunos rinocerontes y otras especies). Pero, con suerte, una vez que la gente empieza a ver que tanto ellos como sus familias obtienen beneficios de las iniciativas de conservación (como ha ocurrido en Tarangire), así como del turismo que los animales atraen, es más probable que decida unirse a la lucha contra los cazadores furtivos. La estrategia se basa en la esperanza de que si, a través del turismo y la conservación de animales, una pareja de padres trabajadores puede ganar dinero suficiente para mantener a sus familias y poder permitirse que sus hijos vayan a la escuela, serán menos proclives a colaborar con los cazadores furtivos o a cultivar de manera ilegal terrenos que los animales necesitan para vivir.

También es importante ayudar a quienes se dedican a la agricultura legal, y continuar haciéndolo de una manera que sea positiva para ellos y para los animales con los que conviven, en particular si se trata de animales como los elefantes, que cubren territorios muy extensos. En Asia, el Fondo Mundial para la Naturaleza ha estado trabajando con las comunidades para evitar que los elefantes dañen sus cosechas, lo cual es bueno para los agricultores, pero también para los elefantes (pues así la gente no siente la necesidad de matarlos para proteger sus tierras). Estas iniciativas contemplan la construcción de vallas eléctricas, enseñar a la gente cómo conducir sin peligro a los elefantes lejos de los campos cultivados e incluso enseñar a los elefantes a que no entren en las aldeas o en sus campos. Este organismo y sus entidades asociadas trabajan para ayudar a las comunidades que viven en las proximidades de poblaciones vulnerables de elefantes y rinocerontes a mejorar sus técnicas agrícolas para que sean capaces de producir más comida y obtener así más dinero de su labor en el campo (lo que reducirá la probabilidad de que colaboren con los cazadores furtivos, pues no necesitarán el dinero). Para informarte sobre este trabajo, visita wwf.org y wcs.org.

Castigos

También es importante que haya leyes fuertes y que dichas leyes se apliquen contra los cazadores furtivos y los traficantes que participan en el transporte ilegal de animales salvajes y de productos derivados. Cuando estas personas son detenidas, es crucial que reciban castigos acordes con la gravedad de sus delitos, para defender la legalidad y también para disuadir a quienes pudieran estar tentados de seguir sus pasos en un futuro. Muchos gobiernos, especialmente en África, han empezado a aprobar leyes más estrictas contra la caza ilegal, que contemplan penas más duras para quienes sean condenados por delitos relacionados con la caza furtiva y el tráfico ilegal de animales salvajes y productos relacionados. En Sudáfrica, un cazador furtivo de rinocerontes fue recientemente condenado a setenta y siete años de prisión, pero castigos tan duros como este son aún poco frecuentes. Demasiado a menudo los cazadores furtivos no son procesados o reciben condenas más leves. China se toma muy en serio la caza furtiva de pandas y se cree que los estrictos castigos a los que condena a los cazadores (más de diez años de prisión es la norma) han tenido una gran influencia en la reducción de esta actividad (porque nadie quiere pasar diez años, o incluso más tiempo, en la cárcel).

Compradores bien informados

Debemos hacerles ver a quienes compran (o simplemente se plantean comprar) productos procedentes de animales en peligro de extinción lo perniciosos que los abalorios, pociones y otros objetos que adquieren son en realidad. Han de saber que las escamas de pangolín solo proceden de pangolines muertos, que el marfil solo se obtiene de elefantes muertos, y que las pieles de panda gigante solo se consiguen de pandas gigantes muertos. Hace pocos años, un estudio demostró que la inmensa mayoría de los chinos no sabían que a los elefantes se los mataba para obtener sus colmillos de marfil. Otros muchos creían equivocadamente que el marfil se regeneraba, que volvía a crecer, si alguien lo cortaba. Recientemente, se han lanzado en China varias campañas de anuncios y cortos con la participación de personajes famosos para informar a la población de que la única fuente del marfil son los elefantes muertos, y que dejar de comprarlo ayudará a la supervivencia de estos animales. Su efecto comienza a dejarse notar, pues los chinos están tomando conciencia del problema, y de su solución: dejar de comprar marfil para evitar que los cazadores furtivos tengan incentivos para matar elefantes. Recientemente también, un grupo de destacados líderes empresariales chinos se comprometió a no comprar marfil ni ofrecerlo como regalo. Esperemos que otros sigan sus pasos. Iniciativas similares llevadas a cabo en Japón en los años ochenta del pasado siglo contribuyeron a que la gente modificase sus hábitos de compra: lograron que la demanda de marfil descendiese en el país, lo cual ayudó a limitar el nivel de caza furtiva hasta que se produjo el último repunte. Confiemos en que estas nuevas iniciativas (en China y en otros lugares) repercutan positivamente en la situación de los elefantes africanos. Tras la experiencia japonesa, sabemos que eso es posible.

En países como China, donde el pangolín aún sigue considerándose una fuente de medicinas y una exquisitez culinaria, es importante conseguir que cale el mensaje de que las medicinas obtenidas de estos animales no curan ninguna enfermedad, y que no está bien ni es socialmente aceptable comer carne de pangolín o lucir sus escamas como complementos de moda. Estas campañas de concienciación, junto con una mayor eficacia de los programas de conservación de los pangolines, tanto en libertad como en cautividad, pueden tener efectos palpables, como pudimos comprobar con las acciones conjuntas para salvar al águila calva en Estados Unidos. Esto no son más que dos ejemplos. Necesitamos conseguir que la sociedad interiorice que el cuerno de rinoceronte no cura el cáncer y que los productos derivados del tigre no curan ninguna enfermedad, además de realizar muchas otras acciones para contribuir a la conservación de las especies en peligro de extinción en todo el mundo. Estos esfuerzos de concienciación también deben llevarse a cabo en Estados Unidos.

Sí, es cierto que China es el mayor mercado mundial para el marfil, y que en muchos países asiáticos las partes de animales se venden con supuestos fines medicinales, pero también debemos redoblar los esfuerzos en Estados Unidos. En particular, muchos objetos hechos con marfil y con cuerno de rinoceronte (como estatuas, joyas, palillos chinos o partes de instrumentos musicales) se ofrecen como antigüedades, lo que, en muchos casos, hace que su venta sea legal. Actualmente, no existe la tecnología que nos permita determinar si una pieza de marfil se extrajo de un animal la semana pasada o hace cien años (porque no somos capaces de averiguar, a partir del marfil, cuándo murió el elefante). Buena parte de lo que se ofrece como marfil antiguo probablemente no lo sea; y lo mismo sucede con el cuerno de rinoceronte. Por esta razón, yo abogo por la prohibición total de la venta de ambos materiales, sin excepciones, pues de lo contrario los traficantes podrían seguir haciendo pasar por antigüedades el marfil procedente de elefantes masacrados recientemente, y hacer lo propio con el cuerno de rinoceronte.

Hay mucha gente que no está de acuerdo conmigo, en algunos casos porque quieren tener la posibilidad de reemplazar el marfil en sus instrumentos y armas antiguos o en otros objetos. ¿Tú qué opinas? ¿Crees que la prohibición total del marfil y del cuerno de rinoceronte en Estados Unidos contribuiría a evitar las matanzas de elefantes y rinocerontes en África y Asia, y a que los terroristas y delincuentes dejaran de financiar sus perversas actividades con la caza ilegal? Tendrás que decidir si estás de acuerdo conmigo o tienes una opinión distinta.

Es mucho lo que puedes hacer para ayudar a salvar las especies en peligro. Explícales a tus familiares y amigos en qué consiste la amenaza de extinción a la que se enfrentan los tigres, los pandas gigantes y otras especies. Explícales también que no hay ninguna evidencia de que algún producto obtenido de un animal perteneciente a una especie en peligro tiene propiedades medicinales. Ayúdales a entender que las partes de animales salvajes casi siempre proceden de ejemplares muertos. Aunque los cuernos de los rinocerontes pueden regenerarse, la mayoría de los cazadores furtivos los matan en lugar de quitarles cuidadosamente el cuerno. No hay manera de «recolectar» de forma inocua las partes de los cuerpos de las especies que se encuentran en mayor peligro, y si se las «arrancan», tampoco les vuelven a crecer.

Insta a tus familiares y amigos mayores de catorce años a que utilicen las redes sociales para compartir los (terroríficos) datos sobre los productos obtenidos a partir de animales en peligro de extinción. Explica por qué crees que es importante acabar con la demanda de marfil y detener la masacre de los elefantes y de cualquier otro animal por el que sientas algo. Queda mucho por hacer para que todas las personas, sea cual sea su edad y vivan donde vivan, tomen conciencia de la situación. Para que la gente deje de comprar productos obtenidos a partir de animales muertos, debemos demostrarles que lo que piensan sobre esos productos no es cierto.

Explícales a tus familiares y amigos que, por muy «estupenda» que pueda quedar en su estudio una alfombra hecha con la piel de un oso polar, o por muy «bien» que quede una pulsera de marfil en la muñeca de la abuela, la piel del oso se vería mucho más hermosa en el propio oso y el marfil quedaría mucho más espectacular en un elefante. Por poner solo un ejemplo, instar a tus familiares y amigos a que compren otros objetos divertidos, fascinantes y bonitos en lugar de cualquier cosa hecha con marfil es una manera de contribuir a detener la caza furtiva. Si disminuye el número de personas interesadas en comprar objetos fabricados a partir de la piel, los colmillos, los ojos, los huesos y otras partes de los cuerpos de animales en peligro de extinción, disminuirá también la probabilidad de que los cazadores ilegales los maten para obtenerlos.

Dos de las personas que están ayudando a reducir la demanda de marfil son Nellie y Celia, ambas de Hong Kong. En 2012, cuando tenía once años, Nellie logró convencer a su escuela para que dejase de utilizar marfil con fines educativos. Además, con otros cuatro niños, reunió sesenta mil firmas para una petición que solicitaba al gobierno hongkonés que destruyese sus reservas de marfil como gesto de firmeza contra el tráfico ilegal, cosa que este acabó haciendo. A través de todas sus iniciativas, Nellie contribuyó a concienciar a la sociedad hongkonesa sobre la amenaza que

Cortesía de Katrina Shute

Nellie ayuda a retirar el marfil de su escuela.

la caza furtiva de elefantes y la demanda de marfil suponen para la supervivencia de estos animales. Es probable que el hecho de que sea joven y apasionada hiciese que más gente prestase atención a sus acciones.

No subestimes el poder de tu juventud. Celia tenía catorce años cuando, en 2012, lanzó una campaña con el objetivo de reducir la demanda de marfil, para instar a los gobiernos a que adoptasen medidas firmes contra la caza furtiva, y para lograr que Yao Ming, antigua estrella de la NBA, se involucrase en la defensa de los elefantes. Su infatigable esfuerzo atrajo la atención y el apoyo de los medios de comunicación y, como le ocurrió a Nellie, su edad probablemente contribuyó a ello más que si hubiese tenido veintitantos o treinta y tantos años. La gente quiso apoyar a Celia y a Nellie porque eran jóvenes y optimistas. Una de las personas que decidió apoyar a Celia fue nada menos que Yao Ming. Su campaña tuvo un éxito mayor del que habría podido imaginar. Actualmente, Yao Ming es uno de los rostros más reconocibles de las iniciativas contra la caza furtiva y contra el comercio de marfil en China.

Como Celia y Nellie, tú puedes expresar públicamente tu opinión contra el comercio ilegal de animales y asistir a actos de quema o destrucción de marfil. Probablemente te preguntarás: «¿Por qué destruimos y que-

Celia tenía catorce años cuando lanzó una campaña para conseguir que Yao Ming se involucrase en la protección de los elefantes.

Cortesía de Josefina Bergsten

mamos ese marfil?». Quizá te desconcierte la idea de destruir marfil confiscado cuando intentaban introducirlo ilegalmente en un país como Estados Unidos o China, o sacarlo de forma ilegal de lugares como Tanzania o Kenia. Puede que pienses: «¿Por qué no lo vendemos?». La quema y la destrucción de marfil permiten enviar un claro mensaje de que los países no tolerarán la matanza de elefantes, y se negarán a obtener beneficio alguno de ella. Es lo mismo que sucede cuando las autoridades se incautan de drogas ilegales. En ese caso, no diríamos: «Ya que las tenemos, vendámoslas», sino que las destruimos. En noviembre de 2013, Estados Unidos destruyó seis toneladas de marfil que había confiscado a delincuentes que intentaban introducirlo y venderlo en el país de forma ilegal. A partir de 2014, gracias en parte a los esfuerzos de Nellie y Celia, Hong Kong comenzó a destruir las veintiocho toneladas de marfil que había requisado a los traficantes ilegales. Puedes instar a Estados Unidos y a otros países a que continúen destruyendo el marfil y otros productos procedentes de animales en peligro de extinción obtenidos por medios ilícitos.

También puedes apoyar distintas iniciativas concretas de protección de los animales salvajes en todo el mundo haciéndote socio de tu organización conservacionista preferida, como yo hice con Conservación Internacional y otras entidades cuando era niña, o de tu zoológico local. Marc y yo ahora somos socios del de Central Park (que pertenece a la WCS). Otra manera de mostrar tu apoyo consiste en patrocinar animales cuya protección te preocupe especialmente, u ofrecer dicho patrocinio como regalo. Cuando nació mi hija, varios buenos amigos nos regalaron elefantes y elefantes pigmeos a través de la WCS y el Fondo Mundial para la Naturaleza, y osos polares a través de Defenders of Wildlife. Fueron unos de los regalos más especiales que recibimos: celebramos la vida de nuestra hija Charlotte ayudando a salvar otras vidas en distintas partes del mundo. A través de estas y otras organizaciones, puedes patrocinar cualquiera de los animales que aparecen en este capítulo y muchos otros, como varias especies de zorro, pingüinos, leopardos, flamencos, jirafas, ballenas y serpientes. No pasa nada por sentir más simpatía por unos animales que por otros. Como probablemente ya sabrás, a mí me encantan, me encantan, me encantan los elefantes. Creo que son criaturas majestuosas, cariñosas, familiares y resistentes. Poseen muchas de las cualidades que más admiro.

El dinero que se recauda a través del patrocinio de los animales o mediante donaciones directas a las organizaciones conservacionistas ayuda a salvar animales de muchas maneras: proporcionando medios a las comunidades para protegerlos, en lugar de cazarlos; permitiendo profundizar en su estudio, para encontrar mejores maneras de protegerlos; y apoyando a los guardas forestales y a las demás personas que se encuentran en primera línea de fuego por la protección de la fauna salvaje. Otra manera de sensibilizar y recaudar fondos consiste en festejar los días dedicados a distintas especies que se celebran a lo largo del año.

Cortesía de la autora

Estos son algunos de los animales que varios amigos le regalaron a Charlotte, o que patrocinaron en su nombre (tranquilo, después de hacer la foto les quité las etiquetas).

Debo reconocer que mi favorito posiblemente sea el Día Internacional del Oso Polar, porque coincide con mi cumpleaños, el 27 de febrero.

Probablemente puedas ver algunos de los animales que figuran en esta lista si visitas el zoológico o el acuario de tu ciudad, y no necesitas patrocinarlos o ser miembro para hacerlo. La mayoría de los zoos tienen algún día en que la entrada es gratuita. Es más probable que los que están situados en lugares más fríos tengan animales propios de zonas más frías, pero algunos de los zoos ubicados en lugares más cálidos también los tienen. Estos últimos utilizan bloques de hielo, piscinas refrigeradas o espacios de

Días Nacionales e Internacionales de Distintos Animales y del Medio Ambiente	
Día Mundial de Pangolín:	Tercer sábado de febrero
Día Internacional del Oso Polar:	27 de febrero
Día Mundial de la Vida Silvestre:	3 de marzo
Día Mundial de las Ranas:	21 de marzo
Día de la Tierra:	22 de abril
Día Mundial del Pingüino:	25 de abril
Día del Rinoceronte:	1 de mayo
Día Mundial de la Tortuga:	23 de mayo
Día Mundial de los Océanos:	8 de junio
Día del Tiburón:	14 de julio
Día Internacional del Tigre:	29 de julio
Día Mundial del Elefante:	12 de agosto
Día Nacional de la Vida Silvestre (Estados Unidos):	4 de septiembre
Día Internacional del Panda Rojo:	Tercer sábado de septiembre
Día de los Zoológicos (Estados Unidos):	27 de diciembre

Fuente de la información: WCS y Polar Bears International

sombra o interiores para que animales como los osos polares no pasen calor en verano. Esto permite a los zoológicos mostrar los animales a distintos públicos de todo el mundo. Además, los zoos ayudan a proteger a los animales en sus propios hábitats y es habitual que realicen importantes estudios para determinar cuáles de las iniciativas de conservación son las más efectivas para las distintas especies, tanto en libertad como en cautividad. Las investigaciones que llevan a cabo los zoológicos y las organizaciones conservacionistas son especialmente importantes para animales como el pangolín, sobre el que sabemos muy poco, en parte porque históricamente han tenido muchas dificultades para adaptarse a la vida en el zoo (la mayoría han muerto poco tiempo después de salir de su hábitat natural). También son importantes para especies como los osos polares que, trágicamente, están quedándose a toda velocidad sin su hábitat natural, y para las cuales los zoológicos pueden acabar siendo una de las únicas maneras de garantizar su supervivencia.

Visitar los parques nacionales de Estados Unidos es una forma de demostrar tu apoyo a la vida silvestre en general, y en particular a los animales en peligro de extinción que viven en nuestro país, como determinados osos grizzly. La mayoría de los 427 parques nacionales estadounidenses no cobran por entrar y, en los pocos que sí lo hacen, siempre hay algunos días gratuitos a lo largo del año, como el Día de Martin Luther King, Jr. o el fin de semana del Día de los Presidentes. Para más información sobre los días de entrada gratuita, visita nps.gov. Además, te puedes inscribir en el programa de los Junior Rangers, disponible en más de doscientos de los parques nacionales, para apoyar sus iniciativas de conservación. Puedes informarte en nationalparks.org.

Por último, si decides involucrarte aún más, en particular si quieres salvar a los osos polares y otros animales en grave peligro debido al calentamiento global, puedes ayudar a detener el cambio climático. Una estupenda forma de hacerlo consiste en explicarle a la gente las muchas maneras diferentes en que el cambio climático está afectando negativamente al planeta y a nuestro futuro. Por ejemplo, la reducción del hielo ártico, que es tan importante para los osos polares, como se ve en la imagen de la primera página de este capítulo. Como comentamos en el capítulo 8, «Parte meteorológico», muchos pequeños pasos, uno tras otro, pueden acabar dando como resultado un cambio importante. Anima a tus familiares a que caminen o usen el transporte público; apaga las luces al salir de casa; insta a tu escuela y a cualquier otro sitio que frecuentes a que recicle y adopte medidas para cuidar el medio ambiente. Es tu mundo, sí, pero también es nuestro mundo. Solo tenemos un planeta, y nuestro futuro está ligado al destino de los animales y las plantas con los que lo compartimos.

¡Ponte en marcha!

- Nunca compres marfil, cuerno de rinoceronte, piel de oso polar, escamas de pangolín o cualquier otra parte de un animal en peligro de extinción.
- Hazle saber a la gente que el marfil solo procede de elefantes muertos, y que las productos derivados del tigre únicamente se obtienen de tigres muertos.
- Explícale a la gente que tener animales muertos como alfombras o trofeos no está bien.

- Explica a la gente que no existe ninguna evidencia médica de que ningún polvo, poción o pastilla obtenidos a partir de animales en peligro de extinción ayuden a tratar el cáncer, las migrañas o cualquier otra dolencia.
- Difunde los datos sobre las especies en peligro de extinción entre tus familiares y al menos tres amigos, en persona y online (si tienes al menos catorce años).
- Apoya los actos de destrucción y quema de marfil y similares.
- Hazte socio de tu organización conservacionista favorita.
- Patrocina un animal.
- Celebra el día especial de cada animal.
- Visita los zoológicos.
- Visita los parques nacionales.
- Compra productos de pastelería hechos con aceite de palma procedente de fuentes que respeten la selva tropical, como Rhiannon y Madison del proyecto ORANGS.
- Contribuye a evitar la deforestación (puedes informarte sobre cómo hacerlo en Rainforest Alliance).
- Ayuda a combatir el calentamiento global reduciendo la cantidad de CO_2 que tu familia emite en su vida cotidiana.
- Si tienes al menos catorce años, utiliza las redes sociales para seguir a organizaciones que protegen a las especies en peligro de extinción en general (como la Wildlife Conservation Society), o a las entidades (como Save the Elephants) y personajes famosos (como Leonardo DiCaprio con Save Tigers Now) que trabajan para proteger a especies concretas.

ES TU MUNDO

D esde siempre he pensado que hay una gran diferencia entre la tolerancia y el respeto. Toleramos aquello que no nos resulta cómodo (como un montón de mosquitos cuando queremos salir fuera una calurosa noche de verano, con repelente, por supuesto) o que supone un contratiempo (como cuando hay obras en la carretera o están reparando una avería en el metro y tardamos tres veces más en llegar a la escuela o al trabajo). Pero no basta con que toleremos a otras personas, otras culturas, otros países; debemos respetarlos, siempre que ellos sean respetuosos con todo el mundo (incluidas las chicas) y con el planeta que compartimos. Deberíamos ser capaces de estar en desacuerdo entre nosotros sin deshumanizarnos. El senador estadounidense Daniel Patrick Moynihan dijo una vez: «Todo el mundo tiene derecho a su propia opinión, pero no a sus propios hechos». Aunque no nos pongamos de acuerdo, es importante aceptar cuáles son los hechos (por ejemplo, en lo que respecta al cambio climático o a los problemas existentes para poder ir a la escuela en distintos lugares del mundo). También es importante que sepamos cuáles son las distintas opiniones y creencias (por ejemplo, en lo que se refiere a la mejor manera de combatir el cambio climático o garantizar una buena educación para nuestros niños), para poder llegar a nuestras propias conclusiones sobre cuál creemos que es la mejor opción, sea cual sea la cuestión o la dificultad a la que nos enfrentemos. Deberíamos ser capaces de estar respetuosamente en desacuerdo con otras personas que han llegado a conclusiones distintas de las nuestras, incluso aunque queramos convencerles de nuestro punto de vista (y lo intentemos).

Esto es algo tan importante porque todos somos igualmente valiosos y todos estamos conectados los unos con los otros. Esto es algo que sabemos desde tiempo inmemorial, pero que en la práctica no llegamos a alcanzar en ningún lugar, tampoco en Estados Unidos. ¿Te has dado cuenta de las semejanzas en todas las historias de activistas que has leído en el libro? ¿Entre las abuelas y sus paneles solares en la India y William y su programa de mochilas con comida en Carolina del Norte? ¿Entre la cocina saludable de Haile y las mosquiteras de Katherine? Todos ellos colaboran con otra gente —familiares, amigos, organizaciones próximas u oenegés y empresas de otros lugares del mundo— para ayudar a que la vida sea mejor para las personas, las comunidades y el mundo en su conjunto. Aunque en este libro no he utilizado muchas citas o aforismos (una manera elegante de decir «dichos»), no puedo evitar incluir aquí uno de mis favoritos: «Si quieres ir rápido, camina solo; si quieres llegar lejos, ve acompañado». Procede de un proverbio africano y expresa una verdad que he visto y experimentado a lo largo de toda mi vida. Somos más efectivos cuando hacemos las cosas juntos. Y trabajar juntos nos ayuda a apoyarnos los unos a los otros y evita que nos desanimemos ante la magnitud de un desafío o cuando lo primero que probamos no funciona (y hemos de volver a intentarlo).

También logramos mejores resultados si tenemos una cierta idea de hacia dónde queremos ir. ¿Qué cosas te enfurecen? ¿Qué cosas crees que no están bien o que no son justas? ¿Qué es lo que más te inspira? ¿Qué cambiarías para que el mundo fuese mejor? Puede que tus respuestas a estas preguntas sean distintas de las mías y de las de tus padres o tus amigos. Y eso está muy bien. Sean cuales sean, espero que te lleven a actuar en tu entorno local o en el mundo en general, ya sea trabajando en alguna de las cosas de las que hemos hablado en el libro o en cualquier otra cuestión que no hemos tratado aquí; cualquiera de las dos posibilidades es igualmente válida. Todos los asuntos sobre los que he escrito en estas páginas son importantes para mí —de lo contrario, no los habría incluido (o no habría escrito el libro)—, pero, como dije al principio, hay muchísimos otros problemas en el mundo a los que debemos hacer frente, y muchas otras soluciones incluso para los desafíos de los que sí he hablado.

En mi familia tenemos un dicho (sí, otro dicho más): «Más vale intentarlo». Lo que quiere decir es que, si creemos que podemos ayudar a cambiar alguna situación que nos preocupa, al menos debemos intentarlo, aunque no esté claro —especialmente si no está claro— que vayamos a conseguirlo. Yo lo estoy intentando con este libro, con el que he tratado de proporcionarte información e historias admirables que te ayuden a actuar. Espero que todos vosotros lo intentéis también, y compartáis vuestras historias con todos nosotros en el sitio web del libro, ItsYourWorld.com.

Cuando estaba en quinto o sexto curso, empecé a cortar las anillas de plástico que se usan normalmente para agrupar latas de refresco, a pegarlas en cartulinas de colores vivos (el morado era mi favorito) y a repartírselas a mis padres, mis abuelos y los vecinos de mis abuelos en una campaña individual para llamar la atención sobre el peligro que estas anillas de plástico suponen para los animales marinos de todo el mundo. Era algo de lo que me había enterado leyendo el libro *50 cosas que los niños pue-den hacer para salvar la Tierra*. En esa misma época, aprendí que el cambio climático y el calentamiento global probablemen-te suponían un riesgo mucho mayor para los animales marinos que las anillas sin cortar. Pero no por ello dejé de cortarlas. Ni mucho menos. Me di cuenta de que, si quería hacer todo lo que estuviese en mi mano para salvar a los animales y nuestro plane-ta, debía hacer tanto las pequeñas cosas cotidianas (cortar las anillas de plástico) como trabajar para llevar a cabo grandes cambios (por ejemplo, abogar por el uso de formas de energía más limpias y eficientes).

Cuando leía sobre la India antes del viaje con mi madre en 1995, encontré esta cita de Gandhi (que será la última que use): «El futuro depende de lo que hacemos en el presente». Es algo en lo que creía cuando era adolescente y en lo que creo aún más firmemente en la actualidad, aunque solo sea porque entre en-tonces y ahora he acumulado veinte años de pasado. El futuro está empezando y, si queremos que el mundo sea más equitativo, más saludable y más sostenible, todos tenemos que ponernos en marcha.

AGRADECIMIENTOS

El entusiasmo de mi extraordinaria editora, Jill Santopolo, contribuyó a convencerme de que merecía la pena que me embarcase en este proyecto. Sus comentarios y correcciones ayudaron a que las ideas cobrasen vida y a que frases inmanejables no lo fuesen tanto. Sus consejos me permitieron deshacerme sin remordimiento del contenido superfluo, con la confianza de que el libro acabaría siendo mejor tanto por lo que contenía como por lo que dejaba fuera. Me ayudó a iniciar y a completar este viaje, y por el camino me di cuenta de que además se había convertido en mi amiga. Gracias, Jill.

También he tenido la fortuna de trabajar con un fantástico equipo en Penguin y Philomel. Mi agradecimiento a Don Weisberg y Michael Green por su fe en mí y su confianza en *Es tu mundo*, así como a Rob Farren, por sus propias correcciones y sugerencias, y a Anne Heausler, por su minuciosa lectura final. Gracias a Siobhán Gallagher y Talia Benamy por ayudarme a plasmar mis diversas ideas, conceptos y visiones estadísticas en tablas y gráficos. Gracias a Irene Vandervoort por diseñar una estupenda portada. Gracias asimismo a todas las demás personas en Penguin y Philomel que contribuyeron a que *Es tu mundo* viera la luz, entre ellas: Jen Loja, Adam Royce, Semadar Megged, David Briggs, Cindy Howle, Wendy Pitts, Shanta Newlin, Emily Romero, Erin Berger, Rachel Cone-Gorham, Carmela Iaria, Felicia Frazier, Jackie Engel, Daisy Kline, Mary McGrath, Leigh Butler, Helen Boomer, Amanda D'Acierno, Dan Zitt, Holly Day y Brian Geffen.

Muchas de las ideas que aparecen en el libro tuvieron su origen en personas que he conocido y con quienes he trabajado, así como en los innumerables libros, conferencias, podcast, clases, seminarios, debates, conversaciones e informes que he leído o escuchado, en los que he participado y discutido a lo largo de muchos años. Estoy muy agradecida a los extraordinarios profesores que he tenido, desde la señora Minor, que me dio clase en la guardería, a Ngaire Woods, que supervisó mi doctorado en la Universidad de Oxford. También quiero expresar mi agradecimiento a los alumnos a los que he tenido el privilegio de dar clase, así como a todos los colegas con los que he trabajado, tanto actualmente en la Clinton Foundation, como en sus entidades afiliadas y en la Mailman School of Public Health de la Universidad de Columbia. He aprendido en cada despacho, sala de reuniones y aula donde he puesto un pie, tanto sentada en un pupitre como detrás de un atril.

Ruby Shamir, Bari Lurie, Joy Secuban, Allie Gottlieb, Sarah Henning, Emily Young, Kamyl Bazbaz y Tara Kole me ayudaron a desarrollar las ideas básicas, su colaboración fue fundamental durante el período de investigación y me apoyaron a lo largo de las distintas fases y encarnaciones de *Es tu mundo*. Me siento agradecida a todos y cada uno de ellos. Me gustaría agradecerles a Ruby y Bari en particular su ayuda inicial para traducir mi visión de un libro en un proyecto real, y a Ruby especialmente la claridad y la franqueza de sus sugerencias y consejos. Gracias a Charlene Tingle por su apoyo y su amistad mientras *Es tu mundo* fue tomando forma.

Este libro no sería posible sin las historias que le insuflan vida y los expertos en cuyo trabajo me basé para exponer y explicar algunos de los grandes retos a los que se enfrenta nuestro planeta. Gracias a todos aquellos cuyo trabajo o cuyas historias aparecen en el libro, y gracias también por haber leído los pasajes concretos en los que figuran para comprobar que aparecen correctamente reflejados. Asimismo, quiero expresar mi agradecimiento a las siguientes personas por haber leído capítulos enteros y, en algunos casos, el libro completo, y por los francos comentarios que recibí de cada una de ellas: Cassia van der Hoof Holstein de Partners in Health; Melanie Turner de la American Heart Association; Colleen Doyle y Otis Brawley de la American Cancer Society; Howell Wechsler de la Alliance for a Healthier Generation; John MacPhee de la Jed Foundation; Mark Dybul del Global Fund to Fight AIDS, Tuberculosis and Malaria; John Calvelli de la Wildlife Conservation Society; John Hope Bryant de Operation HOPE; Jessica Posner de Shining Hope for Communities; Dymphna van der Lans, Rain Henderson, Ami Desai, Greg Milne y Maura Pally de la Clinton Foundation; Rachel Vogelstein del Council on Foreign Relations; Alice Albright de la Global Partnership for Education; Jen Klein de la Facultad de Derecho de Georgetown; Ann O'Leary del Center for the Next Generation; y por último, pero desde luego, como suele decirse, no por ello menos importante, la genial Lissa Muscatine.

Asimismo, deseo expresar mi gratitud hacia las siguientes personas y organizaciones por compartir conmigo sus pensamientos, ideas, historias y experiencias, así como, en muchos casos, por revisar los pasajes del libro relacionados con su trabajo (o el de sus niños): Adam Braun de Pencils of Promise, George Srour de Building Tomorrow, John Wood de Room To Read, CJ Volpe de Autism Speaks, Eric Tars del National Law Center on Homelessness & Poverty, Barefoot College, CARE, Appalachia

Service Project, New Hope for Cambodian Children, Jim Triestman, Deeanna Thomas, Campaign for Tobacco-Free Kids, Malissa Linscott, Terri McCullough de No Ceilings, Megan McIntyre, Leigh Henry, Kathi Schaeffer, Melissa Hillebrenner, Lisa Lisle, Kathleen Lane-Smith, Tia Johnson, Tammy Tibbetts, Itai Dinour, Philip Courtney, Don Cipriani, Becki Cohn-Vargas, Mario Fedelin, Lauren Howe, Helen Nguya, Muddu Yisito Kayinga, Josh Wachs, Melanie Barber, Patricia Gentry, Leonor Montiel, Veronica Vela, Zach Maurin, Kelita Bak, Steve Patrick, Dorothy Stoneman, Jennifer Hoos Rothberg, Amy Meuers, Hilary Gridley, Kellie May, Lauren Marciszyn, John Wilson, Katherine Gerber, Amanda McDonald, Linda Mills, Imam Khalid Latif, Rabbi Yehuda Sarna, Ebony Frelix, Donna Butts, William Campbell, Tieneke van Lonkhuyzen, Leslie Lewin, Julia Porter, Angela Sheldrick, Simone Marean, Shirley Sagawa, Amy Rosen, Suzanne Taylor, Eboo Patel, Mary Ehrsam Hagerty, Hillary Schafer, Thanh Tran, Burns Strider, Jessica Church, Harold Koplewicz, Mac Winslow, Blythe Clifford, Tammy Flowers, Rosemary Gudelj, Lauren Letta, Jodi Mohney, Meagan Carnahan Fallone, Reema Nanavaty, Regina McFarland, Alison Tummon, Gustavo Tórrez, Alison McSherry, Adam Rondeau, David Risher, Amanda Rosseter, Karen Tramontano, Michelle Irving, Jeffrey Rowland, Emmanuelle Peltre, Debra Duffy, Brian Feagans, Carol Moore, Annie Bergman, Meighan Stone, Carlo Dumandan, Madhuri Kommareddi, Karen Little, Jason Riggs, Jessica Hanson, Maura Daly, Murray Fisher, Pete Malinowski, Bill Wetzel, Hannah DeLetto, Chiara Cortez, Delvon Worthy, Emma Goss, Julie Schoenthaler, Lauren Su, Libby McCarthy, Luke Schiel, Maddie Macks, Nicole London, Megan Bambino, Sarah

Burger, Gita Tiku, Julie Zuckerbrod, Jayne Quan, Erin McIntyre, Loren Hardenbergh, Elsa Palanza, Jackie Conrad, Izzy Rode, Nancy Lublin, Stacy Stagliano, Georgia Booth, Colleen Callahan, Charmaine Thomas, John Tucker, Walter Crouch, Deanna Congileo, Leslie Cordes, Julia Springs, Katrina Shute, Nikyea Berry, Jacqueline Pezzillo, Dave Watt, Cara Taback, Steven Sawalich, Taylor Joseph, Cecille Joan Avila, David Stukus, Janeen Manuel, Madonna Coffman, Emily Hagerman, Dana Edell, Amy Huizing, Oscar Flores, Marina Santos y Antoinette Salazar.

Quiero dar las gracias a todos los que, desde Arkansas, han dado su apoyo a este proyecto, muchos de los cuales también me ayudaron cuando era niña; en particular, Sadie Mitchell, Cheryl Carson, Lesley Andrews, Steve Barker, Herbert Ragan, John Keller, Stephanie Sims, Bobby Roberts, Dana Simmons, Shanna Jones, Terri Garner, Bruce Lindsey, Stephanie Streett y Carolyn Huber, a quienes conozco y quiero de toda la vida.

Me siento extraordinariamente agradecida a todos los chavales que leyeron partes del libro y me dieron valiosísimos consejos sobre lo que faltaba o sobraba, qué explicaciones se entendían bien y cuáles debía pulir un poco más. Gracias a Elinor Behlman, Lucas Cohen, Shira Cohen, Rohan Dash, Deirdre de Leeuw den Bouter, Rachel Eve Harris, Claire Hobson, Nathaniel Hobson, Ruby Hornik, Benjamin Kreit, Michael Lahullier, Nora Loftus, Hayden Lurie, Talia Lurie, Lulu Price, Avery Rudall-Stulberg, Jonah Samson, Jordan Samson, Justus Schmidt, Aviyam Saul Trauner, Sophia Vostrejs y Daniel Votano. Gracias igualmente a sus padres, por ayudarles a encontrar tiempo para ayudarme.

Hablando de padres, quiero mostrar mi agradecimiento a mis padres por sus sugerencias sobre el manuscrito, por seguir inspirándome con su propio trabajo en el mundo y, sobre todo, por su cariño y apoyo en este viaje.

Gracias a mi marido, Marc, por leer los borradores, por sus perspicaces aportaciones a lo largo de todo el proceso y por cuidar de nuestra hija Charlotte los domingos por la tarde, mientras yo me zambullía en un torbellino de reflexión, escritura y correcciones. La idea de escribir este libro se me ocurrió mucho antes de ponerme a ello en la práctica. Gracias, Charlotte, por servirme de inspiración, a pesar de que no habrás cumplido un año cuando el libro se publique.

Este libro solo ha sido posible gracias a todas las personas mencionadas aquí, y a tantísimas otras que me han inspirado con su determinación para construir un mundo más próspero, equitativo y saludable. Si el libro contiene algún error, la responsabilidad es exclusivamente mía.

ÍNDICE

ES TU MUNDO

OENEGÉS, PROGRAMAS Y CAMPAÑAS NORTEAMERICANOS

Administración Nacional de la Aeronáutica y del Espacio (NASA)

Agencia de Protección Ambiental (EPA)

Alliance for a Healthier Generation, asociación entre la Clinton Foundation y la American Heart Association

Alzheimer's Association

American Cancer Society

American Diabetes Association

American Heart Association

American Institute for Cancer Research

American Lung Association. Cuentan con un proyecto para proteger el aire y evitar la contaminación

AmeriCorps

Appalachia Service Project (ASP) pone en contacto a voluntarios con familias de bajos ingresos de toda la región de Los Apalaches para ayudarles a hacer trabajos de reparación en sus casas

Arbor Day Foundation te puede ayudar a saber qué árboles son los más adecuados para tu barrio, y a combatir al mismo tiempo el cambio climático

Banco Mundial

Barefoot College enseña a mujeres analfabetas y semianalfabetas cómo fabricar, instalar, utilizar y mantener equipos domésticos de generación de energía solar

Billion Oyster Project, escuela en Nueva York donde se cultivan ostras

Brickbot Drives, eventos en los que los niños pueden construir juegos de LEGO a partir de piezas donadas a Brickshare

Brickshare, un niño recoge piezas de LEGO sobrantes de los niños y las da a niños pobres

Building Tomorrow construyen escuelas

Campaign for Tobacco-Free Kids Kick Butts Day es oficialmente el día sin humo de cigarrillos

CARE prepara paquetes de ayuda de emergencia

Cassandra convierte aceite de cocina en carburante

Carter Center trabaja en un proyecto para erradicar los gusanos de Guinea

Centros para el Control y la Prevención de Enfermedades de Estados Unidos (CDC)

Change.org

charity: water construye pozos de agua

Children's Safe Drinking Water es un programa de Procter & Gamble para purificar el agua mediante unos productos en las comunidades que esperan que se construyan redes de abastecimiento de agua potable y sistemas de saneamiento (ellos también las construyen)

Children With Hair Loss fabrica pelucas para niños que se quedan calvos y recoge pelo de donantes

ChooseMyPlate.gov, programa del Departamento de Agricultura de Estados Unidos que proporciona información práctica a las personas, profesionales de la salud, educadores en nutrición e industria de alimentos para ayudar a los consumidores

CITES (Convención sobre el Comercio Internacional de Especies Amenazadas de Fauna y Flora Silvestres)

City Harvest, una organización que «recupera» comida de restaurantes, tiendas de comestibles, granjas y otras fuentes de productos frescos y comestibles

Clinton Development Initiative ayuda a incrementar el rendimiento de cosechas, ingresos y propiedad de la tierra de mujeres agricultoras en algunos países, lo cual es bueno tanto para ellas como para sus familias

Clinton Foundation

Clinton Global Initiative, University (CGIU), programa que la Clinton Foundation organiza para ayudar a activistas universitarios o doctorandos a plasmar sus ideas de cambio en oenegés, o para ayudarles a encontrar maneras de intensificar el trabajo que ya están llevando a cabo

Clinton Global Initiative, encuentro de líderes gubernamentales, empresariales y de oenegés y fundaciones que aúnan esfuerzos para tratar de resolver grandes problemas globales

Clinton Health Access Initiative es una de las organizaciones que trabaja con jóvenes embajadores de la salud en la India

Coaching Boys Into Men trabaja contra la violencia de género

Coalition for the Homeless

COBURWAS (acrónimo de los nombres en inglés de República del Congo, Burundi, Uganda Ruanda y Sudán) ayuda a niños refugiados de estos países a que continúen estudiando

Conservación Internacional

Crisis Text Line ofrece asesoramiento y recomendaciones a personas en crisis, con problemas personales, etc., a través de mensajes de texto

Defenders of Wildlife

Earth911 trabaja por la conservación del medio ambiente

Ecological Society of America

Ejército de Salvación

Elton John AIDS Foundation

Energy Star promueve la energía eficiente y sostenible. En energystar.gov se puede calcular la eficiencia energética del hogar

Every Mother Counts contribuye a concienciar sobre lo que se necesita para garantizar que todas las madres puedan tener un embarazo y un parto seguros y sanos

Feeding America, el mayor grupo de bancos de alimentos de Estados Unidos

Food Donation Connection gestiona programas de donación de alimentos

Fondo Mundial para la Naturaleza (WWF, del inglés World Wildlife Fund)

Free The Children busca satisfacer las necesidades de comunidades de todo el mundo de una manera sostenible para que los niños puedan recibir una educación en lugar de tener que —o ser obligados a— trabajar.

Futures Without Violence, una organización que lleva más de treinta años trabajando para prevenir la violencia

Game Changers Tackling Hunger recoge y reparte alimentos en comunidad

Gavi, the Vaccine Alliance, asociación pública-privada dedicada a salvar las vidas de niños y proteger la salud de las personas aumentando el acceso a las vacunas

George W. Bush Institute ayuda a administrar las vacunas contra el cáncer del papiloma humano en el Tercer Mundo

Girl Effect trabaja con las adolescentes que viven en la pobreza, que son la fuerza más poderosa para el cambio en el planeta. Al invertir en las niñas se puede romper el ciclo intergeneracional de la pobreza

Girl Up promueve la salud, la seguridad, la educación y el liderazgo de las niñas en los países en desarrollo. Ayuda a las chicas a convertirse en mujeres fuertes y liberadas

Girls Empowerment Network (GENET) ayuda económica, social y emocionalmente a las niñas y las mujeres jóvenes, para que sean una influencia positiva en la sociedad

Girls Inc. refuerza el papel de las chicas para que consigan triunfar en la escuela y en la vida

Girls Not Brides trabaja para abolir el matrimonio infantil

Girls Who Code enseña a las chicas a programar y crear estupendas aplicaciones, muchas de las cuales sirven realmente para ayudar a la gente

Global Alliance for Clean Cookstoves iniciativa, organizada por Naciones Unidas, para apoyar la adopción a gran escala de la cocina limpia y segura

Global Fund to Fight AIDS Tuberculosis and Malaria

GoodGuide, aplicación gratuita que puede ayudar a tu familia a encontrar los productos adecuados para las necesidades de vuestro hogar que estén dentro de vuestro presupuesto y que respeten el medio ambiente

Goodwill ayuda a las personas con problemas para encontrar empleo a aprender las habilidades para conseguir trabajo

Greenpeace

Green Belt, reforestación en África

4-H es una organización juvenil de Estados Unidos, administrada por el Departamento Estadounidense de Agricultura. Las cuatro H se refieren a «Head, Heart, Hands and Health»

Habitat for Humanity construye nuevos hogares para familias pobres

Haile Thomas, niña activista que busca transformar las vidas de los niños a través de programas de la nutrición y cocina. Pretende inspirar para que la vida de los niños sea más saludable y feliz

Half of Us proporciona información, ideas y recursos para ayudar a enfrentarse a los problemas emocionales y los desafíos de la vida

Half the Sky trabaja para empoderar y ayudar a las chicas en todo el mundo

Heifer International, organización que distribuye animales a familias pobres de todo el mundo

Inter-Faith Food Shuttle, para recoger alimentos y repartir entre los niños el máximo número posible de mochilas con comida durante las vacaciones de primavera

iRecycle, un sitio web y una aplicación gratuita disponible en iTunes y Android que te permite encontrar los recursos existentes en tu pueblo o ciudad para que tu familia pueda reciclar

Jed Foundation

Junior Rangers, programa disponible en más de doscientos de los parques nacionales, para apoyar sus iniciativas de conservación

Katie's Krops ayuda a niños de todo el país a cultivar alimentos sanos para donarlos a personas que los necesitan

Kendra's Call for Komfort prepara paquetes con juguetes, ropa, etc., para niños con cáncer en el hospital

Kiva, una de las mayores plataformas de microcréditos online

Let Girls Lead, un movimiento global que trabaja para que las niñas puedan asistir a la escuela, cuiden de su salud y escapen de la pobreza y de la violencia

Lil' MDGs, un proyecto para educar a los jóvenes sobre los Objetivos de Desarrollo del Milenio

Living Water International proporciona pozos a las personas que los necesitan

Locks of Love proporciona pelucas a niños con cáncer

Made with Code busca animar a las chicas a interesarse por la tecnología

Malala Fund defiende el derecho de cualquier persona —niño o niña— a ir a la escuela

Malaria No More

Man Up Campaign trabaja para educar a la gente, en particular a hombres jóvenes, para erradicar la violencia contra las niñas y las mujeres. La violencia de género nunca es aceptable, y tampoco es buena para los hombres, ni en sus propias familias ni en sus comunidades

Martha's Table, comedor social que acepta voluntarios a partir de los doce años para ayudar a cocinar y distribuir comidas

Math Multipliers programa de tutorías en horario extraescolar para ayudar a los niños de la República Dominicana a mejorar sus habilidades matemáticas

National Cancer Institute

National Coalition for de Homeless, red nacional de personas que están experimentando actualmente o que han sufrido la falta de vivienda. Reúne a activistas y defensores, proveedores de servicios basados en la comunidad y otras personas comprometidas

National Law Center on Homelessness and Poverty

Network for Teaching Entrepeneurship (NFTE) enseñan a los chavales procedentes de barrios de bajos ingresos los fundamentos del funcionamiento del sistema financiero, cómo gestionar el dinero y cómo crear y dirigir una empresa

No Kid Hungry propone distintas maneras de combatir el hambre infantil sin necesidad de dinero

Nothing But Nets previene la malaria mediante la distribución de mosquiteras

ONU Mujeres

ONUSIDA

Operation HOPE enseña a los chavales procedentes de barrios de bajos ingresos los fundamentos del funcionamiento del sistema financiero, cómo gestionar el dinero y cómo crear y dirigir una empresa

ORANGS (Orangutans Really Appreciate and Need Girl Scouts [Orangutanes Realmente Aprecian y Necesitan a las Guías Scouts])

PACE (del inglés Promoting Access to Community Education [Promoción del Acceso a la Educación Comunitaria]), programa que trabaja para llevar profesores debidamente formados a las escuelas de las comunidades más pobres de Nairobi

Partners In Health (PIH) trabaja en colaboración con las comunidades locales, tanto en Haití como en otros lugares, para ofrecer atención sanitaria de calidad

Pencils of Promise construye escuelas

Pink Ribbon Red Ribbon lleva vacunas contra el papiloma humano a países del Tercer Mundo

Plant-for-the-Planet tiene como objetivo plantar 1 millón de árboles

Polar Bears International

Poverty USA, iniciativa de la Conferencia Episcopal estadounidense. Su sitio web es un recurso excelente donde maestros, familias y niños pueden informarse sobre la pobreza en Estados Unidos

Programa Asistencial de Nutrición Suplementaria (SNAP)

Project C.U.R.E. es el mayor proveedor mundial a los países en vías de desarrollo de equipamiento (camas de hospital, etc.) y suministros (vendas, etc.) médicos procedentes de donaciones

Rainforest Alliance

Rebuilding Together contribuye a que los hogares de los estadounidenses de bajos ingresos sean más seguros y saludables

(RED). La venta de productos (RED) va al Fondo Mundial Sida

Right To Play, organización que trata de enseñar a los niños importantes lecciones vitales a través del deporte y los juegos

Room to Read construye bibliotecas, así como escuelas y aulas

Safe Kids Worldwide

Save The Children, organización que trabaja con Unicef (la agencia de Naciones Unidas que se centra en los niños) para proteger a los niños de todo el mundo tras un desastre natural o un conflicto violento

Save the Elephants

Save the Rhino International

Save Tigers Now

Self-Employed Women's Association (SEWA, Asociación de Mujeres Autoempleadas)

Servicio Federal de Pesca y Vida Silvestre

Shining Hope for Communities (SHOFCO) creó una escuela segura para niñas en un barrio pobre de Nairobi. Alrededor de la escuela se han creado otros servicios: internet, atención médica, etc.

Smoke Free Teen para dejar de fumar (dirigido a adolescentes)

Stand Up to Cancer puedes crear un grupo o unirte a un grupo para trabajar en prevención del cáncer

Starkey Hearing Foundation trabaja en todo el mundo para identificar a personas que podrían oír si dispusiesen de los audífonos adecuados

Stop Bullying

Stop TB Partership por la erradicación de la tuberculosis

Talking is Teaching (talkreadsing.org), una iniciativa de la Clinton Foundation que, con la colaboración de *Barrio Sésamo* y Too Small to Fail, promueven hablarles a los bebés o a los niños pequeños para favorecer el desarrollo cognitivo

Team Rubicon, organización que saca partido de la experiencia, las habilidades y la capacidad de trabajo en equipo de exmilitares para dar una respuesta efectiva a los desastres naturales

The Food Drive Kid recoge alimentos para niños

The Food Trust, en cuyo sitio web se puede pedir a las administraciones locales que favorezcan la apertura de comercios donde puedan comprarse alimentos sanos (frutas, verduras…) en determinada zona o barrio

The Nature Conservancy

ThinkProgress, proyecto del Center for American Progress para impulsar la investigación y las iniciativas políticas en diferentes ámbitos (educación, cultura, sanidad, etc.)

Tobacco-Free Farm Share

Treatment Action Campaign, organización que lucha por los derechos de los enfermos de VIH/sida en Sudáfrica

Trevor Project trabaja específicamente para evitar las autolesiones y el suicidio entre jóvenes LGBTQ

Turn Grease Into Fuel [Convertir la Grasa en Combustible]

Unesco

Unión Internacional para la Conservación de la Naturaleza (UICN)

UNITAID lucha contra el sida

United Way identifica y resuelve los problemas urgentes de la comunidad, trata de hacer cambios saludables en las comunidades a través de asociaciones con escuelas, agencias gubernamentales, empresas, organizaciones laborales, instituciones financieras, corporaciones de desarrollo comunitario, etc.

Walkabout Foundation ayuda a conseguir sillas de ruedas, a ir a la escuela y, en general, a poder desplazarse

Waste No Food, sitio web y aplicación gratuita para móvil disponible en iTunes y Android que permite a los sitios que disponen de un exceso de alimentos en un día determinado (como un restaurante o el puesto de comida de un estadio deportivo) publicar actualizaciones de estado informando de esta situación

watercalculator.org

Water.org. construye pozos de agua

Wildlife Conservation Society o WCS [Sociedad para la Conservación de la Vida Silvestre]

Worldreader ofrece gratuitamente más de 20.000 libros disponibles a través de teléfonos móviles básicos

World Vision distribuye paquetes para purificar el agua

OENEGÉS, CAMPANAS Y PROGRAMAS ESPAÑOLES

Abriendo Caminos
ACASI, contra el abuso infantil
Acción contra el Hambre
Acción Familiar
Acción Natura
Acción para el Desarrollo y la Igualdad
ACNUR España
ADAMA se dedica a las personas sin recursos
África Sí lleva ordenadores y aparatos tecnológicos a Ghana para colegios y centros, etc.
Agua de Coco es una fundación que lleva desde 1994 dedicándose a la cooperación internacional y a la sensibilización y educación al desarrollo
Aldeas Infantiles
Amigos de la Tierra
ANAR ayuda a niños y adolescentes en riesgo
Asociación Afectados de Polio y Síndrome Post-polio
Asociación Ciudadana Anti-Sida de Cataluña (ACASC)
Asociación Defensa Derechos Animal (ADDA)
Asociación Española de Entomología (AeE)
Asociación Española Contra el Cáncer (AECC)
Asociación de Familiares de Enfermos de Alzheimer
Asociación JAL se creó para ayudar a la inserción social de los enfermos de lepra y sus hijos. Trabaja en diferentes proyectos de sanidad, educación y de ayuda a los enfermos de lepra en la India con la población más desfavorecida y en condiciones de extrema pobreza
Asociación de Padres y Personas con Autismo
Asociación Sonrisas proporciona alegría y bienestar a los niños que se encuentren enfermos en cualquier parte de España
Ayuda a la Infancia

Banco de Alimentos
BCN Checkpoint-Hispano Sida, centro comunitario de Barcelona para hombres gais. Hacen pruebas de VIH/sida y sífilis
Bicicletas sin Fronteras entrega bicicletas a personas sin recursos para que se puedan desplazar a la escuela, trabajo, etc.
Bookcrossing, intercambio de libros de lectura

Cáritas
CESAL, oenegé española dedicada a la cooperación internacional con proyectos de educación, salud, habitabilidad, agua y saneamiento, desarrollo productivo, microempresa y formación para el empleo y fortalecimiento de la sociedad civil
Chrysallis es una oenegé que ayuda a familias de niños y adolescentes transexuales
Confederación Autismo España

Cruz Roja Española
Curso de RCP
Cruz Roja Juventud

Donar Sangre

Ecologistas en Acción
Educo, ONG de defensa y protección de derechos de la infancia a través del apadrinamiento
En realidad no tiene gracia, programa para promover la inserción laboral en personas con dificultad social
Energía sin Fronteras, extender y facilitar el acceso a los servicios energéticos y de agua potable, de modo continuado, a los que todavía no los tienen, o los tienen en condiciones precarias o por procedimientos rudimentarios e inadecuados
Enfermeras para el Mundo

FAA (Fundación Ayuda a los Animales)
Fundación Alzheimer España
FAPAS (Fondo para la Protección de los Animales Salvajes)
Farmacéuticos Mundi, FARMAMUNDI. Área Logística Humanitaria (ALH)
FEDER (Federación Española de Enfermedades Raras)
Federación Española de Cáncer de Mama (FECMA)
Fegadi apoya a las personas con discapacidad y recoge sillas de ruedas, andadores, muletas
Fundación Altius Francisco de Victoria trabaja con los colectivos más vulnerables de la sociedad para prevenir la exclusión de familias desempleadas
Fundación Biodiversidad, fundación pública del Gobierno de España, adscrita al Ministerio de Agricultura, Alimentación y Medio Ambiente. Trabaja para preservar el patrimonio natural y la biodiversidad
Fundació Engrunes, dedicada a la inserción sociolaboral de personas en riesgo de exclusión social. Aceptan todo tipo de libros
Fundación Iraila, la familia de Iraila Latorre, la niña de once años que se hizo famosa por su participación en *La Voz Kids*, ha creado una fundación cuyo objetivo es recaudar fondos y que más niños logren vencer el cáncer
Fundación Loro Parque
Fundación Mona, centro de recuperación de primates
Fundación Nueva Cultura del Agua
Fundación Oso Pardo
Fundación Oxígeno, entidad sin ánimo de lucro en favor de una cultura ambiental
Fundación Pan y Peces ayuda a cientos de familias entregándoles cada mes un carro lleno de alimentos y productos de limpieza de primera necesidad
Fundación Crecer Jugando
Fundación Vencer el Cáncer

GAISPOSITIUS
Gran Simio, organización cuyo objetivo principal es eliminar la falsa barrera que separa a la humanidad del resto de los seres vivos de este planeta
Greenpeace España

Instituto de Desarrollo Económico defiende un modelo de desarrollo socialmente justo, que fomente la redistribución de la riqueza